BLICKPUNKT VEREINIGUNGSKIRCHE

Fritz Piepenburg (Hrsg.)

BLICKPUNKT VEREINIGUNGSKIRCHE

Beiträge aus der Theologie,
den Geisteswissenschaften
und in eigener Sache

Kando Verlag
www.kando-verlag.de

© 2002 by Kando Verlag, Schmitten
Alle Rechte vorbehalten
Druck: Verlagsservice Wilfried Niederland, Königstein
Satz und Repro: Detlef Klemme, Hannover
Titelblattgestaltung: Achim Pock, Berlin
ISBN 3-922947-13-1

INHALTSVERZEICHNIS

Vorwort 9

Teil 1 - Beiträge aus der Theologie

Paul Schwarzenau
Die Göttlichen Prinzipien -
Anmerkungen zum grundlegenden Buch
der Vereinigungskirche. 19

Heinz Röhr
Mystische Elemente in der Vereinigungstheologie 41

Sebastian Matczak
Gott in der christlichen Tradition
und in der Vereinigungsphilosophie 77

Herbert Richardson
Die Lehre der Vereinigungskirche -
bezugsorientierte Hermeneutik der Heiligen Schrift 107

Frank Flynn
Die Göttlichen Prinzipien im Lichte christlicher Tradition 127

Teil 2 - Beiträge aus den Geisteswissenschaften

Jürgen Redhardt
Sachverständigengutachten zum Glaubenssystem,
zum Fremd- und Selbstverständnis und zur
missionarischen Aktivität der Vereinigungskirche 147

Günter Kehrer
Ethos und Handeln im System der
Vereinigungskirche 189

Jürgen Redhardt
Wie passt die Vereinigungskirche in die
religiöse Landschaft Mitteleuropas?. 221

Richard De Maria
Bekehrung oder Seelenwäsche -
eine psycho-soziologische Studie 241

Warren Lewis
Sun Myung Moon - Ketzer oder Orthodoxer?. 275

Joseph H. Fichter
Ehe, Familie und Sun Myung Moon 307

Teil 3 - Beiträge in eigener Sache

Fritz Piepenburg und Geros Kunkel
Fragen und Antworten rund um die Vereinigungskirche...... 319

Franz Feige
Familie und Gesellschaft in der Vereinigungskirche......... 339

Inhaltsverzeichnis

Werner Fehlberg
Was steht in der sogenannten Wiener Studie?............353

Siegfried Klammsteiner
Stellungnahme der Vereinigungskirche e.V. zum
Endbericht der Enquete-Kommission
"Sogenannte Sekten und Psychogruppen"
des Deutschen Bundestages........................361

Geros Kunkel
Unterstellungen und unbewiesene Anschuldigungen -
Hintergründe zum Einreiseverbot für Rev. und Frau Moon....375

Gregor Sattler
Historisches Urteil: Spanisches Verfassungsgericht
entscheidet für Gleichstellung der Vereinigungskirche
mit den traditionellen Kirchen........................391

Verzeichnis der Autoren............................397

Empfohlene Literatur..............................401

Vorwort

Der Mensch ist ein Wesen mit einer innewohnenden, geistigen Natur. Fragen nach Gott, dem eigentlichen Sinn des Lebens und einer Existenz über das physische Ableben hinaus haben nichts von ihrer Aktualität eingebüßt. Im Gegenteil: Wie eine Langzeitstudie des bekannten Wiener Theologen Paul M. Zulehner[1] in eindrucksvoller Weise schildert, glauben heute mehr Menschen als noch in den 90er Jahren an einen persönlichen Gott, hoffen auf ein Leben nach dem Tod und machen Gebet und Meditation zu einem festen Bestandteil ihres täglichen Lebens. Zulehner spricht in diesem Zusammenhang von einem "Megatrend der Respiritualisierung" bei einem gleichzeitigen Rückgang traditioneller Formen der Religionsausübung. Bei ihrer Suche nach Spiritualität und nach Antworten auf ihre Fragen greifen immer weniger Menschen auf das Angebot der Amtskirchen zurück und machen sich vielmehr selbst auf die Suche. Nur noch eine Minderheit, so Zulehner, zieht es vor "lieber im gut eingerichteten Glaubenspalais einer Großkirche zu logieren".[2] Viel größer ist die Gruppe der "Religionskomponisten", die, über die beengenden Mauern der traditionellen Kirche hinausgewachsen, sich auf dem "Weltmarkt der Religionen" selbst umsehen und Spiritualität und Gotteserfahrung auch in anderen religiösen Traditionen entdecken.

Sie werden in ihrer Suche unterstützt durch die sogenannte Pluralistische Theologie der Religionen, wie sie einige christliche Theologen vor allem im englischsprachigen Raum, aber auch hier in Deutschland, vertreten.[3] Die Pluralistische Theologie bestreitet den Absolutheitsanspruch einer einzelnen Religion und vertritt die These der Existenz verschiedener gleichberechtigter Formen der Offenbarung und der Heilswege. Auch an deutschen Hochschulen sind

Vorlesungen über diese Form der Theologie zu einem festen Bestandteil des Lehrplans geworden.

Man sollte erwarten, dass dieser Ansatz in unserer demokratischen und multi-kulturellen Gesellschaft des 21. Jahrhunderts bereits eine Selbstverständlichkeit geworden sei. Leider ist die gelebte Wirklichkeit weit davon entfernt. Noch immer werden gerade auch in der Bundesrepublik Angehörige anderer Religionen in der Öffentlichkeit stigmatisiert und diskriminiert. Die Stimmung in diesem Lande gegenüber religiösen Minderheiten, ist von einem tiefen Misstrauen und einer "Fremdenfeindlichkeit" gezeichnet. Das kann eigentlich nur derjenige vollständig nachempfinden, der auf Grund seiner Mitgliedschaft in einer solchen Gemeinschaft diese Missstände am eigenen Leib erfahren hat oder einen Betroffenen im engen Bekanntenkreis hat.

Vom Grundgesetz her ist ja allen Bürgern eine freie Wahl ihrer religiösen Überzeugung und die freie Ausübung ihrer frei gewählten Religion garantiert. "Religiöse Gemeinschaften", so der Kölner Rechtswissenschaftler Martin Kriele[4], "die sich erst im 20. Jahrhundert gebildet oder in Deutschland etabliert haben, sind zwar legal, gelten aber nicht als legitim, d.h. sie erscheinen dem gesellschaftlich herrschenden Wertesystem als inakzeptabel. Das gilt unabhängig davon, ob sie christlich oder fernöstlich oder sonst wie orientiert sind; bei den christlichen auch unabhängig davon, ob sie innerhalb oder außerhalb der Kirche stehen. Als nicht legitim gelten, heißt einer Fülle von Diskriminierungen ausgesetzt zu sein, nicht selten mit äußerst schwerwiegenden Folgen". Auch die Vereinigungskirche e.V. ist eine jener religiösen Minderheiten, die Diffamierung und Diskriminierung zur Genüge kennen gelernt hat und immer noch erfährt.[5] So ist es beispielsweise dem Gründerehepaar Rev. und Frau Moon immer noch nicht erlaubt, wieder nach Deutschland einzureisen, um ihre Gemeinde hier vor Ort zu betreuen. Darüber hinaus verwehrt die Bundesregierung dem Gründerehepaar die Einreise in die meisten anderen Länder Europas durch die Ausschreibung des Ehepaars in der sogenannten Schengener Liste.

Beobachter der "religiösen Landschaft" in der Bundesrepublik sind sich einig, dass der schlechte Ruf religiöser Minderheiten hauptsächlich auf das Konto einiger amtskirchlicher "Sektenexperten" geht.[6] "Einige" soll heißen, dass nicht wenige kirchliche Beauftragte für Weltanschauungsfragen sich um Objektivität bemühen und zu ihren skrupellos-polemisierenden Kollegen auf kritische Distanz gehen. "Sektenexperten" in Anführungsstrichen, weil diese Kirchenmänner mit ihrem permanent paranoiden Blickwinkel alles andere als "Experten" sind. Denn wie kann jemand von sich behaupten, ein Experte zu sein, wenn er gleichzeitig einen direkten Dialog mit der von ihm beschriebenen Minderheit strikt ablehnt und dafür dreist von sich behauptet, er allein sei im Besitz der "Wahrheit und der Erkenntnis" bezüglich der jeweiligen religiösen Vereinigung?[7]

Auch die Evangelische Zentralstelle für Weltanschauungsfragen (EZW) steht den "Sektenjägern" der eigenen Kirche eher distanziert gegenüber.[8] Aber man lässt sie halt gewähren – denn niemand versteht so gut wie sie, den Sensationshunger der Medien zu bedienen und in der Öffentlichkeit Feindbilder der vermeintlichen Konkurrenz zu schaffen.

Wenn jedoch Medien und Politik den Aussagen solcher "Sektenexperten" blinden Glauben schenken und ihre Polemik unreflektiert übernehmen und wiederholen, dann wird die Verfolgung religiöser Minderheiten zu einer echten Bedrohung für den sozialen Frieden. Ungehört bleibt die Forderung des Göttinger Theologen Joachim Süss: "Nicht die sog. ‚Sektenexperten' in Kirchen, Medien und Politik, nicht die sog. 'Aussteiger', sondern die Anhänger bzw. Gläubigen neuer Religionen sind Partner im Dialog. Sie sind, das kann nicht oft genug wiederholt werden, die Sachverständigen, die Experten in ihren eigenen religiösen Angelegenheiten".[9] Auch wesentliche Empfehlungen der vom Bundestag eingesetzten Enquete-Kommission "Sogenannte Sekten und Psychogruppen", wonach schon 1998 festgestellt wurde, dass „gesamtgesellschaftlich gesehen die neuen religiösen und ideologischen Gemeinschaften und Psychogruppen keine Gefahr ... für Staat und Gesellschaft" darstellen, finden in den Medien und in der Politik so gut wie keine Beachtung. Vielmehr müsse "auch der individuelle und soziale Zugewinn, den Menschen erfahren (können), mit in Betracht gezogen werden". Weiterhin wird empfohlen "in Anbetracht der ... Unschärfe und Missverständlichkeit des Begriffs der 'Sekte' ... im Rahmen der öffentlichen Auseinandersetzung mit neuen religiösen und ideologischen Gemeinschaften und Psychogruppen auf die weitere Verwendung des Begriffs 'Sekte' [zu] verzichten".[10]

Was den konstruktiven Umgang mit religiösen Minderheiten betrifft, so gibt es in der Bundesrepublik noch immer einen großen Nachholbedarf. Eine der ältesten religiösen Minderheiten in Deutschland ist übrigens die jüdische Gemeinde. Seit den Tagen der "Heiligen Inquisition" hat niemand so sehr unter staatlicher Verfolgung gelitten, wie unsere jüdischen Mitbürger,[11] wobei die beiden Amtskirchen erschreckend wenig taten, um diesem Wahnsinn entgegen zu treten.[12] Prof. Ernö Lazarovits, selbst Holocaust-Überlebender, Mitglied des Ungarischen Zentralrates der Juden und des Internationalen Christlich-Jüdischen Rates, Träger des Großen Bundesverdienstkreuzes, meint in einer auf der Web-Seite des Forums für Religionsfreiheit (FOREF) veröffentlichten Stellungnahme zur Problematik religiöser Minderheiten: "Aus Erfahrung kann ich sagen, dass es mit der Judenverfolgung so begonnen hat, dass man uns zuerst schlechtgemacht hat, was im weiteren den Vorwand lieferte, die wohl auch Ihnen bekannten nächsten Schritte zu setzen." Lazarovits kritisiert die "Behandlung von Andersgläubigen ...., die man im Ansatz als kollektives Schlechtmachen bezeichnen kann, so wie man uns seinerzeit den 'Judenstern' umhängte" und fragt weiter: "Damals waren es 'nur' die Juden, heute sind es 'nur' die Sekten – wo ist der Unterschied?"[13]

Es grenzt schon ans Tragisch-Komische, wenn man beobachtet, wie sich Kirchen und Religionsgemeinschaften erbitterte Kämpfe liefern. Während evangelische "Sektenexperten" unvermindert auf religiöse Minderheiten eindreschen, beharrt die Katholische Kirche in ihrer Erklärung der vatikanischen Kongregation für die Glaubenslehre „Dominus Iesus" auf ihrem Anspruch, allein selig machend zu sein und meldet Zweifel an, ob sich die Evangelische Kirche überhaupt als solche bezeichnen dürfe, während sie selbst von der Orthodoxen Kirche in Russland und der Ukraine misstrauisch als unliebsamer Neuankömmling beäugt wird, den man am liebsten per staatlichem Dekret aus dem angestammten Territorium verbannen möchte.

Die eigentliche Auseinandersetzung in der heutigen Gesellschaft spielt sich nicht zwischen Katholiken und Protestanten, zwischen alteingesessenen Amtskirchen und neuen religiösen Minderheiten ab,

Vorwort

sondern zwischen einer Weltanschauung mit Gott als Mittelpunkt und dem Menschen als einem geistigen Wesen mit moralischer Verantwortung, und einem anti-religiösen Säkularismus, der danach trachtet, ethische und familiale Werte zunächst zu relativieren, um sie dann als längst überholt ganz aus unserem Leben zu streichen. Für die Verfechter dieser materialistischen Weltsicht spielt es nämlich keine Rolle, ob es sich bei den "Opfern der Irrationalität", die "leidenschaftlich an das offenkundig Unwahre ... glauben", um Mitglieder alt-etablierter Kirchen oder junger religiöser Minderheiten handelt. Für sie sind "Marienverehrung und der Heilige Krieg, Pilgerfahrten und Esoterikboom" die biologischen Phänomene der gleichen Hirnkrankheit. Moses Gotteserlebnis am Berg Sinai wird ebenso einem Anfall von Schläfenlappenepilepsie zugeschrieben wie die göttliche Mission der Jeanne d'Arc.[14]

Rev. Moon, der Gründer der weltweiten Vereinigungskirche, besitzt auch nach Jahrzehnten der Verfolgung durch die etablierten Kirchen einen unerschütterlichen Glauben an die den Religionen innewohnenden positiven Kräfte. Von Anfang an war er darum bemüht, Dialog und Einvernehmlichkeit zwischen den Religionen zu fördern, so dass sie ihre ursprüngliche und von Gott gegebene Aufgabe endlich erfüllen können, nämlich gemeinsam einen entscheidenden Beitrag zur Errichtung einer friedlichen Welt zu leisten. In seiner Rede anlässlich des 20. Jahrestages der von ihm gegründeten Washington Times bemerkte er: "Die Mission der Washington Times allerdings war mit dem Ende des Kalten Krieges noch nicht abgeschlossen. Der Fall des Kommunismus leitete nicht automatisch zu einer Welt des Friedens über. Und er bedeutet auch nicht, dass sich die ideale Gesellschaft, die Gott sich wünscht, ohne weitere Anstrengungen unsererseits von selbst verwirklicht. Daher musste sich die Washington Times in ihrer zweiten Dekade einer neuen Herausforderung stellen, einem 'Kulturellen Krieg' oder einem Kampf gegen die Herabwürdigung und den Zerfall der Werte".[15]

Diese kulturelle Auseinandersetzung ist noch lange nicht beigelegt. Wann werden Amtskirchen, Freikirchen, religiöse Minderheiten und neue spirituelle Gruppen erkennen, dass sie auf der gleichen Seite stehen, ein gemeinsames Anliegen vertreten und der gleichen Herausforderung gegenüberstehen? Dieses Buch "Blickpunkt Vereinigungskirche" möchte jedenfalls einen Beitrag dazu leisten.

Sicherlich reicht es nicht aus, sich über eine religiöse Minderheit wie die Vereinigungskirche, nur in Form knapp gehaltener und oft sensationell aufgebauschter Pressemeldungen zu informieren. Wer sich darüber hinaus im Buchhandel oder der Bücherei kundig macht, findet in der Regel nur Literatur amtskirchlicher "Sektenexperten", die im Auftrag ihres Arbeitgebers schreiben, und der lautet nun mal nicht, das Gute, Wertvolle und Verbindende der religiösen Minderheit zu würdigen. Dabei gibt es wertvolle Beiträge aus Theologie und Geisteswissenschaften, die genau dies tun. Einige dieser Beiträge werden im vorliegenden Buch noch einmal neu aufgelegt, wenn möglich mit einem aktuellen Nachwort des Autors. Auch wenn die meisten Aufsätze aus den 80ger Jahren stammen, sind sie so gut recherchiert, dass sie auch für die Vereinigungskirche in der heutigen Zeit gültig und relevant geblieben sind. Im dritten Teil unter der Überschrift "In eigener Sache" kommen Mitglieder der Vereinigungskirche zu Wort. Dort geht das Buch auf ganz aktuelle Entwicklungen ein und bringt den Leser auf den neuesten Stand unserer Religionsgemeinschaft in Deutschland und anderen Ländern Europas.

Fritz Piepenburg (Hrsg.)
Leiter des Arbeitskreises für Öffentlichkeitsarbeit
Vereinigungskirche e.V.

Vorwort

ANMERKUNGEN

[1] Die Langzeitstudie "Religion im Leben der ÖsterreicherInnen 1970-2000" hat Zulehner unter dem Buchtitel "Kehrt die Religion wieder" im Schwabenverlag, Ostfildern 2001, veröffentlicht.

[2] Paul Zulehner, "Kehrt Gott wieder?", Artikel im Wiener Journal Dez. 2001/Jan. 2002.

[3] Eine gute Einführung in die Pluralistische Theologie der Religionen findet man in John Hick "Gott und seine vielen Namen", Verlag Otto Lembeck, Frankfurt 2001.

[4] Martin Kriele, "Religiöse Diskriminierung in Deutschland", in Zeitschrift für Rechtspolitik, 11. November 2001, 43. Jahrgang.

[5] Vergl. Vereinigungskirche e.V. (Hrsg.) "Staatliche Diskriminierung einer religiösen Minderheit", 1997.

[6] Vergl. dazu: Gerhard Besier/Erwin Scheuch (Hrsg.) "Die neuen Inquisitoren – Religionsfreiheit und Glaubensneid", Teil I+II, Edition Interforum, Zürich 1999.

[7] Ein gutes Beispiel dafür bietet ein Artikel von Pfarrer Gandow, "Sektenexperte" für Berlin-Brandenburg, unter der Überschrift "Handel und Wandel in der Mun-Bewegung" (Berliner Dialog 17,2 von 1999). In Fußnote 4 greift Gandow den langjährigen Vorsitzenden der EZW Reinhard Hummel scharf und beleidigend an, indem er ihm vorwirft, er habe sich von den Munis über den Tisch ziehen lassen. Wörtlich schreibt Gandow: "Auf der anderen Seite ist es aber auch empörend, dass die deutschen Vertreter der Mun-Bewegung sich nicht schämten, einen wohlgesonnenen älteren Herrn (gemeint ist Hummel) über den Tisch zu ziehen und für dumm zu verkaufen und damit einen alten Hasen mit veralteten Informationen ins Abseits laufen zu lassen." In den Augen Gandows hatte Hummel anscheinend den unverzeihlichen Fehler begangen, sich direkt mit der Vereinigungskirche in Verbindung zu setzten, anstatt sich allein auf die "Expertise" der "Sektenexperten" zu verlassen.

[8] Erst im Januar dieses Jahres machte Gandow erneut von sich reden, als er in griffigen Worten vor den angeblichen Gefahren warnte, die von der US amerikanischen De Moss Stiftung ausgingen. Dabei brachte er auch in unzulässiger Weise Rev. Moon mit ins Spiel. Nach wenigen Tagen verkündete Michael Utsch von der EZW genau das Gegenteil: Von der in Florida ansässigen Stiftung gehe keine Gefahr aus - und bereitete damit dem Spuk ein Ende.

[9] Joachim Süss, "Perspektiven für den Dialog mit neuen Religionen", in Spirita Zeitschrift für Religionswissenschaft, 13. Jahrgang Heft 1/99.

[10] Endbericht der Enquete-Kommission "Sogenannte Sekten und Psychogruppen", S. 148f., veröffentlicht am 09.06.1998.

[11] Dabei sollte man nicht vergessen, dass auch andere religiöse Minderheiten Opfer des Holocaust wurden. Vergl. dazu Gabriele Yonan "Jehovas Zeugen – Opfer unter zwei deutschen Diktaturen: 1933-1945, 1949-1989", numinos Religion und Zeitgeschichte, 1999.

[12] Vergl. dazu Gerhard Besier, "Die Kirchen und das Dritte Reich – Spaltungen und Abwehrkämpfe 1934-1937", Propyläen Verlag 2001.

[13] Veröffentlicht unter: http://www.religionsfreiheit.at/cd-rom-stellungnahme.htm.

[14] So im Leitartikel des Nachrichtenmagazins Der Spiegel, "Hirnforschung – Der gedachte Gott – Wie Glaube entsteht", Nr. 21/18.05.2002.

[15] Rev. Sun Myung Moon "Freiheit, Familie und Glaube – Die Rolle der Medien im 21. Jahrhundert", Festansprache zum 20. Jahrestag der Washington Times, Hilton Washington Hotel, Washington DC. Der gesamte Text kann nachgelesen werden unter: www.vereinigungskirche.de/ansprachen/20020521a.htm.

Teil I

Beiträge aus der Theologie

DIE GÖTTLICHEN PRINZIPIEN - ANMERKUNGEN ZUM GRUNDLEGENDEN BUCH DER VEREINIGUNGSKIRCHE [i]

Paul Schwarzenau

Im folgenden schreibe ich über die "Göttlichen Prinzipien", das grundlegende Buch der Vereinigungstheologie. Ich schreibe nicht über die Vereinigungskirche selbst und ihre Lebensformen, da ich mir darüber kein zureichendes Bild machen kann. Auf Äußerungen dazu aus zweiter Hand gehe ich weder so oder so ein. Mich leitet weder nach der einen oder anderen Richtung ein apologetisches oder gar polemisches Interesse.

Was mich vielmehr interessiert, sind einige Zusammenhänge, die in den "Prinzipien" zum Ausdruck kommen, von denen ich meine, dass die christlichen Kirchen an ihnen nicht einfach vorbeisehen dürften. Ich spreche als evangelischer Theologe, bin aber ungeachtet oder gerade wegen dieses Standortes der Meinung, dass das Christentum an einen Punkt angekommen ist, wo es sich weiterentwickeln muss, weiterentwickeln im Blick auf die großen Weltreligionen und die großen außereuropäischen Kulturkreise. Das Christentum muss den Mut aufbringen, sich aus der Einschränkung auf den westlichen Kulturkreis zu lösen.

Außerdem enthält die Vereinigungstheologie der "Prinzipien" eine

---

[i] Erstmalige Veröffentlichung in: "Stellungnahmen zu Theologie und Praxis der Vereinigungsbewegung", Kando-Verlag 1992; beinahe gleichzeitig auch in Heft 1/1992 "Religio - Das ökumenische Magazin für Unterricht in Schule und Kirchen"; der Aufsatz erschien zuletzt in: "Ein Gott in allem : Aufsätze zum Gottesbild der Religionen", Paul Schwarzenau. - Köln ; Weimar ; Wien : Böhlau, 1999 (A.d.R.)

Reihe von Motiven, die mich insofern betroffen machten, als sie sich mit Fragen berühren, die einer der bedeutendsten modernen Forscher, der Tiefenpsychologe Carl Gustav Jung, an das heutige Christentum stellt. Ich denke dabei insbesondere an seine beiden Werke "Antwort auf Hiob" und "Aion". Aion heißt hier ja, was geschieht eigentlich in unserem Zeitkreis, im christlichen Äon. Jung sieht darin sich Veränderungen vorbereiten, die er im Sinne einer Komplementarität oder sogar Kompensation des bisher als christlich Verstandenen deutet.

Das Christentum, so wie wir es uns traditionell angeeignet haben, auch das protestantische, ist aus dem Hellenismus heraus geprägt. Aus der geistigen Arbeit von Platon und Aristoteles stammen die Formkräfte, die dem griechisch-orthodoxen, dem lateinischen und dem protestantischen Christentum die Abrundung gaben. Das wird, insbesondere im Protestantismus, leicht übersehen, von dem man annimmt, er sei unmittelbar aus der Bibel abgeleitet. Andererseits hat das Christentum durch die schon frühe Ausstoßung der Geistesbewegung der Gnosis die Tür zu den fernöstlichen Religionen zugeschlagen, insbesonders zu Hinduismus und Buddhismus.

Außer zu Hinduismus und Buddhismus ist für uns heute die Begegnung mit jener anderen fernöstlichen Religiosität, nämlich mit dem chinesischen Universismus, von unschätzbarer Bedeutung. Hier sind die beiden großen Religionsstifter Konfuzius und Laotse zu nennen. Zu Grunde aber liegt beiden das Buch I Ging mit seinem synchronistischen Weltverständnis. Auf dieses Weltverständnis hat C. G. Jung in Zusammenarbeit mit dem Physiker Wolfgang Pauli in seinem Spätwerk nachdrücklich hingewiesen. Wir sind in unserem westlichen wissenschaftlichen Denken, das weithin auch unser Alltagsdenken bestimmt, gewohnt, die Weltzusammenhänge ausschließlich unter der Kategorie der Kausalität zu begreifen. Demgegenüber machen Jung und Pauli das Prinzip der Synchronizität, der sinngerichteten inneren und äußeren Parallelhandlungen, als eine weitere und tiefere Erklärungskategorie geltend.

Durchgängige Synchronizität aber ist das Kennzeichen des Weisheitsbuches I Ging. Die jeweils konstellierten Hexagramme dieses Buches zeigen Synchronizitäten im Kosmos, im Staat, in der Ehe, in der Familie, in geschwisterlichen Verhältnissen und im Einzelwesen auf.

Die Göttlichen Prinzipien - Anmerkungen

Dabei spielt die Familie in diesem dann von Konfuzius geprägten Weltbild eine zentrale Rolle. Alle diese Elemente findet man in den "Göttlichen Prinzipien wieder. Man hat es hier mit einer Begegnung von chinesisch koreanischem Denken mit dem hellenistisch jüdischen Denken, speziell mit dem heilsgeschichtlichen Bild der Bibel und der kosmischen Bahn des Synchronizitäten schaffenden Tao zu tun. Ich halte einen solchen Versuch der Synthese von biblischer Überlieferung und fernöstlichem Denken nicht von vornherein für unberechtigt. Sie muss gemacht werden, zumal der Hinweis auf C. G. Jung zeigt, dass sich auch unser physikalisches Weltbild in Richtung auf das der fernöstlichen Konzeption entsprechende Synchronizitätsdenken erweitern wird. Andernfalls würden wir mit einem westlich christlichen Weltbild hinter der weiteren Entwicklung zurückbleiben. So gesehen, stellen die "Prinzipien" einen wichtigen Diskussionsbeitrag dar.

Ich komme auf ein weiteres Fragmal zu sprechen, das in den "Prinzipien" angesprochen wird. Es sind das Probleme, die mit dem christlichen Gottesbegriff gegeben sind. Aus der Jungschen Tiefenpsychologie ergibt sich eine gewisse Defizienz im christlichen Gottesbild nach der Seite des Weiblichen und nach der Seite des Dunklen. Nach Jung ist Gott ein Complexio oppositorum, eine Verflechtung und Verwobenheit der Gegensätze. In Gott sind als Polaritäten oder auch Gegensätze das Lichte und das Dunkle, das Gute und das Böse, das Männliche und das Weibliche enthalten. Solche Vorstellungen sind dem platonisch oder aristotelisch definierten christlichen Gottesbild, wie auch im allgemeinen dem Neuen Testament (im Unterschied zum Alten Testament) fremd. Ausnahmen dazu finden sich bei Nikolaus von Cues, bei Luther und Jakob Böhme. Um das komplexe Gottesbild zu beschreiben, könnte man sich in chinesischen Gedankengängen wie folgt ausdrücken: In Gott sind Yang, das männliche Prinzip, und Yin, das weibliche Prinzip, vereinigt, und: aus Gott gehen Yang und Yin hervor und beschreiben den Weg Gottes mit und in der Welt.

Eine weitere Defizienz liegt nach C. G. Jung in der nur geistigen und lichten Weise, wie Jesus Christus beschrieben und lehrmäßig definiert wird. Dadurch wird das Himmelreich vom Erdenreich getrennt. Man könnte es auch so ausdrücken: Jesus trat auf mit der Verkündigung des Reiches Gottes, das natürlich auf Erden durchbrechen sollte, sein Leben endete aber am Kreuz, und es entstand statt des Reiches die Kirche und die Spaltung in Kirche und Welt. In der Reformation ist dieser Gegensatz nicht gelöst, sondern eher noch verstärkt worden durch die Zwei-Reiche-Lehre Luthers. Versuche, diese Spaltung zu überwinden, hat es in der Christenheit nur wenige gegeben, eine der bekanntesten bildet der Pietismus des Grafen Zinzendorf, dessen Herrnhuter Brüdergemeine eine politisch-religiöse Einheit bildete. In ihr begann das Himmelreich gleichsam schon auf Erden. Dieser besonderen Stellung entsprach die Vorstellung von einem Sonderbund Christi mit der Herrnhuter Brüdergemeine.

Die "Göttlichen Prinzipien" gehen auf diese Fragen ein. In ihnen wird von Gottes Polarität gesprochen. Gott ist männlich und weiblich. Gott hat eine Innenseite und eine nach außen gehende Seite. Gott ist Vater und Mutter. Das Problem des Muttertums Gottes wird heute sehr stark vom Feminismus angefragt, bis hin zu der Möglichkeit, darin die tiefere, ursprünglichere Seite der Gottheit zu erkennen. Zu dieser Polarität kommt noch eine weitere Vorstellung hinzu: Gott ist in sich dialogisch, d. h. er schafft sich je ein Gegenüber und tritt zu diesem in eine Beziehung ein. So geht aus Gott das Universum hervor, zugleich aber tritt Gott zu diesem in eine Beziehung ein und konzentriert dieselbe dialogisch auf den Menschen hin. Dabei wird aber der Mensch nicht vom Universum isoliert, sondern durch den Dialog Gottes mit dem Menschen wird das Universum vollendet und erfährt seinen Mittelpunkt. Es besteht also ein Umschluss von Gott, Welt und Mensch, in dem sich diese Dreiheit selbst vollendet. Das heißt: Gott ist nicht der von Ewigkeit schon fertige Gott, sondern er ist angelegt auf eine Verwirklichung, zu der er des Menschen bedarf, zu der er des Universums bedarf. Mensch und Universum stellen Möglichkeiten dar, die in Gott schon liegen und aus ihm so hervortreten, dass Universum und Mensch nicht einfach Gemächte Gottes sind. Der Schöpfungsgedanke kann ja so missverstanden werden, als seien Welt und Mensch nur so ein Stück Tongefäß, das man formen und nach Belieben wieder zerscherben kann. Welt und Mensch sind ein Gottbildliches, eine Entsprechung und Beziehung, im Menschen ein Du, das Gott gegenübersteht. Der Mensch fasst das Universum zusammen und bildet das Du der umfassenden Beziehung zu Gott. Dieses dialogische Element, das in

Die Göttlichen Prinzipien - Anmerkungen

der neueren Philosophie und Theologie Martin Buber klassisch ausgeformt hat, findet man in großem Umfang, wohl ohne direkten Einfluss Bubers, in den "Prinzipien" wieder.

Ein anderer Gedanke, der aus der jüdischen Mystik stammt und im Werk Bubers einen Ausdruck gefunden hat, findet sich ebenfalls in den "Prinzipien": Gott hat Schicksal. Gottes Schicksal ist gebunden an die Entscheidung des Menschen. Er ist daran gebunden, wie der Mensch auf seinen Anruf antwortet und Gottes Schöpfung vollendet. Im vollendeten Universum durch den vollendeten Menschen ist auch Gott erst ganz vollendet und verwirklicht. Das ist ein Gottesbild, wie es der Würde des Menschen erst voll entspricht und dem modernen Menschen, der auf Partnerschaft und Demokratie angelegt ist, angemessen ist. Auch außerhalb der Vereinigungskirche entwickelt sich in den Theologien anderer Kirchen zunehmend ein solches auf Partnerschaftlichkeit zwischen Gott und Mensch angelegtes Gottesbild.

Dazu kommt ein weiterer bedeutsamer Gedanke. Das Zentrum Gottes ist in der christlichen Theologie, wenn ich sie richtig interpretiere, das Ich Gottes. Die Trinität wird geradezu als Selbstentfaltung des Ich, als Selbstbewusstsein Gottes vorgestellt, so schon bei Augustinus und ausdrücklich in der protestantischen Theologie bei Melanchthon. Ein Ich ist als Selbstbewusstsein ja ein solches, das sich sich selbst gegenübersetzen und dadurch zugleich erst ergreifen, reflektieren kann. Gott bringt aus sich ein Bild von sich hervor und kommuniziert mit ihm. In den "Göttlichen Prinzipien" ist nun nicht das Ich, sondern das Herz das eigentliche Zentrum Gottes. Das liegt gewissermaßen tiefer in Gott. Der Mensch ist nach dem Bilde Gottes geschaffen, d. h. sein tiefstes Zentrum ist nicht sein Ich, sondern etwas, was tiefer in ihm liegt, sein geistiges Selbst, wie die "Prinzipien" dieses Zentrum nennen.

Auch hier möchte ich wieder an C. G. Jung anknüpfen. Jung ist der Meinung, dass das eigentliche Zentrum des Menschen nicht das Ich ist - dieses ist nur das Zentrum des bewussten Teiles des Menschen -, sondern dass dahinter noch ein tieferes Zentrum, das Selbst, angelegt ist, das im Laufe eines geistigen und seelischen Bilde- und Entwicklungsprozesses gestaltet und an das Ichbewusstsein herangeführt werden muss. Dieses Selbst finden wir etwa in der indischen Religion unter der Bezeichnung "Atman" wieder, in der neuplatonischen und christlichen

23

Mystik als das "Fünklein" bei Meister Eckart auch unter der Bezeichnung "die Burg", "das Castellum". Das Selbst ist der "Ort", wo der Mensch mit der Natur Gottes eins ist, das Göttliche im Menschen. Nach den "Prinzipien" ist dieses geistige Selbst etwas, was nach dem Tode des Menschen in die geistig göttliche Welt zurückgeht. Gott und Mensch haben also ein letztes, tiefstes Zentrum, das Herz, das auch mit Gemütsbewegungen, Affekten, einhergeht. Der Begriff der Freude spielt in diesem Zusammenhang, gerade auch auf der Seite Gottes, eine große Rolle.

Der Begriff des Selbst ist nach C. G. Jung nicht einfach ein abstraktes Menschentum, sondern ein androgynes, ein mann-weibliches oder weib- männliches Menschentum. Der Mensch ist in sich mann-weiblich. Die Frau enthält in sich männliche Seelenanteile, den Animus, der Mann umgekehrt in sich weibliche Seelenanteile, die Anima. Zu Selbstfindung und Selbstverwirklichung ist es notwendig, dass der Mensch die Hochzeit mit sich selbst eingeht. Das heißt, dass der Mann sich mit seinem weiblichen Anteil verheiratet und umgekehrt die Frau mit ihrem männlichen Anteil. Dabei soll der zunächst verborgene und unterentwickelte gegengeschlechtliche Anteil so entfaltet werden, dass er dem anderen gleichwertig wird. Ein reifes Menschentum entsteht eigentlich nur dann, wenn der Mensch fähig wird, die heilige Hochzeit in sich selbst zu vollziehen. Der Mensch ist seinem Wesen nach in der Ehe, auch wenn er noch nicht mit einem anderen Menschen als Partner verheiratet ist. Er hat von seinem Wesen her eine dialogische Beziehung in sich selbst und ist dadurch zugleich auf eine dialogische Beziehung zu einem gegengeschlechtlichen Partner angelegt. Er ist von seinem Wesen her angelegt auf den gegengeschlechtlichen Partner und befindet sich zugleich in einer dialogischen Beziehung zu Gott, wodurch die Positionen bezeichnet sind, von denen die "Prinzipien" sprechen. Zu den genannten Positionen kommt als vierte die des Kindes. Das, was aus uns entstehen und entwickelt werden soll, das Selbst, ist nicht nur der Urkern unseres Wesens, sondern ist zugleich die Urform des Kindes, das, was aus der Tiefe des Wesens hervor- und ans Licht gebracht werden soll, wenn Männliches und Weibliches sich in uns vermählen. Als Symbol dafür spielt das "göttliche Kind" in den Religionen eine große Rolle. Die "vier Positionen" der "Prinzipien" bilden also nicht etwas Konstruiertes, sondern bringen die Vollständigkeit des Menschen zum Ausdruck.

Wir deuteten es schon an, nicht nur der Mensch, sondern auch Gott ist auf Freude angelegt. Hier taucht mit schlichterem Namen der philosophische und theologische Begriff der Eudaimonia, der Glückseligkeit, wieder auf. Diese Freude oder Glückseligkeit hat Gott nicht automatisch in sich, sondern er ist von Trauer erfüllt, wenn seine Schöpfung unvollendet bleibt. Darin erfüllen sich die Wesenskräfte seines Herzens, dass er zur Eudaimonia hinstrebt und diese allen mitzuteilen sucht. Es geht also um eine Erfüllung, eine Verwirklichung seines Selbst, dessen, was in Gott angelegt ist.

Nun muss man weiter sehen, dass der Mensch als eine noch nicht abgeschlossene Wirklichkeit verstanden wird. Mit der Geschichte des Kosmos und der Menschheit ist ein Wachsen des Menschen verbunden. Es gibt da eine sehr schöne Stelle aus dem Kolosserbrief, die in fast allen Übersetzungen falsch wiedergegeben wird. Es wird dann so übersetzt, als seien die Glaubenden die Pflanzung Gottes. Wir sind aber als Glaubende nach dieser Stelle (Kol 2,19) das "Wachsen Gottes" selbst. Gott, die Anlage in uns wächst, und mit ihr wächst Gott. Nach den "Prinzipien" vollzieht sich dieses Wachsen über drei Stufen: die Gestaltungsstufe, das ist die Urgabe, die dem Menschen mitgegeben ist, die Wachstumsstufe und die Vollendungsstufe, auf die das Ganze zustrebt. In dem Zusammenhang heißt es, dass er über das Universum und die Engel herrschen soll. Diese Vorstellungen sind im traditionellen Christentum fast ganz verloren gegangen. Irgendwo findet man sie noch mal in dogmatischen Schriften. In der protestantischen Theologie hat man den Gedanken vergessen oder bestreitet ihn, dass Gott Mensch ward, damit der Mensch durchgottet werde und dass darin die Menschengestalt zur Vollendung kommt.

Es ist auch vergessen, dass der Mensch dazu bestimmt ist, ein Übermensch zu werden, verglichen mit dem, was er jetzt ist. Die universalen Kräfte sind ja im Menschen als dem Mikrokosmos konzentriert. Der Kosmos verliert seine Mitte ohne diesen Mikrokosmos. Indem die Kräfte im Menschen weiterwachsen und sich der Vollendung zu bewegen, wirkt der Mensch in den Kosmos hinein und damit auch in die Bildekräfte hinein, die den Kosmos durchformen, d. h. er wirkt in die Engelwelt hinein, aus der die kosmischen Bildekräfte hervorgehen. Die Engel sind Diener Gottes, aber der Mensch ist ein synergos, ein Mitwirkender oder Mitarbeiter Gottes. Über das Wie ist in den "Prinzipien" nicht allzu viel gesagt. Man könnte in diesem Zusammenhang an die Wunderkraft Jesu denken, die dem Menschen in der Vollendung zur Verfügung stehen wird. Ich denke dabei an die Fähigkeiten der Levitation, der Bilikation, der Materialisation und der Entmaterialisation, Fähigkeiten, wie sie im Wandeln auf dem See, in der wunderbaren Speisung oder dem Gehen durch verschlossene Türen bei Jesus zum Ausdruck kommen. So wie wir jetzt mit unseren Gedanken an jeder Stelle der Welt sein können, so könnte der Mensch einmal eine Stufe erreichen, wo er sich in verwandelter Körperlichkeit mit dem Blitz des Gedankens an jede Stelle des Kosmos schwingen kann. Das, weil der Mensch ein Wesen ist, das über die Engel hinaus sich entfalten soll. Ich möchte es bei diesen Andeutungen belassen.

Ich habe den Punkt schon angedeutet, dass der Mensch sich wesensmäßig schon in der Ehe befindet, will ihn aber noch etwas weiter ausführen. Unter dieser Voraussetzung war auch Jesus, ob er nun mit einer irdischen Frau verheiratet war oder nicht, in der Ehe. Die Ehe ist kein bloßer Vertrag, auch kein bloßer Ausdruck der Polaritäten, wie das bei den Tieren der Fall ist, sie ist auch keine bloße Schöpfungsordnung, wie Luther meinte, sondern das tiefste Mysterium oder Sakramentum, das offen ist zum göttlichen Du. "Die verlängerten Beziehungen von Ich und Du schneiden sich im unendlichen Du, im Du Gottes" (Martin Buber). Wo also zwei Menschen sich vor einander erschlossen finden, was ein ganzheitliches schöpferisches Geschehen ist und in diesem Sinne ein Schöpfungsakt Gottes, da ist Ehe. In diesem Augenblick ist der Dritte, der Gott, der Hintergrund dieser Beziehung, ja der Gott ist damit realisiert. In diesem Sinne ist die Ehe das Ursakrament schlechthin. Es ist die Vereinigung von Himmel und Erde, denn in Mann und Frau sind zugleich Himmel und Erde abgebildet. Das Wort "Ehe" bedeutet in der sprachlichen Tiefe; Bündnis, Bund zwischen Himmel und Erde. Die Ehe ist zugleich hingeordnet auf das Vierte, das Kind, die Familie. Damit sind die vier Positionen der "Prinzipien" zum Ausdruck gebracht. Das gilt auch dann, wenn die Ehe kinderlos bleibt, denn das "Urkind" ist, wie wir an anderer Stelle ausgeführt haben, das

Selbst.

Wir kommen nun auf einen der vielleicht schwierigsten Abschnitte innerhalb der "Göttlichen Prinzipien" zu sprechen: den Sündenfall. Die moderne Theologie weist daraufhin, dass der Mensch sich immer schon in einer Gebrochenheit zwischen seiner Wesensstruktur oder Essenz und seiner tatsächlichen Vorfindlichkeit oder Existenz befindet. Dieses Spannungsverhältnis zwischen Essenz und Existenz, das der Mensch wohl fühlt und den Grund für sein tieferes Leiden bildet, weist ihn auf eine Gegebenheit hin, die die "Prinzipien" das ursprüngliche Gemüt nennen. Da dieses ursprüngliche Gemüt in diesem Dasein nur gebrochen und verdeckt vorkommt, weist es auf eine frühere Existenz zurück, die diese Spannung noch nicht kannte, die paradiesische Existenz. Der eigentliche Sündenfall hat sich in der geistigen Welt, in der archetypischen oder urbildlichen Welt abgespielt, im Paradies. Das heißt, es ist etwas von diesem Sündenfall dann noch wiederzufinden in der archetypischen Welt in uns, die nach C. G. Jung das sogenannte Unbewusste ausmacht. Denn in diesem Unbewussten finden wir die Kräfte der Urwelt wieder als Bilder, besser: Urbilder, die unter den Gestalten von Anima und Animus das Urmenschenpaar in jedem von uns enthalten, und zwar auf einer unreifen Stufe. Nach den "Prinzipien" ist nun der Sündenfall dadurch zustande gekommen, dass der Erzengel Luzifer, der ein Diener der Menschen sein sollte, ihm in der Wachstumsstufe noch überlegen. war. Er spürte, dass der Mensch und nicht er von Gott als Mittelpunkt der Welt gemeint war. Darüber empfand er Neid. Er wollte sich daher des Menschen bedienen und diesem dadurch zugleich Schaden zufügen. Er habe aus diesem Grunde eine sexuelle Beziehung zu Eva angeknüpft, und Eva sei auf diese sexuelle Beziehung eingegangen, weil sie von Luzifer, dem Erzengel, fasziniert wurde.

Um diesen Zusammenhang zu klären, müsste man wohl fragen: Wie begegnet eigentlich eine Frau in der Wachstumsstufe dem Mann? Oder: Wie begegnet eigentlich ein Mann in der Wachstumsstufe, also im unreifen Zustand, der Frau? Es ist so, dass sich da bis auf den heutigen Tag ein Geisterspiel vollzieht. Im Zustand der Verliebtheit begegnet die Frau gar nicht dem anderen, dem Du, dem wirklichen Menschen, sondern sie begegnet dem projizierten Mannesbild, dem

Animus, den sie auf den betreffenden Mann projiziert hat und mit ihm verwechselt. Sie begegnet also ihrem Animus, einer schillernden luziferischen Gestalt von ungeheurer Schönheit und Faszination, die zu völliger Hingabe hinreißt. Entsprechendes gilt dann für den Mann mit Blick auf die Frau im unreifen Zustand der Verliebtheit. Der Ehebruch mit dem Animus und der Anima ist etwas, was der geistigen Welt angehört. Es ist etwas, was nicht nur der subjektiven Innenwelt des Menschen angehört, sondern es handelt sich bei diesen Archetypen um eine transpersonale und transsubjektive Wirklichkeit. Es ist etwas, was den einzelnen Menschen im kollektiven Sinne, also der gesamten Menschheit, überschreitet. Es sind Bildekräfte. Engel sind Bildekräfte, die den einzelnen Menschen überschreiten. Wir müssen also annehmen, dass sich im Paradies, das sich jetzt in der Tiefe der Menschheit befindet, eine unreife Beziehung von ungeheurer Faszination abgespielt hat, die den Menschen den luziferischen Animus- Anima-Kräften anheim gab. Auf diese Andeutungen möchte ich mich in diesem Zusammenhang beschränken.

Ich möchte noch einen Hinweis geben auf die sehr schöne Auffassung, die im vollkommenen Adam den Baum des Lebens erkennt. In der jüdischen Mystik ist Gott der Adam Kadmon, der Urmensch und androgyne Mensch. Dieser Adam Kadmon wird gleichzeitig als Baum vorgestellt. Es ist der Sephirotbaum. Die Sephirot bilden Emanationen göttlicher Kräfte und stellen in ihrer Gesamtheit eine göttliche Geist- und Seinsstufung dar. Diese bildet zugleich die Tiefe der Schöpfung und des Menschen vor. Makrokosmos und Mikrokosmos korrespondieren miteinander. Gott ist als Sephirotbaum, wie erwähnt, ein Androgyn, es gibt in ihm eine männliche und eine weibliche Hälfte, gleichzeitig ist Gott verheiratet mit Malchut, der weiblichen Repräsentantin des Reichs. Ich kann aus diesen Amplifikationen, denen sich noch weitere aus dem Bereich der Religionswissenschaft hinzufügen ließen, die Vorstellung der "Prinzipien", die im vollkommenen Adam den Baum des Lebens sieht, nicht für eine bloße Konstruktion halten. Ähnliches gilt für die vollkommene Eva, die als der Baum der Erkenntnis bezeichnet wird. Die vollendete Anima ist die Trägerin der Gnosis, der vollkommenen Erkenntnis, und der vollkommenen Liebe; denn nur aus der Liebe erkennen wir richtig. Die Schlange ist als ein Sinnbild für

Die Göttlichen Prinzipien - Anmerkungen

Engel sowohl im positiven wie im negativen Sinne bekannt. Das sind Anmerkungen, Beobachtungen zu den "Prinzipien", die ich nicht als abschließende Erklärungen betrachten möchte.

Ich komme nun auf die menschliche Geschichte zu sprechen. Diese wird in den "Prinzipien" als Wiederherstellung Adams über das Wachstumsstadium hinaus verstanden. Der Gedanke der Wiederherstellung oder Restitution spielt in der christlichen Theologie eine bedeutende Rolle. So bezeichnet Philipp Melanchthon in seinen Loci theologici die Heilsgeschichte als restitutio imaginis Dei in homine (Wiederherstellung des Gottesbildes im Menschen). Nun ist es interessant, dass in den "Prinzipien" diese Geschichte als eine Geschichte des Scheiterns beschrieben wird. Das erinnert an Gedankengänge, wie sie sich bei Martin Buber finden, z.B. in seiner Schrift "Der Glaube der Propheten". Dort heißt es, dass Gott immer wieder den Versuch mache, den Menschen zu der entscheidenden, Welt und Gott erlösenden Umkehr zu bewegen. Aber da der Mensch immer neu versagt, wird die Lösung immer wieder bis zur wendenden Antwort des Menschen hinausgeschoben. Es entsteht so eine Leidensgeschichte Gottes und des Menschen. Gott hängt auch hier, wie es scheint, mit dem Unbewussten zusammen, das mehr als das Bewusste weiß, wobei ich die Frage der Identität von Gott und Unbewusstem offen lasse. Im Unbewussten kehren alle ungelösten Probleme wieder. Der Mensch wird immer neu auf die Dinge hin befragt und konfrontiert, die er nicht gelöst hat.

Dieser Gedanke wird in den "Prinzipien" so aufgenommen, dass es wohl eine absolute Prädestination des Zieles der Geschichte gibt, aber eine relative Prädestination der Personen und Gruppen. Das heißt, Gott versucht es beispielsweise mit Adam. Wenn er versagt, behält er sein Ziel bei. Er greift zur nächsten Person und Menschengruppe, wie zu Noah, zu Abraham, zu Mose, zu Jesus usw., um immer aufs neue das Ziel zu erreichen, das in einer bestimmten Geschichtssituation jeweils verspielt worden ist. Dahinter liegt eine gewisse Schwermut, auch die Schwermut, dass wir es selbst sein könnten, die Gott in die Trauer zurückwerfen, aber es liegt darin auch eine letzte unbesiegbare Hoffnung, dass Gott sein Ziel zuletzt doch erreichen wird. Unter diesem Aspekt kommt es zu einem spiralförmigen Aufstieg der menschlichen Geschichte und der Menschheit. Das erinnert an den Schlussteil von

Bubers Buch "Ich und Du". Der Mensch fällt aus der Gottesbeziehung heraus, in immer neuen Vorstößen Gottes knüpft sie sich wieder an.

Geschichtsphilosophisch und geschichtstheologisch drückt sich das in bestimmten Ergebnissen aus. Das geschichtliche Geschehen wird durch sie auf eine immer weitere Ebene gehoben, ein Vorgang, dessen Beschreibung sich in manchem mit den Vorstellungen des historischen Materialismus (Histomat) des Marxismus berührt. Die Geschichte wird von der Sippen- und Stammesebene als Gestaltungsstufe auf die nationale Ebene als Wachstumsstufe gehoben. Heute fällt die Entscheidung auf der weltweiten Ebene der Vollendungsstufe. Man könnte, was den Lauf der Geschichte anlangt, auch von einer felix culpa sprechen, einer glücklichen Schuld; denn ohne Adams Fall steckten wir noch in der einfachen Familienbindung.

Die Geschichte hat sich nach den "Prinzipien" auf einen letzten Dualismus, den von Kommunismus und Demokratie, zugespitzt. Die "Prinzipien" haben damit die Erwartung eines Dritten Weltkrieges verbunden, zugleich aber deutlich gemacht, dass dieser auch in Form einer rein ideologischen Auseinandersetzung verlaufen könne. Für letzteres sprechen die weltpolitischen Ereignisse heute. Zuerst kommen in der Geschichte die Lösungen ohne Gott, dann erst die Lösungen mit Gott. Eine solche Vorstellung wird beispielsweise auch in den judenchristlichen Pseudo-Klementinen vorgetragen.

Die Geschichte wird als eine Parallelität und Rivalität von Gruppierungen und Richtungen gesehen, in denen sich der Bruderstreit von Kain und Abel wiederholt. Dieser Gedanke ist in der christlichen Geschichtstheologie bereits bei Augustinus in seinem Werk "Der Gottesstaat" dargelegt worden. Nach den "Prinzipien" symbolisiert Kain das erste Liebesverhältnis Evas mit Luzifer, (ist aber nicht das Resultat dieser Liebesbeziehung, da eine Vermehrung durch die Beziehung von Geistwesen zu Menschen nicht stattfinden kann.) während Abel der Verbindung Evas mit Adam entstammt. In dem Bruderpaar Kain und Abel drückt sich tiefenpsychologisch das Verhältnis des Menschen zu seinem Schatten aus. Es kommt aber darauf an, dass der Mensch seinen Schatten integriert. Zur Selbstfindung gehört die Schattenintegration. Also Kain muss Abel integrieren, und Abel muss Kain integrieren. Die Ideologie Kains sollte sich Abel unterwerfen, dann entstehen bedeutende Dinge. Die jüdische Mystik hat im Chassidismus, zum Teil aber auch schon in der Kabbala, diese Gedanken gedacht. Man hat den Baalschemtow, den Begründer des Chassidismus, gefragt: "Was wird Gott am Ende der Tage tun?" Er hat darauf geantwortet: "Gott wird Kain und Abel versöhnen. Er wird David und Goliath versöhnen. Er wird Messias und Antichrist versöhnen." Natürlich in dem Sinne, dass Kain als die Kraft, als das Äußere, dem Inneren unterworfen wird und so zu seiner Erfüllung kommt. Es geht in den "Prinzipien" um einen synthetischen Schluss, nicht um Ausrottung, sondern um Aufhebung der kainitischen Seite im Hegelschen Sinne. Was kräftig ist, was berechtigt ist im Kommunismus, wird integriert in einem Sozialismus unter, mit und in Gott.

Es würde zu weit führen, die einzelnen Stufen der Menschheitsgeschichte, wie die "Prinzipien" sie sehen, im ganzen zu entwickeln. Ich muss mich mit einigen Hinweisen begnügen. Im Zusammenhang mit Noah wird der sehr schöne Gedanke ausgesprochen, dass die Arche ein Opfer ist. Dieser Gedanke liegt uns zunächst fern. Wenn wir aber religionsgeschichtlich an das Problem herangehen, werden wir finden, dass im Opfer der Kosmos nachgebildet wird. Ja noch mehr: Das Opfer ist die Gestaltung der Welt. Am Opfer erfährt der am Opfer teilnehmende Mensch überhaupt erst, dass er in einem Kosmos lebt. Dieser wird im Opfer dem Gott als etwas dargebracht, was im Gott erst in seine volle Wirklichkeit eintritt. Die Dreiteilung der Arche weist auf die Dreiwelt, in der wir leben: himmlische Welt, irdische Welt und Unterwelt oder Totenwelt. Andere religionsgeschichtliche Deutungen unterscheiden: himmlische Welt, Luftraum und irdische Welt. Die "Prinzipien" deuten schließlich den Raben auf Teufel und die drei Tauben auf Adam, Jesus und den Herrn der Wiederkunft. Eine solche allegorische Deutung war als exegetische Methode bei den Kirchenvätern und zum Teil noch bei Luther selbstverständlich.

Der Gedanke des symbolischen Opfers taucht dann noch einmal bei Abraham als kosmisches Opfer auf. Die Tauben in der Opfergeschichte von Genesis 15 stellen die Gestaltungsstufe, der Widder die Wachstumsstufe und die dreijährige Kuh die Vollendungsstufe dar. Wobei jetzt die Kuh als Symbol der Vollendung geradezu ein hinduistisches Element in die "Prinzipien" hineinbringt. Die Kuh gilt im Hinduismus als Symbol der vollendeten Welt, der Wiederkehr des Urzeitalters oder goldenen Zeitalters, des Krita-Zeitalters. Gleichzeitig bedeutet das Sanskrit-Wort für Kuh "go" "Rede" und "Weisheit". Die Kuh wird zugleich als die Mutter verstanden. Das sind symbolische Elemente, die man nach der Jungschen Methode mit dem Verständnis in den "Prinzipien" amplifizieren kann, um zu einem umfassenderen Verständnis zu gelangen.

Im folgenden heißt es nun, Abraham habe die Opferhandlung nicht strikt vollzogen, indem er die Teilung in zwei Hälften, die für die Teilung in gut und Böse stehe, bei den Tauben nicht ausgeführt habe. Diese Verschuldung Abrahams habe dann unglückliche Geschichtsfolgen gehabt. Diese bestanden in der vierhundertjährigen Verbannung und Knechtschaft in Ägypten, die zugleich eine Wiedergutmachung darstellen. Ich möchte diese Aussage von einer bestimmten Seite her andenken. Kultische Dinge sind für das Schicksal einer Menschengruppe von ausschlaggebender Bedeutung. Der moderne Mensch, der darin bloße Symbole - als gäbe es bloße Symbole! - sieht, unterschätzt den Rang des Kultes. Als Luther für die Eucharistie die Transsubstantiationslehre nicht übernahm, hat er den Weg zu neuen Menschentypen möglich gemacht. Besonders einflussreich war dann die Deutung, die Calvin dem Abendmahl gab. Nach Calvin gibt es eine geistliche Nießung des Abendmahls, also eine Verbindung mit dem himmlischen Christus, nur für die Auserwählten, während die Nichtauserwählten nur Wein und Brot zu sich nehmen. Daraus entstand natürlich die brennende Frage: Woran kann ich erkennen, dass ich im Abendmahl wirklich mit Christus verbunden bin, also zu den Auserwählten gehöre? Dafür verwies man auf den sogenannten Syllogismus practicus, d.h. auf den äußeren Segen, der den Auserwählten verheißen ist. Diesen äußeren Segen darf ich dann nicht für mich selbst gebrauchen, sondern muss ihn asketisch wieder zur Arbeit verwenden. Damit war der Kapitalismus geboren. Und damit zugleich alle Konsequenzen, die mit dem Kapitalismus zusammenhängen. Eine kleine Abweichung innerhalb eines kultischen Vorgangs hat also die äußersten Auswirkungen. Ich wollte damit auf jeden Fall andeuten, dass Kultisches nicht etwas dem Religiösen nur Aufgesetztes ist, sondern im Rahmen des Kultus befinden wir uns geradezu an den Kraftstellen und Regulierungsstellen aus denen eine Kultur und ein bestimmter neuer Menschentypus hervorwachsen. Kulte sind die Orte, wo Menschenarten bzw. Menschentypen "gezüchtet" werden, da der Kult einer Entwicklung eine bestimmte prägende Konstante gibt.

Ich komme nun auf Mose zu sprechen und kann auch hier nur einzelne Motive herausheben. Mose wird in den "Prinzipien" als Prototyp des künftig zu erscheinenden Jesus vorgestellt. Im Neuen Testament können wir diese Auffassung noch erkennen, und in den Pseudo-Klementinen wird diese Ansicht von Petrus vertreten. Jesus gilt dort als der Moses redivivus, als der zweite Moses, der das Gesetz richtig auslegt. Die Israeliten waren Mose gegenüber in der Kain-Position, d. h. das Ringen mit dem Volk wird als eine Wiederkehr des Kain-Abel-Problems verdeutlicht. Auch dass Aaron und Mirjam Jesus und den Heiligen Geist repräsentieren, ist der christlichen Kirche insofern geläufig, da sie in Aaron und Mirjam Vorbildungen von Jesus und Maria gesehen hat. Maria hat nun mit dem Heiligen Geist im besonderen zu tun, weil sie Jesus aus dem Heiligen Geist empfangen hat.

Auch bei Mose kommt es zu einer Störung im rituellen Bereich: das Wunder am Felsen. Dadurch, dass Mose im Affekt einen zweiten Schlag ausführt, wird Jesus getroffen, der sich hinter dem Felsen verbirgt. Äußerlich stellt der Fels nach den "Prinzipien" die Steintafeln dar. Damit ist ein Hängenbleiben an äußerer Gesetzlichkeit symbolisiert, da durch den zweiten Schlag der Weg zu dem dem Felsen inneren Christus verwehrt worden war. Die Israeliten bleiben danach äußere Israeliten und können nicht zu ihrem Wesen als innere Israeliten, als die die Christen verstanden werden, weiterschreiten.

Ich komme nun auf das Jesus-Problem in den "Prinzipien" zu sprechen. Jesus ist schon bei Paulus der "zweite Adam", der Mensch, der von Gott aus der geistigen Welt stammt, der spirituelle Adam. Gleichzeitig wird der zweite Adam mit dem Heiligen Geist in einer Weise in Verbindung gebracht, die an das Lukas-Evangelium erinnert. Jesus gilt als mit dem Heiligen Geist vermählt, der so als die zweite Eva vorgestellt wird. Wir müssen dabei daran denken, dass der Heilige Geist als (hebräisch) die Heilige Ruach ursprünglich weiblich vorgestellt worden ist. Es gibt im judenchristlichen Bereich Vorstellungen vom Heiligen Geist als Mutter oder als Frau Christi.

Jesus verkündigte das Reich Gottes, aber es kam dann die Aufspaltung in Kirche und Welt. Die Verwirklichung des Reiches Gottes steht noch aus. Das Christentum ist, auch wenn wir jetzt nicht auf die "Prinzipien" schauen, auf ein zweites Kommen Christi angelegt, auf die Wiederkunft des Herrn der Wiederkunft, wie die "Prinzipien" sagen. Zugleich ist das Christentum auf eine Vervollständigung als Überwindung seiner Defizienz angelegt. Es ist doch eigenartig, dass sich im Bereich des Christentums eine weltliche Welt entwickelte. In keinem anderen Kulturkreis hat sich ein solches Auseinandertreten von Religion und Wirklichkeit, eine solche Säkularität vollzogen. Nach der Meinung einiger Theologen, z.B. Gogarten, habe das im Wesen des Christentums selbst gelegen. Auf diese Zusammenhänge weisen die "Prinzipien" mit Nachdruck hin.

Auch ist es wohl richtig, dass Jesus nicht von Anfang an dazu bestimmt war zu leiden. Romano Guardini macht in seinem Buch "Der Herr" darauf aufmerksam, dass Jesu Lebensende ein ganz anderes hätte sein können, wenn die Menschen sich ihm im Glauben erschlossen hätten. Die "Prinzipien" schneiden das an, dass Jesus ursprünglich der König des irdischen Himmelreiches hätte werden sollen. Damit hätte er zugleich die Voraussetzungen für das himmlische Gottesreich gelegt. Dass es dazu nicht kam, wird als Schuld des jüdischen Volkes bezeichnet. Wir haben heute Schwierigkeiten damit, von einer Kollektivschuld der Juden zu sprechen, da aus einer solchen Annahme der Antisemitismus mit seinen im Holocaust aufgipfelnden Folgen erwuchs. Trotzdem darf man fragen, ob nicht, wenn eine geistige Gestalt vor ein Volk tritt, das Ja oder Nein zu dieser Person weitreichende Folgen für die weitere Geschichte hat. Das Judentum, so möchte ich jedoch hinzufügen, hat das Neue Testament für sich nicht übernommen, dafür ist ihm aber etwas anderes gegeben worden, wodurch es dem Christentum innerlich verwandt wurde: Kabbala und Chassidismus. Wir erkennen heute im Judentum ein neues Fragen nach Jesus, was ja nicht identisch sein muss mit einem Fragen nach dem Christentum.

Die "Prinzipien" sprechen davon, dass die Religionsstifter aller Religionen im Herrn der Wiederkunft wieder zur Stelle sein werden, und zwar dadurch, dass ihre geistigen Selbste in die irdische Gestalt des Herrn der Wiederkunft eingehen und mit ihm wirken. Das würde ja praktisch bedeuten, dass der Manu der Hindus, der Buddha der Buddhisten, der Jesus der Christen und der Mohammed der Moslems im Herrn der Wiederkunft in Einheit wieder zur Stelle sind und so eine Vollendung aller Religionen in ihrem Ziel stattfindet. Ich denke mir das als Nebeneinander und Miteinander der Religionen, die sich in einander in Übereinstimmung und Ergänzung wiederfinden.

In dem, was über die christliche Zeit gesagt ist, finde ich interessant, dass hier ein kritischer Blick auf das Neue Testament geworfen wird. Es finden sich darin Stellen, die gehören in die jesuanische Zeit hinein, und wiederum andere Stellen, die beziehen sich auf die Wiederkunftszeit. In Bezug auf die Wiederkunft wird von der Hochzeit des Christus unter dem Bilde des Lammes und der Braut geredet. Auch nach den Vorstellungen des Islams wird Christus bei seiner Wiederkunft heiraten, so dass die zweite Lebenshälfte des Christus gleichsam in das Eschaton hinein verlegt wird. Zugleich ist über das bestehende Christentum sehr viel Schönes gesagt. Es ist die Zeit der mystischen Wirklichkeit der Kirche.

In diesem Zusammenhang ist von geistiger Wiederherstellung durch Pfropfung die Rede. Hier ist Christus der geistige Baum oder Ölbaum, in den wir hineingepfropft sind, und wir werden von den spirituellen oder Geistströmen, die aus der Vereinigung mit Jesus hervorgehen, genährt und dadurch als gläubige Christen zu Adoptivkindern Gottes. Auch diese Vorstellung von den Adoptivkindern entspricht christlicher Dogmatik. Nach christlicher Dogmatik ist Christus filius natura, der Sohn Gottes von Natur, während wir als Christen zu Filii adoptionis, also zu Adoptivkindern Gottes werden. Ich bin allerdings der Meinung, dass die Vorstellung von den Adoptivkindern den neutestamentlichen Aussagen über die eschatologische Vollendung des Menschen nicht voll entspricht. Im 1. Johannesbrief heißt es ausdrücklich, dass wir Christus gleich sein werden (3,2).

In den "Prinzipien" ist die Christologie die Basis für die Anthropologie, ihre Aussagen lassen sich weitgehend mit denen der christlichen Dogmatik in Einklang bringen. Ich finde also, dass der Rahmen, in dem sich christliche Theologie entfalten kann, in den "Prinzipien" recht gut abgesteckt ist, aber erfüllen kann sich das, was in der Zeit der Kirche beginnt, eigentlich erst unter den Bedingungen des Reiches Gottes, unter den Bedingungen der Wiederkunft. Auf jeden Fall lässt sich für diesen erwarteten Äon sagen, auch unter den Bedingungen traditionell christlichen Denkens: Christus kommt nicht einfach so wieder, wie er als Jesus erschienen ist.

Die Wiederkunft ist nicht einfach eine Wiederholung der Erdenexistenz Jesu, sondern es kommt der Kosmokrator, der Herr des Kosmos, es kommt der Urmensch auf die Erde zurück, wie wir ihn unter mystisch symbolischen Bildern voraus dargestellt finden. Gleichzeitig aber kommt er in seinen Heiligen, d. h. er wird zugleich der Ingrund von uns werden bzw. wie die "Prinzipien" es erklären, die Heiligen werden von uns Besitz ergreifen, sie werden einwohnen in uns. Diese Vorstellung, dass die geistigen Selbste anderer Menschen in uns einwohnen, in uns wirken und so ihr Leben fortsetzen, ist mir aus der christlichen Mystik nicht bekannt. Die jüdische Mystik hingegen kennt diese Auffassung. Die Kabbala nimmt an, dass es zwei Formen gibt, in der sich unser Leben nach dem Tode fortsetzt. Die eine ist der Gilgul, die Seelenwanderung, die andere ist der Ibbur, die Seelenschwängerung, durch die ein Mensch nach seinem Tode in einen anderen eingeht, und durch und mit ihm seinen Lebensauftrag erfüllt. Nach den "Prinzipien" wird sich bei der Wiederkunft ein Ibbur im großen Stil vollziehen, wodurch der Mensch über das bisher menschlich Mögliche weit hinauskommt und dadurch die Bedingungen für die Schaffung einer neuen Zeit empfängt.

Es wäre jetzt auf die Vorstellung von den gleichgerichteten Zeitaltern und die damit verbundene Zahlenspekulation bzw. Zahlenmystik einzugehen. Die Zahlenmystik ist eigentlich allen Religionen selbstverständlich, wenn sie auch aus modernen Interpretationen, besonders der christlichen Religion, herausgefallen ist. Es ist falsch, diese Spekulationen nur auf Pythagoras zurückzuführen. Es gibt sie seit uralten Zeiten schon im Hinduismus und im chinesischen Universismus. Pythagoras war vielmehr der erste, der ihnen einen wissenschaftlichen Ausdruck gab, indem er sie mit dem Monochord in einen Zusammenhang brachte. Zahlen sind offenbar nicht nur, wie wir meinen, ein Ausdruck von quantitativen Verhältnissen des Kosmos, sondern auch und zuerst von qualitativen. Zahlen sind Qualitäten. In der Symbolforschung gewinnt dieses Verständnis der Zahl eine immer größere Bedeutung. Wenn man

Bilder christlicher Maler etwa aus dem 14. oder 15. Jahrhundert nimmt, dann wird man staunen, welche außerordentliche Rolle die Zahl 3 spielt. Die Fenster sind immer in drei geteilt. Wenn wir drei Blumen finden oder drei Leuchter, stets ist damit auf das Geheimnis der 3, die Trinität, hingewiesen. Schon an dem Grad der Faszination, der vom symbolischen Gebrauch der Zahl ausgeht, lässt sich ein dahinter liegender geheimnisvoller Gehalt ahnen.

Es gibt sicher Grund zum Nachdenken, wenn nach den "Prinzipien" die Geschichte des ersten Israels und die Geschichte des zweiten Israels, der Christenheit, in gleichen Zeitstufen ablief. 400 Jahre Knechtschaft in Ägypten und 400 Jahre Christenverfolgungen unter den Römern, 400 Jahre Richter und 400 Jahre Kirche unter den Kirchenpatriarchen. 120 Jahre Saul-David-Salomon und 120 Jahre Vereinigtes Christliches Weltreich unter den Karolingern. (Übrigens wurde Karl der Große von seinen Freunden David genannt, seine Lieblingslektüre, aus der er sich täglich vorlesen ließ, war der "Gottesstaat" von Augustinus), 400 Jahre geteiltes Reich (Israel und Juda) und 400 Jahre geteiltes Frankenreich (Frankreich und Deutschland). 210 Jahre babylonisches Exil und Rückkehr und 210 Jahre Exil und Wiedereinsetzung des Papsttums und Reformation. 400 Jahre Warten auf den Messias und 400 Jahre Warten auf die Wiederkunft Christi. (Das gilt z. B. für Luther, der die Traditionen der radikalen Franziskaner übernahm. Er erwartete das bevorstehende Weltende, er wurde von seinen Freunden "unser Elias" genannt, da Elias ja vor der Wiederkunft Christi erscheinen soll.)

Auffällig ist auch die Parallelität von Altem und Neuem Testament in der Einteilung der Bücher in Geschichtsbücher, Lehrbücher und prophetische Bücher. Auffällig sind für den Geschichtsablauf auch gewisse Parallelen zum historischen Materialismus. Die Entwicklung von der Sippengesellschaft zur Stammesgesellschaft, zur Bildung von Nationen, zur Entstehung des Imperialismus bis hin zur Demokratie, wie sie in den "Göttlichen Prinzipien" vorgetragen wird, hat manche Entsprechung zur marxistischen Geschichtstheorie. Bedenkenswert ist auch die Auffassung, dass erst das Äußere, dann das Innere zur Verwirklichung kommt. Das hieße ja, dass es erst noch zu einer wahren, weil auch inneren Verwirklichung von Sozialität und Demokratie kommen wird, wofür die neuere Geschichte erst die äußeren Voraussetzungen gebracht hat. Die Bemerkungen über die Disharmonie zwischen Religion und Wissenschaft, Religion und Ökonomie sind nachdenkenswert. Die "Prinzipien" bewegen sich insofern auf eine Synthese hin, dass Religion heute nicht mehr abgespalten von der Wissenschaft existieren könne und dass mit der Religion auch eine ökonomische Theorie einhergehen müsse. Es sind zumindest Ansätze in den "Prinzipien", die im Sinne einer richtigen Produktion und einer richtigen Soziologie zu verstehen sind.

Auch das Christentum durchläuft eine Soziologie und Gesellschaftsstufung, die dem oben Beschriebenen entspricht. In der Urgemeinde bestand zunächst eine christliche Sippengesellschaft, die sich zur christlichen Stammesgesellschaft, christlichen Lehnsgesellschaft, christlichen Monarchie, schließlich zum christlichen Imperialismus wandelte. Dem Imperialismus wird insofern eine gewisse Positivität zuerkannt, als er die Kolonien unter den christlichen Kulturbereich gebracht hat, bzw. in den Bereich der Attraktion durch die christliche Kultur. Mit der Demokratie habe sich notwendig die Wende zum Sozialismus ergeben. Dieser Sozialismus habe seine Vorstufe oder Pseudoform im Kommunismus und werde zu einem christlichen Sozialismus weiter entwickelt werden.

Hinweise möchte ich noch auf die interessante Bemerkung geben, wonach es in der christlichen Zeit zu einem Ineinander und einem Gegeneinander von Hebräertum und Hellenismus kommt. Es gibt einen Hellenismus, der in einer freundschaftlichen, ja brüderlichen Symbiose mit der christlichen Religion lebt, und einen solchen, der sich antichristlich, ja atheistisch verhält. Dabei wird die Französische Revolution als ein Kain-Typ der Entwicklung verstanden, während die englisch-amerikanische Revolution, die ja von christlichen Impulsen ausging, als ein Abel-Typ der Entwicklung verstanden wird. Gleichzeitig wird der Descartessche Spaltungsansatz und ein Teil der westlichen Philosophie dem Kain-Typ zugerechnet, während die deutschen Philosophen Kant, Fichte, Schelling und Hegel eine sehr positive Würdigung erfahren.

Im Zusammenhang mit der Entwicklung der neueren Zeit wird Hitler als Typ Jesu auf satanischer Seite gekennzeichnet. Das wird im Sinne der Wiedergutmachung interpretiert. Der Satan hat den Jesus Gotttes getroffen, und in Hitler wird durch die Katastrophe, die er erleidet, der Jesus des Satans getroffen. Stalin dagegen symbolisiert den Herrn der Wiederkunft nach der satanischen Seite. Diese Aussagen sind für das Erleben der Eschatologie von großer Bedeutung. Eschatologische Dinge sind eigentlich erst im Zusammenhang mit einer Naherwartung aktuell. Das heißt dann: Da Stalin da gewesen ist, muss jetzt nach dem Herrn der Wiederkunft auf satanischer Seite der Herr der Wiederkunft auf göttlicher Seite erscheinen.

Das Prinzip der Wiederkunft habe sich insbesondere in Korea konstelliert. Hier wird sich die Erwartung eines dritten Israel erfüllen. Durch Korea hindurch geht mit dem 38. Breitengrad die Trennlinie zwischen Kommunismus und dem westlichen demokratischen Bereich. Auch in der koreanischen Geschichte wird das Auftreten eines Heilbringers erwartet. Korea gehört zudem zu den drei Bereichen, die unter dem Einfluss des chinesischen Universismus standen. China wird heute durch den Kommunismus dominiert. Die japanische Geschichte wurde durch die Schrecken ihres Imperialismus gekennzeichnet. Dem gegenüber stellt Korea den Abel-Typ als der leidende Teil innerhalb dieses Bereichs dar. Damit ist es nach den "Prinzipien" für die Wiederkunft als drittes Israel vorausbestimmt.

Das heißt also: Die Wiederkunft Christi in dem Herrn der Wiederkunft hat sich in unserer Zeit aktual konstelliert. Das Bewusstsein ist aus der Tiefe heraus von einem neuen Impuls erfasst. Dieser Impuls besagt, dass wir vor dem Durchbruch einer neuen Menschheitsstufe stehen. Es ist zu beachten, dass im Blick auf den erwarteten Herrn der Wiederkunft in den "Prinzipien" immer der Name Christus genannt wird. Es wird nicht etwa im Zusammenhang mit dieser Erwartung der Name von Rev. Moon genannt. Es kann eine spezielle Erwartung der Angehörigen der Vereinigungskirche sein, dass in Rev. Moon der Herr der Wiederkunft bereits auf der Erde ist. Auf Grund der allgemeinen Konstellation des Herrn der Wiederkunft könnte prinzipiell jeder von uns der Herr der Wiederkunft sein. Rev. Moon hat dies einmal, wie mir erzählt worden ist, so ausgedrückt. Als man ihn fragte: "Bist Du der Herr der Wiederkunft?", soll er zurückgefragt haben, indem er auf einige um ihn Stehende zeigte: "Bist Du der Herr der Wiederkunft? Bist Du der Herr der Wiederkunft?" Das heißt, er kommt praktisch in vielen

Gestalten, doch wird es einer sein, in dem sich gültig vollzieht, was in jedem von uns schon vom Unbewussten her konstelliert ist. Es drückt sich darin aus, dass wir nach einem erweiterten Menschenbild streben, das in die Richtung geht, die ich angedeutet habe, dass also in jedem von uns aus der Tiefe des Unbewussten ein Stück Wiederkunft konstelliert ist, beispielsweise aber auch in den Kirchen, die heute die apokalyptischen Dinge wieder betonen. Es wird auch dort nach einer Verwirklichung nicht nur im Spirituellen gesucht, sondern nach einer Verwirklichung "wie im Himmel also auch auf Erden". Wir könnten uns in solchem Streben nach Verwirklichung mit der Vereinigungskirche in einem brüderlichen und dialogischen Prozess befinden, indem wir uns wechselseitig anregen und unsere Erwartungskräfte verstärken.

Epilog

Es liegt mir daran, im Rückblick die Bedeutung von Rev. Moon im Kontext der Weltreligionen zum Ausdruck zu bringen. Das tritt in seiner Sicht vom Herrn der Wiederkunft deutlich zutage. Das Universum ist durch ein universales Kommen bestimmt. In ihm vereinigt sich biblisches und konfuzianisches Denken. Die Göttlichen Prinzipien, richtiger: das Prinzip (Tao) durchwaltet Kosmos, Gottheit und Menschheit. Es gibt unserem Tun und Lassen eine schicksälige Bedeutung nicht nur für uns, für Alles. Das Prinzip der Wiederkunft hat sich heute universalhistorisch in Korea konstelliert. Der Herr der Wiederkunft, in dem alles Errungene in allen Religionen zusammenwirkt, hat in Rev. Moon eine Gegenwart, die nichts ausschließt.

*Paul Schwarzenau
im August, 2001*

MYSTISCHE ELEMENTE IN DER VEREINIGUNGSTHEOLOGIE [i]

Heinz Röhr

Vorbemerkung

Meine Erfahrungen mit der Vereinigungskirche gehen in das Jahr 1976 zurück. Damals saßen (mindestens) zwei "Munis", Studenten der Ev. Theologie und Philosophie, in meinen Vorlesungen und Übungen, zu denen ich näheren Kontakt bekam; an einen dritten kann ich mich nur schwach erinnern. Der eine von ihnen suchte mich mehrmals auf. Wir sprachen über Gegenstände der Vorlesung, über Luther, Religiösen Sozialismus, Bonhoeffer und Kirchenkampf. Schließlich kam die Sprache auf Reverend Moon und die Vereinigungskirche, und mein Gegenüber gab zu erkennen, dass er Mitglied dieser Bewegung sei. Unser Kontakt wurde dadurch nicht verändert: Es blieb eine menschlich warme Beziehung, in der jeder offen seine Meinung sagte. (Ich war mit ihm wie mit allen meinen Studenten per Du.) Nach dem Semester bedankte er sich bei mir brieflich für die Anregungen, die er aus einem semesterlangen Dialog empfangen hatte, und schenkte mir ein Exemplar von "Ein Prophet spricht heute. Die Worte des Rev. San Myung Mun".[1] Der Absender grüßte mich mit Gal 5,22 und Mt 12,35 und wies mich auf den Spruch 5.51 hin:

"Am schnellsten kommt jedoch derjenige zu Gott, der anderen Menschen die größte Liebe entgegenbringt."

---

[i] Erstveröffentlichung in: "Das Entstehen einer neuen Religion", Günter Kehrer (Hrsg.), Kösel Verlag 1981 (A.d.R.)

Ich las damals noch etwas im Umkreis der bezeichneten Stelle und strich mir an:

"Vollkommen zu werden wie Gott, heißt, eins zu werden mit ihm in Wahrheit, Persönlichkeit und schließlich in Liebe." (W 50)

Und:

"Um Liebe erfahren zu können, musst du in dir selbst eine Einheit bilden." (W 58)

Und schließlich:

"... Wenn du dich auf dieser Grundlage mit anderen Menschen vereinigst, wird Gottes Liebe in dir größer und tiefer."(W 59)

Ich ordnete das Werk in meiner Bibliothek unter "Sekten" neben das "Buch Mormon" und "Science and Health" ein. In der Nähe standen noch Huttens "Seher, Grübler, Enthusiasten" und ein paar Sachen über Bahai und Subud, zwei "Weltreligionen", über die ich einmal geschrieben hatte.[2]

Es gab dann noch eine universitätsöffentliche Veranstaltung am 22.11.1976, von mir und der I.V. (= Interessenvertretung), einer linken ev. Studentengruppe am Fachbereich Religionswissenschaften der J. W. Goethe-Univ. in Frankfurt/M., getragen, auf der sich die CARP, (vertreten durch einen Redner und zwei leitende Mitglieder der VK) vorstellte. Das ganze lief (durch Verschulden der Zuhörer) auf einer bedauernswert primitiven Ebene, verursacht durch Fragen der Veranstaltergruppe wie: "Ist Moon der Messias oder nicht?" "Seid ihr gegen die Kommunisten oder nicht?". Ich selber machte mich bei den I.V.-Mitgliedern unbeliebt, weil ich in bezug auf die Begegnung mit der VK den Rat Gamaliels gab (Apg 5,34-39).

(Das war noch, ehe Haack und Co. mit ihrer Antisekten-Kampagne öffentliches Aufsehen erregten.)

Es gab dann noch Begegnungen im Rahmen eines Seminarprojekts am FB Religionswissenschaften, das ich an anderer Stelle beschrieben habe.[3] Und es gab noch eine Reihe von Gesprächen mit der Leitungsgruppe des Frankfurter Zentrums, teils in meiner Wohnung, teils in der Feldbergstr., die alle in einer guten menschlichen Atmosphäre verliefen.

Mystische Elemente

Gottesmystik

Ich begann dann alsbald mit der systematischen Lektüre der "Worte" und stieß auf Sätze wie:

"Du kannst mit Überzeugung behaupten, dass Gott ohne dich nicht glücklich sein kann." (W 4)

"Jeder Mensch ist ein Teil des Universums, und wenn nur ein Teil versagt, so ist dies im gesamten Universum spürbar." (W 27)

Schon hier empfand ich die innere Verwandtschaft mit mystischen Äußerungen wie etwa bei Angelus Silesius:

"Ich weiß, dass ohne mich Gott nicht ein Nu kann leben; werd ich zunicht, muss er von Not den Geist aufgeben."

Ich erinnerte mich an *F. Heiler*. Er gab uns, um das Mysterium des 'Alles in Einem und Eines in Allem', zu erklären, das Gleichnis vom Stromkreislauf: Alles kommt aus Einem, und Alles geht in das Eine, Alles ist Eines! Gibt es an einer Stelle im System Kurzschluss, bricht das Ganze zusammen. Dieser kosmische Kollaps, dieses Verschwinden des Ganzen und Guten in einem 'schwarzen Loch' des Nichts hängt ganz und gar an mir, der Einzel-Monade.[4] Ich vergewisserte mich meines hermeneutischen Konzepts:

1. Nur Gleiches kann Gleiches erkennen.
2. Wär' nicht das Auge sonnenhaft, die Sonne könnt es nicht erblikken (Goethe).
3. *Res tantum cognoscitur, quantum diligitur.* (Eine Sache wird nur soweit erkannt, als sie geliebt wird. Augustinus)

Ich war jetzt gerüstet, ermahnte mich aber eisern, nicht mein eigenes mystisches Gottesbild abfärben zu lassen. Gleichwohl, wo von der "horizontalen" und "vertikalen" Weise, Gott zu lieben, die Rede ist, schrieb ich mir an den Rand: "Mystik!" (W 5)

"Wir können also in eine Vater-Sohn-Beziehung mit ihm treten oder aber völlig eins werden mit ihm." (ebd.)

Also "Vater-Kind-Beziehung" versus "Gott dein Freund und Bruder"! (ebd.) Und mir schien sich die Waage zum letzteren zu neigen. Meine Sympathie für diese Art zu theologisieren wuchs. Es wurde etwas in mir zutiefst Angelegtes angerührt: Der Menschensehnsucht nach Gott entspricht die Gottessehnsucht nach dem Menschen. Komplementarität also, Dialektik ("dynamische Dialektik" oder "Korrelationsprinzip"⁵ nennt es H. Richardson) waltet in der Gott-Mensch-Beziehung. Der Mensch wird nicht bei seiner Wurm- und Nullenhaftigkeit festgenagelt (wogegen z.B. D. Sölle auch gelegentlich wettert); die ewige christliche Sündenpredigt tritt ganz zurück. Ich muss mich nicht immerzu vor Gott "in den Dreck schmeißen" (wie sich eine Studentin in meinem Calvin-Seminar im SS 80 im Zusammenhang eines Referates über Calvins Gottesbegriff drastisch ausdrückte). Dem Menschen wird Hoheit zugesprochen, Subjektität: "Sogar Gott konnte keine Liebe manifestieren, solange er allein war." (W 4) Nun ist Gott nicht mehr allein: Es wird ein "Kreislauf des Gebens und Nehmens" (W 4) in Gang gesetzt, in dem nicht nur Gott der Gebende ist. Auch ich kann etwas geben, denn ich bin etwas, kraft Natur oder Gnade (das mag offen bleiben). Und ich darf auch nehmen! Christen, Menschen, lernt es wieder zu nehmen! Opfer? Ja. Selbstpreisgabe? Ja. "Blut" (GP 232) und "Tränen für Gott?" (GP 13) Ja. Aber Gott ist "jederzeit bereit . . . , dir Kraft zu geben, wenn du bereit bist, sie zu empfangen". (W 27) Also nimm sie! Gott schenkt "Glück und Freude" (W 31), "Glück und Segen" (W 29); ihr braucht nur Ja zu sagen, "indem ihr eine neue Tür zu eurer Beziehung zu Gott öffnet". (W 29)

Nimm dich an! "Sei eine Persönlichkeit! Stecke dir dein individuelles Ziel der Vollkommenheit und erfülle die Anforderungen, die du dir zur Erreichung dieses Zieles auferlegst." (W 32) Sei vollkommen, denn du bist vollkommen, wie du vollkommen warst von Anfang - im Herzen Gottes. Komme zu dir, zu deinem "ursprünglichen Selbst" (W 48), "das Gott ähnelt"; du kommst dann nicht nur "mit Gott in Berührung", du kannst dann sagen: "Gott wohnt in mir, ich bin das fundamentale Subjekt der gesamten Welt." (W 49)

Ein Fünklein nur, dieses Leben, aber eine Herrlichkeit! "Überlege einmal! Dein Leben ist nur der Funke eines Traums. Eines Tages wird dieser Traum für dich beendet sein. Aber dieser Augenblick wird der Augenblick deines Sieges sein und ewig andauern.. . Also lebe! Lebe einen aufregenden Traum!" (W 32) Heller, ekstatischer, konsequenter kann dem Menschen seine Gottebenbildlichkeit, seine Göttlichkeit, nicht zugesprochen werden. (Die Quäker-Rede vom "God within" ist dagegen nur ein schwacher Abglanz.) Gott ist in dir, du bist Gott, sei Gott JETZT! (Nur Ram Das' "Be here now!" scheint mir noch eine Übersteigerung zu sein.)

Und schließlich mit der ans Blasphemische grenzenden Unbescheidenheit des Mystikers, der überzeugt ist der "übergotte Gott" und das "überlichte Licht" (Meister Eckhart) zu sein, bringt Moon die mystische Flamme zum Lodern:

"Wenn du die Pracht des Sonnenaufgangs bewunderst, kannst du der Sonne zurufen: 'Ich werde dir zu noch größerem Glanz verhelfen, damit du die gesamte Menschheit überstrahlen kannst, wie ich es geistig tue, denn ich bin der Sohn Gottes!'" (W 49)

Moon geht nicht einmal bis zum äußersten Extrem einer reinen All-Einheits-, Sein- oder Verschmelzungsmystik. Wo bei ihm 'Unio' (Vereinigung, Einung, Einheit) steht, muss man vielleicht besser 'Kommunio' lesen. Aber wie er es sagt, das kann schöner kaum gesagt werden, das ragt an *Rumi* heran, an sublimste Gottesmystik![6] *Vergottung:* das geistert schon lange durch die Religionsgeschichte. Was im Bereich der All-Einheitsmystik, z.B. in den Upanishaden, kein großes Kunststück ist - hier ist das urmystische "ana l'haqq" des Al-Haladsch in unüberbietbarer Klarheit inmitten einer 'prophetischen' Religion ekstatisch verzückt ausgesprochen. Das 'Prophetische'[7], die ganze Wahnsinnskonstruktion von Apokalyptik mit kosmischem Endkampf gegen den kommunistischen Belial, die 'Tagwählerei' und Zahlengigantomanie ist zu dem Gesagten kein Widerspruch: es ist nur 'Pausenfüller', dogmatische Zutat - nicht zuletzt (wie in aller Dogmatik), damit die Berufstheologen und -kritiker etwas zu rätseln haben! Man darf es nicht absolut nehmen, es liegt noch diesseits der Grenzen der innergöttlichen und innermenschlichen Polarität, die übergriffen, umschlungen ist vom Ur-Einen: Gott, "der unendlichen Quelle der Energie". (W 7)

Und dieses Wesen (wenn es ein Wesen ist) hat auch einen durchaus personhaften Aspekt. Es wird von verschiedener Seite kritisiert, der Gott Moons sei "unpersönlich"[8], und - nebenbei gesagt - Moon wird zur Unperson gestempelt.[9]

"Auch sehnt sich Gott nach einer Stätte, wo er dir als Einzelperson, die auf ganz bestimmte Art und Weise denkt und fühlt, begegnen kann. Komme an diesen Ort in deinem Herzen." (W 6)

Das große, unendliche Du "begegnet" dem kleinen Du: der Ort dieses ‚fröhlichen Wechsels' (Luther) ist das Herz, die tiefste, verborgenste

Kammer in deinem Herzen. Das kleine Du ist Behältnis (capax) des Unendlichen: hier ist also Moon nicht schweizerisch-reformiert ("finitum non est capax infiniti").[10] Jeder ist in seiner Individualität Behausung, "Tempel Gottes". (W 7)

"Jesus war der vollkommene Tempel Gottes. Gott möchte jedoch nicht nur der Vater Jesu sein. Alle Menschen wurden geschaffen, um sagen zu können: 'Ich bin im Vater, und der Vater ist in mir'." (W 7) Hier ist noch nicht der Punkt, um etwas abschließend über Jesus zu sagen. Zunächst ist festzuhalten:
1. es gibt individuelle Begegnungsmystik;
2. es gibt (ebenfalls johanneisch eingefärbt) Korporationsmystik. (Dieser Ausdruck stammt von F. Heiler; vgl. 'Leib Christi' = corpus Christi mysticum.) Das unterstreicht die Bezugnahme auf das mystische Urevangelium Joh 15 in GP (103). Die Bilder vom 'Weinstock', 'Tempel' und 'Ölbaum' finden sich hier nebeneinander.[11]

Den Exegeten muss es vorbehalten bleiben herauszufinden, wie viel Johanneisches in die Theologie Moons eingeflossen ist.[12] Das unterstreicht auch das Organismus-Denken (Gott als "Kopf" des Kosmos, der einzelne als Glied am kosmischen Leib; W 12), aber natürlich auch die "Familien"-Ideologie, die wiederum (zumindest was die ethische Seite betrifft) konfuzianisches Erbe verrät.

Mystische Reziprozitätsformeln ("ich in dir, du in mir") gibt es also. Dies ist ein formaler Hinweis mehr. "Berührung", "Begegnung", Einwohnung Gottes (Gott "im Innersten"), Identität des "ursprünglichen Selbst" mit Gott, Eintauchen in die Gottheit, Einung, Vergottung: dies sind die Kategorien. Wenn nicht das Prinzip des "komplementären Dualismus",[13] und zwar als innergöttliches Geschehen wie als Struktur der Ich-Du-Beziehung, schon mystisch empfunden ist, so ist doch dieses innige gegenseitige Halten und Gehaltensein zutiefst mystisch: "Du möchtest ihn nicht mehr loslassen, und auch Gott möchte dich für immer festhalten." (W 49) Ich habe auch das Wort "genießen" (frui, fruitio dei) gefunden (GP 67).

Ähnlich scheint mir der Gedanke der "Freude" als Schöpfungsmotivation (dem Spiel-Gedanken ähnlich) auf Östlich-Mystisches hinzudeuten (GP 27 f.).

Hinter dem mehrfach genannten Polaritätsdenken mag wohl "uralte chinesische Yang-Yin-Spekulation" stehen.[14] Hier scheint mir mehr oder weniger bewusste Übernahme, also religionsgeschichtliche Deszendenz im echten Sinne, vorzuliegen. Ob Moon (und seine Anhänger) meiner Deutung seines Systems als einer genuin 'mystischen Theologie' (der Ton liegt auf 'Theo'-) zustimmen würden, weiß ich nicht, Vieles bei Moon ist sicher "spontaner Parallelismus" (R. Otto) und ihm völlig unbewusst: um so größer sein schöpferisches religiöses Ingenium!

Apologetisches Zwischenspiel

Meine These von der mystischen Grundstruktur der Vereinigungstheologie wie der sog. Jugendreligionen allgemein[15] ist in der Diskussion nicht aufgenommen worden (und auch bei meinen Gesprächen in der Zentrale der VK in Frankfurt/M., Feldbergstr., stieß diese meine These eher auf gläubiges Staunen). Am ehesten hätte ich das von Haack erwartet, mit dem ich einmal in Frankfurt/M. in einer ev. Gemeindeveranstaltung öffentlich diskutiert habe. Dasselbe gilt von meiner These, dass es sich bei den sog. Jugendreligionen um einen Seitenarm der feministischen Bewegung handelt (s.u.). Zunächst wiederhole ich meine Beobachtung, dass in den Jugendreligionen (und den Sekten allgemein) die Frau weniger unterdrückt ist als in den Großkirchen!

Der im ganzen recht tiefsinnigen Erklärung des Gottesbildes bei S. Matczak, dem man die katholisch-mystische Denktradition abspürt, möchte ich doch in entscheidenden Punkten widersprechen.

Zum ersten wird hier schon zuviel scholastische Spekulation entwickelt. Die gedankliche und sprachliche Ursprünglichkeit der GP und der Worte Moons geht dabei verloren. Matczak ist zuzustimmen, wenn er das von ihm entwickelte triadische Gottesbild (Herz, Logos, Kreativität)[16] enger an die ostkirchliche Trinitätsvorstellung (der Hl. Geist "kommt vom Vater durch den Sohn")[17] anlehnt und sich von der "Dreiecks"-Lösung der westlichen Kirchenväter (der Hl. Geist aus dem Vater und dem Sohn =filioque) distanziert.

Zum zweiten wird hier die m.E. ursprüngliche "duale Natur"[18] Gottes künstlich an die christliche Trinitätslehre angepasst - sicherlich nicht nur aus missionstaktischen Gründen. Ich empfinde die Dualität jedenfalls als tragender und fundamentaler für die Vereinigungstheologie als das trinitarische Prinzip.

Damit hängt drittens zusammen, dass Matczak in der "Erklärung" der "Lehren der Bibel"[19] durch orientalische Begrifflichkeit seine Aufgabe, ja überhaupt Sinn und Anliegen der Moonschen "Vereinigungsphilosophie" sieht.[20] Er setzt also voraus, dass das Fundament der Vereinigungstheologie biblisch ist; lediglich die zur Erklärung des biblischen Glaubensgutes notwendigen Philosophien (bis zum Mittelalter waren es Plato und Aristoteles) werden ausgetauscht. Matczak meint, dass z.B. der Konfuzianismus und der indische Vedanta "besser"[21] diesen Dienst tun können, weil sie "schon lange bestehen".[22] Dem ist nichts entgegenzusetzen. Matczak meint auch, dass diese "Belebung und Stärkung der westlichen Philosophie durch die Einführung der Konzepte aus der orientalischen Philosophie"[23] in Gestalt der Vereinigungstheologie einen geistesgeschichtlich ebenso folgenreichen Einschnitt bedeutet wie im Mittelalter die Übernahme des Aristoteles durch die scholastische Philosophie.

Ich halte aber den Verschmelzungsprozess für fundamentaler: die Indienstnahme östlicher Philosophien vollzieht sich nicht erst auf der Ebene der Hermeneutik, sondern bereits auf der Ebene der Ontologie.[24]

M.a.W.: Der Gottesbegriff Moons ist von allem Anfang an östlich-mystisch empfunden, die von ihm begründete Glaubensbewegung demnach keine christliche Sekte, sondern eine eigenständig konzipierte "Neue Religion".[25] Dieses Urteil impliziert keine Abwertung, sondern eher eine Aufwertung. Lanczkowski hat bereits darauf hingewiesen, dass die GP (S.231) selber von der "Verschmelzung von Christentum und orientalischer Philosophie" zu einer "neuen Religion" sprechen[26] und dass die Selbstbezeichnung "Gesellschaft zur Vereinigung des Weltchristentums" ein Widerspruch zu der Aussage ist: "Der neue Messias . . . , der Herr der Wiederkunft muss nicht nur den Zweck des Christentums, sondern auch der anderen großen Religionen und Philosophien erfüllen."[27] Matzaks spekulative Erweiterung[28] der ursprünglichen Lehre Moons (bzw. der "Bücher": gemeint sind GP und "Unification Thought") sind schon Ausdruck einer allerersten dogmengeschichtlichen Entwicklung - gehören mithin in eine erste Untersuchung zur Dogmengeschichte der VK. Seine Ablehnung des Gedankens der "Emanation" wie "pantheistischer oder panentheistischer" Elemente[29] kann darum letztlich nicht überzeugen, obwohl er als einfühlsamer Systematiker eine Menge sehr feiner Bemerkungen und Beobachtungen zur Trinitätslehre macht: "Es ist für Gott unmöglich, Sich selbst nicht zu lieben."[30] - Gott entscheidet "durch Seinen Willen", die Schöpfung zu schaffen; dabei ist "Er selbst Seinem Willen nicht unterworfen"[31] - Gott erkennt Sich Selbst und liebt Sich Selbst - "durch das Wissen um Sich Selbst". Durch diese Seine "Erkenntnis" (die Liebe ist) "bringt Gott-der-Vater - . . Gott-den-Sohn hervor..."[32] All das ist mehr Matczak als Moon, auch wenn es das Tiefsinnigste ist, was bisher zur 'Dogmatik' der VK gesagt wurde.

Aspekte der Gottesvorstellung

Wenn ich mir - gleichsam als Zwischenbilanz - einmal Rechenschaft geben will über mein bisheriges Ergebnis, so komme ich zu einer vorläufigen Dreiteilung. Moons mystische Theologie lehrt:
a) den gespaltenen Gott (Einheit);
b) den leidenden Gott (Freude);
c) den unvollendeten Gott (Liebe).

a) Der gespaltene Gott - Einheit
Die Spaltung Gottes ist fundamental, aber doch aufgehoben in einer letzten Einheit und drängt auch nach dem oben beschriebenen Gesetz der "Mutualität"[33] oder des "komplementären Dualismus" (Lanczkowski) auf Einheit, Einung, Vereinigung. H. Richardson will darauf hinaus, dass dieses "Ursprungsprinzip" nicht etwas Drittes jenseits der Dualität von Positiv - Negativ, Männlich - Weiblich (in Gott) ist, sondern die "Bezughaftigkeit", das "Prinzip der schöpferischen Harmonie zwischen den zwei Kräften Gottes".[34] Diese Urtendenz alles dessen, was ist, zur Einheit ist mit dem Prinzip von "Ursprung-Division-Synthese" gegeben. Vereinigung vollzieht sich auf allen Ebenen: innermenschlich, zwischenmenschlich, zwischen den Nationen und Religionen wie zwischen Erde und Himmel, Menschheit und Gottheit. Das Heilvoll-Rettende im Gedanken der "Vereinigung" soll besonders an drei Faktoren klargemacht werden: 1. an der Polarität Männlich - Weiblich (in der Gottheit, im Individuum und in der geschlechtlichen Zwei-Einheit); 2. am Phänomen der auserwählten Nation; 3. an der Vereinigung der Religionen.

Zu 1.: "Der Heilige Geist ist ein Mutter-Geist oder femininer Geist...." (GP 104). Ganz gleich, wie man den Hl. Geist in die ursprünglich duale, auf triadische Formeln erweiterte Gotteslehre einbauen will, hier liegt ein doppelter Hinweis auf Mystik vor: "Wer heiliger Geist sagt, sagt Mystik" (R. Otto). Dies ist der erste, sehr allgemeine Hinweis auf das mystische Element. Der zweite liegt in F. Heilers Beobachtung, dass die Mystik die "weibliche" Form der Religion ist, die prophetische Religion hingegen "unverkennbar männlichen Charakter" trägt.[35]

Wie sehr müht sich unsere moderne feministische Theologie von Mary Daly bis Catharina Halkes, von Dorothee Sölle bis Kurt Lüthi, in der biblisch-christlichen Gottesvorstellung Spuren des Weiblichen (wieder-) zu entdecken. J. Böhmes Lehre vom androgynen Christus und C. G. Jungs Lehre vom "animaintegrierten, nichtanimosen Mann Jesus" (Hanna Wolff) müssen herhalten, um über das Jesusbild auch die Gottesvorstellung, die geprägt ist von super-männlichen Attributen wie Herr, Richter, König, Kriegsmann, ein wenig weiblich zu überformen. Aber viel ist da nicht zu holen: Gott tröstet "wie eine Mutter" (Jes 66,13), Jesus macht die Frau, die den verlorenen Groschen sucht, zum Symbol der Liebe, die das Verlorene sucht. Das ist schon ziemlich alles, es sei denn man deutet etwas gewaltsam das Jesus-Wort "Talitha kumi!" (Mägdlein, steh' auf!) als Urimpuls des weiblichen 'Aufstandes' gegen die Männerwelt!

Dagegen haben wir hier in der Vereinigungstheologie den einmaligen Glücksfall, dass schon von allem Ursprung her in der Gottesanschauung die mann-weibliche Polarität angelegt ist. (Als zeitlich nächstliegendes Vorbild wird auf Mary Baker-Eddys "Father-Mother-God" hingewiesen.) Wenn die Moon-Bewegung (wie alle sog. Jugendreligionen) nichts weiter bezwecken würde, als die großen Kirchen und ihre Theologen wieder auf diesen Urtatbestand hinzuweisen (der in der jüdischen Mystik und bei J. Böhme noch durchaus gegenwärtig war), dann hätte sie schon ihr religionsgeschichtliches Soll erfüllt.

Aber m.E. liegt der positive Beitrag der Vereinigungstheologie auch auf dem Gebiet der Anthropologie: Der Mensch, der zu seinem wahren Selbst gekommen ist, macht auch eine neue Erfahrung seiner Körperlichkeit. (Das hat die Vereinigungstheologie mit anderen Bewegungen wie Yoga und Sufi-Tanz-Bewegung gemeinsam.)

Mystische Elemente

"Als vollkommener Mensch wirst du berauscht sein von der Liebe Gottes. Jede Zelle deines Körpers wird vor Freude zerspringen. Deine Augen und Ohren, dein Gesicht, deine Arme und Beine, alles wird sich im Freudentaumel befinden." (W 9)

Der platonische Leib-Seele-Dualismus ist überwunden, die abendländische Abwertung der Sphäre des Körperlich-Materiell-Sexuellen zugunsten einer ganzheitlichen Auffassung vom Menschen ist preisgegeben.[36]

Und die Tendenz zur "Vereinigung" greift über das Individuum hinaus. Hast "du in dir selbst eine Einheit" (W 58) gebildet, so bist du fähig, dich durch "Liebe", das "heiligste Band", mit "zwei oder mehreren Personen zu einer harmonischen Einheit" zusammenzufügen (W 58).

"Wenn du in deinem Leben zehn Menschen auf göttliche Weise liebst, hast du damit die ganze Welt geliebt." (W 60)

In exemplarischer Weise vollzieht sich "Vereinigung", Ich-Du-Austausch, Verschmelzung von Personkern zu Personkern natürlich in der ehelichen Gemeinschaft.

"Wenn beide sich miteinander vereinigen, haben sie das Empfinden, als sei die ganze Welt um sie herum zu einer Einheit geworden." (W 66)

Eine neue, in Wirklichkeit uralte mystische Dimension in der Zweierbeziehung ist wiederentdeckt. Im Sexualakt, in der Vereinigung der beiden vollkommenen Pole ist der kosmische Kreislauf geschlossen.

Man rede hier nicht vorschnell von "missionarischer Elternschaft" ("Liebe kann nur sein, was dem Missionsziel dient")[37] oder gar von "Sexualspekulationen" "gnostischer" Herkunft.[38] Ich würde hier (etwa im Sinne von W. Schubart) von Eros-Mystik sprechen. Die erlösende Kraft des Eros ist von christlicher Theologie zu abschätzig behandelt worden (vgl. K. Barth gegen W. Schubart). Wir müssen Agape, Eros und Sexus wieder näher beieinander (wenn nicht sogar ineinander) sehen lernen.[39] Auch hier kann uns die Vereinigungstheologie Stachel oder Peitsche sein, die uns zu neuem Nachdenken antreibt.

Zu 2.: Das Theologumenon von der auserwählten, wiedervereinigten Nation und deren Funktion für die Vereinigung der Welt macht uns Westlern besondere Schwierigkeiten. "Ich für Japan, Japan für die Welt, die Welt für Christus und Alles für Gott": dies war das mystisch-ekstatische Bekenntnis des Kanzo Utschimura, eines exemplarischen japanischen Christen, des Gründers und Führers der Mukyokal ("Nicht-Kirche-Bewegung"). Moons heilsontologische Kette[40] hat lediglich ein Glied mehr: die Familie! Es mag hier etwas typisch Östliches im Spiel sein: "Der Orient ist integrierend, während der Okzident analytisch ist." (W 103) Tillich sagt es etwas anders: Wo wir im Westen bestenfalls zur "Partizipation" vordringen, sagt der Osten "Identität".[41]

Ist es so uneben, wenn Moon (dem Gesetz des Gebens und Nehmens folgend) die Vereinigung der beiden "Welten" anstrebt? Dass die "beiden Kulturen. . . , mit dem Stillen Ozean als Mittelpunkt, miteinander verschmelzen" sollen (W 103), kann uns doch nicht so erstaunen machen ("Ex oriente lux"!).[42] Das "Land der Morgenstille", das "leidende Land der Beter, Korea",[43] könnte für die christliche Welt eine Botschaft haben, so wie es sie Indien anerkanntermaßen hat.[44] Es muss nicht "God's own country" (USA) sein! Was Moon über "God's true nation"[45] sagt, erscheint mir jedenfalls beachtenswert: Die USA waren bisher die führende Macht der Welt. "Wenn das Volk der Vereinigten Staaten sich selbst in die Position Jesu setzen würde und zu Gott betete:

'Möge die ganze Welt gerettet werden, selbst wenn unsere Nation geopfert werden müsste', dann würden die USA fortfahren, eine große Nation zu sein." Auch wenn eine Katastrophe käme, würde die Nation wie Jesus auferstehen und wäre so fähig, die ganze Welt zu retten.

Zu 3.: Es ist klar, dass ein Schüler von Friedrich Heiler (der die Idee einer "Ökumene der Weltreligionen" so stark und überzeugend vertreten hat) zum Gedanken der "Vereinigung aller Religionen" eine tiefe Affinität entdeckt, wenn nicht eine "Esperantoreligion" (R. Otto), eine Superreligion im Stil der Bahai, ein alles relativierender Religions-Mischmasch gemeint ist. Auch hier könnte die VK Vorreiter und Antreiber in einem für die großen Religionen sein, z.B. sich an der gemeinsamen Arbeit für den Weltfrieden stärker als bisher zu beteiligen.[46]

In England bauen Quäker und Jaina-Mönche gemeinsam ein Bethaus, das sie gemeinsam benutzen wollen: das ist die wahre "Vereinigung" der Religionen: Zusammenarbeit an gemeinsamen Aufgaben und gemeinsame Andacht - unter Verzicht auf glaubensmäßige Normierung und gegenseitige Bekehrung!

Ich schließe diese Sequenz meiner Überlegungen zum Thema "Dualität und Einheit" mit einem herrlichen Stück "Vereinigungstheologie": "Es gibt ... noch einen anderen Weg, der zur Erschließung des menschlichen Geheimnisses führt; dieser Weg ist nicht der des Nachdenkens, sondern der der Liebe. Liebe ist das aktive Durchdringen einer anderen Person, wodurch der Wunsch nach Erkenntnis durch Vereinigung gestillt wird. Wir haben vom Baum der Erkenntnis gegessen; vom Baum des Lebens können wir nicht einfach essen; nur wenn wir uns mit Gott vereinigen, essen wir von ihm, haben Anteil am Leben. In der Vereinigung erkenne ich dich, erkenne ich mich, erkenne ich alle - und ich 'weiß' nichts. Ich erfahre auf die einzige Weise, in der dem Menschen Kenntnis des Lebendigen möglich ist - durch Vereinigung. Zur vollen Kenntnis führt einzig der Akt der Liebe, der Denken und Worte übersteigt." Dieser wunderschöne Text könnte von Moon stammen, er stammt aber von *E. Fromm*.[47] Ost und West - sie können nie zusammenkommen?

b) Der leidende Gott - Freude

Ich beginne gleich wieder mit einem Text, der von Moon stammen könnte, freilich auch von jedem anderen mystischen Theologen, für den das Leiden Gottes am Menschen und mit dem Menschen (und für den Menschen) zum großen Thema geworden ist: "Gott ist vor allem der behinderte Gott; er lässt sich von uns behindern - und nur als der Behinderte kann er der Gott der Behinderten (und damit aller Menschen) sein." Das ist die Kernstelle einer Predigt, die OKR Dr. W Kratz, Darmstadt, am 6.7.1980 im Hessischen Rundfunk gehalten hat.

Die Vorstellung vom leidenden (und sterbenden) Gott steht uns - mindestens seit Bonhoeffer, seit Auschwitz und der "Theologie vom Tode Gottes" - wieder näher. Ich möchte auch hier einen asiatischen Christen zitieren: Toyohiko Kagawa, der japanische Mystiker und Sozialreformer, war überzeugt, dass "Gott in allem Leiden mitleidet[48] und in allem Sterben mitstirbt". Und ein japanischer Theologe, K. Kitamori, hat gar eine "Theologie des Schmerzes Gottes" entworfen.[49]

Liegt hier nicht eine Öffnung gegenüber östlichem Gedankengut vor? Moons Gottesbild trägt ähnliche Züge: Gott ist nicht nur reines, spannungsloses, in sich ruhendes Sein, er ist in seiner (enttäuschten) Liebe verletzlich (W 8). Er ist ein Gott des Schmerzes und der Tränen: ein weinender Gott. (O wie menschlich!) Ich frage mich ernsthaft, ob hier nicht Buddhistisches durchschimmert.

"Wenn du Tränen, Schweiß und Blut für die gesamte Welt vergießt, wirst du feststellen, dass Gott Tränen, Schweiß und Blut für dich vergossen hat." (W 8)[50]

Auch von Moon heißt es: "Er vergoss unzählbare Tränen für Gott...."[51] Und auch hier wieder der 'fröhliche Wechsel': Gottes Tränen sind deine Tränen, Gottes Schmerz ist dein Schmerz, und Gottes Freude ist deine Freude! Jeder Schmerz wandelt sich in Freude: in der Gottesbegegnung, in der Vereinigung des ursprünglichen, wiederhergestellten Selbst mit dem Herzen Gottes.

"Wenn wir unser ursprüngliches Selbst wiederherstellen, können wir in die Welt hinausgehen. ‚Hier bin ich!' Danach werden unsere fünf Sinne vor Freude springen." (W 49) Alles in mir gerät in einen "Freudentaumel". (W 9)

Und der 'fröhliche Wechsel' geht noch weiter: Gott betet in uns für uns (zu sich selbst?).

"Wir dürfen Gott nicht bitten uns zu helfen, sondern wir müssen bereit sein, Gottes Agonie zu erleichtern. Als Christen können wir Gottes Herz durch das Gebet wiederherstellen. Er betet für uns. Er betet um Söhne und Töchter, um sein Leiden zu beenden und das Leiden der Welt."[52]

Wiedergutmachung, Wiederherstellung (restoration), Wiederbringung (aller Dinge) bedeutet apokalyptischen Jubel, bedeutet Hoch-Zeit der Vollendung (nach Offb 19,6-9; 21 ,1-5).[53] Es ist kein Zweifel, dass Moon sich in der Frage der "Wiederherstellung" die Lehre des Origenes von der "Apokatastasis panton" zu eigen macht.[54] Die Überprüfung des Einflusses der Offb auf die GP muss ich wieder den Exegeten überlassen.

c) Der unvollendete Gott - Liebe

Dass diese "Wiederherstellung" des Menschen und des Kosmos zugleich auch die "Wiederherstellung" Gottes ist ("Gott alles in allem"),

Mystische Elemente

will uns kirchlichen Normalfrommen schwer eingehen. Aber wieder waren es die Mystiker, die Gottes ‚Reifung' (Rilke: "Gott reift"; "in meinem Reifen reift dein Reich") als einen noch offenen Prozess sahen. In der Menschwerdung Gottes wird (auch) der Mensch zum wahren Menschen; in der Vergottung des Menschen kommt (auch) Gott erst zu seiner vollen Gottheit. Beides greift ineinander, beides sind nur die verschiedenen Aspekte des einen "Wiederherstellungsprozesses" (W 9).[55] (Das heißt z.B. auch: indem wir die Erde menschlicher machen, tragen wir zur Menschwerdung Gottes, nicht nur des Menschen, bei. Hier liegt der soziale Impetus in aller Mystik. Siehe Kagawa!) Wir, die Menschen, können "Gottes Qual erleichtern", "Gottes Herz wiederherstellen", "Gottes Sorge auflösen", "Gott von seinem Kummer befreien".[56] Gott ist unvollendet, noch nicht fertig - auch Jesu Heilswerk ist unvollendet; es gibt noch viel für uns zu tun: packen wir's an!

"Liebe! Lass Gott Liebe in Dir finden, und Gott wird glücklich sein. Du musst ein dynamisches, antwortendes Objekt ihm gegenüber sein, so dass seine Liebe in dir explodieren kann."[57]

Hinter dem allen steht m.E. der urmystische Gedanke "der erlösenden Rückkehr Gottes zu sich selber".[58] Bei Hegel geschieht sie im Logos, in der Erosmystik im Eros, bei Moon in der 'Explosion der Liebe'. Die Gespaltenheit des Weltgrundes ist überwunden, seine Einheit ist gerettet. Moons "begrenzter" Gott (GP 49) ist "ein sich wandelnder Gott".[59] Gott ist zwar im Prinzip "allmächtig und allwissend", "absolut und vollkommen" (GP 69). Aber "die Offenbarung seines Selbst ist begrenzt, weil sie von der Erwiderung und der Kapazität des Menschen abhängt" (GP 49). Gott macht sich vom Menschen abhängig. Das ist in aller Mystik so:

"Ich bin als Gott so groß, er ist als ich so klein; er kann nicht über mir, ich unter ihm nicht sein." (A. Silesius)

Gott suspendiert gleichsam ein Stück seiner Gottheit, um sie im freien Austausch mit einer "wiederhergestellten" Menschheit endgültig wiederzuerlangen. Darum gilt gleichzeitig: Weder "Allmacht noch Allwissen" kommen ihm in "seiner innersten Natur" zu, dafür ist er durch und durch "Liebe", "Herz".[60] Indem Gott sich in den Liebesprozess des Gebens und Nehmens einlässt, kommt er allererst zu sich selbst.

So ist auch das Gebet letztlich Zwiesprache des Weltgrundes mit sich selber! "Abgrund zu Abgrund ruft", heißt es in der alten Formel (aus Ps 42,8).[61] "Der immanente Gott betet in uns." Und bei Rumi: "Im Ruf ‚Oh Gott', sind hundert ‚Hier bin ich'."[63]

Versuch einer religionsgeschichtlichen Einordnung - Sekte oder Neue Religion?

a) Typologie der Mystik

Ich versuche (mit Heiler) das Phänomen der Moonschen Gottesmystik religionsgeschichtlich einzuordnen. Heiler gibt in "Das Gebet" (S.284 f.) vierzehn mögliche Ausformungen mystischer Frömmigkeit an, die sich aus der "Kreuzung" mit dem "prophetischen" Typus ergeben. Die Einordnung eines mystischen Denkers und Beters oder eines mystischen Gedankensystems kann natürlich nicht einfach schematisch erfolgen. Nicht jeder passt in ein bestimmtes Kästchen, ohne dass ein 'Überschuss' bleibt. Das zeigen die Mehrfachnennungen bei Heiler z.B. von Plotin, Augustin, Meister Eckhart. Aus der Reihe der vierzehn von Heiler (oft paarweise) herausgefilterten Grundmöglichkeiten bieten sich für Moon m.E. folgende an:

1. "eine harmonische Mystik, in der alle irregulären Erlebnisse fehlen (Augustin, Thomas von Aquin, Eckhart, Tauler, Imitatio Christi, die Quietisten)"[64] ;
2. "eine warme affektive Mystik (die indischen Bhaktas, Sufis, Plotin, Augustin, die meisten mittelalterlichen Mystiker, die Pietisten)"[65] ;
3. "eine naive phantasiemäßige, dichtende Mystik";
4. "eine reflektierende . . . Mystik";
5. "eine personalistisch-theistische Mystik";
6. "eine innige Gebetsmystik".

Moon ist also nicht reiner Mystiker, schon gar nicht reiner Seinsmystiker; er gehört eher in den Zusammenhang der Bhakti und (christlichen) Gottesmystik (personhafter Zug; Hervortreten des Ethos), angereichert mit bestimmten Zügen aus der christlichen und außerchristlichen Heilandsmystik wie aus der All-Einheits-Mystik. Zur Braut- oder Liebesmystik (im engeren Sinne), wie sie sowohl F. Heiler als auch Anne Marie Heiler am Beispiel der christlichen Nonnenmystik

Mystische Elemente

beschrieben haben[66], gehört Moon nicht, trotz der Mittelpunktstellung der ehelichen Liebe und des ehelichen Zeugungsaktes. Ich sehe hier eher eine spezielle Variante der Eros- (und Natur-) Mystik. Ebenso scheidet (bis auf das Element der Massentrauung) jede Neigung zur Kultmystik aus.

Hinsichtlich der Methode seines mystischen Spekulierens lässt sich sagen, dass Moon von den bekannten drei Grundmodellen:[67]
(1) via negativa (der negative Weg),
(2) via contradictionis (der Weg des Widerspruch)
(3) via superlationis oder eminentiae (der Weg der Steigerung oder Übertreibung)
das 2. Modell bevorzugt. Polarität, dynamische Dialektik, Einheit von Spruch und Widerspruch, das ist sein denkerisches Grundkonzept. (Das 1. und 3 - Modell treten daneben völlig zurück.)

b) Jesus

Eine spezielle Jesusmystik kann ich bei Moon nicht finden, weder im paulinischen Sinne des "Christus in nobis" (Gal 2,20) noch im Sinne von Albert Schweitzers Willensmystik (mein Wille und Jesu Wille werden über die Jahrhunderte hinweg - identisch. Die Jesus-Erscheinung des 16jährigen Moon scheint mir nicht genug für eine "mystische Erfahrung mit Jesus Christus"[69] herzugeben, ebenso wenig wie die Versicherung Richardsons, Moon lebe "in einer engen Beziehung mit Jesus".[70] Die Bedeutung Jesu für Moon wie speziell die christologischen Aussagen überlasse ich gerne der Untersuchung durch die Systematiker. Immerhin ist mir eine gewisse Diskrepanz aufgefallen zwischen GP und W. Einmal heißt es: "Er [Jesus] war der Tempel Gottes und alle anderen Menschen konnten zu Tempeln werden *durch Vereinigung mit ihm*." (GP 103, Kursivierung von mir, HR) Dagegen: "Jesus war der vollkommene Tempel Gottes. Gott möchte jedoch nicht nur der Vater Jesu sein. Alle Menschen wurden geschaffen, um sagen zu können: 'ich bin im Vater, und der Vater ist in mir.'" (W 7) Ich wage nicht zu entscheiden, ob hier ein ursprünglich vorhandener christozentrischer Gedanke in einer etwas späteren Phase der "Kanonbildung" unterdrückt wurde.[71] Rein religionsgeschichtlich wird Jesus aus der Fülle der Meister

herausgehoben und behält auch im heilstheologischen Konzept eine bestimmte Schlüsselfunktion:
"Jesus war moralisch fehlerlos". (GP 103)
"In seiner göttlichen Mission war Jesus einzigartig..." (ebd.)
"Jesus unterschied ganz deutlich zwischen sich und Gott. . . "
(GP 102)
Natürlich ist seine Ehelosigkeit ein fundamentales Manko. (GP 104) Dass Moon selber als "neuer Messias" mit Jesus konkurriert, ist evident.

c) Moon

Es dürfte andererseits schwierig sein, das "prophetische" Element bei Moon hinsichtlich seines Gewichtes und seiner Herkunft näher zu bestimmen. Der Mystiker Moon hat m.E. eindeutig das Übergewicht gegenüber dem "Propheten". (Auf eine nähere Charakterisierung der Person Moons möchte ich mich nicht einlassen.) Dass er in die religionsgeschichtliche Kategorie der "Söhne Gottes" (Mensching), der Meister, Stifter, Messiasse und Leader gehört, ist unzweifelhaft. Will man ihn mit herausragenden Erscheinungen der Religionsgeschichte vergleichen, so fällt mir zuerst Mani ein, der größte Synkretist aller Zeiten.[72] Moon steht wie Mani auf der Schwelle zwischen Ost und West. Wie bei Mani spielen gewisse "religionsgeographische Einsichten"[73] (z.B. der Pazifik als Zentrum der Weltvereinigung und Weltkultur) eine Rolle. Die Vereinnahme und Verschmelzung ("Versöhnung") von westlichen und östlichen Philosophien und Religionen geschieht ähnlich bewusst.

Die Art und Weise, wie Lanczkowski einerseits im Falle der Mormonen (nach dem Vorgang von Eduard Meyer)[74] und andererseits im Fall der VK für eine "religiöse Neustiftung"[75] und gegen die Einordnung als christliche Sekte eintritt, veranlasste mich, zunächst einmal mehr spielerisch die Mormonen und die Moonies als Bewegung,[76] sodann das Buch "Mormon" und die GP (hier gibt es schon eine Ergänzung oder Erweiterung in Gestalt des "Unification Thought") zu vergleichen.

Folge ich Lanczkowskis Definition: "Eine spezifische Form der Offenbarung liegt dann vor, wenn der Stifter in seiner Person durch eigene Verkündigung oder den Glauben seiner Anhänger zum Inhalt der Offenbarung erhoben und als Gott oder Messias angesehen wird",[77] dann haben wir es in beiden Fällen nicht mit Sektenbildung, sondern mit "religiöser Neustiftung" zu tun. (Lanczkowski nennt als Vergleichsbeispiel noch den Babismus in Persien.)

Das Besondere in diesem Parallelismus wäre noch das relative Zurücktreten des Stifters hinter das Heilige Buch. (Buchreligion - hier läge auch rein formal eine Parallele zum Islam oder zum Sikhismus vor.) Genau dies wäre aber auch ein Hinweis darauf, dass die gewiss vorhandene Sektenstruktur (nach Troeltsch, M. Weber, Mensching und J. Wach, die ich zu Rate gezogen habe) uns nicht täuschen darf. Wenn J. Wachs Definition gilt: "The leader is the sect",[78] dann ist dieses Prinzip in der VK erheblich gemildert durch die überragende Bedeutung der GP. J. Wachs Feststellung würde m.E. eher für die neohinduistischen Gebilde unter den sog. Jugendreligionen gelten wie TM, DLM und Bhagwan-Bewegung. In allen drei Fällen - das ist indisches Erbe - ist der Guru immer zugleich göttliche Manifestation der von ihm vertretenen Wahrheit.

W. Lewis hat sich bisher am meisten Gedanken über die kirchen- und religionsgeschichtliche Einordnung der VK gemacht. Da wird einmal in dem Abschnitt "S. M. Moon, ein Mann wie...."[79] die Parallele zu Tertullian, Thomas von Aquin und Teilhard de Chardin gezogen um zu zeigen, dass Moon genauso wie die genannten Denker zwei Denkwelten umfasst: "Er ist ein echter gläubiger christlicher Denker, der genauso westlich wie orientalisch ist."[80] Lewis bescheinigt Moon gleichzeitig, dass er, obwohl "do-it-yourself-Systematiker", "ein bedeutender Theologe ist, . . der Theologie aus seinem Leben und aus Freude schreibt".[81] Da gibt es ferner den Hinweis auf Parallelen zu Luther, Calvin und Augustinus "Luther sagt: 'Sei deinem Nächsten gegenüber ein Christus'. Das ist genau das, was Moon lehrt."[82] Im Vorwort zu Lewis "S. M. Moon, Ketzer oder Orthodoxer" weisen M. D. Bryant und H. Richardson ebenfalls auf Parallelen zu Luther hin. So wird das Phänomen der "neuen Stimme", die je in ihrer Zeit Gehör fordert, hervorgehoben, ebenso die Bannung der beiden Reformatoren durch die etablierten Kirchen.[83] Das dürfte in der Tat ein Hinweis darauf sein, dass Moon wie alle Stifter und Meistergestalten zunächst einmal in die Kategorie der Reformatoren gehört.[84] Freilich wird auch sogleich von den beiden Autoren auf die theologische Differenz zwischen Luther und Moon hingewiesen. Schließlich sehen auch beide in der 'Missionspraxis' der Reformatoren (Gelehrtendisput) eine Analogie zur Verbreitung der Moon-Bewegung: Sie geschieht nicht so sehr durch "aktive Moon-Evangelisation" als vielmehr durch "sachlich ruhiges Lehren und Diskutieren unter Geschäftsleuten, Politikern, Professoren und der Geistlichkeit".[85] All dies trifft aber nicht den Kern.

Tiefergehend scheint mir der mehrfache Hinweis auf Calvin, diesmal auch im Sinne einer direkten Deszendenz hinsichtlich Form und Inhalt des theologischen Denkens. Besonders H. Richardson betont die innere Verwandtschaft des Moonschen Systems mit der calvinistisch bestimmten "Föderaltheologie".[86] Auch für das Verständnis des Sündenfalls wird (neben Wesley und Augustin) Calvin herangezogen[87] sowie für das Problem "Prädestination und freier Wille".[88]

Ich bin selber (trotz meiner gegenwärtigen Beschäftigung mit Calvin) nicht Calvinkenner genug, um hier einen spezifischen Einschlag reformierten Denkens nachweisen zu können. Bleibt als unumstößliches Faktum nur der Hinweis, dass Reverend Moon aus einer "koreanischen presbyterianischen Familie [stammte], die von Missionaren aus Nordamerika bekehrt worden war".[89] Die meisten dieser Missionare predigten die Theologie des letzten Jahrhunderts, und das war eben der Calvinismus. Vielleicht kommt in dem "weltweiten *theokratischen Sozialismus*" (Kursivierung von mir, HR), von dem *David Kim* spricht,[90] etwas von dem schweizerisch-reformierten Erbe wieder zum Vorschein, wie überhaupt mehrfach Ragaz-Zitate im Schrifttum der VK auffallen.[91]

Interessanter und ergiebiger erscheint mir jedenfalls die Untersuchung der außerchristlichen Einflüsse. Mag sein, dass Moon zu seinem presbyterianischen Erbe noch die "Heiligkeit der Methodisten und die Ausstrahlung der Pfingstler" hinzugefügt hat.[92] Diese "Mischung" wird jedenfalls angereichert durch "orientalische Elemente" (Lewis nennt "Ideen und Praktiken des Buddhismus, Hinduismus, Taoismus, Konfuzianismus und des koreanischen Schamanismus").[93] Alle diese Elemente machen (nach Lewis) eine "alchemistische Wandlung" durch genauso wie die genannten christlichen Elemente, und alle werden sie "im Schmelzofen von Moons christlicher Eschatologie symbolisch neu dargestellt".[94] Die eschatologische Dimension soll hier nicht bestritten werden. Sie ist, wie oben gezeigt, kein Widerspruch zur mystischen Theologie Moons. Auch Augustinus hat neben seinen tief mystischen "Konfessionen" einen grandiosen geschichtstheologischen Entwurf mit eminent eschatologischer Ausrichtung ("Gottesstaat") hinterlassen.

d) Gnosis?
Etwas irritiert bin ich durch Lewis' zweifachen Hinweis auf den "gezähmten"[95] bzw. "gebändigten Gnostizismus".[96] Natürlich spricht die von Lewis aufgezeigte Ahnenreihe ("*Origenes*, die *Kappadozier, Dionysius Areopagita* und *Johannes Scotus Eriugena*"), das emanatistisch aufgefasste Gottesbild und die "Rehabilitierung der neoplatonischen, mittelalterlich-christlichen Faszination über die 'große Kette des Seins'" sowie die Wiederaufnahme der Idee der "Apokatastasis panton" durch Moon[97] für meine These von der durch und durch mystischen Natur der Vereinigungstheologie. Diese mystische Struktur aber als "*Gnosis*" (wenn auch "gebändigt" oder "gezähmt") zu bezeichnen, scheint mir nicht exakt zu sein. Ich habe *Lanczkowskis* erhellende Darstellung über "Interreligiöse Strömungen" ("Mystik, Gnosis, Schamanismus")[98] sehr gründlich zu Rate gezogen. Ich setze die Definition von *Lanczkowski* hierher und lasse den Leser entscheiden: "Die *Gnosis* ist eine dualistische Weltanschauung, die kosmologisch und anthropologisch verstanden wird. Für den Menschen verbinden sich damit soteriologische Aspekte. Ein geistiger Funke, der in der Materie seines Körpers gefangen ist, kann durch *gnosis*, durch 'Erkenntnis', befreit werden."[99] Sowohl das Element 'Funke in der Materie' als auch die typische Form der Erlösung durch "Erkenntnis" scheint mir bei Moon zu fehlen. Die "duale" Struktur der Vereinigungstheologie beruht vielmehr auf der altchinesischen Yin-Yang-Spekulation und in seiner Theologia Mystica bevorzugt Moon (wie gezeigt) die Methode der Kontradiktion.

Ich würde hier gern *Lanczkowski* als Kronzeugen anrufen bzw. ihn genauso wie in der diffizilen Frage: "Synkretismus", "Mischreligion", "Synthese der bestehenden Religionen"[100] entscheiden lassen. Jedenfalls ist überhaupt nichts gewonnen, wenn ich der VK "Synkretismus" vorwerfe. Bekanntlich hat *H. Gunkel* schon vor Jahrzehnten das Christentum als "synkretistische Religion" beschrieben.[101] Ich würde vorläufig die Definition wagen: *Die VK ist eine synkretistische "neue Religion" mit universalem Anspruch* (hierin vergleichbar dem Bahaismus und Subud).

Hier ist vielleicht der Ort, eine Bemerkung zu diesen Versuchen der Selbsteinschätzung und Einordnung in die Religionsgeschichte zu machen. Offenbar befinden wir uns am Ende der Phase, die Mensching als "charismatische Anfangsverbundenheit"[102] mit dem Meister beschreibt. Überlegungen zur Selbsteinschätzung und zur Bewältigung des "Pluralismus der Religionen"[103] setzen offenbar eine bestimmte lehrmäßige und organisatorische Konsolidierung voraus. Ansätze zur dogmatischen Erweiterung und zur scholastischen Verfestigung wurden oben angedeutet; normalerweise erfolgt der Schritt zur Kirchenbildung (mit Kanon, Dogma und Amt) nach dem Tod des Stifters. Z.B. hat die Jesus-Gemeinde sich bald in Absetzung von der Täufergemeinde[104] und der jüdischen Mutterkirche ihr eigenes Image geschaffen.

Sympathisch ist, wie *Lanczkowski* gezeigt hat, dass die VK ihren Ort im Koordinatensystem der Heilsgeschichte nicht durch "Verdammung oder Dämonisierung"[105] der anderen Religionen, "sondern mit der Annahme einer sukzessiven Offenbarung, als deren vollkommenen Abschluss sich diese neue Religion selbst begreift", bestimmt.[106] Möglich erscheint mir im gegenwärtigen Stadium auch die Rückbildung zu einer bloßen christlichen Sekte, wenn nämlich die universal-mystische Tendenz durch die Lehrer und Leiter der zweiten Generation nicht mehr in ihrer vollen Dynamik verstanden und vermittelt werden kann. Hier könnte das interreligiöse Gespräch der VK einen guten Dienst tun, wie es auch die Gefahr der Gettoisierung abbaut.

e) Kritik und Gegenkritik

Apologetische Versuche vom Zuschnitt der Veröffentlichungen der EZW (abgedruckt etwa bei Eimuth/Oelke) sind vom Ansatz her verfehlt. Da lesen wir: "Es handelt sich bei der Moon-Bewegung um eine aus dem Fernen Osten stammende, religiös verwurzelte, ideologisch-politische Organisation." "Dieser rein ideologische, utopistische Wesenszug"; ... "...autoritär strukturierte Gegenkommune." "Gruppenzwang, Abbau der Persönlichkeit und Kritikfähigkeit"; "mythisch-dualistischer Grundcharakter" ['mystisch' wäre richtig gewesen! HR]. "Ergebnis: Die VK ist keine christliche Gemeinschaft. Sie kann auch

Mystische Elemente

nicht als ein positiver religiöser Entwurf betrachtet werden, trotz der Vielzahl der Initiativen. Sie ist eine (faschistische) Form von Herrschaftsausübung und gehört zu den destruktiven Gruppen."[107] Diese Einschätzung erreicht nicht die mystische Tiefe der Gedanken Moons; sie lässt sich von der empirischen Form einer relativ straff geführten Religionsgemeinschaft optisch täuschen und unterliegt mit der von ihr gebotenen "Apologetik"[108] selber dem Ideologieverdacht. Was die EZW da als unverrückbaren christlichen Glaubensgehalt bietet, ist wahllos gemixter biblischer Belegstellensalat: das glaubt so - unentmythologisiert - kein Mensch!

Auch *L. Zinkes* Kritik an Moons Lehre kann nicht unwidersprochen bleiben. *Zinkes* Beiträge und die seiner Mitarbeiter in dem Band "Religionen am Rande der Gesellschaft"[109] zeichnen sich zwar im Reigen der übrigen Jugendsekten-Literatur durch differenzierte Beobachtungen und Wertungen aus, aber gerade *Zinkes* Analyse der Moon-Bewegung bleibt an der Oberfläche. Er kritisiert zunächst die "synkretistische Machart" der GP.[110] Dann nimmt er Anstoß an dem geschilderten "Polaritätsprinzip", das nach seiner Meinung "in Konkurrenz zu Gott tritt".[111] Das kann es gar nicht, denn es ist innergöttlich. *Zinke* kann sich offenbar Gott nur in der aristotelisch-thomistischen Tradition als in sich widerspruchsloses, weiseloses Sein vorstellen. Und schließlich kritisiert *Zinke* die theologische Denkmethode grundsätzlich, die Gott den Schöpfer aus Prinzipien erklärt, die aus seiner Schöpfung erhoben werden. Er macht seine Kritik speziell an dem Satz (aus GP) fest: "Wir können Gott wahrnehmen und verstehen, indem wir seine Schöpfung betrachten."[112] Aber gibt es nicht in der klassischen katholischen Theologie auch die Methode der 'Analogia entis', die vom Seienden logisch auf den Seinsgrund schließt? Wie anders soll Theologie vonstatten gehen?

Schließlich ist zu sagen, dass Apologetik in der Art der EZW und auch *Zinkes* der Sache nicht gerecht wird. Hier ist allein eine voraussetzungslose religionswissenschaftliche Betrachtungsweise am Platze, wie sie in bezug auf die VK *G. Lanczkowski* klassisch vorgeführt hat.[113]

f) Ich-Verlust oder wahre Identität?

Ein letztes Wort zum Thema: "Persönlichkeitsverlust, Ich-Auslöschung, Gehirnwäsche, Psychomutation etc."![114] Hier sind die Mystikforscher gefragt. Es geht nicht an, die paulinische Rede vom "Christus in mir" oder vom "Sein in Christus" oder die Sehnsucht nach dem Versinken in den "Tiefen der Gottheit" als wahnhafte Ich-Erweiterung, die mystische Identitätserfahrung als Ich-Verlust im Sinne irgendeiner Psychologie oder gar jedes Streben nach mystischer Entgrenzung (Ekstase) als "Schamanismus"[115] zu deklarieren oder als Geisteskrankheit zu denunzieren. Die gesamte Aufarbeitung unseres Themas (eingebettet in die Kritik der sog. Jugendreligionen) von Seiten der Psychologie (*Clark, Lifton, Baeyer-Katte*,[116] auch *P. Hacker*) leidet unter einer völlig unzureichenden religionswissenschaftlichen Fundamentierung. Die Zusammenarbeit aller ist dringend geboten.

Willenshingabe an Gott (bis zum Wunsch der "Vernichtung"),[117] "rest-lose Hingabe alles persönlichen Wollens" an die Heilandsgottheit, "vollkommener Verzicht auf das eigene Ich",[118] radikales "Entwerden", um der ganzen Fülle der Gottheit teilhaftig zu werden, um zur wahren Identität (Atman = Brahman, Einheit von Seelengrund und Weltgrund, Gottesgeburt in der Seele) durchzustoßen - das hat mit "Gehirnwäsche" und "Psychomutation" (Haack) oder "Temporallappen-Epilepsie" (*Clark*)[119] nichts zu tun. (Die erotisch-ekstatische Ur-Erfahrung "Ich bin du, du bist ich!" wäre dann auch Größenwahn.)

Ich habe u.a. als Vierzehnjähriger in Bekehrungsversammlungen (geleitet von einem Hermannsburger Missionar oder von *H. Jochums*, Präsident der Evangelischen Gesellschaft), kniend singen müssen:
"Nimm mein Leben, Jesu dir/dir ergeb ich's für und für..

Nimm mich selbst und lass mich sein/ewig, einzig, völlig Dein" - und das nach einer Melodie von *Mozart*[120] - und ich bin nicht daran gestorben, noch bin ich geisteskrank geworden!

Methodischer Rückblick

Ich habe mich bei meiner "Annäherung" (das englische Wort 'approach' drückt mein Vorhaben noch besser aus) des Modells der "*verstehenden Begegnung*" bedient, das ich an anderer Stelle begründet und verteidigt habe.[121] Ein wesentliches Element dieser "Annäherung" ist die Bereitschaft zu innerer "Beteiligung" des Beobachters, das "Sich-Ein-

Mystische Elemente

lassen" auf das Gegenüber, wertfrei, voraussetzungslos, neutral. *H. Cox* ("Licht aus Asien") ist hier mein Vorbild.[122] Ob solche Voraussetzungslosigkeit im Vollzug des "Verstehens" fremder Religion überhaupt möglich ist, darüber ist in der Marburger Religionswissenschaftlichen Schule gründlich nachgedacht worden, der ich hier folge (*R. Otto, H. Frick, F. Heiler, E. Benz*)[123] Voraussetzungslosigkeit ist tendenziell möglich, wenn auch nicht absolut. Ich komme nicht als Marsmensch in der 2. Hälfte des 20. Jahrhunderts 'herunter' in den nordatlantischen Kulturbereich, um eine neu entstehende Religion zu beschreiben. Ich bringe vielmehr meine Lebensgeschichte (das was man heute "religiöse Sozialisation" nennt) mit in dieses Geschäft des Religionenvergleichs oder der "Religionsmessung" (*R. Otto*). Ich bin kein weißes Blatt Papier, das alle Eindrücke gleichmäßig und gleichgewichtig aufnimmt. Ich bin Eklektiker, ich werte und gewichte nach dem 'Maßstab', der ich selbst in meiner geistigen und religiösen Existenz bin.

Ich habe mich unmittelbar vor und während der Ausarbeitung dieser Zeilen noch einmal intensiv mit Literatur über Mystik beschäftigt. Allen voran nenne ich *R. Otto*, "Vishnu-Narayana"' 1923, und "Das Gefühl des Überweltlichen", 1932. Ich habe die entscheidenden Kapitel über Mystik und Prophetie in *F. Heilers* "Das Gebet" und in dem Themaband der "Einen heiligen Kirche" 1940 (hg. von *F. Heiler*) sowie Heilers "Der Gottesbegriff der Mystik" (Numen 1954) wieder gelesen. Wichtig wurde mir noch einmal *K. Leeses* Werk über "Recht und Grenze der natürlichen Religion", der so trefflich mit *R. Otto, P. Tillich* und unter Rückgriff auf *J. Böhme* und *Schelling* und dem 'frommen alten Heiden' *Goethe* für ein Heimatrecht der Mystik im Protestantismus - und damit im Christentum - streitet. (Als theologischen Kontrapunkt habe ich mir noch einmal *E. Brunners* "Religionsphilosophie Ev. Theologie" vorgenommen, die mich auch diesmal nicht uberzeugt hat.)

Ich höre an dieser Stelle den Einwand meines Freundes (eines alten Marburgers wie ich), man könne doch nicht mit dem Handwerkszeug der Marburger Schule und vom hehren Standpunkt eines ebenso gelehrten wie integren Theologen wie Leese aus solchermaßen an die Gedankenwelt eines Moon herangehen. Ich nehme diesen Einwand sehr ernst, zumal er von einem ausgezeichneten Kenner der VK kommt. Meine Antwort ist: doch und gerade!

Und als ich mich dem Komplex "Gott - das Männliche und das Weibliche" näherte und (in Leeses Darstellung) immer noch J. Böhmes inner-göttliche polare Spannung im Kopf (nemo contra deum nisi deus ipse - niemand gegen Gott, außer Gott selbst) und im Herzen bewegte, da erinnerte ich mich spontan an das Element des Androgynen in Christus (und Gott), wie es am ehesten jetzt in *Hanna Wollfs* Darstellung "Jesus der Mann" (1976) - wieder in Anknüpfung an *J. Böhme* - greifbar ist. Und so holte ich all das angestaute Wissen aus einem Seminar über Stellung und Bewertung der Frau in der Religionsgeschichte vom WS 1979/80 hervor. Wieder war *Heiler* mein Guru ("Die Frau in den Religionen der Menschheit", 1977), flankiert und assistiert von seiner Frau, *Anne Marie Heiler* (gest. 1979) ("Mystik deutscher Frauen im Mittelalter", 1929). *K. Lüthi*, *Moltmann-Wendel*, *Gollwitzers* "Theologie der Zärtlichkeit" (in: "Das Hohe Lied der Liebe"), *A. Jelsmas* "Hexen und Heilige", *C Halkes*, "Gott hat nicht nur starke Söhne" (und eine faszinierende Begegnung mit der Verfasserin) sowie last not least *Th. Bosloopers* "The Image of Women" waren wieder voll gegenwärtig. (Nicht zu vergessen *A. Bebels* "Die Frau und der Sozialismus" und das verpflichtende Lebensbild von Rosa Luxemburg).

Ich höre noch einmal die Stimme meines Freundes, ja nichts von diesem großartigen Erbe in die VK-Ideologie einzutragen. Ich habe dies nach bestem Wissen und Gewissen vermieden. Ich habe vielleicht das Prinzip des "Gebens und Nehmens" unbewusst angewandt und bin damit wenigstens ein Stück weit ‚den Moonies ein Moonie' geworden (vgl. Paulus 1 Kor 9,20ff.). Ich halte dies (mit *H. Cox*) nicht nur aus wissenschaftstheoretischen Überlegungen heraus für angezeigt, sondern auch für ein schlichtes Gebot der Menschlichkeit und der Jesusnachfolge. Ich habe mich selber mit meiner religiös-theologischen Herkunft in den Verstehensprozess eingebracht und diesen mit zum Gegenstand meiner Erörterung gemacht. Ich halte es nicht für erforderlich, diesen Prozess noch einmal zu analysieren. Ich versuche nur, in Umrissen noch einmal die wichtigsten Elemente in dieser Begegnung zu kennzeichnen: Da war das wichtige Phänomen der Erstbegegnung, zunächst mit einer Person, dann mit einem Buch (in sprachlich und äußerlich ansprechender Form); da schloss sich eine Diskussion auf sehr vordergründiger Ebene an; dann folgten Begegnungen auf akade-

Mystische Elemente

misch-wissenschaftlicher Ebene im Rahmen des universitären Seminarbetriebs, und dann gab es flankierend (wohl als Wichtigstes) den Gedankenaustausch auf Gesprächsebene mit führenden Mitgliedern der Gruppe über längere Zeit (1-2 Jahre). Ich bin durch diese Begegnung reicher geworden, habe aber das, was ich meinerseits in die Begegnung mitbrachte, tiefer erfassen gelernt, weil ich im Dialog mit meiner ganzen Substanz als Mensch und Theologe gefordert war.

Ich beherrsche nicht alle Quäker-Lehren zwischen *Fox und Fuchs*[124] aber ich bin (auch nominell) Quäker. Ich kenne auch nicht die letzten Feinheiten aller theologischen Systeme vom Hebräischen Humanismus *M. Bubers* über die Reichs-Gottes-Theologie von *L. Ragaz*, den konsequenten Wertidealismus und das 'Wirklichkeitschristentum' von *G. Wünsch* bis zur 'Sozialistischen Entscheidung' und der Kairos-Lehre von *P. Tillich* usw., die in die Bewegung des Religiösen Sozialismus eingeflossen sind, aber ich bin Religiöser Sozialist.[125] (Und schließlich habe ich meine Marburger liberale theologische Schulung mit in diese Begegnung eingebracht - und ich bin heute vielleicht ein besserer 'Marburger' denn je zuvor.)

Ich habe daraus gelernt, dass ein Moonie nicht ständig die GP im Munde führen oder sie in- und auswendig können und dann auch noch in seiner Lebenspraxis in 200%iger Vollkommenheit vorführen muss, um vor mir als Partner im Gespräch - oder im gemeinsamen Schweigen - zu bestehen. Vielleicht bin ich am Anfang - aus begreiflicher (wissenschaftlicher?) Neugier - in diese Begegnung gegangen, um Moonies zu suchen - und ich habe Menschen gefunden!

Ich habe auf jeden Fall über das Problem Rechtgläubigkeit und Ketzerei tiefer nachgedacht und neue Einsichten gewonnen. Wenn die Quäkerlehre vom "God within" und der Satz von Ragaz, dass die Auferstehung Christi in den Klassenkämpfen stattfindet, Ketzerei ist, dann bin ich ein Erzketzer.

Epilog

Gerne darf mein Text nochmals gedruckt werden. Es ist ein guter Aufsatz, vielleicht mein schönster. Ich würde heute wieder alles genauso sagen. Es gibt nichts hinzuzufügen, außer vielleicht ein Gedicht, das ich vor vielen Jahren einmal als Hommage á Antoine de Saint-Exupéry zur 25. Wiederkehr seines Todes am 31.7.1969 verfasste:

An die Geliebte

Sehne dich nicht nach dem Haus,
in das du einziehst:
baue dein Haus in dir; sein Bewohner
wird kommen und es in Besitz nehmen,
denn es ist nicht dein eigen.

Sehne dich nicht nach dem Baum:
pflanze die Zeder in dir,
die den Himmel umspannt,
wachse mit ihr,
Ring um Ring, Zweig um Zweig, Blatt um Blatt.

Sehne dich nicht nach dem Strom:
grabe das Bett in dir,
und er fließt durch dich hindurch,
der Strom der Liebe, des Lebens und des Lichts.

Sehne dich nicht nach dem Kind:
werde du selbst das Kind in dir,
dann kannst du das Kind empfangen,
in dem dir das Universum umschlossen ist,
das Kind deiner Liebe.

Sehne dich nicht nach dem Gott:
weihe ihm deine Liebe zum Altar,
werde ihm selbst zur Flamme,
und er wird dein Opfer annehmen -

Mystische Elemente

denn ER selbst ist der Stein und die Flamme
und das Kind und das All,
das Bett und der Strom,
das Blatt und die Zeder
und der Raum deines Hauses,
den du umbaut hast mit deinem Herzen
für deinen Geliebten.

Heinz Röhr
im Juli 2001

ANMERKUNGEN DES AUTORS:

1. Deutsche Erstauflage, März 1976; in der sehr schönen Übersetzung von Ch. Werner, Herausgeber: Vereinigungskirche e.V., 6000 Frankfurt/ M. , Hochstr. 48. (Engl. Originaltitel: A Prophet speaks today. The words of Sun Myung Moon; im folgenden zitiert als: W.).

2. Bahai - Religion nach Maß? 1970, S.6 ff. - Subud. Zur Phänomenologie einer „Weltreligion"' in: *H. Röhr*, Die Weltreligionen im Unterricht, 1964.

3. *H Röhr*, Götter zum Anfassen, in: religion heute, 4/79, 5. 41ff.

4. Ich erwähne *Heilers* Stromkreis-Gleichnis, weil Moon (er hat ja Elektrotechnik studiert) auch gelegentlich Beispiele aus diesem Bereich bringt, z.B. "Göttliche Prinzipien"-Studienführer 1972 (5. Aufl. zitiert als: GP) S.18, was die Kritik ihm als Trivialisierung ankreidet.

5. Mündlich am 19.7.80. So in *H.Richardson*, "Geben und Nehmen", in; Die Göttlichen Prinzipien, o.J. [1980] 34 S. (von mir als "Grundriss" zitiert; mit 4 "Stellungnahmen": H. Richardson, Y.0.Kim, W. Lewis und S. M. Moon); das Zitat S.22. Vgl. auch "bezugsorientiertes Denken" ebd. S.21.

6. H. Hübsch hat mir gerade in diesen Wochen Rumis Gottesinnigkeit (u.a. auf Grund der Übersetzungen meiner Doktorschwester A. Schimmel) in einem herrlichen Vortrag interpretiert.

7. "Prophet" heißt Moon im Vorwort zu W (S. X). Ebenso D. Kim über Moon, vgl. *W. Lewis*, S. M. Moon, Ketzer oder Orthodoxer? 1979, S.34.

8. *K.-H Eimuth/M Oelke*, Jugendreligionen und religiöse Subkultur, Schönberger Hefte Sonderausg. 1979, S.9 f. (nach einem "genehmigten Nachdruck eines Faltblattes der EZW" = Ev. Zentralstelle f. Weltanschauungsfragen, Stuttgart).

9. " weder Charismatiker noch ‚Narr in Christo' (G. Hauptmann), nicht ‚Heiliger' oder religiöser Spinner, . . nur Manager in Sachen Religion",   seine Lehre " eher als ehrgeizig-politisches Programm eines religiösen Außenseiters verstehbar ... denn als christlich-religiöses Bekenntnis für die Einheit im Glauben." Die VK als ganzes wird in der Reihe der Jugendreligionen als "zweit- und drittklassig" eingestuft. L. Zinke, Heil aus der neuen Messiasfamilie, in: L. Zinke (Hg.), Religionen am Rande der Gesellschaft, 21978, S.77, 84, 85.

10. *Richardson*, Geben und Nehmen, a.a.O., S.21 weist für die "Arbeitsethik" auf calvinistische Anklänge hin, Lewis a.a.O., S.26 für die Prädestination.

11. Über Joh. 15 als ‚evangelium mysticum' vgl. E. Schweizer, Ego eimi, 1965,S.158.

12. Vgl. die "Anmerkungen über die Evangelien" in GP 96-100.

13. *G. Lanczkowski*, Die neuen Religionen, Frankfurt 1974, S.73.

Mystische Elemente

14 So zuerst *Lanczkowski* a.a.O., S. 73, bestätigt durch Lewis, a.a.O., S.14; dort der besondere Hinweis, dass bei Moon "das yin und yang von Ketzerei und Orthodoxie eine neue christlich-philosophische Weltanschauung geschaffen" habe (S.16). Ebenso bei Matczak a.a.O., S.10, wo der Verfasser die Nähe zum "Buch der Wandlungen" (I-Ging) betont, sich aber von der Hegel-Marxschen Dialektik absetzt (vgl. auch ebd. S.46).

15 H. *Röhr*; Götter zum Anfassen, in: religion heute, H. 4/1979, S.41 ff. Hierzu neuerdings A. Pfeiffer, Neue religiöse Bewegungen, in: Theologia Practica, H. 2/1980, S.143 ff.

16 Das erinnert mich an Augustins ‚psychologische' Trinität.

17 S. *Matczak*, Gott in der christlichen Tradition und in der Vereinigungsphilosophie, 1979, S.22. - Im Manuskript, S. 11 hieß es noch: "....der aus dem Vater durch den Sohn hervorgeht".

18 *Matczak*, a.a.O., S.15.

19 *Ebd.* S. 28 f.

20 Ich würde immer lieber von Vereinigungstheologie reden.

21 *Matczak*, a.a.O., S.28.

22 Ebd. S.29.

23 Ebd. S.48.

24 Vgl. die Bemerkungen zu Moons "Ontologie" bei *Richardson*, a.a.O., S.20, die eher in meine Richtung gehen als die Matczaks.

25 *Lanczkowski*, a.a.O., S.71, der freilich die Begründung seiner These aus den Differenzen in der Christologie ableitet.

26 Ebd. S.73. - *Matczak*, a.a.O., S.30, will Bibel und orientalische Philosophie "versöhnen".

27 GP 231; *Lanczkowsk*, a.a.O., S.71,73.

28 Matczak spricht von der Notwendigkeit, "Unklarheiten zu beseitigen" und die Grundlehren Moons "neu zu interpretieren" (a.a.O. ‚S.32).

29 Ebd.S.31f.

30 Ebd. S.37.

31 Ebd.S.32f.

32 Ebd. S.37.

33 *Lewis*, a.a.O., S.19.

34 *Richardson*, a.a.O., S.23.

35 F. *Heiler*, Das Gebet, S 1923 (Nachdruck 1969), S.258.

36 Vgl. W 61: " . . . wenn Geist und Körper in dir eine Einheit bilden."

37 *Zinke*, a.a.O., S.85, 87.

38 *Haack*, Jugendreligionen, 1979, S. 111. Haack hat mit seinem eilfertigen Gebrauch von "gnostisch" und "faschistisch" (oder gar beides kombiniert: "gnostisch-faschistisch" in bezug auf die Scientology Church) bei mir ohnehin jeden Kredit verspielt. Er ist aber nicht der Alleinschuldige. In der protestantischen Theologie ist es leider Mode geworden, mit dem Wort "mystisch" (als einem Schimpfwort) zu kokettieren - das liegt dann so in der Nähe von "okkultistisch" und "spiritistisch" - nur noch durch "manichäisch" übertroffen.

39 *W. Schubart*, Religion und Eros, ² 1944. - Zur innerevangelischen Problematik sehr anschaulich K. Leese, Recht und Grenze der natürlichen Religion, 1954.

40 Vgl. *Lewis*, a.a.O., S.22: die "große Kette des Seins".

41 *P Tillich*, Japan-Bericht, in: Freies Christentum 9/1961, Sp. 101.

42 Vgl. *Günter Eich*: "Keine Möglichkeit für Steingärten."

43 *Lewis* a.a.O., S.17

44 Vgl. *F. Heiler*, Die Religionen der Menschheit in Vergangenheit und Gegenwart, ² 1962, S.418.

45 In: New Hope, Twelve talks by S. M. Moon, 1973, S.77: "If the people of the United States would put themselves in the position of Jesus, and pray to God, 'Let the whole world be saved, even if our nation may have to be sacrificed', the U.S. would continue to be a great nation."

46 *F. Heiler*, ‚Mut zur Liebe' - Die Zusammenarbeit der Religionen im Dienste der ganzen Menschheit, Eine heilige Kirche, 1953/54,18ff.

47 Ich zitiere nach *D. Sölle*, Wer bin ich? Texte und Meditationen zur Frage der Identität, in: Junge Kirche, 7/1980, S.306ff. 310

48 *Matczak*, a.a.O., S.44: Wir bekennen als Christen, "dass Er (Gott) mit uns leidet."

49 *K. Kitamori*, Theologie des Schmerzens Gottes, 1972. Vgl. H. Gollwitzer, Der Gott der nach uns schreit, in: Politische Predigten, 1973, S.157ff.

50 Schlusssatz von "God's Grief", in: New Hope, S.103.

51 *Y. 0. Kim* im Vorwort zu GP S.13.

52 *S. M. Moon*, God's Grief, a.a.O., S.102 f.: "We must not ask God to help us, but we must be willing to relieve God's agony. As Christians, we can restore God's heart through the prayer. He is praying for us. He is praying for sons and daughters to end His suffering and the suffering of the world."

53 GP 234 f. Vgl. das ganze Kapitel 3 A in GP über "Freude und Schöpfung" (S.27 f.).

54 Siehe auch *Lewis* a.a.O., S.22.

55 *Matczak* a.a.O., S. 41: "...ein kosmischer und historischer Wiederherstellungsprozess der gesamten Menschheit vor Gott" (es könnte auch heißen: "in Gott").

56 God's Grief, a.a.O., S.102 f. Vgl. E. Rosenzweig, Der Stern der Erlösung, 1976, S.456:

Mystische Elemente

"Gott . . . macht sich erlösungsbedürftig... Gottes Einheit bekennen - der Jude nennt es: Gott einigen."

[57] Ebd. S. 101: "You must be a dynamic, responsive objekt to Him, so that His love may explode within you."

[58] *Leese* a.a.O., S.319.

[59] W. *Lewis*, in: GP "Grundriss" S.29.

[60] GP "Grundriss" S.10: In Aufnahme eines Pascal-Zitates heißt es: "Er ist ein Gott, der die Seele füllt und das Herz, das er besitzt."

[61] K. *Goldammer*; "Wege aufwärts" und "Wege abwärts". Zur Struktur des christlich-mystischen Erlebnisses, in: Eine heilige Kirche 1940, S.25ff., 40.

[62] F. *Heiler*, Der Gottesbegriff der Mystik, in: Numen 1954,S. 161ff., 178.

[63] Ebd. S.179.

[64] Im Gegensatz zu einer "ekstatisch-visionären Mystik (Upanishaden, Yoga, Manikka Vashagar, Plotin, Sufis, Bernhard, Franz von Assisi, Seuse, Katherina von Genua, Teresa)".

[65] Gegensatz: "eine kühle affektlose Mystik".

[66] A. M. *Heiler*, Mystik deutscher Frauen im Mittelalter, 1929.

[67] F. *Heiler*, Der Gottesbegriff der Mystik, a.a.O., S.165 ff.

[68] Y. O. *Kim*, GP Vorwort S.12.

[69] *Lewis*, a.a.O., S.17

[70] H. *Richardson*, Bezugsorientiert denken, 1979,S.30.

[71] Für die engl. Originalausgabe der "Worte" (W) gibt es keine Jahreszahl. Vgl. aber "God's Grief", zitiert in W, ist in "New Hope" abgedruckt: Diese Reden sind 1971-73 (Vorwort S. IX) gehalten.

[72] G. *Lanczkowski*, Begegnung und Wandel der Religionen, 1971, S.69 nach Lidzbarski).

[73] Ebd. S.112.

[74] *Lanczkowski*, Die neuen Religionen, S.136.

[75] *Lanczkowsk*, Begegnung und Wandel der Religionen, S.45.

[76] Das beginnt z.B. mit dem äußerlich überaus korrekten und adretten Auftreten der ‚Missionare' bei beiden Bewegungen!

[77] *Lanczkowski*, a.a.O., S. 44f.

[78] Vgl. RGG, 3. Aufl., Art. "Sekte" IV, Sp. 1663 (O. Eggenberger).

[79] *Lewis*, S. M. Moon, Ketzer oder Orthodoxer, S.30 f.

[80] Ebd. S.30.

[81] Ebd.S.31.

[82] Ebd. S.31.

83 Ebd. S.2 f.
84 Vgl. G. van der Leeuw, Phänomenologie der Religionen, ² 1956, S.755.
85 *Lewis*, a.a.O., S.3.
86 *Richardson*, Bezugsorientiert denken, S.23 f.
87 Ebd. S.25 f.
88 *Lewis*, a.a.O., S.26 f.
89 *Richardson*, a.a.O., S.24.
90 *Lewis*, a.a.O., S.43.
91 Dies ist um so auffälliger, als Ragaz (von einigen religiös-sozialistischen Gruppen in der Schweiz und der BRD abgesehen) sonst kaum bekannt ist. In einem populären Werk wie H. Zahrnt, "Die Sache mit Gott", kommt er überhaupt nicht vor.
92 *Lewis*, a.a.O., S.17
93 Ebd. S.17. - Man wüsste in diesem Zusammenhang gern etwas mehr über die vorchristliche Herkunft der Familie Moons.
94 Ebd. S.18.
95 *Lewis* in: GP "Grundriss", S.28.
96 *Lewis*, Ketzer..., S.22.
97 Ebd. S.22.
98 *Lanczkowski*, Begegnung.... S. 64 ff.
99 Ebd. S.67 f.
100 Ebd. S.101ff., 84ff., 108ff.
101 Vgl. R. *Bultmann*, Das Urchristentum im Rahmen der antiken Religionen, 1962, S.213.
102 G. *Mensching*, Die Religion, o.J. [1959], S.288ff.
103 *Lanczkowski*, Die neuen Religionen, S.72.
104 Vgl. die Diskussion um die Täuferfrage Mt l1 ,2 ff.
105 Dies ist für mich ein weiterer Hinweis auf die mystische Dimension in der Lehre Moons.
106 *Lanczkowski*, Die neuen Religionen, S.72.
107 K. -H. *Eimuth/M. Oelke*, Jugendreligionen und Subkultur, S. 11.
108 Ebd. S. 11 f.
109 L. *Zinke*, Religionen am Rande der Gesellschaft, ² 1978.
110 *Zinke*, a.a.O., S.79.
111 Ebd.
112 Ebd. S.78.

Mystische Elemente

[113] *Lanczkowski*, Die neuen Religionen, S. 64ff.

[114] Vgl. *R. Bleistein*, Gefährdete Identität, in: L.Zinke, a.a.O. ,S. 10ff.

[115] *W. von Baeyer-Katte*, Konstante Reaktionsmuster im Aufbau moderner Kulte, in: Müller-Küpper/Specht, a.a.O.,(vgl. Anm. 116),S. 53ff. Bei Baeyer-Katte wird religiöses Erleben zu einer Frage der Muskulatur. Sie empfiehlt denn auch gegen jede Religion "die Rückbesinnung auf das Sportethos des durchtrainierten, satten und gutschlafenden Normalmenschen" (S.70). Als Religion lässt sie nur die christliche Nächstenliebe gelten. Alles andere widerspricht "unserem eigenen Kulturethos". Religion ist grundsätzlich "Weltflucht", "ihre Heilslehren schlicht komisch oder albern. . . Lächerlichkeit tötet". Wie wahr!

[116] M *Müller-Küppers/F. Specht*, "Neue Jugendreligionen", 1979.

[117] *F. Heiler*, Das Gebet, S. 343.

[118] Ebd. S.304.

[119] *Clark*, a.a.O., S.97.

[120] Reichsliederbuch (alte Ausg.) 176.-185. Tsd. Nr.448.

[121] *H. Röhr*, Religion Religionswissenschaft - RU, in: Freies Christentum 10/1969, S.149 ff.; derz., Religionswissenschaft, Religionsunterricht und die sog. Jugendreligionen", in: Zeitschrift für Religionspädagogik (ZRP), H. 6/1980, S.208ff.

[122] *Röhr*, Götter zum Anfassen, in: religion heute, H. 4/1979, S. 41ff.

[123] Vgl. vor allem *H.Frick*, Vergleichende Religionswissenschaft, 1928. Über *H. Frick: H. Röhr*,; Der Einfluss der Religionswissenschaft auf die Missionstheorie Heinrich Fricks, Diss. Theol. 1959.

[124] Emil Fuchs (1874-1971).

[125] Ich war 7 Jahre stellvertr. Vorsitzender des Bundes der Rel. Sozialisten in Deutschland und bin z.Zt. Mitherausgeber der Zeitschrift "Christ und Sozialist".

LITERATUR:

a) VK-Literatur
Die Göttlichen Prinzipien - Studienführer, 5 1972
Ein Prophet spricht. Die Worte des Rev. S. M. Mun, 1976
new hope. twelve talks by S. M. Moon, Washington 1973
Die Göttlichen Prinzipien ("Grundriss") 34 S., o.J. (1980)
Sun Myung Moon 28 S., o.J. (1980)
F. Flynn/Th. Boslooper, Hermeneutik - im Lichte der christlichen Tradition - im Lichte der Vereinigungstheologie, 1979
W. Lewis, S. M. Moon, Ketzer oder Orthodoxer?, 1979
R. de Maria, Bekehrung oder Seelenwäsche?, 1979
S. Matczak, Gott - in der christlichen Tradition und in der Vereinigungsphilosophie, 1979
H. W. Richardson, Bezugsorientiert denken, 1979

b) Andere Literatur
K.-H. Eimuth/M. Oelke, Jugendreligionen und religiöse Subkultur, Schönberger Hefte (Sonderband), 1979
F.-W. Haack, Jugendreligionen. Ursachen - Trends - Reaktionen, 1979
G. Lanczkowski, Die neuen Religionen, 1974
Ders., Begegnung und Wandel der Religionen, 1971
M. Müller-Küppers/F. Specht (Hg.), "Neue Jugendreligionen", 1979
F: Heiler, Das Gebet, 5 1925 (Nachdruck 1969)
Ders., (Hg.) Eine heilige Kirche, 22. Jg., 1940 (H. 1: Östliche und westliche Mystik)
Ders., Der Gottesbegriff der Mystik, in: Numen 1954, S. 161 ff.
Ders., Die Frau in den Religionen der Menschheit, 1977
K. Leese, Recht und Grenze der natürlichen Religion, 1954
R. Otto, Vishnu-Narayana, 1917
Ders., Das Gefühl des Überweltlichen, 1932
A. Pfeiffer, Neue religiöse Bewegungen, in: Theologia Practica, 2/80, S. 143ff.
D. Sölle, Wer bin ich? Texte und Meditationen zur Frage der Identität, in: Junge Kirche, 7/80, S. 306 ff.
R. Tillich, Japan-Bericht, in: Freies Christentum, 9/61, S. 99ff.
L. Zinke (Hg.), Religionen am Rande der Gesellschaft, 2 1978

GOTT IN DER CHRISTLICHEN TRADITION UND IN DER VEREINIGUNGSPHILOSOPHIE [i]

Sebastian Matczak

Einleitung

Gemäß der Vereinigungsphilosophie können wir zwei Hauptaspekte unseres Wissens von Gott unterscheiden:

Der eine Aspekt ist, wie wir Gott in Seiner eigenen unendlichen Realität erfahren, der andere, wie wir Ihn aufgrund unserer räumlich und zeitlich bedingten Vorstellungen erfahren.

Zwei Hauptquellen der Vereinigungsphilosophie die "Göttlichen Prinzipien" und der "Vereinigungs-Gedanke" (Unification Thought), weisen eindringlich und mit Recht darauf hin, dass Gott jenseits der Vorstellungen, die wir von Ihm haben, liegt. Die Vereinigungsphilosophie sagt klar aus, dass Gott, der jenseits von Raum und Zeit ist, in unseren Kategorien, die in ihrem Innersten von Raum und Zeit geprägt sind, nicht genau erklärt werden kann.

Verbunden mit dieser außerordentlich wichtigen Feststellung ist eine Reihe anderer ebenso wichtiger Aussagen, die sehr klar auf vielen Seiten beider Bücher wiederholt werden: Gott ist die erste Ursache, Gott ist die letzte Realität, Gott ist höchst vollkommen, Gott ist einzigartig, Gott ist der Schöpfer, Gott ist Dreieinigkeit. Zu diesen Begriffen

---

[i] Ursprünglich erschienen in: "God in Unification Philosophy and the Christian Tradition", Sebastian Matczak, in "A Time of Consideration", The Edwin Mellen Press, New York, 1978; erste deutsche Veröffentlichung "Gott in der christlichen Tradition und in der Vereinigungsphilosophie", Sebastian Matczak, Aquarius Verlag 1978

stellt die Vereinigungsphilosophie weitere verwandte Begriffe, dass Gott Logos ist, dass Jesus der inkarnierte Logos ist und dass Jesus sowohl Gott als auch Mensch ist. Die Existenz des Heiligen Geistes wird nachdrücklich betont und seine spezifische Rolle und Beziehung zu Jesus herausgearbeitet. Das Kreuz, die Auferstehung und die Erlösung werden ebenfalls gelehrt.

All diese oben genannten Begriffe werden in den beiden Hauptquellen der Vereinigungsphilosophie sehr klar bestimmt und hervorgehoben. Diese Tatsache ist besonders wichtig, da sie aufzeigt, dass eine wesentliche Übereinstimmung zwischen den Grundlehren der beiden theologischen Hauptquellen der Vereinigungsbewegung und dem Glauben der Hauptkonfessionen innerhalb der christlichen Tradition besteht.

Verschiedene Quellen im Gottesverständnis der Vereinigungsphilosophie

Die erste Quelle der Vereinigungsphilosophie ist die Bibel. Die Bibel wird als das absolut letzte und entscheidende Wort angesehen. Die Bibel sagt dies, und so ist es! In manchen Fällen wird sie in ungewöhnlicher Weise ausgelegt, aber ihre Autorität wird eindeutig anerkannt.

Eine zweite Quelle der Vereinigungsphilosophie ist die Wissenschaft. Da die Naturwissenschaften als Quelle der Wahrheit anerkannt sind, dürften die in beiden Vereinigungs-Texten geäußerten Erklärungen mit den Errungenschaften der Wissenschaft, ihren neuesten Entdeckungen und Schlussfolgerungen in Einklang stehen.

Die dritte Quelle der Vereinigungsphilosophie ist der gesunde Menschenverstand. Viele Themenbereiche werden dem allgemeinen, alltäglichen Verständnis entsprechend diskutiert und interpretiert. Gemäß den beiden Quellen der Vereinigungsphilosophie neigen wir dazu, Gott ausgehend von unserem Wissen über Seine Geschöpfe zu verstehen.

Wir sehen Gott irgendwie in der Schöpfung reflektiert und formen daher unser Bild von Gott entsprechend unserer Kenntnis von Seinen Geschöpfen. Diese Widerspiegelung Gottes in der Schöpfung wird jedoch in einer Art gesehen, die das Geheimnis Gottes eher bewahrt als untergräbt. Da so klar ausgesagt wird, dass Gott jenseits unserer Konzepte von Ihm liegt, erfolgt unser Verständnis von Gott durch die Bilder Gottes, die Ihn in den geschaffenen Dingen reflektieren. Diese Bilder und Vorstellungen, die sich in Raum und Zeit bewegen, sind daher keine vollkommene Widerspiegelung Gottes, der jenseits von Raum und Zeit ist.

Eine wichtige Quelle für die beiden Hauptwerke der Vereinigungsphilosophie ist schließlich die orientalische Philosophie; oder, genauer, der Konfuzianismus, und noch genauer: der Neo-Konfuzianismus. Genaue Angaben hierüber finden sich in den "Göttlichen Prinzipien", wo das "Buch der Wandlungen" erwähnt wird. Das "Buch der Wandlungen", geschrieben etwa 300 v. Chr., zeigt eine Ähnlichkeit der Lehre mit einigen der charakteristischen Begriffe des Konfuzianismus in seiner geschichtlichen Entwicklung.

Die auffallendste Parallele zeigt sich zwischen der rationalen Philosophie der Sung-Periode, deren Hauptquelle das "Buch der Wandlungen" ist, und dem Vereinigungsstandpunkt. Während der Sung-Periode konzentrierte sich die Betonung auf zwei Begriffe: das Große Letzte und die Vernunft. Diese beiden Begriffe mögen als Darstellung Gottes betrachtet werden, wenn auch nicht als personale. Das Große Letzte bewegt sich und erzeugt Yang, das aktive Prinzip. Wenn sich Yang entwickelt, bringt es Yin, das passive, unbewegte Prinzip hervor. Die Gesamtheit der Realität schwingt immerwährend zwischen diesen beiden, Yang und Yin. Durch diese Schwingungen wird die sichtbare Realität, die wir wahrnehmen, erzeugt. Diese Realität entwickelt sich dann allmählich zu einem harmonischen System, dem geordneten Charakter des Universums, auf der Grundlage von Vernunft und der Lebenskraft. Die Aufgabe der Vernunft ist es, das Viele zu Einem zu vereinigen, während es die Aufgabe der Lebenskraft ist, das Eine in Vieles zu differenzieren. Die Vernunft ist in der Lebenskraft verankert. Die Ähnlichkeit - wenn auch nicht Übereinstimmung - zwischen diesen Auffassungen, wie sie im "Buch der Wandlungen" gelehrt werden, und dem Vereinigungsstandpunkt ist für jemanden, der beide Ansichten untersucht hat, ganz offensichtlich.

Weitere Ähnlichkeiten liegen in der Idee der sittlichen Ordnung und der ontologischen Entwicklung der Welt, wie sie in der Geistesschule des Konfuzianismus während der Ming-Periode entwickelt wurde. Die sittliche Ordnung besteht in dem Zusammenwirken der Funktionen von Vernunft und Lebenskraft.

Dieses Zusammenwirken macht aus dem Universum einen Kosmos, d.h. ein schönes und harmonisches Ganzes. Wenn das ganze Universum dazu bestimmt ist, harmonisch zu sein, dann muss auch die menschliche, sittliche Ordnung harmonisch sein; sie muss in Übereinstimmung mit dem Universum funktionieren. Diese Übereinstimmung ist hauptsächlich auf die Vernunft zurückzuführen, die das Universum durchdringt, und die in unserem menschlichen Geist zum Ausdruck kommt. Der Gedanke, der hinter der sittlichen Ordnung steht, ist der, dass wir, wenn wir ihre Realität so tief wie möglich verstehen, den Kern der Vernunft erfassen. Demnach ist die Vernunft die Quelle der Sittlichkeit: Wir sollten im Einklang mit der Vernunft arbeiten. Und die Vernunft gebietet uns, zu lieben. Liebe ist der Hauptfaktor - das ist eine zentrale Schlussfolgerung, die in den "Göttlichen Prinzipien" und dem "Vereinigungs-Gedanken" mit großem Nachdruck gelehrt wird. Bei beiden Denksystemen ist die Liebe mit der Idee der Brüderlichkeit aller Menschen verbunden. Alle Menschen sind Brüder und Schwestern. Warum? Weil alle Menschen die gleiche Vernunft haben. Diese Idee spiegelt die christliche Menschheitsauffassung wider: Alle menschlichen Wesen haben die gleiche Grundnatur und die gleiche Art Seele und folglich den gleichen ontologischen Zweck.

Diese Art des Neo-Konfuzianismus scheint dem Menschen jedoch nicht viel an Erziehung zu sozialer Verantwortung zu vermitteln. Er ist nicht interessiert an der Regierung, religiösen Angelegenheiten, Priesterämtern oder an irgendeinem besonderen Glauben. An diesem Punkt stellen wir einen klaren Unterschied zwischen dem konfuzianischen Standpunkt und dem Vereinigungsstandpunkt fest, da sich letzterer tief mit der menschlichen sozialen Ethik beschäftigt.

Alle oben genannten Quellen der Vereinigungsphilosophie werden von Rev. Sun Myung Moon mit spezifischen Änderungen, Interpretationen und persönlicher Einsicht angewandt. Es entsteht so ein einzigartiger Standpunkt, den ich die Vereinigungsphilosophie nenne. Rev. Moons persönliche Einsicht kommt zu den Quellen hinzu und gibt auf diese Weise der Vereinigungsphilosophie ihre logische Einheit und grundlegende Folgerichtigkeit. Es bestehen Lücken innerhalb der detaillierten Ausarbeitung bestimmter Aspekte des Denksystems; aber diese Lücken sind bei einem so ungeheuren Unternehmen wie dem Versuch Rev. Moons, die Vielfalt der höchst verschiedenartigen Standpunkte innerhalb der Christenheit und der Auslegung der Bibel zu vereinigen, verständlicherweise unvermeidbar.

Gott innerhalb und außerhalb von Raum und Zeit

Wenn wir über Gott aufgrund unserer räumlich und zeitlich bedingten Konzepte sprechen, so muss uns ganz klar sein, dass wir über Ihn mit begrenztem Verständnis und entsprechend unseren Vorstellungen sprechen. In den "Göttlichen Prinzipien" und der "Vereinigungsphilosophie" wird, so wie ich diese beiden Bücher verstehe, die Vorstellungskraft besonders hervorgehoben. Gott wird in ihnen als Ursprüngliches Bild, Göttliches Bild, als Quelle und Fundament individueller Bilder u. a. dargestellt. Wir müssen darum die Frage stellen: Auf welcher Grundlage formen wir unsere Vorstellung von Gott?

Die Antwort der Vereinigungstheologie ist, dass unsere Vorstellung und unser Verständnis von Gott auf unserer Beobachtung der Geschöpfe beruht. Wir beobachten die Geschöpfe und von diesen Beobachtungen schließen wir auf Gott. Genauer gesagt, basieren unsere Vorstellung und unser Verständnis von Gott vorwiegend auf der Beobachtung einer bestimmten Art von Geschöpf, nämlich Mann und Frau in ihrer menschlichen Familie. Infolgedessen ist unsere zentrale Auffassung von Gott eine Familie: Da nämlich die Familie der wesentlich konstituierende Faktor der Menschheit ist, muss die menschliche Familie die Natur Gottes genauer widerspiegeln als irgendein anderes Geschöpf oder irgendeine Institution.

Ein anderer Punkt, der ebenso ausdrücklich hervorgehoben werden muss, ist, dass die Vereinigungsphilosophie lehrt, dass unsere begrifflichen und vorstellungsmäßigen Erklärungen von Gott nur übertragen oder bildlich sind. Wir dürfen sie nicht wörtlich nehmen und so auf Gott anwenden; es sind nur bildliche Darstellungen. Viele Religionen und besonders Philosophien werden in den "Göttlichen Prinzipien" und dem "Vereinigungs-Gedanken" erwähnt und kritisiert mit der Schlussfolgerung, dass das "Vereinigungs-Gottesbild" nämlich das einer Familie, eine bessere Erklärung bietet als andere.

Positive Vorstellungen von Gott

Ich möchte jetzt über die konkreten, positiven Bilder Gottes sprechen, wie sie in der Vereinigungsphilosophie gelehrt werden; zunächst in einer umfassenden Darstellung und dann im Detail.

Im "Vereinigungs-Gedanken" wird das Göttliche Bild im allgemeinen Ursprüngliches Bild genannt. Der spezifische Inhalt des Ursprünglichen Bildes wird Göttlicher Charakter genannt und schließt die Begriffe Herz, Logos und Kreativität ein. Eine dritte Begriffsform, die der individuellen Bilder, bezieht sich auf Gottes Konzepte von einzelnen Geschöpfen.

Das Göttliche oder das Ursprüngliche Bild umschließt drei Faktoren: Sung-Sang (innerer Charakter) und Hyung-Sang (äußere Form) und die individuellen Bilder der Geschöpfe. Sung-Sang und Hyung-Sang zusammen werden der duale Charakter oder die duale Natur Gottes genannt. Die individuellen Bilder Gottes, die weder Sein eigenes Sung-Sang noch Hyung-Sang sind, sind Seine Konzepte oder Ideen von einzelnen Geschöpfen.

Die Basis dieser drei allgemeinen Merkmale Gottes wird von drei spezifischen Merkmalen Gottes gebildet. Gottes Sung-Sang entspricht Gottes Herz (Liebe), Sein Hyung-Sang entspricht Seinem Logos (Wort), und die individuellen Bilder entsprechen Seiner Kreativität. Alle diese Merkmale, sowohl die allgemeinen als auch die spezifischen, bilden zusammen den Inhalt oder inneren Charakter Gottes.

Gemäß der Vereinigungstheologie besitzt Gott jedoch - zusätzlich zu Seinem inneren Wesen - eine äußere Struktur. Gottes äußere Struktur bezieht sich auf die Aktivität durch die Gott aus der Tiefe Seines Herzens mit den Geschöpfen außerhalb von Ihm in Beziehung tritt. Diese Aktivität, heißt es, baut auf einem vierfachen Fundament oder auf einer vierfachen Basis auf. Diese Struktur des Ursprünglichen Bildes wird die "Ordnung der göttlichen Aktivität" genannt. Sie kann von zwei Aspekten aus beschrieben werden: Vom Gesichtspunkt des Herzens aus, wo sie "Vierfache Basis, ausgerichtet auf das Herz" genannt wird, und vom Gesichtspunkt des Zweckes aus, wo sie "Vierfache Basis, ausgerichtet auf den Zweck" genannt wird. Die Struktur wird in vier Aktionsstufen ausgedrückt: (1) Ursprung, (2,3) Division, (4) Synthese.

Mit diesem Grundschema vor uns, können wir mit einer detaillierteren Erklärung unseres besonderen Konzepts von Gott fortfahren. Das innere Wesen des allgemeinen Göttlichen Bildes besteht aus dualen Eigenschaften. Gottes Existenz wird in den Begriffen von Sung-Sang, und Hyung-Sang verstanden, weil die nach Seinem Bild geschaffenen Kreaturen ebenfalls nach inneren und äußeren Faktoren existieren.

Gottes Sung-Sang ist der Göttliche Geist. Der Göttliche Geist oder der subjektive Aspekt Gottes hat auch seinen objektiven Aspekt, Sein Hyung-Sang. Gottes Hyung-Sang ist erforderlich, um Gottes äußere Beziehung zu Seinen Geschöpfen zu erklären und ist folglich Gottes äußere Realität. Innerhalb Gottes Sung-Sang können wir im besonderen das innere Sung-Sang und das innere Hyung-Sang unterscheiden. Das innere Sung-Sang enthält Intellekt, Wille und Gefühl; das innere Hyung-Sang enthält Ideen, welche die Bilder von geschaffenen Dingen sind, sowie Gesetze, welche die Gesetze der Schöpfung sind. Das ganze Sung-Sang, zusammengesetzt aus innerem Sung-Sang und innerem Hyung-Sang, steht in Beziehung zu Gottes objektivem Aspekt oder Hyung-Sang.

Das Hyung-Sang umfasst unbestimmte Materie und die universale Ursprungsenergie. Die universale Ursprungsenergie bewirkt die tatsächliche Erschaffung aller Dinge.

Die dualen Eigenschaften (Sung-Sang und Hyung-Sang) in Gott entsprechen der Positivität und Negativität, einem Satz dualer Eigenschaften, die wiederum gerechtfertigt werden können durch den Vergleich mit den Geschöpfen, die nach Gottes Bild geschaffen wurden. Die beiden natürlichen Kräfte, Negativität und Positivität, sind elementar innerhalb aller Geschöpfe. Atome existieren als Protonen und Elektronen. Mineralien zeigen die beiden Aspekte von Kation und Anion. In Pflanzen sehen wir Stempel und Staubgefäße. Tiere existieren als männlich und weiblich. Diese positiven und negativen Aspekte treten beim Menschen ebenso auf. Der menschliche Körper erscheint als der Körper eines Mannes und der Körper einer Frau. Das menschliche Gemüt besteht aus maskulinen und femininen Komponenten. Da natürliche Negativität und Positivität universell in der gesamten Schöpfung wiederkehren, müssen sie auf irgendeine Weise Gott widerspiegeln. Folglich werden eine göttliche Negativität und Positivität von Gott direkt vorausgesetzt, d. h. Sung-Sang und Hyung-Sang. Diese Merkmale Gottes treten nicht getrennt voneinander auf, noch erscheinen natürliche Positivität und Negativität getrennt vom Sein Gottes; denn jegliche Realität steht miteinander in Relation. Wenn Gott Sung-Sang und Hyung-Sang erzeugt, werden sie sofort von Positivität und Negativität begleitet (Mann und Frau).

Gottes individuelle Bilder von geschaffenen Dingen, die schon erwähnt wurden, gehören auch zum Sung-Sang und Hyung-Sang, obwohl sie in besonderer Weise ausgewählt sein mögen, um deutlich zu machen, dass Gott durch das Ausdrücken von Bildern erschafft. Wie schon gesagt wurde, gehören die Ideen und Gesetze der individuellen Bilder zum inneren Hyung-Sang des Sung-Sang Gottes. Die einzelnen Ideen bilden also keine andere Dualität in Gott, sondern sind die spezifische Anordnung von Sung-Sang und Hyung-Sang, Positivität und Negativität eines bestimmten Geschöpfes. Auf diese Weise wird eine göttliche Einheit innerhalb der geschaffenen Vielfältigkeit bewahrt.

Die konkreten Charakteristiken Gottes

Der spezifische Inhalt von Gottes innerem Charakter besteht aus Herz, Logos und Kreativität.

Herz wird direkt auf Gott, den Vater, bezogen und sogar mit Ihm identifiziert. Herz wird als ureigenstes Merkmal des Vaters vorausgesetzt. Das Herz und die Liebe des Vaters sind das Prinzip von allem. (Herz und Liebe sind in der Vereinigungsphilosophie zwei Ausdrücke desselben Kerns Gottes. Herz ist statisch, Liebe dynamisch, Liebe ist der dynamische Aspekt des Herzens.) Genauso, wie in der menschlichen Familie der Vater das Grundprinzip ist, der das Familienwesen errichtet, so ist es auch bei Gott: Der Vater ist das Prinzip, die Quelle, die Liebe oder das Herz des göttlichen Wesens.

Die "Göttlichen Prinzipien" stützen sich mit ihrem Verständnis von Gottes Herz auf die Bibel. Gott ist zuerst Vater; also ist Er Herz. Weil Er Herz ist, ist Gott eine Person - die Person des Vaters. Das ist gemäß der Bibel und den "Göttlichen Prinzipien" die wesentlichste Eigenschaft Gottes: Er ist der Vater, eine liebende Person.

Das Herz befindet sich im Kern von Gottes Wesen; der allerinnerste

Kern von Gottes Wesen ist jedoch das innere Sung-Sang, das den Intellekt, den Willen und das Gefühl enthält. So ist also der Schoß oder der Ursprung all dieser drei Faktoren die Liebe, das Herz. Dank dem Herzen erschafft Gott das Universum. Gottes Herz zwingt Ihn, zu erschaffen, da Gottes Herz die Freude sucht. Sein Herz findet Seine Freude im Objekt von Gottes eigener Schöpfung. Gottes Geschöpfe sind also die Objekte Seiner Freude, geschaffen mit einer gewissen - wenn auch nicht vollkommenen - Ähnlichkeit mit Ihm selbst. Die anderen beiden Eigenschaften Gottes - Logos und Kreativität - sind Mittel, um das Ziel des Herzens zu verwirklichen.

Logos ist das Objekt Gottes. Oder, in anderen Worten, Logos ist Vernunft (reason) und Gesetz. Durch Logos wurde das gesamte Universum geschaffen. Da Gott sowohl Subjekt als auch Objekt ist, ist das Herz das göttliche Subjekt und Logos das göttliche Objekt. Logos wird geformt durch eine Wechselbeziehung zwischen dem inneren Sung-Sang und dem inneren Hyung-Sang.

Diese Erklärung des Logos erinnert uns an die Auffassung des Logos im Christentum, wonach Logos Gottes eingeborener Sohn ist. Dieser Logos ist das Objekt Gottes; oder, um es mehr in der christlichen Terminologie auszudrücken, Logos ist das göttliche Objekt von Gott, dem Vater.

Die dritte Eigenschaft Gottes ist die Kreativität. Kreativität entspringt aus den Impulsen des Herzen Gottes. Das Herz setzt einen Zweck, sein Zweck ist Schöpfung. Geschöpfe werden geschaffen durch den Logos, der erzeugt wurde, bevor die Geschöpfe gemacht wurden. Logos, als Vernunft und Gesetz, enthält Bilder, Vorstellungen oder Ideen der Geschöpfe. Das Herz des Vaters zwingt Ihn durch den Logos zu schöpferischer Aktivität. Ich neige sehr dazu, diese schöpferische Aktivität "Heiligen Geist" zu nennen, da beide Bücher, die "Göttlichen Prinzipien" und der "Vereinigungs-Gedanke", in dieser Weise über den Heiligen Geist sprechen, indem seine Beziehung zum Logos beschrieben wird. Danach ist der Heilige Geist das Objekt des Logos. Da der Logos hier als das maskuline Element begriffen wird, ist dann der Heilige Geist das feminine Element. In anderen Worten: "Sie" (der Heilige Geist) ist sein (des Logos) göttliches Objekt, genauso wie er (Logos) "ihr" (des Heiligen Geistes) göttliches Subjekt ist.

Die Kreativität des Heiligen Geistes kommt durch die Aktivität von Herz und Logos zustande. Aus diesem Verständnis ergeben sich gewisse begriffliche Schwierigkeiten. Wie ist der Heilige Geist geformt? Wie entsteht "Sie"? Die Quellen der Vereinigungsphilosophie sind in diesem Punkt nicht klar. Beim ersten Lesen erhält man den Eindruck, dass der Heilige Geist aus dem Vater und dann aus dem Logos in linearer Weise hervorgeht: Da ist zuerst der Vater, aus dem der Logos hervorgeht; dann der Heilige Geist, der aus dem Logos entspringt.

Diese Erklärung von Gottes innerem Charakter erinnert uns an die Erklärung über die Auffassung der Dreieinigkeit gemäß den Vätern der östlichen Kirche. Während die orientalischen Väter das Ausströmen (die Aufeinanderfolge) innerhalb der Dreieinigkeit in linearer Weise erklärten, beschrieben die Väter der westlichen Kirche die Ausströmung innerhalb der Dreieinigkeit in triangulärer Weise. Die lateinischen Väter dachten also, dass der Sohn aus dem Vater kommt und der Geist dann aus dem Vater wie auch aus dem Sohn hervorgeht. Die Quellen der Vereinigungsphilosophie enthalten eine gewisse Grundlage, um die innere dreieinige Ordnung auf beide Weisen zu erklären. "Die Göttlichen Prinzipien" akzeptieren jedoch in beiden Fällen die Idee sehr klar, wie auch immer sie erklärt wird. Die Kreativität des Geistes ist also eine bestimmte treibende Kraft, die ihre letzte und ursprüngliche Quelle im Vater hat, aber auch im Logos begründet ist. Der Begriff des Logos als dem aktiven Prinzip und somit maskulinem Element und des Heiligen Geistes als dem passiven Prinzip und somit femininem Element ähnelt nach meiner Auffassung mehr der linearen Art und Weise der Ausströmung, wie sie von den orientalischen Vätern gelehrt wurde: Gott der Vater, als Quelle und Herz, überträgt die Energie auf den Heiligen Geist.

Es muss eingeräumt werden, dass die Bücher der Vereinigungsphilosophie in der Frage der Ausströmung des dreieinigen Gottes ad intra keine ganz klare Auskunft geben. Dennoch, einige Positionen sind ganz eindeutig, dass nämlich die Trinität von Vaterherz, Logos und kreativer Energie das theologische Fundament der Vereinigungsphilosophie ist. Ich sehe die Beschreibung des Göttlichen Bildes, wie es von den Quellen der Vereinigungsphilosophie gelehrt wird, gern als eine Neuformulierung der göttlichen Personen der Trinität gemäß den

Lehren der christlichen Kirche. Alle erforderlichen Elemente für die Darstellung des dreieinigen Gottes sind in den Vereinigungs-Quellen enthalten. Wir können also zu der Schlussfolgerung kommen, dass eine Punkt-für-Punkt-Parallele zwischen der Vereinigungsphilosophie und der christlichen Theologie im Verständnis des inneren Charakters Gottes besteht: Die göttlichen Personen der Dreieinigkeit sind die Basis für das spezifische Bild Gottes. Der Vater ist Herz und Liebe, der eingeborene Sohn ist der Logos und der Heilige Geist, der vom Vater durch den Sohn kommt, ist die kreative Energie und Aktivität Gottes. Diese Auslegung der Trinität - der so zentralen Doktrin in der Christenheit - kommt meinem Verständnis von Wahrheit näher, als viele der Erklärungen der Dreieinigkeit, wie sie in den verschiedenen Kirchen gelehrt werden.

Die Struktur des ursprünglichen Bildes oder die Ordnung der göttlichen Aktivität

Gott übt zwei Arten von Aktivitäten aus: Die Aktivitäten innerhalb Seiner selbst zwischen Herz, Logos und Kreativität und jene Aktivität außerhalb von Ihm, durch die Er mit den Geschöpfen in der äußeren Welt in Beziehung steht, d.h. die Welt, die nicht Er selbst ist, die aber von Ihm außerhalb Seiner selbst geschaffen wurde. Um die Natur von Gottes Aktivität außerhalb Seiner selbst verstehen zu können, müssen wir uns immerfort auf Gottes Aktivität innerhalb Seiner selbst beziehen. Und so, wie wir Gott zuvor als statisch betrachtet haben, schlagen wir vor, Ihn jetzt als dynamisch zu betrachten. Diese Äußerlichkeit von Gottes gegliederter Aktivität fließt aus Seinem inneren Wesen und heißt in beiden Vereinigungs-Büchern "Die Struktur des Ursprünglichen Bildes". Ich ziehe es aus Gründen der größeren Klarheit vor, von der "Ordnung der göttlichen Aktivität" zu sprechen.

Die Ordnung der göttlichen Aktivität ist eine Wechselwirkung zwischen Gottes Sung-Sang und Gottes Hyung-Sang. Diese Wechselwirkung innerhalb Gottes, die schließlich die Geschöpfe erzeugt, wird in der Vereinigungsphilosophie als Vorgang des "Gebens und Nehmens" bezeichnet. Das Subjekt gibt dem Objekt etwas und nimmt etwas von ihm; das Objekt nimmt, was das Subjekt ihm gegeben hat und gibt etwas, was das Subjekt nimmt. Das ist die horizontale unendliche Aktivität Gottes; sie ist das Grundprinzip für jede andere Aktivität sowohl innerhalb Gottes als auch zwischen den Geschöpfen. Da der Vorgang des Gebens und Nehmens unter allen Geschöpfen stattfindet, nehmen wir ihn in unsere Erklärungen von Gottes Aktivität mit hinein.

Der Vorgang des Gebens und Nehmens ist eine spezifische Dialektik, anders als die Hegelsche/Marxistische Dialektik, an die sie uns jedoch erinnert. Mehr noch erinnert sie uns an die Dialektik des "Buches der Wandlungen".

Außer der horizontalen Aktivität gibt es die vertikale Aktivität. Vertikale Aktivität besteht zwischen dem Herzen und seinen Wirkungen, der Mannigfaltigkeit der Kreaturen. Die Tätigkeit des Herzens offenbart sich in zweierlei Hinsicht: Sie erzeugt die Vielfältigkeit und Verschiedenartigkeit der Geschöpfe und bewirkt auch die Einheit aller unterschiedlichen Geschöpfe aufgrund der Liebe des Herzens. Dies ist die "Aktivität des vierfachen Fundamentes": Herz (Ursprung) teilt sich in Sung-Sang (Subjekt) und Hyung-Sang (Objekt), die sich dann durch den Vorgang des Gebens und Nehmens vereinigen, um die vom Herzen gewünschte Wirkung (Einheit) zu erzeugen.

Die Aktivität des Herzens kann auch auf eine andere Weise erklärt werden: Da das Herz das Innerste von allem ist, ist es im Zentrum. Herz ist Liebe. Was tut die Liebe? Liebe tut zwei Dinge: Sie vereint das ganze göttliche Wesen zu einer einzigen Einheit. Dies wird "Identität bewahrendes vierfaches Fundament" genannt oder "das innere vierfache Fundament von Gottes Aktivität". Außerdem gibt das Herz dem Intellekt, Willen und den Bildern Identität und schafft Einheit unter ihnen. Auf diese Weise ist Gott eins und Er ist Einheit.

Die Aktivität außerhalb Gottes bezogen auf die äußere Welt der Schöpfung wird "vierfaches Fundament der Entwicklung" genannt. Das vierfache Fundament der Entwicklung verursacht die Mannigfaltigkeit der kreatürlichen Körper als Ergebnis des Herzens, das über den Intellekt tätig wird. Blumen und Menschen, Steine und Himmel sind die Vielfältigkeit der Wirkungen des Herzens.

Zusammengefasst haben wir eine einzige, grundlegende Form des Vorgangs des Gebens und Nehmens, der auf vier Arten vor sich geht: horizontal und vertikal, innerhalb und außerhalb Gottes. Das Herz teilt sich vertikal in Sung-Sang und Hyung-Sang, die dann horizontal den

Vorgang des Gebens und Nehmens und die Vereinigung miteinander vornehmen als Ergebnis des Vorgangs des Gebens und Nehmens, den das Herz ständig mit ihnen aufrechterhält. Das Herz bewirkt somit sowohl Teilung als auch Vereinigung durch den vertikalen wie auch horizontalen Vorgang des Gebens und Nehmens innerhalb Gottes.

In ähnlicher Weise geht der Vorgang des Gebens und Nehmens des Herzens mit Sung-Sang und Hyung-Sang auf die Geschöpfe über, die ebenfalls das Geben und Nehmen untereinander vornehmen. Die Geschöpfe, die von Gott gekommen sind, müssen auch zu Gott zurückkehren; so wird der vertikale Vorgang des Gebens und Nehmens zwischen Herz und Schöpfung vollkommen. Die Einheit von Herz und Schöpfung außerhalb Gottes wird hierdurch aufrechterhalten; die Einheit unter den Geschöpfen erfolgt durch den horizontalen Vorgang des Gebens und Nehmens als Wirkung der Kreativität des Herzens durch den Intellekt. In all diesen Prozessen hat sich der Aufbau des vierfachen Fundamentes durch Ursprung-Teilung-Synthese wiederholt.

Es gibt zwei Wege, um die Einheit des vierfachen Fundamentes zu beschreiben: Die Einheit des vierfachen Fundamentes, bezogen auf das Herz und die Einheit des vierfachen Fundamentes, bezogen auf den Zweck. Bezogen auf das Herz, bewahrt das vierfache Fundament innerhalb und außerhalb Einheit, weil das Herz der Ursprung ist; sowohl Sung-Sang/Hyung-Sang als auch die Vielfältigkeit der Kreaturen sind geliebte Objekte des Herzens. Das Herz ist beides: Einheit bewahrende Liebe unter den Objekten des Herzens wie auch letztliches Ziel, zu dem die Wirkungen des Herzens zurückkehren. Bezogen auf den Zweck oder das Ziel-Objekt des Herzens, besteht die Wirkung des vierfachen Fundamentes darin, alle Dinge in der Liebe des Herzens zusammenzubringen. Hier gibt es wieder den Vorgang des Gebens und Nehmens zwischen Sung-Sang und Hyung-Sang bei der Erzeugung allen Seins. Das Herz erreicht dabei sein äußeres Ziel durch das Geben und Nehmen in Liebe mit seinen Wirkungen und durch die Aufrechterhaltung einer liebenden Beziehung unter ihnen. Das Herz, dessen eigenes inneres Sung-Sang und inneres Hyung-Sang auf ewig vereint sind in dem aus Liebe vollzogenen Vorgang des Gebens und Nehmens, ausgerichtet auf das Herz, bewahrt auf diese Weise sowohl seine eigene vertikale Beziehung zu seiner Schöpfung als auch eine horizontale Beziehung unter den vielen Geschöpfen. Dies erklärt zugleich die Vielfalt der Kreaturen und ihre Einheit in Gott.

"Die Göttlichen Prinzipien" - Eine Herausforderung im Zeitalter der Ökumene

Die vorausgegangene Erklärung Gottes im Sinne der Vereinigungsphilosophie ist eine bildliche Erklärung Gottes, so wie wir Ihn zu verstehen versuchen. Dieses Gottesverständnis stimmt seinem Wesen nach mit dem biblischen Gottesverständnis überein: Gott ist eine einzige Einheit; Er ist Geist und deshalb rein. Daneben ist Gott Schöpfer, Logos, Dreieinigkeit. Die Vereinigungsphilosophie ist ein Versuch, alle in der Bibel vorkommenden Geheimnisse des Glaubens in einer für den menschlichen Geist fassbaren Weise zu erklären. Die Quellen der Vereinigungsphilosophie nehmen für sich in Anspruch, dass ihre Auffassung der menschlichen Vernunft mehr entspricht als andere Auffassungen. Vielleicht ist bei diesem ganzen Bemühen der wichtigste Faktor der, dass die Vereinigungsphilosophie auf die Bibel Begriffe aus der orientalischen Philosophie anwendet.

Dieser Punkt ist in unserer Zeit der ökumenischen Bewegungen von besonderer Bedeutung. Die beiden volkreichsten Länder der Erde - China und Indien - sind orientalische Länder, in denen das Christentum kaum Fuß gefasst hat, obwohl es Jahrhunderte lang versuchte, dort durchzudringen. Meiner Meinung nach, die sich auf Erfahrungen in Indien stützt, liegt der Grund für das Versagen der christlichen Mission in diesen Ländern darin, dass das Christentum an diese Menschen mit der Vorstellung herantrat, ihre eigene Philosophie aufzugeben und dafür die aristotelische oder platonische Philosophie anzunehmen, um sie zum christlichen Glauben zu bekehren. Nun stellt sich die Frage, ob nicht andere Philosophen, wie zum Beispiel der chinesische Konfuzianismus oder der indische Vedanta (wedo, sanskr.: "wissen"; wedanta "Ende des Wissens", auf den Upanischaden beruhende phil. Einheitslehre, nach der die Wirklichkeit einheitlich und von einer Grundbeschaffenheit ist.), die Bibel vielleicht noch besser erklären als Aristoteles oder Plato. Wenn irgendeine Philosophie die Lehren der Bibel verzerrt, dann ist sie für einen Christen nicht annehmbar. Aber wenn Philosophien die Bibel nicht entstellen, dann sollten sie auch dann annehmbar sein, wenn es sich um östliche Philosophien handelt. Wie ich schon vorhin angedeutet habe, enthalten die Quellen der Vereinigungsbewegung, die "Göttlichen Prinzipien" und der "Vereinigungs-Gedanke", wertvolle und grundsätzliche Erläuterungen der biblischen Gotteslehren. Die Auffassung, wie Gott in Seiner Schöpfung und insbesondere in der menschlichen Familie widergespiegelt wird, verdient besondere Aufmerksamkeit und Beifall, da Mann und Frau und die menschliche Familie zu den vollkommensten Geschöpfen Gottes gehören. Diese Gedanken müssen jedoch noch weiter ausgearbeitet, verfeinert und bewiesen werden; allerdings muss dieses Vorhaben mit der klaren Absicht unternommen werden, die Lehren der Bibel nicht zu verzerren. Wenn die orientalische Philosophie - oder irgend eine andere - die biblischen Konzepte von Gott, Mann und Frau und der Familie besser zu erklären scheint, als sie bis jetzt erklärt wurden, dann ist, meiner Meinung nach, eine solche Auffassung hochwillkommen. Die Philosophie des Aristoteles, wie sie von Thomas von Aquin auf die Bibel angewandt wurde, half uns ganz enorm, die Bibel und die Lehren Jesu zu verstehen. Dasselbe muss über die Anstrengungen der Kirchenpatriarchen, insbesondere der griechischen, gesagt werden, die mehr die Philosophie Platos als die des Aristoteles anwandten. Aber unsere ökumenische Haltung muss jetzt auch über die Grenzen der Vergangenheit ausgeweitet werden, um ebenso ungewohnte wie bessere philosophische Perspektiven zu erfassen - die orientalischen Philosophien miteingeschlossen. Gleichgültig wie gut die philosophischen Anstrengungen vergangener Zeiten auch gewesen sein mögen, Gott zu erklären, unsere Begriffe von Gott müssen immer weiter verbessert werden. Ich gebe zu, dass diese Aufgabe immer schwierig sein wird, da Gott unendlich und unser Verstand begrenzt ist; aber gute Ideen können immer durch bessere ersetzt werden. Hierfür sind andere Philosophien - in diesem Fall die orientalischen - willkommen, wenn sie eine bessere Erklärung vorbringen können.

Ein anderer Grund dafür, dass gerade orientalische Philosophien willkommen sind, ist der, dass sie schon lange bestehen; sie haben Tausende von Jahren hindurch Millionen von Menschen gelehrt und mehrere Hunderte hochstehender und verschiedenartiger Kulturgenerationen hervorgebracht. Es wäre also ziemlich unvernünftig, diese

Menschen zu zwingen, ihre Philosophien aufzugeben und darauf zu bestehen, dass sie stattdessen eine platonische oder aristotelische philosophische Interpretation der Lehren Jesu annehmen, der in seinen Lehren selbst keinen Plato und keinen Aristoteles benutzte, sondern vielmehr eine Philosophie des gesunden Menschenverstandes.

Gottesglaube zwischen Orient und Okzident

Die Aufgabe, die uns jetzt bevorsteht, ist die Überprüfung der Folgerichtigkeit der Vereinigungsphilosophie, da sie orientalische Philosophien auf die Lehren der Bibel anwendet. Die Anwendung dieser Philosophien auf die Bibel ist für Indien, China und ganz allgemein für Asien eine neue Art der Mission. Und da wir philosophische Systeme vergleichen, können wir sie vielleicht im Lichte der Bibel verbessern und die orientalische Philosophie mit der Bibel versöhnen. Vielleicht können wir die Vereinigungsphilosophie so nutzen, wie wir gelernt haben, die aristotelische Philosophie zu nutzen - nämlich in ihr eine bessere Erklärung der Bibel zu finden. Besonders in Indien hat es schon vor unserer Zeit Denker gegeben, die die indischen Philosophien bejahten, aber so modifizierten, dass die biblischen Lehren dadurch nicht entstellt, sondern klar dargestellt wurden. Ich ziehe deshalb den Schluss, dass die Anwendung der orientalischen Philosophie auf die Bibel, die sowohl die "Göttlichen Prinzipien" als auch den "Vereinigungsgedanken" durchdringt, eine hoch willkommene Denkmethode ist, die uns unsere gegenwärtige Aufgabe vor Augen führt.

Wie mir scheint, werden wir aber auch gewisse Aspekte der Vereinigungsphilosophie ins rechte Licht rücken müssen - ebenso, wie wir die orientalische Philosophie richtig gestellt haben -, um uns nicht in Widersprüche zu verstricken. Insbesondere erfordern die Gebiete, die die Schöpfung, die Dreieinigkeit und die Person Jesu berühren, einen sorgfältigen Vergleich der einzelnen Philosophien und eine strenge Überprüfung aus der Perspektive der Bibel.

Die Schöpfung

Der erste Widerspruch, der gelöst werden muss, bezieht sich auf den Begriff Materie in der Vereinigungsphilosophie. Die Vereinigungsphilosophie scheint zu lehren, dass die Materie deshalb in Gottes äußerem Hyung-Sang existieren muss, weil die Geschöpfe aus Materie bestehen. Das muss, meiner Ansicht nach, nicht unbedingt daraus folgen. Ich könnte dem zustimmen, dass die Materie auf irgendeine Weise potentiell in Gott prä-existent vorhanden ist, damit Gott in der Lage ist, Materie außerhalb von Sich selbst zu erschaffen. Die Vereinigungsphilosophie zieht jedoch daraus nicht den Schluss, dass Gott ein Stein sein muss, um einen Stein zu erschaffen. Vielmehr argumentiert sie so, dass der Stein in Gott auf einer viel höheren und erhabeneren Ebene enthalten ist als er in Wirklichkeit existiert. Weil Gott das über alle Maßen vollkommene, allmächtige Wesen ist, hat Gott die Macht, den innersten Kern eines Wesens als solchen zu berühren. Gott hat die Macht, die Materie als solche zu schaffen und die Dinge, die aus Materie zusammengesetzt sind. Gott vollbringt dies ganz einfach mit Seinem Willen, indem er entscheidet, dass dies und jenes so "sei"! Kein anderer und kein anderes Ding kann erschaffen. Die Geschöpfe können die existierende Materie so verändern, dass sie sie verschiedenartig formen, aber sie können nicht etwas aus dem Nichts hervorbringen.

Darüber hinaus ist Gottes Schöpfung keine Emanation (lat.: "Ausströmen", das Hervorgehen aller Dinge aus dem unveränderlichen, vollkommenen, göttlichen Einen, besonders in der neuplatonischen und gnostischen Lehre) Gottes. Dieser Punkt ist in den Quellen der Vereinigungsphilosophie nicht sehr klar dargestellt. In den Büchern der Vereinigungsphilosophie scheint es so, als ob die Geschöpfe eine Art Emanation Gottes seien und als ob die universale Ursprungsenergie materiell sei und in die Geschöpfe einfließe. Wenn wir die Quellen der Vereinigungsphilosophie auf diese Weise interpretieren, dann sind wir zu der Folgerung gezwungen, dass sie pantheistisch (Pantheismus, Lehre nach der Gott und die Welt identisch sind - Gott ist das Leben des Universums selbst.) oder panentheistisch (Panentheismus, Lehre nach der die Welt in Gott eingeschlossen ist und ihren Halt hat.) sind; aber dies liegt keineswegs in der philosophischen Absicht der Bücher noch in der des eigentlichen Autors, Rev. Sun Myung Moon. Wir müssen deshalb diese Unklarheit beseitigen, indem wir sie neu interpretieren. Wenn wir den Gedanken akzeptieren, dass in Gott Materie vorhanden ist, dann müssen wir daraus schließen, dass Materie in Gottes Wesen einfließt. Auf diese Weise werden alle Dinge - sowohl Gott als auch die

Geschöpfe - dasselbe, das heißt sie werden zur selben Substanz. Diese Folgerung wird jedoch von beiden Büchern der Vereinigungsideologie ausdrücklich zurückgewiesen, indem sie die natürliche Einheit von Gottes Gemüt oder Sung-Sang und Gottes äußerem Hyung-Sang oder universaler Ursprungsenergie mit der unbestimmten Materie lehren. (In der neueren Bearbeitung des "Unification Thought" ist der Begriff "Unbestimmte Materie" durch die Terminologie "Ursprung der Materie" ersetzt.) Wenn sie ihrem Wesen nach nicht identisch wären, das heißt von derselben Beschaffenheit, dann könnte das innere Sung-Sang keine Beziehung des Gebens und Nehmens mit dem äußeren Hyung-Sang aufrechterhalten. Alle diese Merkmale von Gottes Wesen bestehen in ihrem innersten Kern aus derselben göttlichen Substanz. Die Geschöpfe haben jedoch eine andere Natur und eine andere Beschaffenheit. Der Unterschied zwischen Gott und den Geschöpfen liegt dann in dem entscheidenden Schöpfungsakt Gottes. Während Gott sich durch Seinen Willen entschied, die Schöpfung zu schaffen, war Er selbst Seinem Willen nicht unterworfen. Diese Unterscheidung löst das Problem.

Die Dreieinigkeit der "Göttlichen Prinzipien"

Die Dreieinigkeit ist innerhalb des Christentums ein ständiges Problem gewesen. Im letzten Deutungsversuch wird die Dreieinigkeit als Mysterium dargestellt; folglich können wir nicht hoffen, den Kern des göttlichen Lebens mit unserem Verstand zu durchdringen. Stattdessen akzeptieren wir, was Christus uns gelehrt hat; aber es ist nicht leicht, das, was er gesagt hat, zu verstehen und in rationale Begriffe zu fassen.

Innerhalb des Christentums ist die traditionelle Erklärung der Heiligen Dreieinigkeit, wie sie von katholischen Theologen dargestellt wird, einheitlicher und schlüssiger als die von den Protestanten gelehrte, da unter diesen, in dieser Angelegenheit ganz beträchtliche Meinungsverschiedenheiten herrschen. Die katholische Kirche beabsichtigt mit der thomistisch-aristotelisch scholastischen Interpretation mit Hilfe der Philosophie ein tieferes Verständnis und eine größere Berechtigung des Begriffes Dreieinigkeit zu vermitteln, als dies ein gewöhnlicher Durchschnittsmensch mit seinem einfachen Glaubensbekenntnis zum Ausdruck bringen kann. Deshalb lehrt uns die Kirche, dass uns diese

Philosophie hilft, die geistvollen Lehren Jesu über Gott zu verstehen. Obwohl es in der christlichen Lehre Unstimmigkeiten über die Dreieinigkeit gegeben hat, zieht sich der Glaube an die Lehren Jesu wie ein roter Faden durch alle Jahrhunderte. Mit wenigen Worten ausgedrückt, ist das, was Jesus über Gott lehrte, dass Gott dreieinig oder eine Trinität ist. Das bedeutet, dass Gott, obwohl Er ein einzigartiges, göttliches, vollkommenes und unendliches Wesen ist, in drei Personen unterschieden werden kann. Unter "Person" verstehen wir das, was Boethius (6. Jh. n. Chr.) lehrte: "die individuelle Beschaffenheit eines rationalen Seins (Wesens)." Eine Person ist also ein vernunftbegabtes Wesen, das völlig getrennt und individuell von anderen derartigen rationalen Wesen existiert, so dass zwei solche Wesen nicht miteinander verwechselt, vermischt oder durcheinandergebracht werden können. Diese Definition ist für unser Verständnis der Lehren Jesu über die Dreieinigkeit von größter Bedeutung.

Aber wie können wir dann die Existenz Gottes in drei Personen begreifen? Lassen Sie mich zuerst ausführen, was Gott nicht ist. Gott ist kein dreiköpfiges Wesen. Gott ist Geist, kein Körper; und obwohl Materie innerhalb von Gott eine bedeutende Rolle spielt, ist Gott nicht stofflich. Weil Gott nicht stofflich ist, besitzt Er keine räumliche Ausdehnung und besteht auch nicht aus einem Nebeneinander von Teilen. Gott hat nicht nur keine drei Köpfe, Er hat nicht einmal einen! Gott ist Geist und deshalb rein; Gottes Wesen ist keine Quantität vielmehr eine Qualität.

Gott, der Geist ist, existiert jedoch auf dreierlei Weise: als Vater, Sohn und Heiliger Geist. Aber warum sprechen wir eigentlich von "Vater" und "Sohn"? Gott formt eine Vorstellung oder ein Bild von Sich selbst. Und weil das Wort das Bild Gottes ist, das Er von Sich selbst hat, sagen wir, dass Gott der-Vater einen Sohn (Wort, Bild, Plan) hat, da der Sohn aus dem Vater kommt und der Sohn wie der Vater ist.

Das ist die Erklärung, die uns Johannes in seinem Evangelium gibt. Darüber hinaus muss das Bild Gottes so vollkommen sein, als ob es Gott selbst wäre, denn die Vorstellung, die Gott hat, ist die, die Er von Sich selbst hat. Wenn Gott Sich selbst erkannt hat, d.h., wenn Er Sich selbst versteht, dann muss, weil Gott unendlich ist, das Verständnis oder die Vorstellung von Sich selbst gleichbedeutend mit Sich selbst und deshalb auch gleichbedeutend mit Seinem ganzen unendlichen Wesen sein. Wenn der Logos nicht gleichbedeutend mit dem Geist sein würde, der ihn erkannt hat, dann würde Gott Sich selbst nicht verstehen, weil Er mit einer Vorstellung, die nicht Er selbst ist, Seine eigene Unendlichkeit nicht durchdringen könnte. Er kann Seine eigene Unendlichkeit nur erfassen, wenn Er Sich selbst völlig versteht; folglich muss Seine Vorstellung von Sich selbst oder Sein Wort ebenso unendlich sein, wie Er es selbst ist. Das Wort Gottes ist deshalb ebenso unendlich wie Gott; denn der Sohn ist wie der Vater.

Aber was ist der Unterschied zwischen dem Vater und dem Sohn? Da sie dieselbe göttliche Natur besitzen, kann es zwischen ihnen keinen wesentlichen Unterschied geben. Der Unterschied zwischen ihnen muss deshalb von persönlicher Art sein - der Unterschied eines persönlichen Gegensatzes. In der Sprache der Vereinigungsphilosophie bedeutet das, dass der Vater das Subjekt und der Sohn das Objekt ist; oder wie schon vorhin ausgedrückt wurde: Gott, das Subjekt, zeugt Seinen Sohn, das Objekt, durch Seinen Intellekt. Aber warum sind sie zwei Personen? Weil Vater und Sohn rationale Wesen sind, die voneinander unterschieden werden können, wie wir es gerade getan haben. Darüber hinaus besteht Gott in der Sprache der Vereinigungsphilosophie deshalb aus Personen, weil die Menschheit aus Personen besteht. Gott muss die Vollkommenheit der Menschheit auf einer höheren Ebene in Sich tragen und auf dieser höheren Ebene kann Gott Personen sein. Da Gott unendliche Vernunft ist, kann Er sich so selbst auf eine unendliche Art und Weise begreifen. Dieses unendliche Bild von Sich selbst ist Sein Logos oder Sein Sohn, der Seinem Vater in Seiner grenzenlosen Vollkommenheit gleich ist. Gott stellt deshalb drei unendliche Personen dar.

Aber warum sagen wir "drei" ? Wenn wir einen liebenden und unendlichen Vater und einen liebenden, unendlichen Sohn haben, dann müssen sie einander unendlich lieben. Es ist für Gott unmöglich, Sich selbst nicht zu lieben. Da Gott über alle Maßen vollkommen und gut ist, wäre es aus der Sicht Gottes ein Widerspruch, wenn Er das Gute, das Er selbst ist, nicht über alle Maßen lieben würde. Deshalb liebt der Vater den Sohn über alle Maßen; das unendliche Objekt oder Produkt ihrer gegenseitigen Liebe ist der Heilige Geist. Die Vereinigungsphilosophie spricht auf diese Weise ganz richtig vom Heiligen Geist als dem Produkt der Beziehung des Gebens und Nehmens zwischen dem Vater als dem unendlichen Subjekt und dem Sohn als dem unendlichen Objekt.

In den "Göttlichen Prinzipien" wird die Dreieinigkeit ähnlich einer Familienstruktur verstanden. Wir können also mit anderen Worten sagen, dass die Menschheit ein Bild Gottes ist. Der einzelne Mensch ist ein Wesen, das Verstand, Willen und Liebe (Gefühl, Gemüt) besitzt. Auch Gott besitzt Verstand, Willen und Liebe. Der einzelne Mensch wird geschaffen, damit er produziert, schöpferisch ist und sich mehrt. Auch Gott existiert, um zu schaffen, um Seine Geschöpfe unterschiedlich zu gestalten und sie zu vereinen. Menschen bilden von Natur aus Familien, die sich gemäß der erschaffenen Wesensart aus einem Vater, einer Mutter und den Kindern zusammensetzen. Auch Gott existiert im innersten Kern der Dreieinigkeit als Vater, der Sich selbst erkennt und der Sich selbst, durch das Wissen um Sich selbst, liebt. Auf diese Weise bringt Gott-der-Vater durch Seine Erkenntnis Gott-den-Sohn hervor, und gemeinsam erzeugen sie Gott-den-Heiligen Geist durch Liebe. Genauso wie wir innerhalb einer Familie von Blutsverwandtschaft sprechen können, können wir auch innerhalb des göttlichen Seins von einer "dreieinigen Blutsverwandtschaft" sprechen.

Das Geheimnis Christi

Die Dreieinigkeit gehört zu den Mysterien unseres Glaubens; aber da wir rationale Wesen sind, versuchen wir daran zu glauben, ohne uns in Widersprüche zu verstricken. Aber gleichgültig, wie hart wir auch daran arbeiten mögen, das Wesen und das Sein Gottes zu begreifen oder irgendwie zu verstehen, Gott übersteigt trotzdem immer noch unser Vorstellungsvermögen. Deshalb suchen wir im Glauben nach den Ursachen und Gründen für unseren Glauben. Die Gründe für unseren Glauben werden uns durch die Lehren Jesu, seine Wunder, sein gerechtes Leben und durch die Kreuzigung und die Auferstehung aufgezeigt.

In der Vereinigungsphilosophie erfordern jedoch zwei besondere Punkte, nämlich Jesus als Gott-Mensch und die Auferstehung Jesu, eine nähere Erklärung.

Die traditionelle Lehre des Christentums über die Person Jesu war die, dass Jesus als das fleischgewordene Wort (Logos) des Vaters, die zweite Person der Dreieinigkeit ist. Jesus hat deshalb eine Doppelnatur: Er ist sowohl göttlicher Logos als auch erschaffene Menschlichkeit. Als Mensch war Jesus wie wir, außer, dass er nicht sündigte und in einer weitaus vollkommeneren Weise das verkörperte, was wir sind. Er predigte, er fastete und er starb am Kreuz. Als Mensch stand er von den Toten auf. Er war in jeder Hinsicht völlig menschlich, er besaß einen Körper, eine Seele und einen vollendeten menschlichen Charakter. Aber gleichzeitig war eben dieser menschliche Charakter auf eine besondere Weise mit dem Logos, Gottes Sohn, verbunden. Der Logos vereinigte sich mit dem menschlichen Charakter von Jesus und nahm deshalb am menschlichen Leben Jesu teil. Das ist ein Mysterium; wir nehmen es als Tatsache auf der Grundlage der Bibelaussagen an.

Die Christen bekennen, dass der Mensch Jesus Gott war. Aber was meinen wir mit diesem Bekenntnis? Jesus ist und bleibt ein Mensch. Wenn wir sagen, dass er auch Gott ist, dann sagen wir das nur deshalb, weil sein menschlicher Charakter von Gott als Sein Sohn angenommen wurde, so dass auch der ganze Mensch mit Gottes Logos eins war. Wenn wir sagen, dass Jesus ein göttliches Wesen ist, so sagen wir das deshalb, weil Göttlichkeit mehr ist als Menschsein; der Logos war eins mit Jesus und deshalb war Jesus göttlich. Aber wir sagen das nicht in dem Sinn, dass der menschliche Charakter von Jesus göttlich wurde. Die Menschheit wurde nicht zur Gottheit.

Die Menschheit ist und bleibt immer menschlich; Jesus war und blieb ein Mensch; er bleibt auch dann noch Mensch, wenn er mit Gottes Logos vereinigt ist. Ein Mensch wird auch niemals Gott werden. Das Geheimnis der Verbindung Jesu mit Gott kann dadurch erklärt werden, dass wir sagen, dass in Jesus mehr von Gott verkörpert war als in uns. Die Verbindung Jesu mit Gott war notwendig, wenn das Kreuz für die Menschheit von irgendeiner Bedeutung sein sollte.

Die Vereinigungsphilosophie erklärt, dass Jesus ein Mensch war, der eins mit Gottes Logos war. Die "Göttlichen Prinzipien" lehren, dass "Jesus nicht Gott war" und dass "Jesus das fleischgewordene Wort Gottes ist." Mit der ersten Erklärung wollen die "Göttlichen Prinzipien" klarstellen, dass Jesus nicht Gott-der-Vater ist; mit der zweiten Erklärung wollen sie deutlich machen, dass Gottes Logos - Gottes Zweck, Plan, Absicht und vollkommenes Bild - kam, um mit der Seele und dem Körper des Menschen Jesus eins zu werden. Sie lehren weiter, dass Adam, das erste menschliche Wesen, diese vollkommene Einheit mit Gott auch hätte verwirklichen können, wenn er nicht gesündigt hätte. Aber weil Adam und Eva sündigten, blieb die menschliche Vollkommmenheit einem zweiten Adam vorbehalten. Die "Göttlichen Prinzipien" lehren, dass Jesus dieser vollkommene zweite Adam war, der Gottes ewigen Plan und Zweck erfüllte, indem er die menschliche Vollkommenheit erreichte, die Gott für Adam vorgesehen hatte; auf diese Weise war Jesus das vollkommene, fleischgewordene Wort Gottes auf Erden.

Die Vereinigungsphilosophie lehrt ein ähnliches Jesus-Bild (Jesus als fleischgewordenes Wort) wie die traditionelle Doktrin des Christentums. Die Frage nach der Person Jesu hat wahrscheinlich, wegen der Vorstellung, dass er sowohl göttlich als auch menschlich sei, innerhalb des christlichen Gedankensystems mehr Unsicherheit hervorgerufen als irgendein anderes Problem zuvor. Es scheint so, als ob die Quellen der Vereinigungsphilosophie dieses Problem ziemlich zufriedenstellend lösen. Sie führen beide Wahrheiten an - dass Jesus Gott ist, und dass er Mensch ist - lassen sich aber nicht auf philosophische Spekulationen ein, um zu versuchen, diese scheinbar widersprüchlichen Möglichkeiten zu versöhnen. Indem die Vereinigungsphilosophie beide Seiten der christlichen Lehre beibehält, bewahrt sie den traditionellen Wert, der dem Kreuzestod Jesu zugeschrieben wird - ein für die Menschheit wertvolles, göttliches Opfer und ein vor Gott verdienstvolles, menschliches Opfer.

Die Vereinigungsphilosophie lehrt über die Auferstehung Jesu, dass der Mensch Jesus, der genauso wie alle anderen Menschen ganz natürlich sterblich geboren wurde, auch ganz natürlich physisch sterben würde. Ebenso natürlich ist es, dass der geistige Körper von Jesus nach seinem physischen Tod in die geistige Welt eingeht. Dass Jesus in die geistige Welt "gehoben" wurde und "gen Himmel auffuhr" ist deshalb wenig überraschend, da das der natürliche Weg aller menschlichen Seelen ist. Nach den Quellen der Vereinigungskirche ist die Auferstehung Jesu also nicht gleichbedeutend mit der Wiederbelebung seines physischen Körpers. Tatsächlich machen sie aber keine klaren Aussagen über das Schicksal vom physischen Körper Jesu. Seine Auferstehung ist vielmehr - durch den geistigen Prozess der Bezahlung für die Sünden der gefallenen Menschheit und den Beistand zur Befreiung der Menschheit von ihrer auf die Sünde zurückzuführenden, falschen geistigen Orientierung - ein kosmischer und historischer Wiederherstellungsprozess der gesamten Menschheit vor Gott. Bei diesem Prozess der geistigen Auferstehung, wird Jesus durch die "Communio Sanctorum" (Gemeinschaft der Heiligen) - die Engelwelt und die Seelen von heiligen Menschen - unterstützt, die mit ihm bei seinem "zweiten Kommen" als riesige himmlische Heerschar auf die Erde zurückkommen, um den "Körper" Christi von seinem geistigen Tod zu "erwecken" und Gottes Reich auf Erden zu errichten. Wir können die Lehre der Vereinigungsphilosophie über die menschliche Erlösung auf folgende Weise darstellen: Jesus erreichte durch seinen Opfertod am Kreuz die geistige Erlösung unserer Seelen; die physische Erlösung - auf politischer, wirtschaftlicher und sozialer Ebene - muss im geschichtlichen Prozess der Auferstehung erreicht werden. Obwohl der traditionell-gläubige Christ wahrscheinlich noch einige Fragen zu der "körperlichen Auferstehung" Jesu hätte, sehen wir doch, dass letztlich die Auferstehungslehre der Vereinigungsphilosophie in ihren wesentlichen Punkten mit der traditionell christlichen Eschatologie Schritt halten kann. Dem römisch-katholischen oder orthodoxen Gläubigen wird die Wiedereinführung der Communio Sanctorum in das Denken und die Erfahrung einer eher protestantischen Philosophie höchst willkommen erscheinen.

Schlussfolgerung:
Die Annehmbarkeit der Vereinigungsphilosophie

Wir haben gesehen, dass die Vereinigungsphilosophie die Grundkonzepte von Gott, wie sie auch dem traditionellen Christentum vertraut sind, schützt und einige von ihnen sogar stark betont. Die Terminologie, die in den Quellen der Vereinigungsphilosophie benutzt wird, um diese Konzepte zu erklären, ist für den westlichen Leser jedoch neu, verblüffend und manchmal etwas zweifelhaft. Der Grund hierfür liegt darin, dass der westliche Leser durch die westliche Philosophie mit ihrem platonischen und aristotelischen Gedankengut geprägt ist und dass ihm orientalische Konzepte und andere Denkweisen fremd erscheinen. Wenn wir jedoch die Begriffe klären, so sehen wir, dass die Bedeutung der Ausdrücke in der Vereinigungsphilosophie der traditionellen westlichen Denkweise nie ernsthaft widerspricht. Darüber hinaus hat es den Anschein, als ob sich die Vereinigungsphilosophie mit den biblischen Aussagen verträgt.

Wir haben zum Beispiel beobachtet, dass die Vereinigungsphilosophie denselben Gott lehrt, an den auch die Christenheit glaubt, und diesen Gott mit denselben Grundvorstellungen darstellt, die auch in den Hauptströmungen des Christentums bewahrt werden. Gottes Einzigartigkeit, Unendlichkeit, Persönlichkeit, Ewigkeit, Allmacht, Allgegenwart und Allwissenheit sind einige dieser wichtigen Vorstellungen, die die Vereinigungsphilosophie ebenso wie die traditionelle christliche Philosophie vertritt.

Hinsichtlich Gott betont die Vereinigungsphilosophie nachdrücklich, dass Gott über Raum und Zeit steht und folglich auch über den Vorstellungen, die wir uns von Ihm machen. Die Vereinigungsphilosophie misst so unserem "negativen Wissen" um Gott mehr Wert bei als unserem "positiven Wissen". Dieser Standpunkt, der in der christlichen Tradition als "negative Theologie" bekannt ist, vertritt die Auffassung, dass unser Bekenntnis, dass wir Gott nicht kennen, der Wahrheit näher kommt als unsere bejahende Behauptungen über Gott (melius scitur nesciendo). Das ist so, weil Gott unendlich ist, wir aber endlich sind; Unendlichkeit ist von jeder Endlichkeit unendlich weit entfernt; also ist Gott von unseren begrenzten Gottesvorstellungen unendlich weit entfernt. Dieser Standpunkt wurde sowohl von den Kirchenvätern des Altertums als auch der Neuzeit, von St. Basileus und Gregor von Nyssa bis Karl Barth verteidigt. Dieser Standpunkt ist aber ebenso die notwendige Grundlage für das philosophische System, das die positive Theologie verteidigt, indem es bejaht, dass wir uns richtige Vorstellungen von Gott bilden, aber uns nichtsdestoweniger Gott durch Analogie vorstellen. Selbst Verfechter der positiven Theologie stimmen darin überein, dass Gottes Innenleben in der Heiligen Dreieinigkeit und die Fleischwerdung (Inkarnation) unlösbare Geheimnisse sind.

Weiterhin akzeptiert auch das traditionelle Christentum den Standpunkt, dass unsere Gottesvorstellungen auch dann noch aus der Beobachtung der Schöpfung, das heißt der sichtbaren Welt um uns herum, abgeleitet sind, wenn sie eindeutig auf Ihn übertragbar sind. Wenn diese Vorstellungen auf Gott angewendet werden, dann müssen sie von den Unvollkommenheiten, die ihnen als Vorstellungen von endlichen Geschöpfen anhaftet, befreit werden, so dass sie auf Gott in Begriffen ihrer über alle Maßen gewachsenen Vollkommenheit angewendet werden können.

Dieser Standpunkt steht der Meinung der Vereinigungsphilosophie sehr nahe, da er die Auffassung vertritt, dass wir unsere Vorstellungen über Gott aus den Dingen, die wir erfahren, bilden müssen. Die auf diese Weise erwachsenen Vorstellungen können jedoch nicht buchstäblich, sondern nur in einem weiten, allgemeineren Sinn auf Gott übertragen werden; denn Gott ist unendlich, die Vorstellungen aber sind endlich. Die Richtigkeit dieser Denkweise wird durch den biblischen Sprachgebrauch in beiden Testamenten untermauert, in denen jegliche, in der sichtbaren Welt der Schöpfung beobachtbare Art der Vollkommenheit Gott zugeschrieben wird. Die Bibel benutzt eine einfache Sprache, um Gottes Unendlichkeit mit dem Verständnis zu beschreiben, dass Gott durch keine der beobachtbaren, Ihm zugeschriebenen Vollkommenheiten erfassbar ist. Die Aussagen der Vereinigungsphilosophie sind deshalb für die Christenheit durchaus annehmbar. Jede neue Aussage der Vereinigungsphilosophie über Gott sollte deshalb von uns als Versuch gewertet werden, nicht das in der Bibel dargestellte Gottesbild zu verzerren, sondern vielmehr die traditionelle Linie der Annäherung an Gott fortzuführen und einen Beitrag für unser Wissen über Ihn zu liefern.

Aber auf der anderen Seite fehlt es der auf der aristotelischen Grundlage gebildeten Vorstellung Gottes als einer unwandelbaren, reinen Macht, auch nicht an schwerwiegenden Problemen. Wie lässt sich denn sonst die starke Betonung der Bibel von Gottes Mitleid, Liebe und Voraussicht mit einem unwandelbaren, unbewegten Weltenlenker vereinbaren. Wir westlichen Denker müssen gewisse logische Ungereimtheiten in unserem Gottesverständnis eingestehen, denn einerseits beschreiben wir Gott als reine unveränderliche Macht, aber andererseits bekennen wir als Christen, dass Er mit uns leidet. Die Sichtweise der Vereinigungsphilosophie stellt uns nicht vor weniger Probleme als die aristotelische Gottesvorstellung; aber der Wert der Vereinigungsphilosophie liegt in ihrem Bemühen, Gott dem zeitgenössischen Menschen in Ost und West verständlicher und glaubhafter zu machen. Auf ähnliche Weise haben wir gesehen, dass die besonderen Beschreibungen Gottes im Sinne der Vereinigungsphilosophie mit zahllosen Entsprechungen im traditionellen christlichen Gedankengut übereinstimmen. Und genauso wie sich die Interpretationen der verschiedenen theologischen und philosophischen Begriffe über Gott und Jesus von einer christlichen Richtung zur anderen unterscheiden, stellt auch die Interpretation der Vereinigungsphilosophie eine Neufassung der Grundkonzepte dar. Wir sahen vorhin, dass die Vereinigungsphilosophie den traditionellen Gedanken der Dreieinigkeit akzeptiert, ohne ihn im Detail zu erörtern. Wir konnten auch die Möglichkeit erkennen, den Gottesbegriff der Vereinigungsphilosophie mit dem römisch-katholischen oder sonst einem orthodoxen Standpunkt in Einklang zu bringen. Die Grundwahrheiten des christlichen Glaubens werden auf ähnliche Weise von der Vereinigungsphilosophie vertreten und neu interpretiert; zusätzlich muss jedoch eingeräumt werden, dass auch eine Reihe kontroverser Standpunkte hinsichtlich der Interpretationen des zweiten Kommens Jesu, der Erfüllung seiner Mission, der Institution Kirche und der Sakramente angeführt werden können. Diese schwierigen Punkte waren jedoch Gegenstand jahrhundertelanger Diskussionen innerhalb des Christentums, ohne dass sie zu einer für alle oder zumindest für die meisten befriedigenden Lösung führten.

Schließlich haben wir in den Quellen der Vereinigungsphilosophie auch eine spezielle Verwendung der Philosophie beobachtet - ein methodologischer Punkt, der vielleicht wichtiger ist als alle anderen Einzelfunktionen. Es gibt in der Vereinigungsphilosophie gewisse Einflüsse der christlichen und aristotelischen Scholastik (Gott wird in beiden Systemen als "erste Ursache" bezeichnet und in beiden werden Gottes Merkmale gleich beschrieben). Aber die philosophische Grundhaltung der Vereinigungsphilosophie ist nicht nur die westliche Denkweise, an die wir uns alle angepasst haben, sondern auch eine

Mischung von orientalischer Philosophie und gesundem Menschenverstand.

Der orientalische Einfluss berührt unmittelbar unsere metaphysische Erklärung von Gottes Wesen. Die Begriffe Sung-Sang und Hyung-Sang sind für diese Erklärung grundlegend. Sie sind keine von Aristoteles geprägten Ausdrücke, sondern eher mit den Begriffen Yin und Yang des Konfuzianismus verwandt. So ist die Vereinigungsphilosophie mit Begriffen der Innerlichkeit und Äußerlichkeit Gottes und der Dinge durchdrungen. In der Vereinigungsphilosophie haben wir ein Verständnis des inneren Wesens der Dinge, das sich aus einer intellektuellen und geistigen Natur zusammensetzt und der äußeren Form der Dinge, die aus der universalen Ursprungsenergie und Materie besteht. Diese Begriffe dürfen jedoch nicht zu streng angewendet werden, weil die Unterschiede zwischen den Einzelwesen unterschiedliche Anwendungen erfordern. Was auch immer das Wesentliche eines Dinges sein mag, es existiert in Ausdrücken des inneren Charakters und der äußeren Form.

Logischerweise können Sung-Sang und Hyung-Sang so auf alle irgendwie gearteten Wesen - ob physisch oder geistig, Mensch oder Engel oder gar Gott - angewendet werden. Obwohl diese überaus wichtigen Begriffe der Vereinigungsphilosophie nicht von Aristoteles stammen, scheinen sie doch eng mit den aristotelischen Begriffen von Substanz und Form verwandt zu sein. Aber ob sie jetzt aristotelisch sind oder nicht, ihre Sprache ist jedenfalls klar und verständlich; richtig verstanden erhellen sie unser Verständnis der biblischen Gottesvorstellungen und richtig interpretiert, sind diese Begriffe auch für Denker der christlichen Tradition annehmbar.

Der gesunde Menschenverstand der Vereinigungsphilosophie berührt ebenfalls unmittelbar unser Gottesverständnis: Wir sollen unserem gewöhnlichen, alltäglichen Sinn für die Realität vertrauen und so über Gott nachdenken, wie wir die sichtbaren Dinge in der Schöpfung begreifen. Die Vereinigungsphilosophie schlägt so keine esoterische oder philosophische Erklärung Gottes vor, sondern eine, die dem Inhalt der Bibel und den Lehren von Jesus näher steht - ein Gottesverständnis des gesunden Menschenverstandes für den Durchschnittsmenschen. Jesus lehrte die Masse des Volkes, benutzte ihre Sprache und übernahm ihre Ideen, passte sich ihrem Verständnis an und erzählte fortwährend einfache, kleine Geschichten, um erleuchtete Wahrheiten zu vermitteln. Ich sehe in der Art, Gott zu erklären, zwischen Jesus und der Vereinigungsphilosophie eine gewisse Ähnlichkeit. Wenn die Vereinigungsphilosophie Begriffe benutzt, die westlichen Denkern wenig vertraut erscheinen, so bedeutet das nicht, dass die Begriffe an sich esoterisch sind; sie sind in Asien ziemlich alltäglich und können leicht von jedem verstanden werden, wenn er einfach über sie nachdenkt.

Ich ziehe deshalb, auf der Grundlage des Vergleichs zwischen der Vereinigungsphilosophie und der christlichen Tradition, den Schluss, dass sie sich in ihrem Gottesverständnis nicht grundlegend unterscheiden. Es gibt zwar zwischen beiden Systemen Unterschiede, aber diese sind zweitrangig und unwesentlich. Ich stimme dem zu, dass gewisse Lehren, an denen die Christenheit festhält, von der Vereinigungsphilosophie entweder auf andere Weise erklärt (die Dreieinigkeit) oder neu interpretiert (die Rolle Jesus) werden. Der Grund für diese Unterschiede wird ziemlich offensichtlich, wenn man den Grad der Unstimmigkeit betrachtet, der über dieselben Punkte unter der Vielfalt der anerkannten christlichen Bewegungen herrscht. Diese kraftvolle, junge Vereinigungsbewegung hat jedoch die Absicht, die geteilte Christenheit zu vereinigen und die christlichen Traditionen zu beleben. Vielleicht wird sie darin ebenso erfolgreich sein, wie bei der Belebung und Stärkung der westlichen Philosophie durch Einführung von Konzepten aus der orientalischen Philosophie.

DIE LEHRE DER VEREINIGUNGSKIRCHE - BEZUGSORIENTIERTE HERMENEUTIK DER HEILIGEN SCHRIFT [i]

Herbert Richardson

Eine neue Seinslehre

Als Denkrichtung ist Rev. Moons Theologie von elementarer Bedeutung, insofern sie bezugsorientiert ist. Mit anderen Worten, sein Denken strukturiert sich innerhalb bestimmter Bezugsrahmen. Es gibt drei verschiedene Arten, wie Denken strukturiert sein kann: bezugsorientiert, individualistisch oder ganzheitlich. Bezugsorientiertes Denken definiert die Dinge in ihrer wechselseitigen Relation. Individualistisches Denken isoliert die Dinge und betrachtet sie auf ihr eigenes Wesen hin. Ganzheitliches Denken richtet sich auf die Erfassung des Gesamtcharakters aus.

Als ein Beispiel dafür, wie Rev. Moons Denkweise sich vom individualistischen, westlichen Denken unterscheidet, soll sein Begriff von Liebe untersucht werden. Beim Versuch, Liebe zu definieren, bewegt sich westliches Denken in den Bereich der Psychologie hinein. Indem sie Liebe als Einzelerscheinung isoliert, definiert sie Liebe als psychologisches Etwas. Im Gegensatz dazu denkt Rev. Moon in bezughafter Weise über Liebe. Das heißt, er bringt sie in Verbindung mit einem

---

[i] Ursprünglich erschienen in: "A Brief Outline of Unification Theology", Herbert W. Richardson, in "A Time of Consideration", The Edwin Mellen Press, New York, 1978; erste deutsche Veröffentlichung "Bezugsorientiert denken - Beiträge für eine Theologie der Zukunft", Herbert W. Richardson, Aquarius Verlag 1978

äußeren oder objekthaften Begriff. Dieser Begriff ist Schönheit. Rev. Moon definiert dann Liebe als Ausdruck von Schönheit und Schönheit als Ausdruck von Liebe.

Eine große Stärke der bezugsorientierten oder korrelativen Theologie Rev. Moons ist die Ausrichtung allen Denkens auf das Handeln hin. Der Grund liegt darin, dass in Rev. Moons Denken alles, was in Subjektposition steht, sich an etwas orientiert, was dem gegenüber einen objekthaften und äußeren Aspekt in sich trägt. Darüber hinaus endet solch eine Theologie aber nicht nur in einem auf dieses äußere Objekt hin ausgerichteten Handeln, vielmehr wird das Objekt selbst ein Stimulus für die Vertiefung des Verständnisses und Handelns des Subjekts, da eine wechselseitige Beziehung des Gebens und Nehmens zwischen Subjekt und Objekt besteht.

Eine Beziehung des Gebens und Nehmens ist ein wechselseitiger, zeitlicher Vorgang von Aktion und Reaktion, der auf beiden Seiten Neues hervorbringt. Solch ein Geben und Nehmen ist überhaupt die Grundlage für eine gesündere Persönlichkeit und für menschliches Wachstum. Weil Rev. Moon diese Theorie des Gebens und Nehmens vertritt, schreibt er der äußeren Welt oder der Welt, die die Wissenschaft erforscht, den gleichen Wert zu wie der inneren oder geistigen Welt. Er sieht diese beiden Welten, die geistige und die physische Welt, als voneinander abhängig und sich gegenseitig aufbauend. Deshalb unterscheidet sich Moons Ontologie (Seinslehre) grundlegend von der westlichen Ontologie, die auf Grund ihrer griechischen Wurzeln der geistigen Welt höheren Wert beimisst als der physischen Welt. Das griechische Denken betont die Herrschaft der Vernunft über die Natur stärker als den Einfluss der Natur auf den Menschen. Die westliche Tradition interpretierte im allgemeinen die Einflussnahme des Menschen auf die Natur nicht als eine auch wechselseitige Wirkung der Natur auf den Menschen, die zu einer Vertiefung des menschlichen Gemütes führen würde. Aus diesem Grunde wurde Religiosität im traditionellen Denken der westlichen Theologie oft mit Weltflucht gleichgesetzt.

Rev. Moons Verständnis über die wesentliche Aufgabe der objektiven Welt - die Stärkung und Vertiefung der Persönlichkeit im inneren geistigen Leben - bringt eine entscheidende Herausforderung für die westliche Philosophie und Psychologie mit sich. Moon ist in dieser

Beziehung kein total radikaler Erneuerer. Seine Erkenntnis ist auch im Calvinismus anerkannt. In der Tat existiert in der gesünderen Version der calvinistischen Arbeitsethik die Überzeugung, dass der Geist oder der Charakter des Menschen durch seine äußere Aktivität oder Arbeit wächst und gestärkt wird.

Doch Moons Denken zeichnet sich durch eine philosophische oder strukturelle Fundierung dieser Behauptungen aus, die man in den meisten theologischen Texten des Calvinismus nicht finden dürfte. Bezugsorientiertheit ist demnach ein Schlüsselpunkt in Rev. Moons Denken.

Gott als Vater

Ich möchte nun darlegen, wie dieses bezugsorientierte Denken ganz allgemein in den "Göttlichen Prinzipien" zum Ausdruck kommt. Hier sind wir mit einem theologischen Problem konfrontiert: "Aus wie viel Hauptteilen setzt sich ein Buch zusammen, das die gesamte christliche Theologie behandelt?" In der traditionellen christlichen Theologie heißt die Antwort gewöhnlich drei oder vier. In einer Theologie mit drei Hauptthemen sind dies die Themen: Vater, Sohn und Heiliger Geist. In einer aus vier Hauptthemen bestehenden Theologie sind dies: Vater, Sohn, Heiliger Geist und Kirche. Einige Theologien ordnen bis zu zehn Grundthemen in ihr System ein: Vater, Sohn, Heiliger Geist, Kirche, Vergebung, Auferstehung, ewiges Leben, christliches Leben und sofort. Einmal mit dieser Art von Analyse beginnend, ist es leicht, von zehn auf 47 zu springen. Beispielsweise tendierte die Auffassung des berühmten katholischen Theologen Bernard Lonergan zu solch großer analytischer Präzision, dass man ihn beim Lesen gelegentlich erwähnen hörte: "... und an 37. Stelle ..." .Solch ein stures Festhalten an Präzision führt zu nichts.

Wie viele Bereiche umfasst Moons theologisches System? Drei oder vier? Seine Theologie besitzt nur zwei Hauptteile. Natürlich sind die "Göttlichen Prinzipien" in viele Untereinheiten gegliedert, doch sie haben nur zwei Hauptteile, nämlich die Lehre von der Schöpfung und die Lehre von der Wiederherstellung. Einer der größten Theologen der Moderne, Friedrich Schleiermacher, besaß ebenfalls ein aus zwei Einheiten bestehendes theologisches System, die Schöpfungslehre und die

Erlösungslehre. So ist also eine Zweiteilung nichts Neuartiges. In der Tat besitzt ein solches System große logische Aussagekraft, da seine zwei Komponenten immer in Spannung zueinander gehalten werden können. Wir wollen deshalb einmal die praktischen Auswirkungen betrachten.

Zuerst möchte ich darauf hinweisen, dass es für einen Theologen oft sehr schwierig ist, seine Gedanken folgerichtig zu Ende zu führen und alle seine Grundpositionen konsequent weiterzuentwickeln. Es ist doppelt schwer, konsequent zu sein, wenn man versucht, alle Lehren des christlichen Glaubens zu behandeln. Wenn man dann einem Theologen begegnet, der sämtliche christliche Lehren in durchgehend konsequenter Weise abhandelt, so versetzt das einen in großes Erstaunen. Es ist, als ob man einem großartigen Symphoniekonzert zuhöre. Diese Art von Erregung erlebe ich beim Lesen der "Göttlichen Prinzipien", und deshalb möchte ich Ihnen hier einige meiner Erfahrungen mitteilen.

Überraschend ist, dass Rev. Moons Theologie keine eigenständige Gottesdoktrin hat. Erinnern Sie sich an meine Aussage, dass das traditionelle westliche Christentum eine drei oder vier Themen umfassende Theologie besitzt, deren erster Teil immer "Gott-Vater" ist. Rev. Moon spricht nicht in derselben Weise von Gott. Der erste Teil von Moons Theologie ist nicht "Gott", sondern die Schöpfung. Als Teil seiner Abhandlung über die Schöpfung spricht Rev. Moon selbstverständlich von Gott. Aber dies bedeutet, dass er niemals abstrakt über Gott spricht, sondern immer in Beziehung zu uns. Wir lernen Gott immer in unserer Beziehung zu Ihm als unserem Vater und unserem Schöpfer kennen, und niemals außerhalb dieser Beziehung. Es ist gerade so, als sei man in einer Gruppe von Menschen, die über einen Mann sprechen, und man stellt plötzlich fest, dass sie über den eigenen Vater sprechen. Obwohl andere Menschen Jimmy Carter mit "Herr Präsident" anreden, sagt seine Tochter Amy "Papa" zu ihm. Für sie ist das vollkommen richtig. Gleichermaßen, behauptet Rev. Moon, sei es völlig berechtigt, wenn wir Gott "Vater" nennen, da wir Gott nur in dieser Vater-Kind-Beziehung kennen lernen können. Weil jedoch das traditionelle Christentum versuchte, Gott zuerst unabhängig von Seiner Schöpfung zu definieren, blieb es uns versagt, Gott mit vollem Recht Vater nennen zu dürfen.

Die Lehre der VK - Bezugsorientierte Hermeneutik

Wir meinen es im übertragenen Sinne so. Das heißt, dass Gott nicht wirklich unser Vater ist. Das traditionelle Christentum fügt allerdings hinzu, dass Gott eine gewisse Art von Vaterschaft besitze. Sie wird auf sehr verschiedenartige Weise erklärt.

Rev. Moons Entscheidung, mit dem Gottesbegriff des Schöpfervaters zu beginnen, ist brillant, denn sie weist uns gleich von Anfang an auf den Zweck unseres Lebens hin, nämlich auf das vollkommene Schöpfertum oder unsere Heranreifung zu vollkommenen Abbildern und Kindern Gottes. Vollkommenes Schöpfertum ist mein Ausdruck, doch er zeigt Moons Richtung auf. Wenn wir fragen: "Was ist vollkommenes Schöpfertum?", oder konkreter, "Was heißt es für uns, zum Bilde Gottes geschaffen zu sein?", so lautet die Antwort, dass wir zu göttlichen Geistern werden sollen. Das bedeutet, dass wir selbst Schöpfer werden müssen.

Wie können wir Schöpfer sein, wenn doch Gott der Schöpfer ist? Rev. Moon antwortet, dass Gott als Schöpfer eine Welt für uns geschaffen hat, in der wir Schöpfer sind. Gott hat sowohl eine geistige als auch eine physische Welt hervorgebracht und hat uns auch mit einem Geist und einem Körper ausgestattet, so dass wir die Mittlerfunktion zwischen beiden Welten einnehmen können. Weil wir einen Körper besitzen, können wir in der Welt von Zeit und Raum Schöpfer sein, genauso wie Gott in der geistigen Welt Schöpfer und Vater ist. So sind wir zwar in der Beziehung zu Gott Geschöpfe, aber wir sind auch von Ihm dazu bestimmt, Schöpfer zu sein, so wie Er Schöpfer ist. Ich möchte hier ergänzend darauf hinweisen, dass Gott, unser Vater, uns auch geschaffen hat, damit wir zu Vätern werden. Das ergibt sich als logische Folgerung. Es bedeutet, dass die Vereinigungskirche nicht die Vater- und Kindbeziehung betont, sondern die Beziehung des Vaters zum ebenfalls Vater werdenden Kind. Väter sollten ihren Kindern helfen aufzuwachsen. Wenige Theologen wagen es zu behaupten, dass der Mensch dazu geschaffen sei, Schöpfer zu werden, wie Gott ein Schöpfer ist. Gewöhnlich ist "Schöpfer" eine Bezeichnung, die Gott allein beanspruchen konnte und deshalb gebraucht wurde, um die Unterschiedlichkeit zwischen Gott und dem Menschen, der ein Geschöpf ist, aufzuzeigen. Doch die "Göttlichen Prinzipien" sehen das Heranreifen des Menschen zum Schöpfer als eine Vervollkommnung des Bildes

Gottes im Menschen. Theologisch interessant ist jedoch, wie Rev. Moon erklärt, dass der Mensch ein Schöpfer wie Gott werden kann. Die Erklärung dafür liegt in Rev. Moons Lehre über die Geistige Welt begründet.

Der Mensch als Schöpfer

Ich möchte Sie hier um Vorsicht bitten, die Bedeutung des Wortes "geistig" nicht falsch zu interpretieren. Es wäre ein Irrtum, anzunehmen, dass die Lehren der "Göttlichen Prinzipien" über die Geistige Welt einen Spiritualismus darstellen. Sie sind für Rev. Moon eher ein Mittel um zu erklären, wie der Mensch ein Schöpfer sein kann. Nach Rev. Moon hat Gott sowohl eine geistige als auch eine materielle Welt geschaffen. Gott übt eine direkte Herrschaft über die Geistige Welt aus, während Er die materielle Welt indirekt regiert, d.h. durch die Wesen der geistigen Welt (wie Engel und vervollkommnete Menschen in der geistigen Welt). Nach Rev. Moon hat Gott diese zweifache Ordnung geschaffen, um dem Menschen die Möglichkeit zu geben, unmittelbarer Herr über die physische Welt zu sein, genauso wie Gott unmittelbarer Herr der geistigen Welt ist.

Gott hat den Menschen geschaffen, damit er Schöpfer werde, und ihm deshalb auch die nötige Voraussetzung für Kreativität mitgegeben: ein physisches Leben in Raum und Zeit. Die direkte Herrschaft über Raum und Zeit kann nur von Wesen ausgeübt werden, die freie physische Wesen sind. Wir können unmittelbar in der physischen Welt handeln, weil wir physische Körper besitzen. Weil wir Seele und Körper sind, d.h. geistig und physisch, können wir Schöpfer innerhalb der materiellen Welt werden. Dies zu tun bedeutet die Erfüllung des dritten Segens Gottes. ("Machet euch die Erde untertan", 1. Mose 1:28).

Ich denke, dass Rev. Moon die Idee der Existenz einer geistigen und einer materiellen Schöpfung in einzigartiger und bemerkenswerter Weise durchdacht hat. Darüber hinaus ist seine Sicht völlig orthodox, denn Geist bedeutet für ihn die Realität der menschlichen Freiheit, und Gottes "indirekte Herrschaft" über die materielle Welt ist das, was die klassischen Theologen gewöhnlich als "Welt-Logos" bezeichneten. Unter diesen Voraussetzungen ist es leicht verständlich, warum Rev. Moon die Wissenschaft so hoch einschätzt. Der Zweck der Wissenschaft ist es, dem Menschen beim Gestalten der Welt behilflich zu sein in dem Prozess der Menschheitsfamilie Glück und Frieden zu bringen. Zusammengefasst stellen "Die Göttlichen Prinzipien" eine Theologie dar, die sich primär an der Frage orientiert: Warum erschuf Gott die Welt? Darin unterscheidet sie sich von vielen anderen Theologien, die diese Frage nicht einmal aufwerfen können, weil sie annehmen, Gott genüge sich selbst völlig und brauche überhaupt nichts anderes mehr. Rev. Moons allgemeingültiges Prinzip der Wechselbeziehung zwischen Subjekt und Objekt ermöglicht es ihm, die Welt von Gott geschaffen zu sehen, mit der Intention, dass Gott (und dies ist nicht Rev. Moons Sprache) Seinen eigenen Charakter in ihr reflektiert sehen konnte. Rev. Moons Korrelationsprinzip (Geben und Nehmen) rechtfertigt seine Lehre, dass Gott die Welt schuf, um ein Bild von sich Selbst zu haben.

Nach Rev. Moons Ansicht ist der Zweck der Schöpfung, Gott Freude zu geben. Dies liegt der Sprache der traditionellen westlichen Theologie gar nicht so fern, in der es der Zweck der Schöpfung ist, Gott Ehre zu geben. In der traditionellen theologischen Sprache ist der Zweck allen Lebens, Gott zu geben, was Gottes ist und was Gott sucht. Es ist bezeichnend, dass Rev. Moons Theologie radikal theozentrisch ist, d. h. sie ist eine Theologie, die sich ganz auf den göttlichen Zweck ausrichtet. Es ist außerdem bedeutsam, dass das, was diese radikal theozentrische Theologie davor bewahrt, menschliches Leben herabzusetzen, ihr Prinzip der doppelten Schöpfung ist; ihr Konzept, dass Gott ein Abbild Seines eigenen Zweckes sucht, indem Er Schöpfer schafft. Gott braucht uns nicht als Geschöpfe; Er sehnt sich danach, dass wir auch freie Schöpfer werden.

Die traditionelle westliche Theologie hat dieses Problem der radikalen Gottzentriertheit nie ganz gelöst, ohne die Rolle der Menschheit zu verringern; denn gewöhnlich verbindet sich mit der Annahme, dass die Schöpfung Objekt sei, die Vorstellung, sie sei geringer als Gott. In Rev. Moons Theologie wird die Schöpfung zwar als Objekt verstanden, aber trotzdem, wegen der Beziehung des Gebens und Nehmens, als gleichwertig zu Gott gesehen. Das heißt, Rev. Moon sieht, dass die Schöpfung Gott das zurückgeben soll, was Gott ihr gegeben hat, und dass Gott in dieser Erwiderung Freude findet. Ich finde diese Auffassung aus theologischer Sicht sehr schöpferisch und psychologisch gesehen gesund.

Das Ursprungsprinzip

Von der Struktur her betrachtet beinhaltet Rev. Moons Theologie nicht nur eine Bezughaftigkeit zwischen Schöpfer und Schöpfung, sondern auch in Gott selbst. Eine derartige Beziehung setzt in Gott eine Dualität von Prinzipien voraus: Positivität und Negativität. Diese Prinzipien werden aber nicht als das absolut Elementare verstanden, weil auch ein erstes Ursprungsprinzip existiert. Warum besteht Rev. Moon neben der Dualität von Positivität und Negativität zusätzlich noch auf einem ersten Ursprungsprinzip? Mir scheint, dass sein Ursprungsprinzip nicht als etwas funktioniert, das die Dualität der Kräfte überschreitet oder sogar mehr verkörpert. Es stellt vielmehr formell gesehen die völlige Einheit der dualen Kräfte dar. Dieses erste Ursprungsprinzip ist letztendlich die Versicherung, dass zwei Pole eher schöpferische und harmonische Beziehungen zueinander haben als Beziehungen, die letztlich Konflikte hervorriefen. Auf diese Weise vermeidet Rev. Moon das Problem des dualistischen Manichäismus, der zwei Prinzipien postuliert, aber kein letztes Prinzip der Einheit, um beide zusammenzuhalten. In Rev. Moons Theologie wird diese ursprüngliche Einheit nicht als ein Prinzip der Transzendenz heraufbeschworen, sondern als ein Prinzip schöpferischer Harmonie zwischen den beiden Kräften Gottes. Es ist das Prinzip der Bezughaftigkeit.

Dies mag Ihnen abstrus oder unwichtig erscheinen. Doch Rev. Moons Lösung ist in der Tat brillant gegenüber dem immerwährenden, schrecklich destruktiven Dilemma innerhalb des westlichen Denkens. Ich möchte Ihnen zeigen, wieso. Welches sind die zwei Kräfte in Gott, die durch dieses erste Ursprungsprinzip in schöpferischer Harmonie zusammengehalten werden? Die Antwort lautet: Positivität und Negativität, Maskulinität und Femininität, Subjekt und Objekt. Keines dieser Begriffspaare ist der westlichen Tradition vertraut. Doch wie steht es mit dem Folgenden: "Vernunft und Wille" (oder Wort/Weisheit)? Hier ist eine Kombination von absoluten Begriffspaaren, die schon immer Verwirrung in der westlichen Philosophie und Theologie hervorgerufen haben.

Plato warf das Problem auf. Ist Gerechtigkeit gut, weil sie von Gott gewollt ist, oder ist sie von Gott gewollt, weil sie gut ist? Was kommt zuerst, Vernunft oder Wille? Welches ist der Ursprung des anderen? Thomas von Aquin behauptete, es sei die "Vernunft" und entwickelte das "natürliche Gesetz"; Calvin sagte, es sei der Wille und bestätigte die "Prädestination". Rationalisten und Voluntaristen haben in den 2000 Jahren westlicher Theologie miteinander im Kampf gelegen. Der Kampf schien sinnvoll zu sein, da immer bewiesen werden konnte, dass entweder die Vernunft oder der Wille Ursprung war. Zu sagen, sie seien verschieden, doch beide ursächlich, erschien als Dualismus. Niemand sah, was Rev. Moon erkannt hat, nämlich, dass Vernunft und Wille zwei verschiedene Ursprungskräfte sind, die nur durch ihre Beziehung zueinander existieren.

Diese Beziehung ist das erste Ursprungsprinzip. Wer hat sonst noch in der christlichen Theologie dieses Problem erkannt und gelöst?

Drei metaphysische Prinzipien - zwei philosophische Probleme

Rev. Moon entwickelt seine Theorie der ursprünglich dualen Kraft in Gott, die dem Prinzip von Gottes Schöpferkraft zugrunde liegt, in einer Lehre, die drei metaphysische Grundprinzipien aufzeigt: Das Prinzip einer Beziehung des Gebens und Nehmens, das Prinzip von These-Division-Synthese und die Grundlage der vier Positionen. Dies sind Moons drei metaphysische Prinzipien. Sie sind metaphysische Prinzipien, weil sie absolut allgemeine und universelle Gültigkeit besitzen für alles, was überhaupt existiert.

Diese Prinzipien sind tatsächlich so allgemein und universell anwendbar, dass alle Dinge nur in Abhängigkeit von ihnen existieren können. Auch Unordnung und Sünde können nur in einer Form des Prinzips von These, Division und Synthese auftreten. Das bedeutet, dass sogar Sünde von der Struktur des Guten abhängig ist. Deshalb betont Rev. Moon wiederholt etwas, was alle christlichen Theologen glauben, nämlich, dass das Gewissen des Menschen niemals getötet werden kann, und dass das Böse nur in Abhängigkeit vom Guten existieren kann. Der Herrschaftsbereich Satans besteht nur aufgrund seiner Ausnutzung der Schöpfungsstruktur selbst. Hier liegt die Quelle seiner besonderen Macht, aber ebenso auch der Grund für unsere Sicherheit, dass Satans Reich letztlich überwunden werden wird. Auf diese Weise bekräftigt Moon die traditionelle christliche Sicht, wonach alle Unordnung durch die Ordnung bedingt ist.

Wenn Rev. Moon über die Subjekt-Objekt-Beziehung spricht, oder über den Vorgang des Gebens und Nehmens, über die Grundlage der vier Positionen, oder den These-Division-Synthese-Vorgang, so bringt er die Vielfältigkeit in der Schöpfung zur Sprache. Dies ist die große Stärke in Rev. Moons Philosophie. Er beginnt nicht damit, uns ein völlig undifferenziertes Konzept von Gott und der Wirklichkeit vorzustellen, so dass wir nur Überbegriffe sehen oder uns aus der vielschichtigen und komplexen Welt zurückziehen müssen. Vielmehr stellt er uns einen Begriffsapparat zur Verfügung, der viele Dinge ordnet, zu denen wir dann stufenweise und systematisch eine Beziehung herstellen können.

In Rev. Moons differenzierter Konzeption von Leben und Wirklichkeit wird Gott direkt einbezogen in das Leben jedes Einzelnen mit seinen vielschichtigen Bereichen.

Ich möchte an dieser Stelle auf zwei andere philosophische Fragen hinweisen. Ein konsequent bezugsorientierter Denker wie Rev. Moon steht zwei metaphysischen Problemen gegenüber: Zum einen stellt sich die Frage, wie "Substanz" als Beziehung aufgefasst werden kann. - Für einen konsequent bezugsorientierten Denker besitzt eine substantielle Wirklichkeit nur innerhalb einer Beziehung eine selbständige Existenz. Sie werden sich daran erinnern, dass die griechischen Philosophen die Wirklichkeit aus individualistischer Sicht betrachteten; d.h. sie sahen die Identität der Wirklichkeit in individuellen Dingen und stellten sich individuelle Dinge als einzelne "Klumpen" der Materie vor. Die Griechen sahen deshalb Beziehungen als etwas Abgeleitetes an und nicht so sehr als das Ursprüngliche. Zum Beispiel würden sie die Beziehung in der Ehe als Ergebnis der Vereinigung zweier Einzelkörper betrachten. Aus dieser Sicht ist das eheliche Verhältnis, da es sich von zwei Individuen ableitet, weniger real als die beiden Einzelmenschen, die es verbindet.

Rev. Moon hingegen argumentiert, dass Individualität sich aus Rationalität ableitet, dass Beziehungen aber eine höhere Realität zukommt. Deshalb betrachtet er einen Körper als eine Beziehung oder als ein ganzes Netzwerk von Beziehungen. In derselben Weise sieht er eine Ehe oder Familie als wesentlich wichtiger an als die Individuen, die ein Teil davon sind. Rev. Moon ist nicht der Ansicht, die Einzelwesen seien unwichtig; nur glaubt er, dass sich ihre Individualität aus dem Netz der Beziehungen ableite, denen sie angehören. An dieser Stelle stimmt Rev. Moon mit den Spitzenkräften der modernen Soziologie überein.

Das zweite Problem, mit dem ein konsequent bezugsorientierter Denker sich auseinandersetzen muss, ist die Frage, wie man sich Individualität vorzustellen habe. Rev. Moon besitzt in der Tat ein Individualitätskonzept, das er von der ersten der drei Segen, die Adam gegeben wurden, herleitet: "Seid fruchtbar, mehret euch und macht euch die Erde untertan." Welcher Zusammenhang besteht nun zwischen der ersten der drei Segen "Seid fruchtbar" und der Entwicklung der Individualität? Zuerst einmal müssen wir hier beachten, dass Rev. Moon die Heilige Schrift an dieser Stelle symbolisch auslegt. Zweitens müssen wir sehen, dass er den Satz "seid fruchtbar und mehret euch" nicht als eine, sondern als zwei Aussagen betrachtet. Damit bringt er zum Ausdruck, dass man keine bezugsorientierte Beziehung haben kann, ohne zunächst eine eigene Persönlichkeit entwickelt zu haben. Dies ist das Prinzip der Bezugsorientiertheit.

In gewissem Sinne setzt also Rev. Moon Individualität vor einer bezugsorientierten Beziehung an. Das bedeutet, dass die Individualität, auf die er sich hier bezieht, die Entwicklung der Einzelperson durch ihre Beziehung zu Gott ist. Diese entwickelte Individualität ist das Fundament für die Fähigkeit der Einzelperson, sich vielfältig auszudrükken, d.h. gute gesellschaftliche Beziehungen zu haben. (Was also zeitlich primär liegt, ist in der "natürlichen Ordnung" nicht an erster Stelle.)

Aus dieser Vorrangigkeit der individuellen Entwicklung sollte die praktische Konsequenz gezogen werden, dass für jeden Menschen die Vorbereitung auf die Ehe eine längere Zeit geistigen Trainings zur Vervollkommnung der eigenen Individualität einschließen sollte. Die Ehe sollte nicht als eine Gelegenheit zum individuellen Wachstum angesehen werden, sondern als etwas, das nur zu Persönlichkeiten herangereifte Menschen eingehen sollten. Ehe ist demnach die zweite Bestimmung des Menschen, die sich aus der zweiten Segen ableitet.

Um ein theologisches System zu entwickeln, muss man sich auf die

Ideen eines begrenzten Bereiches konzentrieren, und das ist bei Rev. Moon die Schöpfungslehre. Der Schöpfung gilt Rev. Moons Hauptaufmerksamkeit. Konträr dazu sieht beispielsweise eine Theologie, die sich allein auf Jesus konzentriert, nur das, was uns zu Jesus hinführt, wie Glaube, Zungenreden oder die Sakramente und vernachlässigt unvermeidbar alles andere. Doch Rev. Moons Theologie möchte nicht, dass wir unser Leben auf eine Person ausrichten, sondern auf die ganze Welt. Es ist Gottes Ziel, dass der Mensch die Herrschaft über die Erde haben soll. Dies geschieht, indem Gott Seine Schöpferkraft auf den Menschen überträgt.

Die drei Elemente der Föderaltheologie

Die Theologie der Vereinigungskirche ist eine Föderaltheologie. Diese ist eine Form des Calvinismus, die betont, dass die Menschheit in zwei Ausgangspunkten ihren Ursprung hat. Gott erschuf die Menschheit durch Adam, dessen "sündhafter Wankelmut" gegenüber Gott sich auf alle seine Nachfahren auswirkte. Um die gefallene Schöpfung wiederherzustellen, sandte Gott einen zweiten Adam - Jesus -, in dem die neue menschliche Wesensart hervorgebracht werden muss. Damit diese neue Menschheit überhaupt entstehen kann, müssen sich die Menschen einer neuen christlichen Familie anschließen und sich von der ursprünglichen Linie der Familie Adams trennen. Das erfordert eine "Neugeburt" oder eine grundlegende Bekehrung.

Mit der Föderaltheologie sind drei Gedanken verknüpft: Erstens die Existenz zweier Menschheitsfamilien, der gefallenen und der erlösten Menschheit. Zweitens die Notwendigkeit einer Neugeburt oder grundlegenden Bekehrung für die Erlösung, wobei wir die alte Wesensart und Familie zurücklassen und uns der neuen Familie anschließen. Und drittens, dass die Erlösungsarbeit Gottes die Wiederherstellung der Schöpfung ist, wobei Gott danach strebt, die ursprüngliche Menschheit in einem zweiten Adam neu zu begründen.

Die Gedanken der "Wiederherstellung der Schöpfung", der "Neugeburt" und der "zwei menschlichen Naturen" wurden in der Föderaltheologie entwickelt und wurden das Fundament für den von Grund auf bekehrenden, weltreformierenden Calvinismus. Der Puritanismus z. B. übernahm viele dieser Ideen, obwohl sie ursprünglich im holländi-

Die Lehre der VK - Bezugsorientierte Hermeneutik

schen Calvinismus (besonders von Cocceius) entwickelt worden waren.

Das sind die Ideen, die die Vereinigungskirche predigt. Sie scheinen so althergebracht zu sein, dass man sich wundert, weshalb sie solch einen Aufruhr verursachen.

Rev. Sun Myung Moon stammt aus einer koreanischen presbyterianischen Familie, die von Missionaren aus Nordamerika bekehrt worden war. Die meisten Missionare predigen die Theologie des letzten Jahrhunderts. Das erklärt auch, warum der Vereinigungstheologie ein so althergebrachtes Gedankengut wie der Calvinismus zu Grunde liegt. Ich persönlich vertrete die Ansicht, dass die Ideen dieses Gedankengutes von Grund auf vernünftig sind und auch in der einen oder anderen Form von allen christlichen Kirchen beibehalten werden. Außerdem ist für mich die Interpretation der Erlösung als Wiederherstellung der Schöpfung in ihre ursprüngliche Unversehrtheit und Rechtschaffenheit besonders überzeugend. Es ist ein Weg der Erklärung, dass Erlösung auf jeden Bereich des erschaffenen menschlichen Lebens einwirkt.

Calvin, Wesley, Augustinus und Sun Myung Moons Sündenfallverständnis

Ein Gesichtspunkt der Doktrin der Vereinigungskirche, die Betrachtungsweise der Sünde und ihre Übertragbarkeit, ist allerdings ungewöhnlich für eine Föderaltheologie, die bisher nie das Problem der menschlichen Natur und der Übertragung der ursprünglichen Sünde ganz lösen konnte. Im allgemeinen wandte sich die Föderaltheologie jedoch gegen die Auffassung, dass Adams Sünde von Generation zu Generation (und besonders durch den sexuellen Akt) übertragen worden sei. Sie betonte eher, dass die Sünde Adams - genauso wie die Rechtschaffenheit Christi - den Nachkommen Adams durch einen Rechtsspruch zugeschrieben worden sei. Das bedeutet, sie glaubte, dass Gott die gesamte Menschheit als "Verbündete" Adams betrachtete, so dass - vom juristischen Standpunkt her - alle Menschen an Adams Sünde beteiligt waren. Diese Ansicht wurde nie allgemein anerkannt (obwohl sie z.B. von Jonathan Edwards vertreten wurde). Aber sie entsprach systematisch der orthodoxen protestantischen Behauptung, dass wir durch Christus eher "stellvertretend gerecht" als "wirklich gerecht" geworden sind. Logisch zu folgern wäre deshalb: wenn Erlösung durch einen Rechtsspruch geschieht (stellvertretende Gerechtigkeit), dann muss unser gefallener Zustand auch durch einen Rechtsspruch bewirkt worden sein (zugeschriebene Sünde).

Die Vereinigungstheologie steht zwar mit dem prinzipiellen Rahmen der Föderaltheologie in Einklang, verneint aber deren Behauptung der Übertragbarkeit von Sünde und Erlösung durch das Gericht. In dieser Beziehung ist die Vereinigungstheologie wesleyanisch, d.h. sie glaubt an eine echte geistige Neugeburt in der Christenheit, so dass alle wirklich gerecht werden. Sie stimmt mit Wesley darin überein, dass nicht einfach Vergebung, sondern geistige Vollkommenheit unser Ziel ist. Daraus ergibt sich dann auch die folgerichtige Behauptung der Vereinigungstheologie, dass der Mensch wirklich - und nicht nur durch einen Rechtsspruch - sündig ist, und die Sünde Adams durch die Deformationen im sexuellen Leben des Menschen an jede nachfolgende Generation übertragen wird.

Rev. Moon greift an diesem Punkt lediglich die Doktrin des heiligen Augustinus auf, die bestätigt, dass Sünde mit Begierde oder Missbrauch von Liebe verknüpft ist. Für Rev. Moon liegt jedoch die Zerrüttung der menschlichen Liebesbeziehung nicht in der Sexualität an sich begründet, sondern in einer gewissen Selbstsucht, die jede menschliche Liebesbeziehung, die sexuelle mit eingeschlossen, beeinflusst und stört. Nach Moon ist jede Liebesbeziehung, die nicht auf Gott ausgerichtet ist, gestört und sündig. Aus diesem Grund glaubt er, dass der Schlüssel für die Erlösung das Schaffen einer auf Gott ausgerichteten Liebe ist, die auf Gott ausgerichtete sexuelle Liebe mit eingeschlossen. Die Vereinigungstheologie betont die Wichtigkeit der Existenz einer auf Gott ausgerichteten sexuellen Liebe (und nicht bloß auf Gott ausgerichtete Liebe für Gott allein), denn es war Gottes vorrangiger Plan in der Schöpfung, eine menschliche Familie zu schaffen, die Ihn als ihren Himmlischen Vater im Mittelpunkt haben sollte. Die Vereinigungstheologie bestätigt so also die Theorie des Calvinismus, dass Erlösung gleichbedeutend ist mit Wiederherstellung der Schöpfung; die Lehre Wesleys, dass das Ziel des Lebens in der Errichtung geistiger Vollkommenheit liegt und die augustinische Doktrin von der Sünde als Begierde. Sie kritisiert jedoch den Augustinismus insofern, als aus ihrer

Sicht die Überwindung der sexuellen Begierde nicht durch Unterdrückung der Sexualität erfolgen kann, sondern nur durch eine in der richtigen Weise ausgerichtete sexuelle Liebe, in der alle engen menschlichen Beziehungen die Liebe und den Dienst an Gott zum Mittelpunkt haben. Diese Kritik an der augustinischen Position erklärt, warum die Vereinigungskirche nicht sexuelle Enthaltsamkeit (Keuschheit), sondern die auf Gott ausgerichtete Familie als Grundeinheit für die Erlösung betrachtet. Diese auf Gott zentrierte Familie beginnt mit dem einfachen monogamen Ehepaar und breitet sich dann aus, um alle christlichen Familien in einer einzigen geistigen Familie Gottes einzuschließen. Die Vereinigungskirche ist bestrebt, eine solche Familie darzustellen; und diese Familie wird als die neue zweite Menschheit verstanden.

Jesus von Nazareth und Sun Myung Moon

Betrachtet man die oben dargestellten Zusammenhänge, ergibt sich die Frage nach der Person Jesu und seiner Rolle in dieser Theologie. In welcher Beziehung steht das Werk Jesu zu dem oben beschriebenen Erlösungsweg? Versteht man Erlösung als Bildung einer neuen menschlichen Familie (einer zweiten Menschheit), in der wirkliche Liebe in der Vermehrung von gerechten Kindern manifestiert wird, die in auf Gott ausgerichteten Familien erzogen werden, dann muss man objektiv feststellen, dass Jesus keine derartige Blutslinie begründet hat. Er wurde gekreuzigt, als er noch relativ jung war und wurde nie zum sichtbaren König der Juden. Er ging nie eine Ehe ein, er erschien nie auf dem Thron der Herrlichkeit.

Die frühe christliche Kirche erwartete, dass Jesus wiederkommen und diese eschatologische, königliche Funktion ausüben würde, indem er diejenigen, die "in Adam" waren, vertreiben und die, die "in Christus" waren, segnen würde. Aber Jesus kam nie zurück. Und Jesus kam nicht zurück, obwohl sogar die Lehren und die Gebete des Neuen Testamentes aussagen, dass er wiederkommen werde und zwar bald. Kommt Jesus wieder? Die meisten Christen glauben nicht mehr daran. Sie haben diesen Teil des neutestamentlichen Glaubens aufgegeben. Er ist, so sagt Bultmann, "unglaublich". Aber die Vereinigungskirche erwartet, dass Jesus in menschlicher Gestalt wiederkehrt, und zwar, indem er sich mit einem auf Erden lebenden Menschen zusammenschließt, der dann sein Werk vollenden wird.

(Bemerkung: Die christliche Bejahung der Wiederkunft ist die Bestätigung dafür, dass die Aufgabe von Jesus noch nicht vollendet ist, dass es immer noch etwas zu vollbringen gibt. Wenn nichts mehr verbliebe, um das Königreich zu errichten, dann bräuchte auch Jesus nicht mehr zurückzukommen. Die Vereinigungskirche ist in ihrem Verständnis, dass Jesus seine messianische Arbeit zur Zeit seines Todes und seiner Auferstehung noch nicht vollendet hat, absolut bibeltreu und richtig. Kein orthodoxer Theologe würde das Gegenteil behaupten.)

Bevor wir die Frage aufwerfen, wie Jesus in menschlicher Gestalt wiederkehren wird, sollte überlegt werden, was er tun müsste, um seine messianische Aufgabe zu vollenden. In der Terminologie der Vereinigungstheologie ausgedrückt, muss er die neue Menschheit schaffen (Föderaltheologie), indem er eine einzige Menschheitsfamilie errichtet, die sich in auf Gott ausgerichteten Familien durch eine reine und sündenlose sexuelle Liebe fortpflanzt. In Übereinstimmung mit allen Protestanten und Katholiken sieht Rev. Moon das Kennzeichen einer richtigen sexuellen Liebe in der monogamen Beziehung zweier Menschen, die danach streben, Gott in den Mittelpunkt ihres Lebens zu stellen und Kinder zu haben, die sie in dem Wissen und der Liebe Gottes erziehen. Es ist dies also eine auf Gott ausgerichtete Heirat, die die sexuelle Beziehung gerecht und göttlich werden lässt.

Deshalb sollte Jesus bei seiner Wiederkunft eine Familie schaffen, die Gott zum Mittelpunkt hat. Nach dem Verständnis der Vereinigungskirche wäre Jesus eine Ehe eingegangen, wenn man ihn nicht gekreuzigt hätte. Er hätte Kinder gehabt und sie in einer auf Gott ausgerichteten Weise erzogen. (Diese Auffassung wird übrigens auch von Prof. William Phipps, einem traditionellen Presbyterianer, in seinem Buch "War Jesus verheiratet?" vertreten.)

Wie kann Jesus wiederkehren und dies erreichen? Nach der Lehre der Vereinigungskirche kehrt Jesus wieder, indem er sich auf geistige Weise eng mit einer oder mehreren Personen verbindet, die ihn tief kennen, in ständiger Kommunikation mit ihm stehen und so in seinem Sinne handeln.

Die Lehre der VK - Bezugsorientierte Hermeneutik

Das geistige Bewusstsein der persönlichen Gegenwart Jesu im Leben eines Menschen erlaubt Jesus, diese Person geistig zu führen. Dies ist genauso, als würde Jesus in und durch diese Person leben. Diese Theorie steht gewissen Spielarten des katholischen Mystizismus sehr nahe (z. B. hat sich der hl. Franziskus so sehr mit Jesus identifiziert, dass bei ihm die Wundmale auftraten; viele Heilige behaupteten darüber hinaus, persönliche Kommunikation mit Jesus in der Führung ihres Lebens erfahren zu haben). Sie ist auch eine Betrachtungsweise, die gewissen evangelischen Varianten nahesteht, die Jesus als persönlichen Retter darstellen, der im Leben einer Person gegenwärtig ist und diejenigen führt, die danach trachten, seinen Willen zu erfahren. Sie ist auch die Erklärung der Vereinigungskirche für die Wiederkunft Christi. Die Wiederkunft wird hier auf geistige, jedoch nicht spiritualistische Weise stattfinden; denn es soll nicht bedeuten, dass die Menschen mit Jesus außerhalb dieser Welt in Verbindung stehen müssen, sondern vielmehr, dass sie mit Jesus als einer Person, die ihr Leben in dieser Welt leitet und führt, verbunden sein sollen. Wir sollen nicht in Jesus aufgesogen oder zu Jesus werden. Vielmehr soll Jesus, so versteht es die Vereinigungskirche, für uns als Führer und persönlicher Freund gegenwärtig sein. Das heißt, dass wir trotz der Führung Jesu immer noch wir selbst sind und unser Leben auf eine praktische soziale Weise führen.

Rev. Moon ist bestrebt, ein Mensch zu sein, der in einer engen Beziehung mit Jesus lebt. Er strebt danach, eine ganz auf Gott ausgerichtete Familie zu haben, die sich so aus ihrem inneren Kern heraus für eine größere Treue der Nation, der Welt und Gott gegenüber öffnet. Rev. Moon glaubt, dass jeder auf diese Weise leben sollte. In dem Umfang, wie die Menschen seine Vision teilen, finden sie sich in einer größeren geistigen Familie zusammengeschlossen, die die sichtbare Kirche ist. Nach dieser Theorie stellt die sichtbare Kirche daher nicht nur die geistliche oder predigende Institution dar, sie ist die Gesamtheit aller Menschen, die ihr Leben in allem Tun auf Gott ausrichten. Diese Interpretation der Vereinigungskirche für christliches Leben wird von jedem Christen geteilt.

Obwohl noch viele andere Aspekte beachtet werden sollten, die das komplexe System der Vereinigungstheologie betreffen, das den gesamten Bereich der Bibelexegese und philosophischen Fragen mit einbezieht, so wie es jede moderne Theologie tun muss, so sind doch die oben erwähnten Grundsätze für die Struktur grundlegend und machen nach meiner Ansicht deutlich, dass es sich bei der Vereinigungskirche um eine authentische christliche Gruppe handelt, obwohl sie in der Zusammensetzung ihrer Grundelemente etwas neuartig ist. Sie ist calvinistisch, katholisch und wesleyanisch. Sie ist eine Vereinigung dieser drei Traditionen. Darüber hinaus kann die starke Betonung der Familie, selbst wenn sie orientalischer Herkunft ist, auch bei Horace Bushnell gefunden werden. Ich selbst kann nicht verstehen, warum wir dieser Gruppe feindlich gesinnt sind oder sie so heftig wegen Ketzerei anklagen, denn die Vereinigungskirche ist orthodoxer und zugleich kreativer als viele zeitgenössische Kirchen, was den Umgang mit der Heiligen Schrift und den christlichen Traditionen angeht. Wir sollten uns an ihrer Leidenschaft freuen und froh sein, von ihrer Theologie zu lernen.

Ernst Gehmacher, Leiter des Instituts für empirische Sozialforschung in Wien, drückt das Gleiche in einem mit "Optimale Welt" überschriebenen Essay folgendermaßen aus: "Utopia muss ein Gleichgewicht finden zwischen der Leistungsbesessenheit der westlichen Denkwelt, die alles Machbare machen will ohne zu fragen, was es den Menschen nützt, die über dem Streben nach mehr und Neuem das Leben vergessen, und einem resignierten Rückzug auf innerseelische Glückstechniken, unter Verzicht auf die Meisterung der realen Umwelt, wie ihn östliche Religionen und das moderne Hippietum predigen und praktizieren. Die Idealwelt als umfassende geistige Einheit muss eine einheitliche Ideologie - über alle Pluralität der Kulturen und Lebensformen hinweg - haben, die östliche und westliche Lebensakzente vermählt... Ohne Zweifel bedeutet das eine Veränderung der gesamten bisherigen Denkorientierung von gigantischem Ausmaß."

DIE GÖTTLICHEN PRINZIPIEN IM LICHTE CHRISTLICHER TRADITION [i]

Frank Flynn

Johannes der Täufer und Jesus von Nazareth: Eine neue Sicht der biblischen Geschichte

Wenn mich jemand fragen sollte: "Was ist die wichtigste Stelle in den 'Göttlichen Prinzipien'?", so würde ich ohne zu zögern antworten: "Der Abschnitt, der 'Unsere Einstellung zur Bibel' genannt wird." An dieser Stelle gibt Sun Myung Moon eine eindrucksvolle Erklärung ab: "Seit der Zeit von Jesus ist niemand in der Lage gewesen, dieses himmlische Geheimnis zu enthüllen. Und zwar deshalb, weil wir bis zum heutigen Tag die Bibel unter dem Gesichtspunkt gelesen haben, dass Johannes der Täufer der größte aller Propheten gewesen sei." Die Konsequenzen aus dieser Passage sind weitreichend und geben uns einen Hinweis auf Rev. Moons eigenen Standpunkt in Bezug auf Bibelauslegungen. Was ist an seinem Verständnis der Bibel eigentlich so neu und was hat dieses neue Verständnis zur Folge?

Wie der Evangelist Lukas zeichnet Sun Myung Moon zwischen Jesus und Johannes dem Taufer ein Diptychon (zweiflügeliges Altarbild). Aber im Gegensatz zu Lukas, der die Missionen des Täufers und Jesu aufeinander abzustimmen scheint, deckt Rev. Moon eine wesentli-

---

[i] Ursprünglich erschienen in: "Unification Hermeneutics and Christian Theology", Frank Flynn, in "A Time of Consideration", The Edwin Mellen Press, New York, 1978; erste deutsche Veröffentlichung "Hermeneutik - im Lichte der christliehen Tradition - im Lichte der Vereinigungstheologie", Frank Flynn, Aquarius Verlag 1978

che Unstimmigkeit in der Rolle von Johannes dem Täufer auf. Johannes verkörpert demnach die Juden in ihrem Unglauben an die Mission von Jesus. Nach Rev. Moon war die jüdische Obrigkeit bereit und willens, Johannes als den "Propheten, der da kommen soll", d.h. als die Wiederverkörperung des Geistes des Propheten Elias und als Wegbereiter des Messias, zu akzeptieren. Der Täufer antwortete ihnen jedoch, dass er nicht der Prophet sei (Joh. 1:21). Damit widersprach er aber der Aussage von Jesus über ihn. Das Versagen von Johannes dem Täufer (Versagen ist in den "Göttlichen Prinzipien" ein theologischer Begriff), seine eigene Identität und Mission als Wegbereiter des Messias zu erkennen, lag an seiner Unfähigkeit, das Geistige und das Physische miteinander in Einklang zu bringen.

Geistig erhielt Johannes der Täufer eindeutig die Offenbarung, dass Jesus der Gesalbte sei. Aber physisch versagte er, seinen Körper dahinzubringen, wo sein Geist war, d.h. er versagte darin, Jesus als Jünger nachzufolgen. Das Versagen von Johannes dem Täufer, Jesus nachzufolgen, schuf im jüdischen Volk eine Mauer des Zweifels. Weil Johannes blind war, wurden die Juden dazu verleitet, nicht an Jesus als den Messias zu glauben. Die Juden hätten Johannes als Elias akzeptiert, aber sie hätten Jesus nie ohne weiteres als Christus akzeptiert, weil er nicht nur den Sabbat, sondern auch die Ächtung durch das Gesetz missachtete, indem er mit Huren, Steuereintreibern, armen Leuten und Fischern Umgang hatte.

Johannes war anfangs auf geistiger Ebene erfolgreich, versagte dann aber auf der physischen. Jesus war als das fleischgewordene Wort geistig und physisch erfolgreich. Aber genau in dem Lebensstadium, als er eine "Braut" erwählen sollte, die mit ihm, gemäß dem ursprünglichen Zweck der Schöpfung, wahre Kinder Gottes zeugen sollte, veranlasste ihn der Unglaube der Juden, statt dessen die Kreuzigung zu wählen. Deshalb bleibt die Mission Jesu in der historischen Wirklichkeit unerfüllt, obwohl sie im Prinzip vollendet ist. Die "Göttlichen Prinzipien" erklären hierzu: "Alle Christen haben, von der Zeit Jesu bis in die Gegenwart, geglaubt, dass Jesus in die Welt gekommen sei, um zu sterben. Der Grund ist, dass sie den eigentlichen Zweck des Kommens Jesu als Messias nicht verstanden haben und sich mit der falschen Vorstellung trugen, dass die geistige Erlösung die einzige Mission gewesen sei, für die Jesus in die Welt gekommen ist. Jesus kam, um den Willen Gottes noch während seines Lebens zu erfüllen, musste dann aber, wegen des Unglaubens im Volke, einen vorzeitigen Tod sterben."

Zweifellos wird vielen etablierten Christen diese Interpretation der Bibel, veranschaulicht durch die unterschiedlichen Rollen von Johannes dem Täufer und Jesus, etwas fremdartig vorkommen.

Ich beabsichtige, obwohl ich weiß, dass es an Rev. Moons Auslegung neuartige Aspekte gibt und dass er oft behauptet, in der Bibel etwas Neues entdeckt zu haben, mit diesem Essay zu zeigen, dass die wesentlichen Aspekte in der Auslegung der "Göttlichen Prinzipien" doch nicht so neuartig sind, wie die etablierten Christen gerne glauben möchten.

Ausflug in die Geschichte und Grundzüge der geltenden Hermeneutik

Um die Aspekte der "Göttlichen Prinzipien" zu entdecken, die nicht neu sind, sondern einen Ursprung im traditionellen Glauben haben, ist es notwendig, dass wir in die Vergangenheit zurückgehen, um die Grundzüge der Interpretation, die sich in der christlichen Hermeneutik durchgesetzt hat, noch einmal zu untersuchen. Die Reaktion der etablierten Christen, dass Rev. Moons Auslegungen etwas merkwürdig und deshalb falsch seien, könnte vielleicht auf einer begründeten Erkenntnis beruhen. Auf der anderen Seite könnte ihre Erkenntnis aber auch von ihrem Unvermögen herrühren, sich an die Grundzüge der Interpretation, die zu der langen Geschichte des Christentums gehört, zu erinnern. In diesem Fall obliegt es den Theologen, vorsichtig und achtsam zu sein. Ich meine, dass Vorsicht und Achtsamkeit die richtigen Mittel sind, um an die Auslegungen der "Göttlichen Prinzipien" heranzugehen.

Zwischen den Grundzügen der christlichen Bibelauslegung und ihrer Geschichte sollte ein Unterschied gemacht werden. Denn wir sind uns alle bewusst, dass sich diese Grundzüge unter dem Druck von besonderen historischen Umständen entwickelt haben. Unter dem Ausdruck "Grundzug" verstehe ich die Erscheinungsform und den Beweggrund für eine gegebene Auslegung, die erklärt, wie man sich die Heilige Schrift aneignen sollte, um ein christliches Leben zu führen.

Wir wollen jetzt diese Erscheinungsformen und Beweggründe von einem systematischen Standpunkt aus untersuchen.

Ein interessanter Vierzeiler

Im Mittelalter kam ein lateinischer Vers auf, der, obwohl er unbedeutend erscheint, die Erscheinungsformen und Beweggründe der Bibelinterpretation zusammenfasst. Dieser Vers ist zwar weit davon entfernt, umfassend zu sein, ergibt aber doch einen brauchbaren Ausgangspunkt:

Littera gesta docet
Quid credas allegoria
Moralis quid agas
Quo tendas analogia.

Es hat schon viele Übersetzungen dieses oft zitierten Vierzeilers gegeben. Die meisten davon waren falsch. Auch auf die Gefahr hin, diese Geschichte der Irrtümer zu bereichern, will ich jetzt selbst eine Übersetzung versuchen.

Der Buchstabe (buchstäbliche Sinn)
lehrt das (geschichtlich) Vergangene.
Was du glauben sollst,
(lehrt) die Allegorie,
Der moralische (Sinn) (lehrt),
was du tun sollst,
Wohin du dich wenden sollst,
der analogische (Sinn).

Obwohl dieser Vers auf eine vierfache Unterscheidung hinweist, schwingt eine noch feinere und grundlegendere Bedeutung mit. Das wird durch den Gebrauch des Indikativs (lat. docet) als Gegengewicht zum Konjunktiv (lat. credas, agas, tendas) angezeigt. Im Lateinischen hat der Konjunktiv die besondere Eigenschaft, einen Doppelsinn zu tragen. Er bezieht sich sowohl auf den Begriff der Zukunft als auch auf den Begriff dessen, was durch den Imperativ ausgedrückt wird. Im Mittelalter war es genau diese Unterscheidung zwischen dem, was ist, und dem, was (in der Zukunft) sein soll, was die Menschen in dieser Zeit unter buchstäblicher und geistiger Schriftauslegung verstanden. In der obigen Übersetzung versuchte ich auf diesen Unterschied hinzu-

Die GP im Lichte Christlicher Tradition

weisen, indem ich die Vergangenheitsform des Indikativs (das Vergangene) und die Befehlsform des Konjunktivs (du sollst...) benutzte.

Hin und Her zwischen vier Erscheinungsformen

Die Beziehung zwischen den wörtlichen und symbolischen Bedeutungen der Heiligen Schrift ist schon immer ein zentrales Problem der christlichen Bibelauslegung gewesen. Tatsächlich sieht die Geschichte der christlichen Auslegung oft wie ein ständiges Hin und Her zwischen der Betonung des symbolischen Sinnes und der Betonung der wörtlichen Bedeutung aus. Dieses Hin und Her ereignete sich zum ersten Mal im Streit zwischen der alexandrinischen und der antiochenischen Interpretationsschule; es taucht dann noch einmal im Konflikt zwischen dem mittelalterlichen Katholizismus und dem Protestantismus auf. Vermutlich ist der Auslegungsstreit zwischen dem etablierten Christentum und der Vereinigungskirche eine Fortsetzung derselben Debatte, die schon immer im Christentum geführt wurde: in welcher Weise und aus welchen Gründen die Lehren der Heiligen Schrift auf das christliche Leben Einfluss nehmen sollen. Auf diese Weise stellt sich eine Frage nach den Erscheinungsformen und eine Frage nach den Beweggründen. Meine Erfahrung sagt mir, dass die hier zunächst behandelten Erscheinungsformen von den Beweggründen abhängen und nicht umgekehrt.

Im Allgemeinen hat es vier grundlegende Erscheinungsformen gegeben. Der Einfachheit halber will ich sie in katholische (orthodoxe und römisch-katholische) und protestantische (lutherische und calvinistische) Erscheinungsformen unterteilen. Die katholischen Formen haben immer die geistige Bedeutung der Heiligen Schrift betont. Die protestantischen Formen haben immer dem wörtlichen Sinn größeres Gewicht beigemessen. Es hat jedoch wichtige Unterschiede innerhalb dieser beiden Gruppen gegeben.

Zwei katholische Strömungen

Der orthodoxe Katholizismus betont die gleichnishafte Form der Bibelinterpretation. Diese Betonung gilt nicht nur für die Vergangenheit, sondern auch für die Gegenwart. In sich selbst unterscheidet sich diese Interpretation aber nicht von der römisch-katholischen. (Wir erkennen diesen gleichnishaften Charakter z. B. in vielen westlichen Kommentaren über das "Hohelied".) Der Unterschied zwischen der orthodoxen und der römisch- katholischen Erscheinungsform ist der, dass die orthodoxe Form kollegialer und gemeinschaftlicher, die römisch-katholische Form individueller und eigentümlicher ist. Das bedeutet aber weder, dass die orthodoxe Form das Individuelle vernachlässigt, noch, dass die römisch-katholische Form das Kollektive meidet. Die orthodoxe Form benutzt das Individuelle zugunsten des Menschen in der Gemeinschaft, während die römisch-katholische Form das Kollektive zugunsten des individuellen Menschen anwendet. Aber aus dem Ganzen folgt, dass die spirituelle Bibelauslegung der Ostkirche mehr zu dem neigt, was man mit Mystagogie bezeichnet - die Hinführung der einzelnen Seele zur universalen Vision von Gott. Auf der anderen Seite tendiert der römische Katholizismus dazu, sich die moralische und typologische Seite der geistigen Auslegung zunutze zu machen, indem er die universale Vision auf die praktische Lebensführung anwendet.

Ich glaube, dass dieser Unterschied zwischen der orthodoxen und der römisch-katholischen Auslegung erklärt, warum die Mystik geistig im Westen nie Fuß fassen konnte - obwohl die Mystik im Osten immer geblüht hat und noch immer blüht. Der orthodoxe Katholizismus ist in der Vision verwurzelt und seine biblische Interpretationsform muss in dem biblischen Hinweis auf die Reise zu Gott gesehen werden. Im Gegensatz dazu ist der römische Katholizismus in der Anhörung und in dem Finden des eigenen Platzes und des eigenen Standortes in dieser Welt verwurzelt. Der Unterschied zwischen diesen beiden Formen, die Bibel anzuwenden, entspricht in etwa dem, von einem Land entweder den Reiseführer oder die Landkarte zu besitzen.

Die gleichnishaften und typologischen Formen der Exegese haben den Vorzug, dass sie das Alte und das Neue Testament miteinander verbinden können, indem sie im Alten Testament den Schatten oder die Vorstufe zum Neuen Testament sehen. Aber in dieser Stärke lag auch eine Schwäche. Da der Inhalt der Heiligen Schrift allmählich seine eschatologische Schärfe verlor, verdrängte die Vorstellung der geistigen Ewigkeit die Erwartung des unmittelbar bevorstehenden Königreiches Gottes auf Erden. Auf diese Weise wurde die geschichtliche Tragweite im tieferen Sinn der Bibel verschleiert. Die bevorstehende Ausgießung des Geistes Gottes in die Zeit wurde in eine nichtgeschichtliche Ewigkeit umgedeutet. Das kann in nahezu allen mittelalterlichen Gemälden beobachtet werden, in denen die körperlichen und weltlichen Aspekte des menschlichen Lebens in einem scheintoten Zustand dargestellt werden. Da die orthodoxe mystagogische Auslegung von Vision und Reise und die westliche typologische Auffassung von Schatten und Urform immer mehr einen geistigen Sinn bekamen, tendierte die Bedeutung des Geschichtsablaufes als fortwährende Wiederherstellung unserer Menschheit durch Gottes weise Voraussicht und die Bedeutung der Welt als "theatrum gloriae Dei" - dahin, ihre theologische Gültigkeit zu verlieren.

Zwei protestantische Strömungen

Der Protestantismus kehrte zu der Grundbedeutung der Heiligen Schrift zurück (scriptura sui ipsius interpres = "Die Schrift interpretiert sich selbst"), indem er der mittelalterlichen Versinnbildlichung und den geistlichen Mysterien der frühen christlichen Botschaft Folge leistete. In Luthers Auslegung erleben wir die Wiederentdeckung der wörtlichen und geschichtlichen Dimensionen der frühen biblischen Eschatologie. Luther verlagert allmählich das Gewicht von der vierfachen Auslegung (d. h. von den eben beschriebenen vier Erscheinungsformen) auf eine Auslegung von "Gesetz und Evangelium" und von "Versprechen und Hoffnung". Luther sagt, dass sich der gläubige Christ wieder der Verheißung des "adventus Christi" (Altes Testament) und dem Jüngsten Gericht bei der Wiederkehr gegenübergestellt sieht. Luthers Auslegung von Gesetz und Evangelium zielt darauf ab, die mittelalterlichen Unterschiede zwischen Ewigkeit und Geschichte niederzureißen und den Gläubigen zu befreien, um ihn in die Lage zu versetzen, selbst die geschichtlichen Folgeerscheinungen des Ewigen zu entdecken. In dieser neuen Auslegung sind sowohl Kirche und Staat als auch Priester und Laie dem Muster des Wartens auf das Kommen der Herrschaft Christi unterworfen.

Es gab aber auch in Luthers Auffassung von Gesetz und Evangelium Unklarheiten. So konnte die eschatologische Dringlichkeit zu einer vollständigen Zerstörung des Unterschieds zwischen den geistigen und den "fleischlichen" Dimensionen des christlichen Lebens führen. Der große Unterschied zwischen dem, was erreichbar ist und dem, was erhofft werden soll, konnte in Augenblicken rasender Leidenschaft verloren gehen. Ein Beispiel ersten Ranges für dieses Durcheinander war der Bauernkrieg, den man "eschatologia disordinata" nennen könnte. Die Bauern glaubten wirklich, dass das Reich Gottes schon gekommen sei.

Die andere protestantische Auffassung - der Calvinismus - ist der Versuch, die Unklarheiten in Luthers Theologie zu korrigieren. Wenn man von Luther sagen kann, dass er der eschatologischen Bedeutung der Zeit wieder Geltung verschafft hat, dann kann man von Calvin sagen, dass er die eschatologische Bedeutung des Raumes wiederhergestellt hat. Der Unterschied zwischen Luther und Calvin kann am besten daran erkannt werden, welche Bedeutung Luther der Doktrin der Erlösung und Calvin der Doktrin des Schöpfungsaktes zumisst. Für Calvin ist die Gnade, die dem Gläubigen in der Erlösung durch Christus erwächst, nicht einfach nur die Wiederherstellung der gefallenen Menschheit um der Hoffnung auf Erlösung willen; sie ist auch die eigentliche Wiederherstellung von Gottes ursprünglicher Absicht bei der Erschaffung der Welt. Calvins Erkenntnis der Bedeutung der Schöpfungsdoktrin, mit ihren untergeordneten Begriffen der "imago Dei" und der Angelologie, veranlasste ihn, die lutherische Auffassung von "Gesetz und Evangelium" innerhalb einer breiteren Auslegung einzuordnen, die auf den Begriffen von "Schöpfung und Wiederherstellung" gegründet ist. Wie Luther behauptet auch Calvin, dass die menschliche Natur beim Fall vollständig verdorben wurde. Calvins Auslegung enthält jedoch stillschweigend den vorläufigen Anspruch, dass das ursprünglich geschaffene Bild des ursprünglichen Adams in Raum und Zeit wiederhergestellt werden kann - und das nur, weil das ursprüngliche Bild immer noch schwach glimmend in der Seele des Menschen eingeprägt ist.

Mit seiner Auslegung von Gesetz und Evangelium befreite sich Luther selbst von der vierfachen Bedeutung der Schrift. Calvin konnte in seiner Botschaft über die Ordnung des christlichen Lebens den Gedanken der Schriftauslegung nicht gänzlich fallen lassen. Insbesondere konnte er der Gleichsetzung der wörtlichen mit der geschichtlichen Bedeutung nicht zustimmen. Für Calvin konnte der wörtliche Sinn deshalb nicht mit der historischen Bedeutung gleichgesetzt werden, weil er glaubte, dass der Schöpfungsakt mehr ist als nur eine Geschichte, denn er enthält alle ontologischen Elemente der Existenz in Raum und Zeit. Für Calvin lautete deshalb die richtige Fragestellung nicht, ob man Vergebung erhält oder nicht (im Sinne Luthers), sondern welchem Königreich man in Raum und Zeit angehört. Vor der Vergebung lag der Schöpfungsakt (Gott, die Welt und der Fall, Adam, Eva und Satan). Nach der Vergebung wartet die furchteinflößende Wahl zwischen dem wahren Königreich Gottes und dem Pseudokönigreich Satans.

Für Calvin bedeutete Erlösung nicht so sehr die Vergebung der Sünde des Menschen, sondern vielmehr die Wiederherstellung des Menschen, damit er der Herrlichkeit Gottes so dient, wie es die ursprüngliche Absicht der Schöpfung vorsieht. Luther war bereit, in einem Übergangszustand (in via), d.h. auf dem Weg zur Herrlichkeit, zu leben, ohne die kosmische Bedeutung der geschichtlichen Ereignisse zu erfassen. "Unser Leben", sagt Luther, "ist ein Anfang und ein Vorwärtsgehen, aber keine Erfüllung." Aber Calvin rief die Menschen dazu auf, am kosmischen Kampf zwischen den Mächten des Guten und den Mächten des Bösen teilzunehmen. Diese Mächte wirken von außen auf den Menschen ein und rufen ihn aber auch aus seinem Inneren an. Wir müssen mit ihnen kämpfen. Aus diesem Grund war für Calvin das Hauptproblem für den Menschen nicht Sünde und Erlösung (wie bei Luther), sondern die Teilnahme an der Wiederherstellung der Ehre Gottes auf Erden.

Zwei Motivationen im Dilemma

Vorhin traf ich zwischen Erscheinungsform und Beweggrund eine Unterscheidung und fuhr dann fort, die Erscheinungsformen ohne Bezug zu den Beweggründen zu erörtern. Die Beweggründe sind zwar genauso wichtig, wie die Erscheinungsformen, aber es ist wesentlich schwieriger, über sie etwas zu sagen. Trotzdem gibt es etwas, was man sagen könnte. Die Auslegungen des orthodoxen Katholizismus und des calvinistischen Protestantismus haben etwas gemeinsam: Sie neigen beide dazu, die geistige Freiheit des Einzelnen in Begriffen der Wiederherstellung des Ganzen zu sehen. Der römische Katholizismus und der lutherische Protestantismus neigen andererseits dazu, die Freiheit des Ganzen in Begriffen der Wiederherstellung des Einzelnen zu sehen. Hinter diesen verschiedenen Beweggründen für die christliche Bibelauslegung steht jedoch ganz klar erkennbar ein fundamentales Dilemma: Ohne ein Verständnis um den Zweck des Ganzen kann es keine individuelle Wiederherstellung geben, noch kann ohne Kenntnis des individuellen Zweckes die Wiederherstellung des Ganzen erreicht werden. Bis wir uns alle dieses Dilemmas bewusst werden, werden wir nicht wissen, wie wir auf das Reich Gottes warten sollen; wir werden uns im selben Boot wie Johannes der Täufer befinden und auch nicht wissen, welcher Herrschaft wir in Wahrheit angehören.

Die Bibelauslegung der "Göttlichen Prinzipien"

Die frühesten Grundzüge der calvinistischen Bibelauslegung enthielten neben der Betonung der wörtlichen Bedeutung der Heiligen Schrift auch eine Bedeutung der Erwartung. Das kommt daher, dass sich die ersten Calvinisten die Geschichte Israels und die israelitische Hoffnung auf den Messias zu eigen machten. Und weil die frühen Calvinisten die messianische Vision des Reiches Gottes auf Erden des Alten Testaments in den Mittelpunkt stellten, interpretierten sie die katholische Auffassung von Jesu Arbeit auf eine neue Weise um. In jener Zeit war ihre Vorstellung nicht weniger radikal als die Rev. Moons in unserer Zeit. Der Calvinismus interpretierte Jesus in Kategorien des Alten Testaments. Für Calvin war Jesus in erster Linie eher Prophet, Priester und König, denn Gottmensch. Dieses Verständnis von Jesus im Sinne des Alten Testaments gab dem frühen Calvinismus seine weltverändernde Vision: die Wiederherstellung der Schöpfung zum Bilde Gottes. Aber als diese Reformarbeit angesichts der Ungeheuerlichkeit dieser Aufgabe und der Betonung der menschlichen Willensfreiheit durch die Aufklärung ins Stocken geriet, neigte der Calvinismus in steigendem Maße dazu, sich der Welt als Reich, das notwendigerweise vom Bösen regiert wird, anzupassen. Er gab seine frühere Vision auf.

Meine Behauptung ist, dass die Bibelauslegung der "Göttlichen Prinzipien" versucht, die volle Bedeutung der Schöpfung und des Reiches Gottes nicht nur im Sinne der calvinistischen Theologie, sondern genauso im Sinne der christlichen Theologie als solcher, wiederherzustellen. Auf den folgenden Seiten möchte ich die Wege, auf denen die "Göttlichen Prinzipien" dies versuchen, skizzieren.

Das Gleichnis

Als die Protestanten zur Zeit der Reformation die gleichnishafte Form der Exegese aufgaben, wurde im Herz des Christentums ein Vakuum zurückgelassen. Bis zur Reformation war das Gleichnis die Art und Weise, wie die meisten Menschen die Bedeutung ihrer eigenen Existenz ausdrücken konnten. Das Gleichnis war im Mittelalter der übliche Weg, seine eigene Geschichte zu erzählen. Durch den Gebrauch der Gestalten, der bildhaften Formen und Gleichnisse zur Interpretation der Heiligen Schrift konnte jedoch deren Einfachheit und Volkstümlichkeit ins Dunkel geraten. John Milton bemühte sich, die gleichnishafte, geistige Bedeutung der Schöpfung für die Tradition der Reformation wiederzugewinnen, deren Elemente in die dramatische Dichtung zu übersetzen: So entstanden "Das verlorene Paradies" und "Das wiedergefundene Paradies". Obwohl Miltons religiöse Dichtung vielleicht zu viele homerische Ausschmückungen enthielt, um dem Geschmack des Durchschnittspuritaners zuzusagen, hat sie doch ihren Zweck erreicht, den Puritanern die Wege Gottes zu den Menschen darzulegen und klarzumachen. Die "Göttlichen Prinzipien" haben mit dem "Verlorenen Paradies" und dem "Wiedergefundenen Paradies" die Eigenschaft gemeinsam zu versuchen, die epische Dringlichkeit unserer Lage in Raum und Zeit auszudrücken.

Ein Weg, auf dem die "Göttlichen Prinzipien" ihre epische Dramatisierung zur Schau stellen, ist die Verbindung der Schöpfungsgeschichte des Alten Testaments mit der Ankündigung der Letzten Tage im Neuen Testament. Auf diese Weise setzen die "Göttlichen Prinzipien" die eschatologische Apokalyptik mit der Wiederherstellung der Schöpfung gleich. Die Wirkungsweise der Apokalyptik ist auf diese Weise die Wiederholung der Geschichte in der Bibel (Heilsgeschichte). Genauso, wie die Anhänger des National Covenants in Neuengland ihre Erfahrung als Exil, als Wanderung in der Wildnis (die Flucht aus England) und als eine erneute Überquerung des Jordans (der Atlantische Ozean) begriffen, interpretieren auch die "Göttlichen Prinzipien" den Konflikt zwischen Demokratie und Kommunismus auf gleichnishafte Weise als die eschatologische Konfrontation des Reiches Gottes mit dem Reich Satans. (Diejenigen, die dieses Gleichnis nicht verstehen, glauben, dass Rev. Moon einen buchstäblichen Weltkrieg herbeiruft). Von diesem Standpunkt aus betrachtet, ist Rev. Moons offensichtlich neue, gleichnishafte Darstellung des Abeltyps (Demokratie) als Gegengewicht zum Kaintyp (Kommunismus) gar nicht mehr so merkwürdig wie es vielleicht den Anschein hat. Von diesem Standpunkt aus betrachtet, ist es vielleicht höchst angemessen, die "Göttlichen Prinzipien" als eine dramatische biblische Dichtung zu beschreiben, die mit Miltons "Das verlorene Paradies" und "Das wiedergefundene Paradies" größte Ähnlichkeiten hat.

Angelologie

Eines der verblüffendsten Phänomene in der modernen westlichen Theologie ist das Verschwinden der Doktrin der Engel. Dieses Verschwinden ist nicht ohne theologische Bedeutung. Nach Calvin verkündet die Doktrin der Engel dem Menschen nicht nur Gottes ursprünglichen Plan für die Schöpfung, sondern auch die geistige Bestimmung des Menschen selbst. Mit anderen Worten ausgedrückt würde es der christlichen Menschheit ohne einen Glauben an Engel schwer fallen, ihre geistige Mission in einer physischen Welt zu erkennen. Das ist genau das Argument der "Göttlichen Prinzipien". Rev. Moon sieht in der hermeneutischen Bedeutung des Engelglaubens einen Weg, unsere eschatologische Stellung in Raum und Zeit zu begreifen. An dieser Stelle gibt es wieder eine verblüffende Übereinstimmung mit dem "Verlorenen Paradies" und dem "Wiedergefundenen Paradies", insbesondere mit Miltons Vorstellung der Beziehung zwischen Adam und Eva und Satan. Darüber hinaus ist Rev. Moons Theologie, gerade durch ihre Doktrin der Engel und ihre Unterscheidung zwischen zwei Arten der Schöpfung (einer geistigen und einer materiellen) dem katholischen Christentum engstens verwandt.

Die Ehe

Die "Göttlichen Prinzipien" sehen Ehebruch als eschatologisch letzte Sünde an. Das Argument lautet wie folgt: Adam und Eva fielen, als sie unreif waren; das heißt sie fielen, als sie den vollständigen Wachstumsprozess, den Gott für sie geplant hatte, noch nicht durchlaufen hatten. Dieser vollständige Wachstumsprozess beinhaltet die Erfüllung der Gebote: "Seid fruchtbar und mehret euch". Rev. Moon versteht unter der Erfüllung dieser Gebote die Vollendung des Bildes Gottes in Adam und Eva selbst. Aber bevor Adam und Eva dieses Bild vollenden und das Gebot, sich zu mehren (und zu heiraten), erfüllen konnten, fielen sie in Sünde. Die Aufgabe des Messias muss es also sein, die menschliche Rasse wiederherzustellen, damit die Menschen zu einer persönlichen Reife wachsen und reife, auf Gott ausgerichtete Ehen eingehen können. So wird von Rev. Moon die Wiederherstellung der Ehe als die Wiederherstellung der Menschheit in den Letzten Tagen verstanden. Ehebruch (und nicht Stolz oder sonst eine Sünde) ist also gerade deshalb die eschatologisch letzte Sünde, weil das Wesen des vollkommenen Bildes Gottes in der Schöpfung und Wiederherstellung die eheliche Liebe notwendig mit einschließt.

Obwohl es in Rev. Moons Theologie der Ehe noch andere Aspekte gibt, kann ich wenigstens soviel sagen: Moons Auffassung der Ehe stammt aus seiner Theologie des Bundes mit Gott. Wir können sehr ähnliche Auffassungen sowohl in den Prophezeiungen Hoseas als auch im Buch der Richter feststellen (Israels Untreue gegenüber Gott, das heißt Israels Bruch des Bundes). Zweitens bewahrte die mittelalterliche Überlieferung dieses Verständnis der eschatologischen Liebe als eheliche Liebe in ihren Interpretationen des wohl sinnlichsten aller Bücher des Alten Testaments: das "Hohelied der Liebe". Und schließlich ist die Auffassung des eigentlichen geistigen Zieles der Ehe (persönliche Beziehung, nicht Sex) in den "Göttlichen Prinzipien" genau dieselbe wie bei Milton.

Obwohl der Katholizismus die Ehe geheiligt haben mag, hat er der Ehe weder einen geistigen noch einen eschatologischen Wert beigemessen. Auf der anderen Seite neigte der Protestantismus dazu, die Ehe zu entheiligen und sie dadurch den Wölfen der "neuesten psychologischen Einsicht" und den "Erfordernissen des Kapitalismus" vorzuwerfen. Weder der Katholizismus noch der Protestantismus lehrt, dass die Ehe in erster Linie geistige Einwilligung und Verbindung zweier

Seelen ist. Die Ehe ist in den "Göttlichen Prinzipien" aber nicht die ganze eschatologische Wirklichkeit. Vielmehr möchte Rev. Moon die Bedeutung der Ehe als ein eschatologisches Muster, das mit der ursprünglichen Absicht des Schöpfers in der Schöpfung in Beziehung steht, wiederherstellen. Auf diese Weise liegt Rev. Moon zwischen den klassisch protestantischen und katholischen Theologien der Ehe. Wie Milton setzt er die Ehe in den Mittelpunkt unserer Erlösung.

Die Bedeutung der Zahlen

Über die symbolische Bedeutung der Zahlen in den "Göttlichen Prinzipien" braucht nur wenig erwähnt zu werden (z.B. die Bedeutung von "1981"). Und zwar einfach deshalb, weil ich sie gegenüber der eigentlichen Grundlage von Rev. Moons Bibelauslegung als zweitrangig betrachte. Diese Grundlage beruht auf dem Glauben, dass die biblische Geschichte das Muster für die ganze Geschichte darstellt. Ohne diese Erkenntnis könnte der Leser der "Göttlichen Prinzipien" leicht in die falsche Vorstellung verfallen, dass Rev. Moon zum Verständnis der Universalgeschichte auf dieselbe Weise Zahlen anwendet wie ein Astrologe die Bewegung der Sterne zum Verständnis einzelner Seelenzustände. Die "Göttlichen Prinzipien" auf diese Weise zu lesen, käme einem Versagen gleich, die großartige Auffassung Rev. Moons von der Bibel als Schlüssel zur Interpretation des Dramas, das die Christen Erlösung nennen, wahrzunehmen. Rev. Moon glaubt, dass das, was Gott mit Israel getan hat, als Beispiel für alle anderen Völker, Orte und Zeiten in dieser Welt steht.

Einflüsse aus östlichen Religionen

Durch die ganzen "Göttlichen Prinzipien" hindurch gibt es unzählige Verbindungen zu theologischen Gedanken, die oberflächlich betrachtet so aussehen, als ob sie zu östlichen Religionen gehören würden. Ich denke da zum Beispiel an die Verbindungen zu Begriffen wie Yang und Yin, Seelenwanderung und Reinkarnation. Darüber hinaus hat Rev. Moons Auffassung von der Aufgabe eines Propheten viele Ähnlichkeiten mit dem Verständnis eines Propheten im Islam und dem eines "Avatars" im Hinduismus.

Wie sollen wir diese Vorstellungen, die in nichtchristlichen Religionen gefunden werden können, verstehen? Bedeutet es, dass die Vereinigungskirche gar keine christliche Bewegung ist, sondern eher ein östlicher Synkretismus, der christliche Gedanken aufgenommen und durch diesen Vorgang deren "wahre" Bedeutung verzerrt hat? Dies ist keine Frage, die leicht entschieden werden kann, weil ja nicht nur einzelne Gedanken, sondern auch der allgemeine Rahmen, in dem sie erscheinen, zur Debatte steht. Es könnte also auch leicht der Fall sein, dass Rev. Moon, statt die biblischen Grundsätze im Lichte einer östlichen Form der Bibelauslegung zu interpretieren, genau das Gegenteil tut. Er könnte auch "die Religionen des Ostens christianisieren!" Er könnte auch das "natürliche Christentum" geschaffen haben, nach dem die christlichen Theologen schon seit dem Beginn des Jahrhunderts rufen.

Ich erhebe hiermit nicht den Anspruch, dass diese Frage klar und einfach gelöst ist. Aber ich glaube, dass es die Universalität von Rev. Moons hermeneutischer Annäherung an die Bibel gestattet, dass er die Bedeutungen, Stärken und Schwächen der Hauptgrundsätze der östlichen Religionen beleuchtet. Und ich glaube auch, dass sich seine Bibelauslegung auf eine durchgehende Verwurzelung in einer Doktrin des Bundes mit Gott in Raum und Zeit gründet, die sich von allem, was in östlichen Religionen gefunden werden kann, grundlegend unterscheidet und die auch das Gewölbe für die Bibel bildet. Aber alle diese Fragen verdienen eine weitergehende Untersuchung, die sich für ein besseres Verständnis der Beziehung der Bibel zu anderen Religionen als hilfreich erweisen würde. Versöhnung von Heilserwartung und Fortschrittsdenken: Erfüllung des krönenden dritten Segens. Vorhin erwähnte ich, dass Calvins Auslegung des Alten und des Neuen Testaments für historische und politische Prozesse geistige (eschatologische) Symbole benutzte. Er setzte das Reich Gottes mit der physischen Welt in Raum und Zeit gleich. Er glaubte, dass das Evangelium sowohl Vergebung als auch ein neues, verändertes menschliches Leben beabsichtige. Calvin glaubte aber nicht, dass sich eine vollständige Wandlung der Menschheit in Raum und Zeit vollziehen könnte, noch glaubte er, dass Menschen das vollkommene Reich Gottes auf Erden errichten könnten. Während er die Notwendigkeit betonte, nach Vervollkommnung zu streben, betonte er auch, dass die Kraft der Sünde bis zum Ende der

Geschichte weiterbestehen wird. Auf diese Weise hielt ihn die Betonung der Unausrottbarkeit der Sünde davon ab, die Erreichbarkeit der Vollkommenheit zu erklären.

An diesem Punkt bieten die "Göttlichen Prinzipien" die Erreichbarkeit der Vollkommenheit an, indem sie betonen, dass die Sünde in der geschichtlichen Zeit überwunden werden kann. Sie nehmen so der protestantischen Voreingenommenheit, was "Vergebung" und "Rückschau" betrifft, den Wind aus den Segeln. Rev. Moon stellt vielmehr Archetypen der Erwartung, für die Johannes der Täufer ein typisches Beispiel ist, in den Mittelpunkt. Neuer Wein kann nicht in alte Schläuche gefüllt werden. Diejenigen, die sich im Zustand der eschatologischen Erwartung befinden, müssen also nicht nur auf den künftigen neuen Wein des Neuen Zeitalters vorbereitet sein, sondern auch auf den neuen Leib, den das Neue Zeitalter mit sich bringen muss. Aber wie werden wir neu? Sollen wir wieder in den Mutterleib schlüpfen? Die Aussagen der "Göttlichen Prinzipien" scheinen darauf hinauszulaufen, dass wir uns auf die Neuartigkeit des Reiches Gottes vorbereiten können, indem wir die ursprünglich für Adam und Eva vorgesehenen Wachstumsstufen wiederholen. Gleichzeitig macht aber auch diese Doktrin der Wiederholung, die den Zweck hat, die Menschen in einen Zustand der eschatologischen Erwartung zu versetzen, Rev. Moon bereit und willens, "wissenschaftliche Begriffe" aus der modernen technologischen Welt zu benutzen. Sind diese wissenschaftlichen Begriffe die neuen Elemente in Rev. Moons Theologie? Wenn das so ist, ist dann die Beherrschung der Natur und der Menschheit durch die Wissenschaft ein ursprüngliches Ziel Gottes für den Menschen? Rev. Moon scheint das zu glauben. In seiner Interpretation des Gebotes Gottes an Adam "fruchtbar zu sein, sich zu mehren und sich die Erde untertan zu machen" erkennt Rev. Moon "drei Segnungen". Die erste ist die persönliche Beziehung zu Gott, die allein "fruchtbar" macht. Die zweite ist die Ehe ("mehret euch"), die wir schon erörtert haben. Die dritte und krönende Segnung ist, dass der Mensch über die gesamte Schöpfung herrschen soll. Das bedeutet, dass das geistige Leben des Menschen in der physischen Welt seine Erfüllung findet.

Rev. Moons Glaube, dass die Erfüllung des Menschen innerhalb der physischen Welt liegt, bedeutet, dass er Calvin in dem Punkt nicht zustimmen kann, wenn er sagt, dass die biblische Verheißung des Reiches Gottes letztlich jenseits der Geschichte liege. Calvin sah das Reich Gottes nur im Leben nach dem physischen Tod verwirklicht. Dagegen muss für Rev. Moon die Erfüllung in der physischen Welt stattfinden. Deshalb muss Vollkommenheit in dieser Welt eine verwirklichbare Möglichkeit sein. Rev. Moon ist in diesem Punkt ein echter Humanist. Er möchte nicht den Ausweg des "Himmels" benutzen, um die Wahrheit, dass Gott Sein Reich errichten wird, zu retten. Er glaubt, dass wenn die Bibelaussagen wahr sind, das Reich Gottes in dieser Welt errichtet werden muss. Das Problem ist: wie?

Wie wir schon vorhin bemerkt haben, hat dieses "wie" für Rev. Moon die Erkenntnis des Wertes der Wissenschaft als ein Mittel zur Gestaltung eines besseren Lebens zur Folge. (Natürlich ist eine Wendung zum Schlechten auch möglich, denn Satan arbeitet immer.) Hier steht also das metaphorische Verständnis der "Göttlichen Prinzipien" in Bezug auf Wissenschaft und "Dritter Segen".

Religion und Wissenschaft

Ebenfalls bemerkenswert sind Rev. Moons internationale Wissenschaftskonferenzen in denen namhafte Wissenschaftler aller Bereiche und Nationen zusammenkommen, um zu erörtern, wie die Wissenschaft "absoluten Werten", d.h. Gottes Ziel, die Welt in eine vollkommmene Gesellschaft umzuwandeln, dienen kann. Diese Wissenschaftskonferenzen sind weder Werbetricks (wie einige Verleumder klar machen wollen) noch der Zuckerguss auf dem theologischen Kuchen. Sie sind der Ausdruck von Rev. Moons Überzeugung, dass eine echte Religion die geistigen und die physischen Bereiche, Religion und Wissenschaft, miteinander vereinigen muss. Nur wenn Religion und Wissenschaft als Einheit zusammenarbeiten, können geistige Werte ihre physische Verkörperung finden und nur dann kann die Eschatologie Geschichte werden. Wenn das geschieht, ist das Reich Gottes politisch und physisch auf der Erde errichtet.

An diesem Punkt sollten wir zum Thema dieses Essays zurückkehren und erklären, warum diese Betrachtungen über die Wissenschaft den entscheidenden Schlüssel zu dem Bibelverständnis der "Göttlichen Prinzipien" liefern. Wir haben gesehen, dass die christliche Hermeneutik entweder die gleichnishafte, geistige Bedeutung der Heiligen Schrift (katholisch) oder deren wörtlichen Sinn betont (evangelisch). Der Gegensatz zwischen diesen beiden Traditionen hat zu einem Streit über die Bedeutung der Erlösung geführt. Die katholische Überlieferung, die die gleichnishafte Interpretation der Bibel betont, ordnet Erlösung in einen geistigen Rahmen ein. Die evangelische Tradition betont die wörtliche Interpretation der Bibel und ordnet Erlösung in einen geschichtlichen Rahmen ein. Der Versuch des Christentums, diese beiden Rahmen und Formen der Bedeutung durch geistige Glaubenssätze, die die Endzeit verkünden, zu vereinigen und aus ihnen Ideale und Ziele zu formen, deren Verwirklichung wir in der Zeit anstreben sollen, scheiterte, weil der Calvinismus keinen Weg fand, um die Menschen zu ändern. Die "Neugeburt" wurde zwar gepredigt, aber weder die puritanische moralische Kraftprotzerei, noch die pietistische Empfindsamkeit, noch die soziale Politisierung des Evangeliums konnten das Wesen des Menschen ändern. Die Kolonisten fanden keine geistigen Mittel, um die physische Welt zu ändern. Heute ist ihr Mut gesunken: Sie treiben zwischen der Scylla "Realismus" und der Charybdis der "Resignation".

Die "Göttlichen Prinzipien" lehren jedoch, dass es ein Mittel gibt, um die weltliche Gesinnung und die physische Welt zu "verändern"; aber es ist kein geistiges Mittel. Vielmehr ist es weltlicher Natur - nicht Theologie oder Evangelium, sondern Wissenschaft und Technologie. "Physisch" bedeutet (in diesem Zusammenhang) weltliche Zustände zu verändern. "Geistig" bedeutet, geistige Dinge zu verändern. Deshalb ist es notwendig, Wissenschaft dort anzuwenden, wo Wissenschaft zuständig ist, Religion dort anzuwenden, wo Religion zuständig ist, und dass beide auf eine Einheit hinarbeiten. Wenn dies erreicht ist und Wissenschaft und Religion in vollkommener Einheit zusammenarbeiten, dann kann eine vollkommene Welt errichtet werden.

Rev. Moons Auffassung einer "vollständigen" Bibelauslegung, die allen vier Erscheinungsformen der Interpretation (geistig, physisch, individuell und gemeinschaftlich) gleichen Wert beimisst, wird auf die Art und Weise, wie er die Bibel versteht und in der Form, wie er seine Mission in der Welt durchführt, deutlich. Die Wissenschaftskonferenzen sind für seine Vision nicht weniger wichtig als die Verei-

Die GP im Lichte Christlicher Tradition

nigungskirche. Nur wenn Wissenschaft und Religion zusammen auf Gottes Ziel hinarbeiten, kann das Reich Gottes auf Erden demnach je errichtet werden.

Teil II

Beiträge aus den Geisteswissenschaften

SACHVERSTÄNDIGENGUTACHTEN ZUM GLAUBENSSYSTEM, ZUM FREMD- UND SELBSTVERSTÄNDNIS UND ZUR MISSIONARISCHEN AKTIVITÄT DER VEREINIGUNGSKIRCHE

Jürgen Redhardt

Vorausschicken möchte ich, wie es dazu kam, dass mein wissenschaftliches Interesse sich bereits ziemlich früh der als religiöse Sondergemeinschaft bekannt gewordenen Vereinigungskirche zuwandte.[1] Als Hochschullehrer für "Religionspsychologie und Didaktik des Religionsunterrichts" am Fachbereich für evangelische und katholische Theologie der Gießener Universität oblag es mir u.a. ab Beginn der siebziger Jahre bis zum Ende meiner beruflichen Lebensarbeitszeit (Anfang der neunziger Jahre), mich möglichst umfassend und genau mit all den zeitgenössischen religiösen Bewegungen, deren Fragestellungen, Entwicklungsprozessen und Zielprojektionen zu befassen, die auf dem sog. religiösen Markt auf Zuspruch und Anerkennung erpicht sind.[2]

Dazu gehört zweifellos geradezu als Musterfall die von dem Koreaner Sun Myung Moon 1954 gegründete "Gesellschaft zur Vereinigung des Weltchristentums", die heute als "Vereinigungskirche"bekannt ist.

I. Das gegenwärtige Erscheinungsbild der VK in der deutschen Öffentlichkeit

Seit über 25 Jahren ist die VK in der Bundesrepublik präsent und missionarisch aktiv. Aber es ist ihr bislang nicht gelungen, sich ein hinreichend positives Image in der Öffentlichkeit zu verschaffen, obwohl bereits vor anderthalb Jahrzehnten der (heute) in Jena tätige Religionswissenschaftler U. Tworuschka die Meinung vertrat, dass inzwischen "die literarische Treibjagd auf die religiösen Gruppen ... einer differenzierteren und verständnisvolleren Sicht Platz zu machen" scheine.[3] Das hat sich jedoch zumindest im Blick auf die VK noch nicht ereignet. Was hierzulande unter "religiösen Gruppen" verstanden wird, sind die ungefähr ein bis zwei Dutzend werbenden und konfessionsoffenen Minderheitsgruppierungen, die nicht in das umfassende Sozialgebilde einer Kirche oder religiösen Gemeinschaft integriert sind und in einer ganz bestimmten Form von Religion das konstitutive, beherrschende Element ihres Zusammenschlusses sehen. Sie bezeichnen sich selber gewöhnlich als "neue religiöse Bewegungen" (abgekürzt "NRB"), wurden aber schon sehr früh bevorzugt unter dem Sammelbegriff "Jugendreligionen" oder "Jugendsekten" rubriziert.

Diese Namensgebung aus dem Jahre 1974 stammt von dem evgl. Pfarrer und Sektenbeauftragten der bayerischen Landeskirche Fr.W. Haack, der am ausgiebigsten im deutschsprachigen Raum über die plötzlich allenthalben, herkommend von Nordamerika, ins Kraut schießenden neuen religiösen Bewegungen geschrieben hat. Er tat es in einem von übertriebener Polemik bestimmten Tonfall, der erheblich und in peinlicher Weise absticht von der ruhigen, sachlichen Auseinandersetzung, die beispielsweise Haacks renommierter und ebenfalls evangelischer Vorgänger K. Hutten auf dem Gebiet der Sektenkunde zu führen verstand.[4] Inzwischen wird meistens der terminus technicus "Jugendsekte" (oder "Jugendreligion") als obsolet empfunden. "Die Schriften von Haack sind vom religionswissenschaftlichen Standpunkt aus sehr fragwürdig", erklärt S. Murken in seiner instruktiven Magisterarbeit über die Darstellung des Hinduismus in deutschen Religionsbüchern; "denn voll von apologetischer Intention, lässt er an kaum einer Gruppe ein gutes Haar." Und Murken zitiert zustimmend H.-D.

Reimer, einen der bekanntesten Kritiker aus der "Evangelische Zweigstelle für Weltanschauungsfragen", der das Verfahren Haacks inkriminiert, "mit einem Sammelbegriff (zu ergänzen: der Jugendreligion) zu arbeiten, der die verschiedenen Gruppen zusammenfasst und somit das diffuse Phänomen vereinfacht, wobei die negativen Erscheinungen bei den einzelnen Gruppen addiert und auf diesen Generalbegriff projiziert werden".[5] Mittlerweile hat sich die Vokabel "Jugendreligion" auch insofern erledigt, als wir es bereits mit einer erklecklichen Anzahl von "Sekten-Kindern" zu tun haben, wie eine kürzlich erschienene Untersuchung von K.- H. Eimuth beziehungsreich betitelt ist; denn viele der neureligiösen Gruppierungen - speziell gerade auch die VK - können schon mit der Mitgliedschaft der zweiten und dritten Generation von früher einmal frisch Bekehrten rechnen.

1.1. Unter Religionswissenschaftlern ist es unstrittig, dass es keine andere moderne religiöse und in Deutschland missionsaktive Gruppierung gibt, die über ein derart elaboriertes Glaubenssystem verfügt wie die VK. Davon ist in der Öffentlichkeit, die über die Medien fast nur von tatsächlichen oder außerordentlich aufgemotzten Sensationsaspekten der "Moon-Sekte" informiert wird ("Massenhochzeiten", Moons (angeblich!) vierte Ehefrau, üble Waffengeschäfte usw.), kaum etwas zu merken. Schon die Bezeichnung "Sekte" wird ja im Deutschen ohnehin nur als Diffamierungsvokabel benutzt und ist zudem mit dem Odium zwielichtiger religiöser Praktiken, abwegiger Sonderlehren, vielleicht auch mit einem dahinterstehenden dunklen Geschäftsgebaren behaftet. Hinzu kommt, dass "das Öffentlichkeitsbild der VK bisher hauptsächlich durch Aussagen verärgerter Ex-Mitglieder und anderer Detrahenten bestimmt wurde", wie Kl. M. Lindner - selbst ein ausgetretenes, ehemaliges VK-Mitglied - zu bedenken gibt, so dass er fordert, dass die Zeugnisse der Ex-Mitglieder nicht ernster genommen werden dürfen als die Aussagen der Mitglieder.[6] Unbeschadet solcher Widrigkeiten betreibt die VK von Anfang an neben einem zügig und rasch erfolgten strukturellen Aufbau ihrer Kirchenorganisation in den verschiedenen Ländern und Erdteilen eine Reihe interreligiöser Arbeitskreise, Konferenzen und meetings, deren Veranstaltungen - wie der Tübinger Religionssoziologe G. Kehrer zu bedenken gibt - "auf einem beachtlichen Niveau stehen und teilweise prominente Teilnehmer aufweisen".[7]

Kennzeichnend für den Verlauf dieser Kongresse war und ist, dass dem Kreis aus mehreren Hundert eingeladenen Wissenschaftlern und religiösen Repräsentanten aus nahezu allen tonangebenden Religionen kein obligo im Sinne einer pauschalen Zustimmung zur Existenz und Zielvorstellung der Vereinigungskirche abverlangt wird, ja, dass es generell um kein Heischen nach latenter oder offener Sympathiebekundung der Teilnehmer für S. M. Moon oder die Vereinigungskirche geht, sondern um sachlich-fachliche Darlegungen, Interpretationen und Diskussionen über anstehende religions- oder kulturwissenschaftliche Forschungsergebnisse oder allgemein-religiöse Themenstellungen. "Wissenschaft" wird hier wie auch sonstwo auf der Welt als solidarische menschliche Bemühung begriffen, die in ausgewiesener Erkenntnisarbeit gegen die Irrationalität der natürlichen und gesellschaftlichen Verhältnisse stattfindet, damit die Erde - was auf Moon-Konferenzen allerdings besonders nachhaltig unterstrichen wird - als einheitlicher gemeinsamer Lebensraum einer brüderlichen Menschlichkeit in Frieden bewohnt und mit Vernunft genutzt wird. Oft ist es einzig und allein das Faktum, dass Rev. Moon eine einleitende oder abschließende Rede hält, was die Teilnehmer daran zu erinnern vermag, sich auf einer Tagung der ansonsten so viel gelästerten Moon-Sekte zu befinden.

1.2. Macht man die Moonis aus dem "staff" darauf aufmerksam, dass ihre ostentative Zurückhaltung zu weit getrieben sei und dass sie zumindest am Rande einer derartigen Veranstaltung, die von ihnen initiiert und bezahlt werde, auf sich selber verweisen dürften, ja müssten, um die Eingeladenen zu einem wenigstens kritischen Partizipieren auch ihrer vereinigungskirchlichen Glaubensgrundlagen zu ermuntern, dann erhält man in etwa folgenden Bescheid: Es komme ihnen nur in sekundärer oder gar tertiärer Hinsicht darauf an, die Vereinigungsbewegung renommierter und respektabler zu machen.[8] Da man sich als eine traditionsübergreifende und universalistische religiöse Bewegung verstehe, läge der VK vielmehr daran, das Miteinander aller Religionen zu stärken, da in ihnen überall und grundsätzlich das Suchen des Menschen nach Gott als dem Herzen des Kosmos - ein von Moonis immer gern bemühtes religiöses Schlüsselwort - zum Ausdruck gelange usw. usw. "Die Wahrheit muss ... in der Lage sein, alle existierenden Religionen sowie alle seit Beginn der Menschheit bestehenden Ideologien und Ideen zu vereinigen und auf einen gemeinsamen absoluten Weg zu führen", sagt S. M. Moon selbst dazu.[9] Ob die Hypothese eines allen Religionen gemeinsamen Grundes und Zieles nicht erst einmal kritisch hinterfragt werden müsse, wird allerdings hier nicht erwogen.

1.3. Zum Schluss sei noch auf das vielleicht prominenteste Beispiel für gekonnte, erlesene Diffamierung der VK hingewiesen. Es handelt sich um die virtual reality eines Films über das "Reich des Bösen" (des Frankfurter "Katholischen Filmwerks GmbH"). Aufschlussreich ist, wie im Beiheft nur pauschal in einem einzigen Satz beziehungsreich auf die kaum noch aufzählbare Anzahl der von Moon gesponserten Konferenzen aufmerksam gemacht wird, ohne auch nur mit einigen dürren Ausführungen zu erwähnen, was beispielsweise über Inhalt und Ergebnis solcher Zusammenkünfte wie des "Gipfelrats für Weltfrieden...", auf dem kein geringerer als der ehemalige US-Außenminister Haig das Hauptreferat hielt (1991) oder der "Weltmedienkonferenz" notationswürdig (oder auch irrelevant) wäre und welche Resonanz diese Konferenzen gefunden haben.[10] Von den Moonis selber hätte man ja diesbezügliche dokumentarische Unterlagen sicher unschwer erhalten können.[11] Und nichts fließt davon ein, was beispielsweise K. Cracknel vom Britischen Rat der Kirchen in der interreligiösen Zeitschrift "Interfaith News" zu berichten weiß: "Die Vereinigungskirche (keine orthodoxe Kirche) tut auf internationaler Ebene mehr für die Interreligiöse Bewegung als die Dialoggruppe des Weltkirchenrates oder in der römisch-katholischen Kirche das vatikanische Sekretariat für Nicht-Christen und mehr als diese beiden zusammen".[12] Ob die Hetze gegen die Vereinigungskirche nicht doch schon ihr Verfallsdatum überschritten hat?!

2. Die Eckdaten der unifikatorischen Ethik
unter dem Aspekt einer diesseitigen Eschatologie

Dezidierte Gegner der VK, die ständig vor deren Gefährlichkeit warnen und alle ihre Lebensäußerungen publizistisch niedermähen, und Nicht-Gegner, die an ihr neben Widersprüchlichem und Defizientem auch einige religiös verheißungsvolle Ansätze ausmachen, sind sich in einem einzigen Punkt einig: "Das Leben in der VK ist hart. Es trägt fast militärisch zu nennende Züge".[13] Man kann darüber streiten, ob mit dieser Diagnose nicht ein wenig aggraviert wird. Konsens besteht allerdings darüber, warum es unter betriebsklimatischem Gesichtspunkt in der VK oft so psychophysisch anstrengend und hektisch zugeht. Es liegt nach einhelliger Expertenmeinung daran, dass alle religiöse und ideologische Programmatik der VK auf das eine Ziel justiert ist, die "Wiederherstellung" in Gang zu setzen und herbeizuführen. Und derjenige, der sich entschließt, der VK beizutreten und deshalb seine gewohnten sozialen Bezüge zu lockern oder gar völlig zu lösen beginnt, hat zumindest vorübergehend eine erhöhte Einsamkeitsleistung zu erbringen und einzuhalten.

2.1. An dieser Stelle muss in einigen knappen Strichen die entsprechende systematische Argumentationslinie der "Göttlichen Prinzipien" S.M. Moons nachgezeichnet werden: "Gottes ursprünglicher Zweck der Schöpfung war die Verwirklichung des Himmelreiches ...Wegen des Sündenfalles konnte er diesen Plan jedoch nicht durchführen". Jesus ermöglichte dann zwar allen Menschen, zum Tempel Gottes zu werden.[14] Aber da er gekreuzigt wurde, konnte nicht mehr die volle Erlösung erlangt werden.

Erst in unserer Jetztzeit bietet sich die Chance, dass der Plan Gottes, das "intramundane" - innerweltliche, nicht-jenseitige - Himmelreich Gestalt werden zu lassen, womit zugleich das komplette Ziel, die - plakativ genannte - "Errichtung von Gottes Reich auf Erden und in der Geistigen Welt" endgültig erreicht wird. Zu dieser "Wiederherstellung" ist allerdings nicht nur die Wiederkunft des (zweiten) "Messias", sondern auch die Mithilfe des Menschen unbedingt erforderlich; denn der Satan muss endgültig unterworfen werden.

Hier liegt das mit anderen modernen religiösen Bewegungen nicht vergleichbare Movens, weshalb die VK eine solch umtriebige, von ruhelosem, drängendem Aktionismus erfüllte Bewegung ist. Es soll ja nichts unterlassen werden, damit der Heilsplan Gottes nicht noch einmal vom Satan durchkreuzt wird und unrealisiert bleibt. Beginnen muss der einzelne darum mit der konsequenten Arbeit an sich selbst. Dabei liegt der anthropologische Schwerpunkt, wie es unserer abendländischen Tradition entspräche, nicht auf irgendeinem "Humanismus", also auf dem wie auch immer gearteten Glauben an den Adel des Menschen und auf der Bildung oder Ausbildung zur vollen Persönlichkeit.

Im Grunde genommen existiert ohnehin keine ausgefeilte Planskizze eines Individualitätsbewusstseins und kein substantiiertes, fest umrissenes unifikatorisches Ethos. Natürlich wird das unzweifelhafte Verantwortlichsein und Gewissen-Haben jedes Individuums vorausgesetzt, das primär der Entscheidungsträger ethischer Orientierungen ist und bleibt. Auch die Unaustauschbarkeit und Unverwechselbarkeit jedes einzelnen Menschen ist für die G.P. kein strittiges Thema. Die VK ist jedoch weniger spekulativ oder rein theoretisch am (idealen) Ich interessiert als am Wir, fokussiert in dem Wir, das durch die völlige Verpflichtung ("commitment") vieler auf das Wir der religiösen Gruppe bzw. der VK zustande kommt. Dieses Gruppen-Wir ist der eigentliche Träger des ideologischen Aktivismus, der sich darin artikuliert, durch pausenlose Vervollständigung des kognitiven Wissensstandes, den die G.P. vermitteln, und durch engagierte Teilnahme am "witnessing", an der missionarischen Bezeugung der universalen Gültigkeit des unifikatorischen Glaubenssystems, auf das historisch im Hier und Jetzt zu erreichende Ziel des Himmelreiches hinzuarbeiten.

Für diesen Dauerzustand des Tuns im Namen eines ultimativen - und insofern auch als eschatologisch zu qualifizierenden - Ziels ist das Moment des Bedürfnisaufschubs typisch. Er besagt, dem natürlichen Trachten nach Wohlbefinden und Lebenszufriedenheit eine vorläufige Absage zu erteilen. Damit wird jedoch kein grundsätzlich asketischer Zug in das Profil der VK eingezeichnet, da die Verzichtmoral als passageres zweckgebundenes Instrument gilt, um Gottes Plan mit den Menschen rasch zu erfüllen. Eine herausragende Rolle spielt unbeschadet dessen der Bedürfnisaufschub, der Fasten, stundenlange Bemühung um die G.P. ebenso einschließt wie die ständige Bereitschaft, für die VK am "fundraising" teilzunehmen oder von ihr zu einem entfernten Einsatzort "verschubt" zu werden.

In der Anti-Moon-Polemik ist über dieses angeblich ausgeklügelte System der Rekrutierung, psychophysischen Ausbeutung und Indoktrination sehr viel geschrieben, geklagt und debattiert worden, bedauerlicherweise bei weitem mehr als generell über Wurzeln, Entstehung und Inhalte oder Ziele der unifikatorischen Lehre. Böse Zungen vermittelten sogar den Eindruck, "Rev. Moon hielte seine Nachfolger in einer Art höllischen Klapsmühle auf Trab; denn in Teilen der Leiter- und Mitgliedschaft seiner Kirche habe leider in den siebziger Jahren die Unsitte vorgeherrscht, jede zu enge Verbindung ... zur bürgerlichen Welt zu verteufeln." "Einen Gefallen hatte sich die Kirche mit ihrer Weltverdammung nicht getan".[15] Der vergleichsweise gravierende Vorwurf, der daraus pauschal abgeleitet wird, läuft auf das negative Verdikt hinaus, dass die VK jedes Menschenrecht und jegliche Norm einer Individualethik mit Füßen trete. Sie lege es flagrant darauf an, ihren eigenen Mitgliedern prinzipiell zu insinuieren, dass es keine Achtung vor der Integrität und Würde des einzelnen geben dürfe. Und sie besorge selber das üble Geschäft, durch psychoterroristische Methoden, wie es Konrad von Marburg mit der hl. Elisabeth versucht habe, andere Menschen ihrer Selbständigkeit, vorab ihrer Entscheidungsfreiheit (durch "Psychomutation") zu berauben und in andauernder Abhängigkeit zu halten. Dass an solchen Unterstellungen fast nichts mit der Realität des faktischen Szenariums übereinstimmt, ist inzwischen immer wieder nachgewiesen worden, wie eine flüchtige Durchsicht der "Wiener Studie" (1981) oder des Buches N. Thiels über den "Kampf gegen neue religiöse Bewegungen" (1986) überzeugend offen legt.

2.2. Sieht man sich genauer danach um, was als zweites Gravamen am häufigsten der VK angelastet wird und ihr Bild in der Öffentlichkeit am stärksten verzerrt, dann ist es der allgemeine, meist recht unpräzise Vorwurf, dass sie einen "politischen Führungsanspruch" vertrete und die "Weltherrschaft" anstrebe. An dieser Stelle fällt es allerdings unvergleichlich leicht, das bloß Deklamatorische, ja Unsinnige der damit gegen die VK gerichteten Behauptungen und diffamierenden Anwürfe ad absurdum zu führen.

S.M.Moon sieht zwar das herkömmliche Christentum in der verzweifelten Lage, zu verfallen und angesichts der mit seiner Person anbrechenden Wahrheit verschwinden zu müssen. Aber er bezeichnet die VK nichtsdestotrotz als "jüngeren Bruder" des Christentums, den er freilich für den ersten Bürger des Himmelreichs hält. Dieses von ihm propagierte Gottesreich stehe bereits auf einer sicheren Grundlage und müsse nur noch ausgedehnt werden, womit sowohl ein Wachstum seiner Mitglieder in der individuellen Gottesbezogenheit gemeint ist als auch eine numerische Zunahme der Kirchenorganisation. Dahinter steht das urchristliche Erziehungsziel, den Menschen zur "cooperatio cum Deo in Mundo" bereit und fähig zu machen.

Ein "Griff zur Weltherrschaft", der S. M. Moon gelegentlich unterstellt wird, ist damit selbstverständlich nicht intendiert - abgesehen von der abenteuerlichen Naivität der dahinterstehenden Vorstellung, dass Moons "wirtschaftliches Imperium" dank seines angeblich auf zwei Milliarden oder mehr geschätzten Vermögens (samt Ginseng-Export oder Anteilen am Tong-Il-Konzern) mit der geballten Macht der namhaften multinationalen Konzerne in der westlichen Hemisphäre auch nur ansatzweise zu konkurrieren vermöge. Unbestritten ist natürlich unter Freund und Feind der VK, dass diese mehrere Betriebe auch in den USA und Deutschland besitzt, bei denen es sich um mittelständische Unternehmen von meist überschaubarer Größe handelt und um Belegschaften, die sich meist aus Mitgliedern der VK rekrutieren. Unbestritten ist aber ebenfalls, dass ein nicht unerheblicher Teil dieser Betriebe die weltweite Rezession der vergangenen Jahre nur schlecht oder gar nicht überstanden hat. Der unterstellte "Griff zur Weltherrschaft" gründet sich auf eine maliziöse Umdeutung der Moon'schen Zielvorstellung von der "Errichtung des Gottesreiches" auf Erden, dessen Konturen nur auf dem Hintergrund der Programmatik von Ehe und Familie zu begreifen sind (cf. Kapitel 4).

2.3. Nicht unterschlagen werden darf in diesem Zusammenhang, dass die VK und S.M. Moon den antisowjetischen hard-liner-Kurs der NATO - und der südkoreanischen Regierung sowieso - ab ungefähr 1948 durchaus geteilt haben. Aber diese harsche Stellungnahme war und bleibt eine Option, die bezüglich ihrer unifikatorischen Intention und Terminologie strikt religiös limitiert war. Die Überwindung des Kommunismus bezog sich nicht auf die physische Eliminierung eines Feindes vermittels eines letzten Gefechts, sondern auf die Wiederherstellung und "Zurechtbringung" der alten Erde mit der ursprünglich von Gott beabsichtigten Ordnung. Für die Zukunft wurde dabei entweder der mögliche Zerfall des Kommunismus prognostiziert oder seine völlige Verwandlung in einen vom Theismus durchdrungenen

Herrschaftsbereich.[16] Mit überspitzter Polemik und Häme wird außerdem die von S. M. Moon gemachte Äußerung über einen möglichen Dritten Weltkrieg ins Spiel gebracht, ohne die erdrückende Anzahl der unvergleichlich schwerer wiegenden Ausführungen der gleichen Person über die Unerlässlichkeit des Friedens für eine glückliche Welt oder des Sieges über die widergöttlichen Mächte und Gewalten allein mit den Waffen der Wahrheit und Liebe als Gegengewicht auf die Waage zu legen. Seinen Todfeind, das Böse, den Satan zu schlagen oder zu besiegen, ohne ihm die Ohren oder die Beine abzuschneiden und ohne ihn zu foltern, wie in etwa das bekannte Diktum M. Marcuses lautet, könnte in inhaltlich konkordanter Weise auch in den G.P. zu lesen sein. Die Moon'sche Geschichtstheologie kennt per se keine positiven Effekte menschlicher Gewaltanwendung, und die VK hat gelegentlich mit einem gewissen Recht geltend gemacht, wie nachdrücklich gerade sie mit dem zwölften, abschließenden Gebot des Zweiten ökumenischen Seminars für "Gerechtigkeit, Frieden und Integrität der Schöpfung" aus dem Jahre 1988 Ernst zu machen gewillt sei, wenn da promulgiert werde: "Zum konziliaren Prozess gehören Gebet und Aktion, Umkehr, Buße und verpflichtende Gemeinschaft".

Dennoch besteht für die umstrittene Äußerung S. M. Moons über den Dritten Weltkrieg noch ein Rest von unverzichtbarem Erklärungsbedarf.[17] Dafür sei u.a. auf den, der VK sicher von vornherein wenig gewogenen "Materialdienst der Evgl. Zweigstelle für Weltanschauungsfragen" verwiesen. Bereits 1976 wurde da zu recht herausgestellt, dass die von S.M. Moon angesprochene Vermutung, dass der weltweite "Kalte Krieg" mit einer militärischen Konfrontation beendet werde, mittlerweile ganz anders re-interpretiert werde: Keineswegs sei eine militärische Lösung unvermeidlich.[18] Das politische Ethos der VK muss in jedem Falle im zeitgeschichtlichen Kontext erfasst und verdolmetscht werden.

2.4. Auf diesem ethischen Sektor wird man vorab stets zweierlei zu unterscheiden haben, worauf noch etwas genauer Bezug zu nehmen ist:

Eine neue religiöse Bewegung oder Organisation, deren Ideologie auf der extensiven prophetischen Voraussage einer durch Gottes Existenz und Wirken beglaubigten, umfassenden und kurz bevorstehenden "Wiederzurechtbringung" beruht, bringt fast immer ein religiöses Führertum hervor, natürlich nicht ohne weiteres ein rabiat säkulares, das sich für die Zeitzeugen unseres Jahrhunderts in einer Anzahl unheilvoller tyrannischer Diktatoren verkörpert. Dieses ausschließlich religiöse Führertum - fast wäre es richtiger, das englische Wort "leadership" dafür gar nicht ins missverständliche Deutsch zu übersetzen - realisiert sich in Gestalt von herausragenden Charismatikern. "Solche Einzelpersonen bilden nicht nur Rollenmodelle für den Dienst und heroische Opferbereitschaft, sondern viel wichtiger noch, sie genießen einen einzigartigen Zugang zur Inspiration der sozialen Beziehungen, die die Bewegung konstituiert".[19] S.M. Moon repräsentiert zweifelsohne für die VK ein solches charismatisches Führertum.

Aber von der unbedingten Ergebenheit, dem Gehorsam und der liebenden Zuwendung, die ihm und seiner Frau als den "True Parents" entgegengebracht werden, muss kategorial die Beantwortung der grundlegenden Frage abgetrennt werden, wie sich eine solche (neue) religiöse Organisation mit ihrer gleichsam weltlichen Einbettung in vorgefundene soziale Verhältnisse arrangiert. Die VK vertritt zudem ja keinen "retreatism", also keine Variante des urreligiösen Ideals eines frommen Rückzugs, wenn nicht in einen pietistischen Underground, dann doch aus dieser allzu lauten Welt. Die VK möchte im Gegenteil diese Welt mit ihrem Geist und ihrer message durchdringen und vorrangig (mit-)wirken beim Aufbau des innerweltlichen Gottesreiches. Von daher rührt S.M. Moons Option für Nordamerika, das ihm als Plattform und "setting" eines derartigen Engagements am geeignetsten erscheint, und für dessen fundamentaldemokratische Werte, die dem missionarischen Eifer der VK eher entgegenzukommen versprechen als die geographischen und ideologischen Schauplätze Europas.[20] S.M. Moon postuliert häufig sogar die gegenseitige Bedingtheit von Zielen der VK, Demokratie und Menschenrechten.[21] Sicher greift eine ausschließlich psychologische oder gar psychoanalytische Deutung, wie sie in der Anti-Moon-Polemik geübt wird, viel zu kurz, wenn die charismatischen Führungsfiguren der neuen religiösen Bewegungen allesamt nach dem tiefenpsychologischen Schema "gebügelt" werden: "Wir haben unsere "Väter" gemordet und sind nun auf der Suche nach einem "Obervater", um schließlich beim "Godfather"' einer Psychomafia zu enden".[22] Wer so argumentiert und schreibt, begibt sich religionswissenschaftlich auf den Weg einer billigen "Psychologelei". Denn die Anerkennung des Vater-Seins im spirituellen Sinne lässt sich in der Regel keinesfalls zwingend mit dem - womöglich gebrochenen - Verhältnis zum leiblichen Vater in eine kausale Verbindung bringen. Aus der zahlreich vorhandenen Aussteigerliteratur, in der sich ehemalige Moonis mit ihrer früheren VK-Mitgliedschaft kritisch auseinandersetzen und Bilanz ziehen, ist dafür auch kein konkreter Anhalt zu finden.

3. Ehe und Familie als zentraler Programmpunkt für die Verwirklichung des Himmelreiches

Im Bewusstsein der breiten Öffentlichkeit ist die oft nur oberflächliche Kenntnis von der Existenz der VK eng verknüpft mit dem medienvermittelten Eindruck von einer "Sekte", in deren Mittelpunkt die Inszenierung kollektiver Trauungen stehe, die auch auf archetypische Ritualbedürfnisse geschickt einzugehen verstände. Herrn und Frau Moon in feierlich-priesterlichem Habit vor unzählbaren, korrekt weiß und schwarz gekleideten ehewilligen Paaren zu photographieren - diese fremde und blickfängerische Szene ist schon längst zur Schmusepuppe des Fernsehens avanciert, die in regelmäßigen Abständen auf dem Bildschirm erscheint.

An sich wäre gegen eine solche Art von Infotainment noch nichts einzuwenden, wenn zumindest ab und zu, um vieldeutiges, kompliziertes Bildmaterial auf ein verständliches Niveau herunterzubringen, eine Art Kurzkommentar (im Sinne von Vermittlung eines geordneten vorläufigen Strukturwissens über das optisch Dargebotene) abgegeben würde. Dazu müssten folgende Fragen aufgeworfen und beantwortet werden: Was steckt an genuin religiösen Intentionen hinter dieser Veranstaltung von Großhochzeiten, wie die VK sie nennt? Weshalb ist diese Form der Ausgestaltung von Eheweihen zum herausragenden Element und sakralen Bestandteil des internen Lebens der VK geworden? Etwas anders und simpler gefragt: Warum wird ein gewöhnlich im möglichst privaten Kreis begangenes familiäres Fest in derart aufdringlicher Weise zu einem Massenereignis umfunktioniert?

3.1. Ehe und Familie stellen den rocher de bronze der unifikatorischen Lehre, speziell der Schöpfungslehre, und deren Ethos dar.[23] Hierbei wird freilich prioritär in erster Linie die Kernfamilie in den

Brennpunkt gerückt. In ihrer Ansprache vor dem US-Senat 1993 umriss Frau Moon auf dem Höhepunkt ihrer Ausführungen, was unter einer "Wahren Familie", die sie und ihr Mann errichtet hätten, zu verstehen ist: "In den drei Generationen unserer Familie bilden wir ... die zentrale Wurzel (Großeltern), den zentralen Stamm (Eltern) und die zentralen Triebe (Kinder) des in der Bibel verheißenen "Baumes des Lebens".[24]
Nach vereinigungstheologischer Lesart der Bibelstelle I. Mose 1.28, die für S.M. Moon eine herausragende Bedeutung gewann, wurden nämlich dem Menschen durch den Schöpfer drei "Segnungen" gegeben, womit Aufträge, Mandate oder Verantwortungsbereiche angesprochen werden, die den Platz von Mann und Frau gegenüber Gott, dem Mitmenschen und der Natur fixieren sollen: Der Mensch hat fruchtbar zu sein, die Erde zu füllen und diese sich untertan zu machen.[25] Durch die Wahrnehmung dieser Mandate bzw. "Segnungen" sollten Adam und Eva nach und nach über eine Gestaltungs-, Wachstums- und Vollendungsstufe zum Ebenbild Gottes heranreifen.

Aber da Eva - wie S.M. Moon die Bibel interpretiert und ergänzt - verfrühte und unerlaubte sexuelle Beziehungen mit dem Satan, dem aus dem Himmel herausgefallenen und ausgestoßenen Engel Lucifer, aufnahm und dadurch alle Nachkommen mit der Erbsünde befleckt wurden, war seitdem die gottgewollte Schöpfungsordnung außer Kraft gesetzt. "Auf Grund seiner gefallenen Natur hat der Mensch eine böse Familie, Gesellschaft und Welt geschaffen, indem er böse Kinder zeugte".[26] Seither wartet die Menschheit auf die Wiederherstellung des ursprünglich guten Gottesplans, zumal sie nach dem Fall aus dem irdischen Himmelreich vertrieben wurde.

3.2. Zur Wiederherstellung eines den gesamten Kosmos umfassenden Restaurationsprozesses ist nach den G.P. eine sündlose Familie und Ehe vonnöten, weil Welt und Mensch nur durch die Beseitigung jenes Ur-Schadens gerettet werden können, durch den das Verderben seinen Anfang nahm. S.M. Moon legt den Beginn dieses wiederherstellenden Geschehens in das Jahr 1960, in dem er seine Ehe mit Hak Ja Han geschlossen hat. Er selbst repräsentiert die Person Adams vor dem Sündenfall, der aber dieses Mal - genau so wie seine Frau, die als "vollkommene Eva" rangiert - die einstigen Fehler des ersten Menschenpaares nicht wiederholen werde. Und im Jahre 1960 habe außer dem Eheschluss noch ein wichtiges Ereignis stattgehabt, nämlich die Enthüllung der Rolle Satans beim Sündenfall, so dass seitdem die Kräfte des Guten zunähmen, während der Satan in die Defensive gedrängt sei. Am Ende dieses Wiederherstellungsprozesses steht die Errichtung des Reiches Gottes, "die Souveränität Gottes in einer Kultur, die sich in gemeinwohlorientierten Strukturen äußert und zugleich jedem Individuum und mehr noch jeder Familie ein Selbstverständnis als direktes Gegenüber Gottes zubilligt".[27] Von jetzt an gilt allerdings: Kein VK-Mitglied, das heiratet, soll seine Ehe privat konstituieren! Heiraten darf nur, wer schon zur Ehe qualifiziert ist (die er darüber hinaus erst nach einer mehrwöchigen Wartezeit vollziehen soll). Selbst- und Identitätsfindung wird von der VK zwar keineswegs unterschätzt; aber das Ziel der Menschenbildung ist in erster Linie die Entfaltung der Beziehungsfähigkeit, das Geben- und Nehmen-Können, was gerade im unverbrüchlichen Miteinander von Mann und Frau erlernt werden kann und soll. Er selber, S.M. Moon, entscheidet, wer dazu mit wem eine von Konkupiszenz freie Ehe eingehen kann, was faktisch partiell auf einen Rückgriff auf übliche Praktiken nicht nur im ostasiatischen Großfamilienverband hinausläuft.[28]

3.3. An diesem Punkt der unifikatorischen Installierung einer festen, religiös legitimierten Ehe-Institution hakt der harsche Protest der permissiven westeuropäisch-nordamerikanischen Gesellschaft ein. Sie sieht zu recht ihre eigene, auf einem Gemisch von genuin christlichen und romantischen Vorstellungen entstandene Ehe-Ideologie in ihrer postulierten Normativität gefährdet. Zweifelhaft ist für sie schon von vornherein, ob das Verhalten von Mann und Frau angesichts der ubiquitären Situation implodierender Familien überhaupt ethisch bewertbar sei. Zumindest handele es sich hier doch um einen Wertbereich, der endgültig in die Verantwortung der beteiligten Personen übergegangen sei, ohne dass Staat, Kirche und Gesellschaft interagieren dürften.

Alle diese sich aufdrängenden Einwände und Aversionen gegen die Moon'sche Ehekonzeption sind nicht überzeugend, solange sie nicht von ihrer Einbettung in den heilsgeschichtlichen Aufriss der G.P. bewertet werden und lediglich vom Ist-Zustand eines vorherrschend säkularen Eheverständnisses, wie es sich in unserer Gesellschaft durchsetzt, inkriminiert werden. Schließlich wird von den G.P. eine rigorose

Sexualmoral gefordert, die bald zwei Jahrtausende lang in ihren Grundstrukturen von nahezu allen christlichen Kirchen und Denominationen vertreten wurde. Dass Sexualität nur im Rahmen einer legalen Ehe ihren von Gott gemeinten Platz finden darf - weil sie sonst unter dem augustinischen Vorzeichen steht: "Diaboli virtus est in lumbis" -, ist ein uraltes Erbstück der auf der biblischen (samt späthellenistischem Einfluss) basierenden Tradition. Zumindest unsere heutige westliche Gesellschaft im quasi postchristlichen Zeitalter ist davon nicht zuletzt wegen seiner permissiven sexuellen Standards weit abgewichen, obwohl in der VK eine per se beschränkte und tabuisierte Sichtweise der Sexualität, die auf einer grundsätzlich lebensfeindlichen Einstellung beruht, keinerlei Zuspruch findet. Im Gegenteil![29] Unterhalb dessen ist es dennoch nicht ganz folgerichtig, wenn ab und an von evangelikaler und konservativ katholischer Seite die unifikatorische Ehemoral auch für alle Nicht-Moonis als vorbildlich und erstrebenswert über den Schellenkönig gelobt wird.[30] Denn dann wird vor allem übersehen, wie sehr das vereinigungskirchliche Ehezeremoniell und Übergangsritual (vom asketischen Leben zum Verheiratet-Sein) in innerer Kohärenz zur typisch vereinigungskirchlichen Eschatologie steht und dass die Ehesegnung nicht in erster Linie darauf abzielt, wieder krisenfeste "Primärbeziehungen" - um es im Jargon unserer Jugend zu sagen - an die Stelle der heute allerorts grassierenden narzistisch-neurotischen hetero- und homosexuellen Zweckverbindungen (resp. Lebenspartnerschaften) zu setzen.

3.4. Recht hypothetisch gesehen, mutet von daher gesehen außerdem die interessante Erwägung eines solch ausgewiesenen Moon-Experten wie G. Kehrer an. Er meint, dass "langfristig die Radikalität des Eheverständnisses (zu erg.: der Moonis) auf der Strecke" bleibe, wenn die VK nicht folgender Gefahr entgehe: "Ehe und Familie sind heilsnotwendig - organisatorisch notwendig ist jedoch ein hoher Bestand zölibatär lebender Mitglieder".[31] Ansonsten stagniere der Missionserfolg, und das Gleichgewicht zwischen Heilsorganisation und Ökonomie gerate ins Wanken.

Der Verfasser dieser Zeilen hatte in den letzten fünf bis zehn Jahren reichlich Gelegenheit, eine Anzahl Mitglieder der VK kennen zu lernen, die zur Mission oder zu karitativem Einsatz in abgelegene, oft für den einzelnen sogar physisch bedrohliche Länder delegiert wurden (u.a. nach Albanien, Afghanistan, Iran usw.). Sie bestätigten mir: Nur als eingeschworenes Team von Ehemann und Ehefrau sei es ihnen möglich gewesen, unter übelsten äußeren Bedingungen aktiv und unverdrossen auszuhalten. Einige ließen darüber hinaus durchblicken, dass Paare, die aus verschiedenen Nationen oder gar Kulturkreisen stammten - und Rev. Moon scheint das Zustandekommen interrassistischer Paarbildungen zu begünstigen-, erst im strapaziösen Dienst während entbehrungsreicher Missionsjahre ganz zu dem gefunden hätten, was die G. P. unter "idealer Ehe" verstehen. Aber es sei nicht verschwiegen, dass es vor einer Generation auch Missionseinsätze der VK gab, für die sogar Mütter ihre Kinder bei den Großeltern ließen, was wiederum - wie das wohltuend selbstkritische Mitglied der VK Th. Schellen reportiert - in dem an enge Familienbindungen gewöhnten Korea für Furore sorgte. Doch solche Missionsanstrengungen, die heute in dieser Rigorosität längst nicht mehr üblich sind, hätten seiner Zeit dem entsprochen, "was Rev. Moon und seine Frau Hak Ja Han selber praktizierten" und was als "historische Notwendigkeit" gerechtfertigt wurde; denn "für Rev. Moon waren die sechziger und siebziger Jahre kritische Momente der Weltgeschichte".[32]

Außer Acht bleiben darf über solchen Überlegungen nicht, dass schon im Ansatz das System des Moon'schen Familienkonzepts als ein Set wechselseitiger sozialer Beziehungen und Operationen begriffen wird, das verinnerlicht und damit auch zugleich auf die Um- und Mitwelt sensu lato übertragen werden soll. Frau Y.O. Kim, die bei der Erörterung dieses Themas Gemeinsamkeiten und Differenzen zwischen dem ethischen System der Vereinigungsbewegung einerseits und des Konfuzianismus andererseits mit ins Spiel bringt, sieht es so: "Die Vereinigungstheologie trägt der menschlichen Bezogenheit und Verantwortlichkeit Rechnung, indem sie die Familie als Modell benutzt", denn "durch die Erfahrungen der Beziehungen zu jedem Mitglied unseres Familienkreises lernen wir, uns auf die Gesellschaft zu beziehen".[33]

4. Zwischen systematischer, philosophisch-theologischer Glaubensfundamentierung, mystischer Frömmigkeit und endzeitlicher Gestimmtheit

Die VK, gegründet auf die G.P. und zahlreiche mündliche Kundgaben S.M. Moons, fußt in einem reich gegliederten, spannungsreichen Glaubenssystem, das in sich ebenso ein Konvolut logisch-rationaler, kognitiver und spekulativer Elemente enthält wie eine vielgestaltig emotionale, von mystischen und chiliastischen Erlebnisqualitäten erfüllte Religiosität. Wegen dieses inhaltlichen Reichtums nimmt sie einen singulären Rang unter dem ungefähr ein Dutzend neuer religiöser Bewegungen ein, die sich momentan in Deutschland zu etablieren versuchen.[34]

4.1. Der unifikatorischen Lehre liegt eine implizite anthropologische Sicht zugrunde, die mit folgender essentieller Zurkenntnisnahme verknüpft ist:

Der Mensch hat sich vor allem die Ursprungskategorien bzw. Prinzipien zu eigen zu machen, die zum Grundstock der Doktrin der VK gehören. Sie wollen Einsichten und Erkenntnisse festhalten und schematisieren, so weit sie aus der Schöpfungslehre zu gewinnen und als Denkstrukturen zu verallgemeinern sind. Sie zu ignorieren, läuft nach Meinung der Vereinigungsphilosophie, die die VK als eine Art "braintrust" flankiert, darauf hinaus, in Tunnelrealitäten zu leben und nur eine schmale und verwirrende Bandbreite eines gigantischen kosmischen Spektrums wahrzunehmen.

Wenn es heißt, dass diese Prinzipien aus der Schöpfungslehre zu erheben sind, dann werden damit alle Dinge und Vorgänge gemeint, die Gott aus sich herausgesetzt hat und die deshalb mit Seinem Äußeren identisch sind. Die Gültigkeit der Prinzipien erstreckt sich demnach auf alles, was existiert, wie lapidar und unmissverständlich von H.W. Richardson erklärt wird.[35] Im einzelnen geht es zuerst um das Prinzip der Wandlungen oder des stetigen Austausches, gemeinhin als das Prinzip des "Gebens und Nehmens" figurierend. Dieser Vorgang begründet dann zugleich das Prinzip von "These - Division - Synthese", womit folgendes Phänomen in den Blick genommen werden soll: Die Ursprungsenergie, die stets und immer wieder von Gott ausgeht, pflegt sich zu teilen ("Division"), um sich später wieder zu vereinigen ("Synthese"). So entsteht dann ein neues, drittes Objekt gegenüber dem Ursprung. Wird nun das Stadium der Division "dualisiert", so kommt es zu einer Subjekt- und Objektposition. Dieser schematische Vorgang ist allen möglichen Erscheinungen, Prozessen und Aktionsabläufen inhärent und gilt als grundierendes Erkenntnis- und Erklärungsmodell.[36]

Auf die der Vereinigungstheologie zugrundeliegenden, uns so fremd und unwirklich anmutenden Ursprungskategorien wurde deshalb etwas ausführlicher eingegangen, weil sich hiermit ein eminent wichtiges Problem assoziiert, das die ganze Misere der Auseinandersetzung mit den neuen religiösen Bewegungen im allgemeinen und der VK im besonderen eklatant zu erhellen vermag. Bereits auf der erwähnten hannövrischen Tagung 1978 über die "Jugendreligionen" wurde ja mehrmals darauf verwiesen, dass man sich an Ort und Stelle "ungehindert mit den Jugendreligionen auseinandersetzen und dabei Tatsachen aus wissenschaftlicher, moralischer oder gesellschaftspolitischer Sicht bewerten" wolle.[37] Aber speziell die hier eingeklagte wissenschaftliche Auseinandersetzung, die theoretisch fundierte Analyse der einzelnen NRB, hat, wenn man einmal von Kehrers "Entstehen einer neuen Religion. Das Beispiel der Vereinigungskirche" (1981) absieht, kaum jemals stattgefunden. Stattdessen kaprizierte man sich einzig und allein auf die angebliche, primär die Herausbildung einer Ich-Identität verunmöglichenden Gefährlichkeit der bald auch als "destructive cults" bezeichneten neuen religiösen Bewegungen. Selbst die Kölner Dissertation F. Usarskis, die zehn Jahre nach dem hannövrischen Reader einer genuin religionswissenschaftlichen, den Maximen des Verstehens und der Wertfreiheit verpflichteten Erforschung neuer "Spiritualität" den Weg zu ebnen versuchte, konnte keinen breitwürfigen, belegbaren Durchbruch erzielen.[38] Umgekehrt hat die VK die biblische Überlieferung, die christliche Theologie und die Realität der christlichen Kirchen als herausforderndes und korrigierendes Gegenüber stets ernst zu nehmen vermocht. Im Mittelpunkt dieses unablässigen theologischen, religionsgeschichtlichen und ökumenischen Bemühens steht natürlich der strittigste Punkt, die Gewichtung der Person und der fortwirkenden heilsgeschichtlichen Bedeutung Jesu. Die G. P. befassen sich auf Schritt und Tritt mit diesem problematischen Differenzpunkt, selbstredend auch und gerade Y.O. Kim. Die jüngste offizielle Verlautbarung Anfang dieses Jahrzehnts, in der die VK konzis und zusammenfassend zum Kapitel "Jesus und Moon" Stellung bezieht, gipfelt in dem entscheidenden diszernierenden Statement: "Die Wiederkunft Christi ist Gottes dritter Anlauf, das Ideal der "Wahren Eltern" sowohl geistig als auch physisch auf der Erde zu verwirklichen.[39]

4.2. Die VK verfügt neben diesem philosophischen und theologischen Pol ihres welt- und heilsgeschichtlichen Entwurfs und Selbstverständnisses, dem wir "Abendländer" spontan nur mit hermeneutischer Kunst in einer Art Näherungsversuch beizukommen vermögen, auch über den gegenregulatorischen Ausgleich einer stark mystischen Komponente, in die wir uns ein wenig leichter einzufühlen vermögen. Immerhin ist es ein erstaunliches, respektheischendes Phänomen, "wie im Denken Rev. Moons die Intimität der Gottesbeziehung durch den orientalischen Ordnungsgedanken balanciert wird".[40] Der Frankfurter Religionswissenschaftler H. Röhr hat sich eingehend mit dem Thema "Mystische Elemente in der VK" befasst und ist ihrer Spur unter differenzierter Heranziehung zahlreicher religionsgeschichtlicher Parallelen aus Christentum oder Islam nachgegangen, um zu folgendem Schluss zu gelangen: "Ob Moon (und seine Anhänger) meiner Deutung seines Systems als einer genuin "mystischen Theologie" (der Ton liegt auf "Theo"-) zustimmen würden, weiß ich nicht. Vieles bei Moon ist sicher "spontaner Parallelismus" (R. Otto) und ihm völlig unbewußt; um so größer sein schöpferisches religiöses Ingenium!"[41] Zuweilen gewinnt man aus den G.P. den unvermuteten Eindruck, dass sowohl der Bezug auf den omnipotenten Schöpfer als auch die endzeitliche Dimension des religiösen Entwurfs S.M. Moons von dessen mystischer Theologie geradezu erdrückt wird. Auch wenn er die Grenze zur Verschmelzungsmystik nicht überschreitet, da es bei mystischen Reziprozitätsformeln bleibt - wie z.B. "du in mir, und ich in dir" -, steht es für S.M. Moon unerschütterlich fest, dass nicht allein der Mensch, sondern auch Gott nur zu sich selbst kommt, wenn Er sich im freien Austausch mit Seiner Kreatur, speziell mit dem Menschen, auf den Liebesprozess des "Gebens und Nehmens" einlässt. Noch mehr: Gott macht sich dem Menschen gegenüber sogar erlösungsbedürftig. Durch die "Wiederherstellung" des Menschen und des Kosmos geschieht auch die "Wiederherstellung" Gottes; denn Er leidet unendlich seit dem Fall des Menschen an Seiner enttäuschten Liebe.

So erhält der Mensch eine echte Subjektivität zugesprochen. Er kann ja Gott etwas Einzigartiges geben; er kann der Gottessehnsucht nach dem Menschen entgegenkommen und entsprechen. Den G.P. liegt demnach ein korrelatives Gottesbild zugrunde, wonach Gott selber keine Liebe manifestieren kann, so lange Er keine communio mit dem Menschen realisiert. Weil es aber dazu schon in Seinem Schöpfungswerk kommt, wird jede Individualität dadurch zur Behausung, zum Tempel Gottes. Gott sehne sich "nach der Stätte, wo Er dir als Einzelperson, die auf ganz bestimmte Art und Weise denkt und fühlt, begegnen kann. Komme an diesen Ort in deinem Herzen!"[42] Andere Religionen und Theologien, so fasst Y.O. Kim das Spezifikum vereinigungskirchlicher Frömmigkeit zusammen, schätzten zwar auch "das Andachtsleben, die Herzensliebe, das Gefühl letzter Abhängigkeit..."; doch Rev. S.M. Moon gehe noch darüber hinaus. "In seinem tiefen geistigen Forschen entdeckte er das abgründige "han"... des Himmlischen Vaters und die Ursachen davon. Er beschloss, diese Ursachen zu beheben, Gottes "han", die kosmische Tragödie, zu entwirren und zu heilen".[43]

4.3. Philosophisch-theologische Systematik und mystische Frömmigkeit sind in der VK in eine endzeitliche Stimmung eingebettet. Sie ist, wie H. Röhr im Anschluss an W. Lewis in plastisch-anschaulicher Weise vorführt, ein Produkt aus den verschiedensten "Ideen und Praktiken des Buddhismus, Hinduismus, Taoismus, Konfuzianismus und des koreanischen Schamanismus", die eine "alchemistische Wandlung" erfahren, in der sie "im Schmelzofen von Moons christlicher Eschatologie symbolisch neu dargestellt" würden.[44] Im einzelnen gründet die endzeitliche Stimmung der VK auf folgenden Fakten: Da nach den G. P. Jesus nur die geistige, nicht auch die physische Erlösung des Menschen erwirken konnte, blieb die Hälfte seiner Mission unerledigt. Jetzt aber wird der zweite Messias (wieder)kommen; denn das Ringen Gottes und des Satans neigt sich seinem Ende zu, und die Menschheitsgeschichte gelangt mit der Errichtung von "Gottes Reich auf Erden und in der Geistigen Welt" zu ihrem ultimativen Abschluss. Das gesamte Programm mit der tiefgreifenden Neuinterpretation und Extrapolation der aus der Bibel abgeleiteten Geschichte Gottes mit den Menschen - von der Schöpfung und dem Fall, den zahlreichen Versuchen Gottes im Alten Testament und in späteren Zeitkünften, den Menschen wieder in die Position Adams vor dem Fall zurückzuversetzen, bis zur Schlusszeit in unseren Jahrzehnten - wird an Hand einer reichen, zuweilen verwirrenden Zahlensymbolik entwickelt.[45] Die Essenz dieses kosmischen, welt- und heilsgeschichtlichen Entwurfs, der alles historische Geschehen unter ein gigantisches sinngebendes Weltthema stellen will, wird - was, um dem Charakter dieser Kernaussage möglichst authentisch Rechnung zu tragen, einmal im Text der englischen Ausgabe der G.P. zitiert sein soll - darin gesehen: "Jesus knew he could not fulfill the purpose of his advent as the Messiah through redemption by the cross. Christ has to come again to fulfill perfectly the will of God, because God's predestination to restore the Kingdom of Heaven on earth was absolute and unchangeable".[46]

4.4. Selbstredend erheben sich angesichts der Moon'schen Bibelexegese und der genuin apokalyptischen Sichtweise der menschlichen Geschichte einige äußerst kritische Rückfragen an die G.P. Warum verschließen sie sich - so wird des öfteren eingewandt - derart brüsk den Erkenntnissen und der Arbeitsweise der historisch-kritischen Methode, die inzwischen selbst von manchen evangelikalen Kreisen akzeptiert und angewandt wird? Selbst der bereits erwähnte, unbestritten gutwillig tolerante K. Hutten, der vor einer Generation maßgeblich die Beurteilungskategorien für den Umgang evangelischer (und katholischer) Christen mit den freien religiösen Gemeinschaften und "Sekten" bereitstellte, meinte schon vor dreißig Jahren, dass S.M. Moon "durch eigenwillige, oft absurde Schriftauslegungen, starre Zeitschablonen und verkrampfte Parallelisierungen und Symbolismen" die großen Linien seines heilsgeschichtlichen Entwurfs fragwürdig mache![47] K. Hutten führt damit eine Kritikerschar von wissenschaftlichen Insidern an, die grundsätzlich meint, dass nicht die Berufung auf autorisierte persönliche Offenbarung und Inspiration in Zweifel gezogen werden dürfe, wohl aber die Art und Weise, wie diese im 20. Jahrhundert durch theologische und religionswissenschaftliche Beweisführungen gleich abgestützt und unterfüttert würden. Hierzu könnte nur mit der schwachen Gegenkritik gekontert werden, dass es heute doch auch seriöse und religionswissenschaftliche Protagonisten gebe, die der analytisch-atomisierenden Vorgehensweise und der historisch-kritischen Methode mit dem Korrektiv einer synthetischen Sicht des biblischen Einzel- wie Gesamttextes in seiner Ganzheit, Kohärenz und innerbiblischen Kontextualität zu begegnen versuchen. Aber in keinem Falle versperrt sich die VK dem kritischen Einspruch, sie bleibt wissenschaftlicher Argumentation gegenüber offen und gesprächsbereit, vorab auf Kongressen und meetings mit Andersdenkenden.[48]

5. S. M. Moon und das Geheimnis der messianischen Erwählung

5.1. Am heftigsten entzünden sich kontroverse Debatten über die VK oder die G.P., wenn es um die Person S.M. Moons selbst geht. Das fängt gewöhnlich damit an, dass irgendein Gesprächspartner die aus den Medien ungeprüft übernommene und ad nauseam kolportierte Meinung ins Spiel bringt, da betreibe doch jemand unter dem Etikett, der "Messias" zu sein, nur gewinnsüchtige Handels- und Geschäftspraktiken. Allein diese simple, diffamierende Breitsalve zu analysieren und letztlich als gegenstandslosen Nonsens zu entlarven, ist im Rahmen eines Kurzdialogs gar nicht zu leisten. Versucht man es in ausführlicher Weise in einer theologischen und/oder religionswissenschaftlichen Fachzeitschrift, wird es doch nur von einer Minorität besser Orientierter aus dem wissenschaftlichen Establishment gelesen, die sich aber nicht unbedingt als Mitstreiter gegen eine Anti-Moon-Kampagne einspannen und somit aus ihren wissenschaftlichen Vorausplanungen in störender Weise herausreißen lassen möchten.[49] Hier umfassende Aufklärungsarbeit zu leisten, übersteigt andrerseits auch die technisch-organisatorischen Kapazitäten der VK, die ohnehin über keinerlei nennenswerte Meinungslobby verfügt. Eine geringfügige, aber doch recht nützliche Hilfe wäre es deshalb, wenn einmal vor einem juristischen Forum präziser und konkret dargelegt werden könnte, wie viel Unrecht, Missverständnis und Böswilligkeit eine religiöse Minderheit erleiden muss, wenn ihr ein grundgesetzlich zustehender Schutz in der Öffentlichkeit nicht voll gewährt zu werden vermag.

5.2. Sich selbst als "Messias" zu proklamieren, wird von einem in der westlichen Welt sozialisierten Durchschnittschristen als das Nonplus-ultra aller vorstellbaren grässlich hybriden Blasphemien empfunden. Nicht bedacht wird dabei, falls man damit S.M. Moon abqualifizieren möchte, dass diesem Begriff in dem als "Jerusalem des Ostens" bezeichneten Land Korea, das für die VK der politisch-geographische locus of identity darstellt, eine ganz eigene inhaltliche Bestimmung zugrunde liegt. Während hierzulande selbst dem kirchenfremd gewordenen Bevölkerungsteil bei Nennung der Vokabel "Messias" sofort irgendein Textrest aus irgendeinem Weihnachtslied einfällt, assoziativ mit "Jesu Geburt in Bethlehem", "Christkind" oder "Weihnachten" verbunden und gleichsam "ver-feierlicht" wird, steht der Messias-Begriff in Korea in einer ganz anderen Filiation. Da entzündeten sich Anfang dieses Jahrhunderts zahlreiche (christliche) Erweckungsbewegungen. "Zu ihren gemeinsamen Eigenarten gehören Synkretismus, Nationalismus und die Erwartung eines kommenden Reiches des Heils und des Glücks auf Erden".[50] Der kommende, nicht der erinnerte Messias (in Gestalt Jesu Christi) spielt da eine exzitierende, faszinierende Rolle, und oft treten sogar mehrere widerstreitende Messiasprätendenten auf.

Auf die Spur des Verständnisses, was den weit gefassten Begriff der "Messianität" z.B. in Korea angeht, verhilft folgender Report: Von einem Anhänger bedrängt, ob er denn wirklich der Messias, der "Herr der Wiederkunft" sei, soll S. M. Moon in etwa geantwortet haben: "Ich weiß es nicht. Aber du selber sieh zu und verhalte dich so, als ob du der Messias werden könntest." Vergessen sei auch nicht, dass nach unifikatorischer Meinung auch ein Ehepartner wechselseitig zum Messias des anderen werden soll.

Als Messias im engeren Sinne, als "Savior of the whole world", scheint sich S. M. Moon erst in jüngster Zeit und erst zu relativ wenigen Gelegenheiten vollauf bekannt zu haben. Unabhängig davon umgibt ihn schon lange in den Augen seiner Anhänger die Aura der messianischen Erwählung. Wer der VK angehört, identifiziert in der Regel den, der seit seinem religiösen Gipfelerlebnis am Ostermorgen 1935 seine Lebensaufgabe in der Vollendung des (seiner Meinung nach) unvollendeten Erlösungswerkes Jesu gesehen hat, sowieso mit demjenigen, der die klandestinen Machenschaften des Satans und die wahre Bedeutung des Sündenfalls aufschlüsselte. Hinzu kommt, dass

S. M. Moon selbst seiner Eheschließung mit Hak Ja Han eine religiös-endzeitliche Deutung im Sinne von Offb. 19.7 (als "Hochzeit des Lammes") unterlegt.

In Konsequenz dieser Selbsteinschätzung ihrer Ehe erklärte deshalb Frau Hak Ja Han in ihrer Ansprache 1993 vor dem US-Senat: "Mein Mann und ich sind entschlossen den Weg der Wiederherstellung gegangen, um die Fehler der Vergangenheit zu bereinigen, einschließlich derer der Epochen des Alten und Neuen Testaments".[51] Doch letztlich kann die entscheidende Frage, ob S.M. Moon tatsächlich der Messias ist und er mitsamt seiner Frau die "Wahren Eltern" (true parents) des angebrochenen erfüllten Zeitalters darstellen, einzig und allein - da sie tiefste emotionale Gebundenheit und Ergriffenheit tangiert - als konfessorisches Statement beantwortet werden. Fr. Sontag, ein amerikanischer Philosophieprofessor, hat zahlreiche Mitglieder der VK befragt, welche Rolle Rev. Moon für ihr Glaubensleben einnimmt. "Aus diesen Antworten" so schließt er, "geht hervor, dass die Moonies keiner gleichlautenden öffentlichen Lehre folgen, sondern dass jeder einzelne einen gewissen Spielraum hat, um sich eine eigene Meinung zur Sache zu bilden. Das bedeutet aber andrerseits auch nicht, dass es keinerlei Beschränkungen gibt".[52]

Der Moon'sche Messias-Anspruch tritt jedenfalls wohltuend unaufdringlich und vorsichtig in Erscheinung, bar jedes selbstdarstellerischen Beiwerks, was manchmal dergestalt anmutet, als ob er sich damit eigentlich primär der Typologie des grundlegenden religiösen Erneuerers zurechnen wolle. Andernfalls wären ganz gewiss auch nicht die Ex-Präsidenten der USA Bush und Ford oder der ehemalige britische Premierminister Heath als Redner zur Auftaktveranstaltung anlässlich der Bildung einer "Familienföderation für Weltfrieden" in New York aufgetreten.[53] Zudem wird S.M. Moon immer wieder attestiert, dass er eine große innere Ruhe, Souveränität und integrative Kraft ausstrahlt.[54]

5.3. Konstruktiv und bislang unwidersprochen ist allerdings in diesem Kontext die Erwägung H. Röhrs, inwiefern die unter Religionswissenschaftlern allgemein bekannte und anerkannte Definition J. Wachs "The leader is the sect" bei der Beurteilung S. M. Moons und der VK nicht "erheblich gemildert" werden müsse.[55] Der Grund wird in der überzeugenden Bedeutung der G.P. gesehen. Obgleich er ein "do-it-yourself-Systematiker" sei, wird S.M. Moon von W. Lewis doch als "bedeutender Theologe" eingeschätzt und in die Kategorie der "Reformatoren" eingeordnet.[56] P. Schwarzenau hat genauer untersucht und aufgezeigt, warum in den G.P. einige Zusammenhänge von derartiger Wichtigkeit seien, "dass die christlichen Kirchen an ihnen nicht einfach vorbeigehen dürften".[57] "Ich spreche als evangelischer Theologe, bin aber ungeachtet oder gerade wegen dieses Standorts der Meinung, dass das Christentum sich weiterentwickeln muss... im Blick auf die großen Weltreligionen und die großen außereuropäischen Kulturkreise".[58]

6. Wünschenswerte Entwicklungstendenzen im Verhältnis von VK und kirchlicher und nicht-kirchlicher Öffentlichkeit

Die VK stellt eine ziemlich kleine, allerdings einigermaßen geschlossen auftretende Gruppierung innerhalb der neuen religiösen Bewegungen dar. Sie hat es schwer, sich gegenüber mancherlei Aversionen, Voreingenommenheiten, Benachteiligungen und hässlichen Unterstellungen permanent zur Wehr zu setzen. Davon ist bislang hinreichend die Rede gewesen, obwohl durchaus keine Vollzähligkeit in der Aufreihung aller Widrigkeiten beabsichtigt war oder gar zu erreichen ist. Sicher hat die VK auch ihrerseits ab und an zu Irritationen und Missverständnissen über sich selbst, über ihre Organisationsstruktur oder Missionsstrategie durch gravierende Fehleinschätzungen und mangelhafte public-relation Arbeit beigetragen.

Angesichts dessen erhebt sich die aktuelle Frage, was denn geschehen kann, um hier einschneidende Abhilfen zu schaffen. Dafür sind vier verschiedene Adressen aufgerufen, ihr eigenes Scherflein für ein gedeihliches Miteinander von VK und Öffentlichkeit beizusteuern: die VK selber, die sog. Großkirchen samt ihren Sekten- und Weltanschauungsbeauftragten, die staatlichen Behörden und Institutionen und die Medien (wie vorab Tageszeitung, Hörfunk oder Fernsehen). Letztlich geht es dabei, wie N. Thiel, der ehemalige Leiter der Öffentlichkeitsarbeit der VK seine gründliche Untersuchung des "Kampfes gegen neue religiöse Bewegungen" beschließt, um "die Bewahrung eines Stücks Freiheit".[59]

6.1. Was an der Rolle der VK in diesem bisherigen Konfliktzusammenhang grundsätzlich zu bemängeln ist, wurde im vorliegenden

Textzusammenhang schon gelegentlich ad hoc angesprochen, zumindest angedeutet. Es sei nur noch einmal kurz daran erinnert, um die wesentlichsten Informationen zu erweitern und zu arrondieren:

Anstoß und vehementen Protest erregten von Anfang an vor knapp dreißig Jahren die von der VK benutzten Rekrutierungs- und Werbestrategien, um Sympathisanten, Akzeptanten - die wenigstens die Hauptelemente der G.P. für bedenkenswert und akzeptabel halten - und (natürlich) neue Mitglieder zu gewinnen. Als ärgerliche Aufdringlichkeit empfand man und affektiven Unwillen erregte es, wenn mit auf Bauch und Rücken getragenen Papptafeln, d.h. mit der aus den USA übernommenen sandwichboard-Methode, zu Vorträgen oder Veranstaltungen eingeladen wurde. Charakteristisch seien für die Jahre nach 1975 dennoch, so meint das Autorenteam Harding und Kuner, "ein eher indifferent-belustigtes Zur-Kenntnis-Nehmen des Phänomens, mit negativer Attribution als einmaligem Peak in 1973.[60]

Eine Verstärkung erfuhr die Anti-Moon-Aversion, als im Frühjahr 1973 erstmals in Deutschland die VK in den Dunstkreis des Kidnapping geriet. Behörden wurden mobilisiert und "Initiativen" von Eltern gegründet, die ihre - angeblich oder tatsächlich - in "Centers" untergetauchten oder gar verschleppten, meist im noch jugendlichen Alter stehenden Töchter oder Söhne aus den Klauen der "Moon-Sekte"' befreien wollten. Auslöser der bösartiger werdenden Berichterstattung war wohl gerade der seinerzeitige "Fall Schneider", eines Mainzer Berufsschülers, der plötzlich verschwand und dann drei Wochen später in Berlin wieder auftauchte und nur unter erheblichen Mühen "losgeeist" und "deprogrammiert" werden konnte. Die Stichworte "Deprogrammierung", "Menschenraub", "sektiererische Absonderlichkeiten" oder "brain-washing" klebten jetzt an den Fußsohlen der VK-Mitglieder wie Kaugummi, obwohl fast alle in etwa gleichgelagerten Fälle in Westeuropa oder Nordamerika für die VK ohne juristisch nachteilige Folgen blieben. Dennoch muss zu deren Verständnis und Abklärung noch einiges beigetragen werden.

Natürlich ist zu Beginn des Missionseinsatzes von VK-Mitgliedern gelegentlich zu forciert und intrusiv auf die Leute zugegangen worden. Da konnte es in vereinzelten Fällen auch einmal zu dem kommen, was besorgte Eltern und Erwachsene dazu brachte, empört zu reagieren und auf juristische Abhilfe zu klagen. Das hat es übrigens immer wieder in der Kirchen- und Religionsgeschichte gegeben, dass gerade in ihrer, ja sogar lediglich in ihrer Initialphase stehende neue religiöse Bewegungen und Gruppierungen allzu übereifrig und offensiv ihr spirituell tiefempfundenes Anliegen durchsetzen wollten. Und da derzeit unser westliches, speziell deutsches Christentum meist nur über proportional wenig akzentuierte Gläubige verfügt und die religiöse Überzeugung den allermeisten nur noch wie ein lockeres Gewand um die Schulter hängt, kommt es um so mehr zu ärgerlichen Konfrontationen. Man will ja beweisen, trotz aller subjektiv laxen Religionsausübung doch noch irgendwie zum mainstream der "richtigen" Christen zu gehören. Und den Sektierern schiebt man nur allzu bereitwillig die Rolle des "Sündenbocks" zu.[61] Unbeschadet dessen sieht es momentan so aus, als ob inzwischen, da die Missionsmethoden der Moonies verhaltener, subtiler und diskreter geworden sind, eine früher spontane und emotionsgeladene Ablehnung - auch und gerade im Sinne der Sündenbock-Projektion - seltener provoziert wird.

6.2. Die Fehlreaktionen der beiden Großkirchen gegenüber dem Auftreten und den missionarischen Aktivitäten der VK sind Legion.[62] Entschuldigend kann man einwenden: Man war ja nicht im mindesten auf diesen Sturzbach neuer religiöser Bedürfnisse und Ideologien vorbereitet, sondern schätzte die konventionelle, wenn auch nur schwach pulsierende Kirchlichkeit in der Klammer der bikonfessionellen Gegebenheiten als etwas Invariantes ein. Von Anfang an reagierten die evangelische und katholische Kirche daher nervös, misstrauisch und aversiv. Sie verlegte sich ausschließlich auf die herkömmliche traditionelle Strategie, sich möglichst früh und in aller Schärfe von Andersgläubigen apologetisch abzugrenzen.

Vielleicht hätte man statt dessen lieber mehr dafür Sorge tragen sollen, dass zumindest auf lokaler Ebene eine formelle, tastende gegenseitige Zurkenntnisnahme Platz greift, dass man sich in Einzelfällen auch einmal offen ausspricht und im überschaubaren Kreis verdeutlicht, was man voneinander hält.[63] Schließlich muss es ja auch darum gehen, ganz nüchtern und pragmatisch vermeidbaren Konfliktstoff für ein gedeihliches Nebeneinander aus dem Wege zu räumen, im Zuge dessen allerdings allzu mitgliederschwachen neureligiösen Gruppierungen vorerst bloß ein "benign neglect" angedeihen zu lassen. Inzwischen werden die von der evangelischen und katholischen Kirche meist vor über zwanzig Jahren eingesetzten Sekten- und Weltanschauungsbeauftragten ihre Existenzberechtigung voraussichtlich immer weniger dadurch legitimieren können, "dass sie" - wie K. Löw einen (leider anonym bleibenden) sarkastischen Universitätstheologen zitiert - "angesichts der geringen Zahl von Sekten und anderer religiöser Vereinigungen die von ihnen ausgehenden Gefahren möglichst groß ausmalen".[64] Denn mittlerweile zerfließt die ehemals aus ein bis zwei Dutzend Organisationen bestehende Szene der NRB's mit erstaunlicher Beschleunigung in eine Unzahl unüberschaubarer informeller Kleingruppen ohne feste Organisationsstruktur, die kaum mehr zu rubrizieren sind (wobei der "founder" oder "Guru", der diktatorische Übervater angeblich jeder "Jugendsekte", von selbst abhanden kommt und sich keineswegs als das am meisten konstitutive Element jeder neureligiösen Sekte erweist).

Sich mit dem Recht der verbliebenen mitgliederstarken neureligiösen Bewegungen kompetent und versiert auseinander zu setzen, erfordert immer mehr, vom Generalisten zum Experten zu werden, der sich beispielsweise nur noch auf die Scientologen konzentrieren kann. Ganz bestimmt geht es nicht mehr an, über die neuen Religionen zu lamentieren, ohne sich kenntnisreicher mit deren theologischen Wurzeln und Zielen zu befassen. Es schält sich daher das paradoxe Desiderat heraus, dass kirchliche Sekten- und Weltanschauungsbeauftragte sich nicht weniger, sondern intensiver um ihren Gegenstand kümmern sollten, freilich im Auswahlverfahren nur jeweils gründlich mit einer oder zwei neureligiösen Bewegungen. Dann erübrigt sich auch der obligatorisch abfällige, gehässige und verzerrende "kirchenchristliche" Unterton, wie er sich in der Darstellung der "Jugendreligionen" aus kirchlicher Feder eingeschlichen hat.

6.3. Um zu eruieren, wie es in verschiedenen Ländern mit der mehr oder minder engen Einbindung des Staates in die Anti-"Sekten"-Kampagne vorab der letzten 15 bis 20 Jahre bestellt ist, hat der britische Soziologe J.A. Beckford eine vergleichende Untersuchung darüber in den USA, in Großbritannien, Frankreich und Deutschland angestellt.[65] In all diesen vier modernen Rechtsstaaten kennt man keine Bevorzugung oder Benachteiligung der Bürger auf Grund einer bestimmten Religionszugehörigkeit. Dennoch gelangt J.A. Beckford zum einhelligen Urteil, dass nur hierzulande der Staat eine maßgebliche, herausragende Rolle während der jüngsten Konfrontationen zwischen etablierten Kirchen und neuen religiösen Bewegungen spiele, was partiell schon daran ersichtlich ist, dass die beiden Großkirchen lediglich in Deutschland als "Körperschaft des öffentlichen Rechts" eine besondere, nämlich "staatsnahe"' Stellung innerhalb der Gesellschaft einnehmen. Aus dieser historisch bedingten engen Staat-Kirche-Beziehung ergeben sich einige für die NRB's oft ungünstig sich auswirkende Konsequenzen. Das bekannteste und augenfälligste Beispiel ist die vertraglich abgesicherte Verpflichtung des Staates, die Kirchensteuer für die evangelische und katholische Kirche mit hoheitlichem Zwang einzuziehen. Für unseren Betrachtungszusammenhang ist jedoch von größerer Wichtigkeit, dass darüber hinaus der Staat noch vieles mehr an Leistungen für die Großkirchen zu erbringen hat - Finanzierung des Religionsunterrichts an öffentlichen Schulen oder Unterhalt der theologischen Fakultäten -, was bereits rein atmosphärisch ein kooperatives Klima begünstigt. Von allem konzertierten Miteinander bleiben allerdings die nichtprivilegierten Religionsgemeinschaften von vornherein ausgeschlossen.

N. Thiel, gleichsam der Sektenexperte der VK, sieht zudem darin, dass der Staat, nachdem er auf Drängen offizieller oder offiziöser kirchlicher Repräsentanten zu dem Problem der sog. Jugendreligionen Stellung bezogen und sich nicht auf die Beantwortung einzelner Sachfragen zu einzelnen Gemeinschaften beschränkt habe, den Beginn einer verhängnisvollen und bedrohlichen Entwicklung. Staatliche Institutionen hätten sich nämlich damit ohne zwingende Notwendigkeit auf eine brisante Thematik eingelassen, "die - wenn es nach dem Willen einiger "Sektenbekämpfer" geht - weder zeitlich noch umfangmäßig begrenzt ist".[66] Denn durch eine Fülle von Maßnahmen hätten sie aus einer vorrangig religiösen Auseinandersetzung unter ihren Bürgern eine Auseinandersetzung zwischen sich und einem Teil ihrer Bürger gemacht.[67] Staatlich resolutes Handeln oder gar Einschreiten gegenüber "Jugendreligionen", "Psychosekten", "destructive cults" usw. wird inzwischen jedoch von einer zunehmend wachsenden Anzahl kirchlicher und universitärer Vertreter strikt in Frage gestellt. Jedenfalls durften sich entsprechende Maßnahmen, so wird häufig eingewandt, nicht an ideologisch aufgebauschten Scheingebilden - was ja besonders im Blick auf das Zielobjekt der VK häufig gang und gäbe war - orientieren, sondern lediglich an tatsächlichem und nachgewiesenem Verhalten solcher Gruppierungen. Selbstredend sollten problematische Machenschaften, inkorrekte Manipulationen und Ausbeutung unter dem Deckmantel der Ausübung der Religionsfreiheit nicht ungeahndet bleiben. Aber eines Sonderrechts für neue religiöse Bewegungen, so lautet der Tenor der meisten Stellungnahmen, bedürfe es in keinem Fall; denn im allgemeinen reiche es aus, das gesellschaftliche Instrumentarium der freien Aussprache für das Bloßstellen von Mißständen seitens der Großkirchen oder der NRB's einzusetzen.

6.4. Ob die Presse bedenkenlos üble Nachrichten zuungunsten der VK kolportiert, kann wahrscheinlich nicht generell behauptet werden. Aber unbestritten ist, dass ein gewisser Trash-Journalismus der Boulevardblätter, um eine möglichst zahlreiche Leserschaft anzuziehen, gar nicht sonderlich darauf aus ist, temperierte Abhandlungen über das Muni-Thema unter die Leute zu bringen. So kommt es, dass man fast keine einzige Zeile in Tages- oder Wochenblättern über die sog. Moon-Sekte findet, gegen die man nicht einen gravierenden stichhaltigen Einwand erheben könnte. Ähnlich verhält es sich auch mit vergleichbaren Reporten und Kundgaben aus Funk und Fernsehen.

Am liebsten scheinen bei Medienkonsumenten momentan (live-) Sendungen und Berichte zu sein, in denen im Sinne und im Stil eines vorgeblich investigativen Journalismus anklagende Berichte von Mooni-Apostaten aufgetischt werden. Die gesamte VK wird dann ausschließlich aus der verkürzten Perspektive ihrer "Opfer" rekonstruiert, um dabei polemisch niedergemäht zu werden. Keine Spur von sachlich protokollarischer Distanz. Allerdings muss man demgegenüber in Rechnung stellen, dass bezüglich der NRB's eine erhebliche Diskrepanz besteht zwischen der öffentlichen Diskussion, die von den Medien angefacht und getragen wird, und der wissenschaftlichen Auseinandersetzung in Fachzeitschriften oder einer anderweitigen seriösen Literaturgattung. Letztere, die - soweit es die VK betrifft - einen vergleichsweise erfreulichen Umfang angenommen hat und über ein beachtliches Niveau verfügt, ist bislang schon ausreichend zu Wort gekommen. Freilich ist sie schlechterdings einfach zu auflagenschwach, um eine Art positiver Gegenöffentlichkeit zu schaffen und mit fundierten, vorurteilsfreien Gegeninformationen die Schlammflut infamer Unterstellungen, Beleidigungen und auf abgefälschter Datenbasis beruhenden Verunglimpfungen einzudämmen. Um so eindringlicher sei daran erinnert, dass bereits 1982 der Soziologe G. Eberlein die strikte Forderung erhob, "dass mit Verfolgung und Kriminalisierung neuer Religionsgruppen endlich Schluss zu machen ist".[68]

Die VK wartet noch heute darauf. Sie hat es Jahrzehnte lang in nahezu masochistischer Manier erduldet, dass man ihr auf die hingehaltene rechte Backe - lies dazu Jesu Wort aus Mt. 5,39! - in Gestalt medialer Horrormeldungen ständig Maulschellen verabreicht. Inzwischen wurden manche ihrer Mitglieder von der "Eliasmüdigkeit" heimgesucht (cf. I. Kön. 19,4). Die meisten ihrer Anhänger hoffen jedoch beharrlich, dass sie nicht auf ewige Zeiten auch ihre andere Backe für weitere Ohrfeigen hinhalten müssen.

Epilog

Fast fünf Jahre sind seit der Erstellung meines "Parteiengutachtens" über die Vereinigungskirche und Sun Myung Moon ins Land gegangen. Ich erinnere mich deshalb noch so genau daran, weil der kurz darauf erfolgte Tod meiner Frau eine einschneidende und nachhaltige Zäsur in meine Vita brachte. Das bewegte mich dazu, mich selbst intensiver und existentiell mit den thematischen Implikationen des dritten Kapitels meiner vorliegenden Ausführung zu befassen. -

Natürlich würde ich heute deshalb nichts inhaltlich und grundsätzlich an dem verändern wollen, was mir als S.M.Moons Deutung von "Ehe und Familie als zentralem Programmpunkt für die Verwirklichung des Himmelreichs" deutlich wurde und was seitdem besonders im Engagement der Vereinigungsbewegung innerhalb des interreligiösen Zusammenschlusses der "Familienföderation" zum Tragen kommt. Unbeschadet dessen hätte ich jedoch ein paar Akzentsetzungen bei der methodischen Darlegung der typischen Lebensäußerungen und des religionswissenschaftlichen Profils der Vereinigungskirche vorzunehmen, um meine Auskünfte und Beurteilungen im Sinne des gutachterlichen Imperativs "monstra, revela, pateface" (zeige auf, enthülle, mache sichtbar) dem aktuellen Vorverständnis potentieller Leser anzupassen. -

Zudem ist inzwischen der am Szenario der Vereinigungskirche und der offiziösen Anti-Sekten-Kampagne interessierte Zeitgenosse weniger darauf erpicht, über apologetische Intentionen zugunsten der Vereinigungskirche orientiert zu werden. Er ist vor allem darauf aus, von sich aus theologische, spirituelle und religionswissenschaftliche highlights der sog. Vereinigungsbewegung zu entdecken und auszuleuchten (beispielsweise an Hand der Smart'schen Kategorien wie "Ethos, Ritus, Soziales, Mythos" u./o. "Eschatologie").

Jürgen Redhardt
im Juli 2001

ANMERKUNGEN DES AUTORS

1 "Vereinigungskirche" wird zukünftig mit dem Kürzel "VK" im Text erscheinen. "Unificationism" und damit korrespondierende deutsche oder englische termini technici ("Unificationist", unifikatorisch usw.) lassen sich gelegentlich im Text nicht vermeiden.

2 cf. dazu vor allem mein bei Benzinger schon 1977 erschienenes Buch "Wie religiös sind die Deutschen? Das psychologische Profil des Glaubens in der Bundesrepublik" (= Redhardt I).

3 U. Tworuschka, Die VK im Religionsunterricht, in: Das Entstehen einer neuen Religion (hrsg. v. G. Kehrer). Kösel 1981, S. 203 - Dieses Standardwerk über die VK erscheint zukünftig bei einer Zitatangabe unter der Abbreviatur:""... in Kehrers "Das Entstehen..."

4 Man vergleiche einmal den ausschließlich dem Faktischen verpflichteten Artikel Huttens über die VK. der in der 11. (!) Auflage seines "long-sellers" "Seher, Grübler, Enthusiasten" (Quell-Verlag 1968) erschienen ist, mit nur einer einzigen, ebenso langen, arbiträr ausgewählten Lesekostprobe aus einer Haack-Produktion.

5 S. Murken, Gandhi und die Kuh, Diogenes Verlag 1983, S. 113

6 Kl. M. Lindner, Kulturelle und semantische Probleme beim Studium einer neuen Religion, in Kehrers "Das Entstehen ...'". S. 219

7 G. Kehrer. Ethos und Handeln im System der Vereinigungskirche, in Kehrers "Das Entstehen ...". S. 192

8 Dass es ein wichtiges, wenn auch nicht primäres Anliegen der VK sein muss. ein angemesseneres, respektableres Ansehen zu gewinnen, leuchtet u.a. auf folgendem Hintergrund ohne weiteres ein: Auf der Fachtagung über "Probleme im Zusammenhang mit den sog. Jugendreligionen" (im Jahre 1975 in der Medizin. Hochschule Hannover) hat der Beauftragte der bayerischen Bischofskonferenz für Sekten und Weltanschauungsfragen, der Dipl.-theol. H. L. folgendes pejoratives label für S. M. Moon geprägt: "...verkauft in seiner sog. Vereinigungskirche mit zunehmendem Erfolg die "Göttlichen Prinzipien", sich selbst als neuen Jesus und Ginseng in jeder Form' (aus: "Neue Jugendreligionen", hrsg. v. Müller-Küppers/Specht, Vandenhoeck u. Ruprecht. 2. Aufl. 1979. S. 11). - Das sind arrogante, leichtfertige verbale Schnellschüsse - eigentlich unwürdig eines katholischen Volltheologen. Aber typisch für eine billige Polemik, die alles, was die VK angeht, als ranzigen Hokuspokus ausgeben will.

9 Die "Göttlichen Prinzipien", 2. Aufl. der dt. Übersetzung 1973, S. 18 (zukünftig mit "G.P." abgekürzt, falls nicht eine frühere resp. spätere Auflage benutzt wird).

Blickpunkt Vereinigungskirche

[10] "Im Reich des Bösen. Der Kreuzzug der Moonsekte" (hrsg. v. Programmbereich AV-Medien), KFW GmbH Frankfurt, S. 6 Frau Prof. Y.O. Kim, vielleicht die derzeit hervorragendste Interpretin - zumindest unter den Mitgliedern der VK - der Moon'schen Reden und Veröffentlichungen, hat gleich zu Beginn ihres wichtigsten Werkes "Unification Theology", 2. Aufl. 1987, eine Auflistung der verschiedenen Institutionen, Projekte oder Organisationen gebracht, die von der VK betreut werden, und dazu angemerkt: "Some are quite independent of the formal church Organisation. Others are closely associated" (a.a.O., S. 19).

[11] Zur ergänzenden Vervollständigung sei anhangsweise noch folgendes angemerkt: Zum "board" bzw. "presiding council" der von der VK initiierten "Friedensbewegung" (IRFWP) zählen - unter Anführung ihres Namens und ihrer offiziellen Funktionsbezeichnung - u.a. Erzbischof Mar Gregorius aus New Delhi (einer der acht ehemaligen Präsidenten des Weltkirchenrates in Genf), Sheikh Ahmad Kuftaro (Großmufti von Syrien), aber auch Ninian Smart aus Santa Barbara/Kalifornien (der nach der Meinung zahlreicher Religionswissenschaftler als einer der z.Zt. renommmiertesten Koryphäen seiner Zunft zu gelten habe).

[12] cf. Th. Schellen, Gottes Herz heilen, Kando-Verlag GmbH 1995, S. 57

[13] G. Kehrer, Ethos und Handeln im System der VK, in Kehrers "Das Entstehen...". S. 194

[14] G.P. S. 132

[15] So in sehr selbstkritischer Weise das VK-Mitglied Th. Schellen (a.a.O., S. 51)

[16] cf. S.H. Lee, Communism. A Critique and Counter Proposal, 1973, S. 234

[17] Der inkriminierte, inzwischen über vierzig Jahre alte Originaltext steht in den G.P. S.M. Moon ging damals davon aus, dass Demokratie und Kommunismus unversöhnlich und gleichzeitig ihre Macht ausüben. "Der nächste Krieg muss diese beiden Welten vereinigen. Es handelt sich dabei um den Dritten Weltkrieg, der zwangsläufig kommen muss, der jedoch auf zweierlei Weise ausgefochten werden kann. Erstens besteht die Möglichkeit, die satanische Seite durch Waffengewalt zu unterwerfen ... Die zweite Möglichkeit wäre, die satanische Welt auf ideologischer Ebene, also durch einen ausschließlich inneren Kampf ohne jegliche Anwendung äußerer Waffen, zu unterwerfen und eine Vereinigung herbeizuführen. Da die Menschen die Fähigkeit des Denkens besitzen, kann eine vollkommene vereinigte Welt nur dann entstehen, wenn sie auf dem Wege der Vernunft unterworfen und vereinigt werden" (a.a.O., S. 529 f.).

[18] Materialdienst der Evgl. Zentralstelle für Weltanschauungsfragen der EKD-9/1976, S. 137 ff.

[19] Bromley / Shupe. Dynamik zwischen Ideologie und sozialer Organisation in sozialen Bewegungen, in: Kehrers "Das Entstehen ...", S. 123

[20] "Moon glaubt, dass Jesus sein Evangelium selbst nach Rom bringen und von dort in die ganze Welt verbreiten wollte. Nach diesem Vorbild arbeitet nun Moon selbst in

Sachverständigengutachten zur VK

ganz Amerika, dem neuen Rom", (Kl. M. Lindner, Kulturelle und semantische Probleme beim Studium einer neuen Religion, in Kehrers "Das Entstehen...", S. 233).

21 Die Herkunfts-Familie S.M. Moons konvertierte 1928 zur presbyterianischen Kirche. Von ihr und in ihr kirchlich sozialisiert worden zu sein - so wird zuweilen vermutet -, habe sowohl S.M. Moons Präferenz für das im Presbyterianismus schon früh entwickelte "demokratische" Miteinander im Gemeindeleben geweckt als auch seine Neigung zu starker religiöser Ergriffenheit, Emotionalität und Offenheit für spirituelle Erfahrungen, wie sie ohnehin für koreanische Christen bis dato typisch zu sein scheinen (cf. Y.O. Kim, Vereinigungstheologie. Eine Annäherung, Kando-Verlag 1995, S. 14 n. u. S. 254 ff.).

22 H.L., ibidem (siehe Anm. 8)

23 Das Problem "Warum schuf Gott die Welt?", so erklärt R. Flasche, ist für die G.P. die schlechterdings "entscheidende Frage" (a.a.O., S. 51). Durch diese pointierte Voranstellung des Schöpfertums Gottes weicht die Vereinigungstheologie bereits an einem sehr wichtigen Punkt von der tonangebenden christlichen Theologie (im weitesten Sinne) ab, für die beispielsweise "Gott" im "Romanum", dem ältesten christlichen Glaubensbekenntnis, nicht als Schöpfer der Welt, wohl aber als "Allherr" (Pantokrator) bezeugt und geglaubt wird. (Einsichten über die Erschaffung der Welt überließ man den Gelehrten in Alexandrien, Antiochien und Tarsos). Der terminus technicus "allmächtiger Schöpfer" im Apostolikum ist ein Wort aus späterer Zeit. Und I. Mose 1.28 hat für die christliche Theologie im allgemeinen zu ganz anderen dogmatischen Einsichten und ethischen Konsequenzen herausgefordert und hingeführt als z.B. in den G.P.

24 entnommen dem Buch von Th. Schellen, a.a.O., S. 9

25 Die bewusst gewollte kinderlose Ehe, die sich als neue Lebensform im allgemeinen Modernisierungsprozess herausgebildet hat, ist für einen Muni selbstverständlich nicht diskussionswürdig, speziell erst das zeitgenössische Phänomen des "Dual career Couple" nicht, wie das Etikett für eine Partnerschaft heißt, in der Mann und Frau gleichermaßen Karriere machen wollen, sei es auch auf Kosten eines voll ausgestalteten, kinderreichen Familienlebens.

26 G.P., S. 129 - "For Unificationism, as for orthodox Christians, all men are children of Satan and everybody inherits original sin through Adam."

Th. Schellen, a.a.O., S. 69 - Mit diesem interpretativen Satz versucht Th. Schellen die Frage "Was Rev. Moon sich unter dem Reich Gottes auf Erden vorstellt?" positiv zu beantworten. Kurz zuvor steuert er dazu die "Negativdefinition" bei: Ein zehntausendjähriges Reich unter einem absoluten Meister aus dem Morgenland ist es nicht..., eher die unsichtbare Wohnung Gottes unter den Menschen" (Off. 21,3) (ibidem).

27 Es gibt mehr als drei Milliarden Menschen in nur sechs Ländern (China, Indien, Pakistan, Indonesien, Bangladesh und Vietnam), neben denen die Zahl von uns Westlern verschwindet. Die Wahrscheinlichkeit ist groß, dass die meisten Ehen

unter dieser großen Menschenzahl auf die eine oder andere Weise von Eltern oder Familien arrangiert werden, wie es schon immer der Fall war. Aber Eltern und Familien werden oftmals von unwürdigen Motiven geleitet, gewöhnlich finanziellen Interessen. Daher mag es sein, dass diese Zusammenführung durch einen Außenstehenden, der ohne Eigeninteressen nur den Anstand, das Zueinanderpassen und, im Falle Rev. Moons, den Weltfrieden im Auge hat, einen Fortschritt darstellt." (Diese von dem englischen Historiker P. Johnson aus dem Jahre 1992 stammende, außerordentlich interessante Anmerkung aus einem englischen Magazin wird zustimmend im "Segen der Liebe", einer Broschüre der VK aus dem Kando-Verlag 1995, auf S. 30 zitiert.)

28 In einem seiner Vorträge „Let us find our True Self" erklärt S.M. Moon in erstaunlichem Freimut: "Wo lebt Gott? In dem Ort, an dem wahre Liebe vollzogen wird. Wo ist das? (Im Liebesorgan). Im Ort größter und höchster Heiligkeil. Wir sollen dies zum Heiligtum wiederherstellen und auf ewig beschützen.„Als Ehemann und Ehefrau sollten wir uns voreinander in Dankbarkeit für diesen Ort des Partners verneigen. Dieser Ort ist der Ausgangspunkt des Himmelreichs auf Erden und im Jenseits. Ohne diesen Ort kann das Himmelreich auf Erden nicht zustandekommen. Freude. Hoffnung, Frieden und Freiheit wollen alle auf dieser Basis gedeihen. Doch ohne diesen heiligen Ort kann keines dieser Konzepte Realität werden." (cf. "Segen der Liebe", a.a.O,- S. 22) -

29 Diese eklatante Anleihe der Vereinigungslehre an eine sowohl in der Yin-Yang-Tradition als auch im Christentum lebendige Eros-Mystik (sensu W. Schubart) kann, so sinniert der Marburger Religionswissenschaftler R. Flasche darüber, "Stachel oder Peitsche sein, die uns zu neuem Nachdenken antreibt" (a.a.O., S. 89).

30 Als Beispiel sei auf das Buch des katholischen Soziologen J. Fichter, The Holy Family of Father Moon, aus dem Jahre 1985 verwiesen.

31 G. Kehrer, Ethos und Handeln im System der VK, in: "Das Entstehen...", S. 195

32 Th. Schellen. a.a.O., S. 36

33 Y.O. Kim, a.a.O., S. 67

34 Natürlich entsteht keine (neue) religiöse Bewegung ex nihilo, sondern immer als ein Konglomerat verschiedener ideologischer Einflussnahmen und als Produkt unterschiedlichster Traditionen. Dennoch braucht die rein akademisch relevante Frage, ob die VK tatsächlich eine eigenständige neue Religion (mit einem nur für sie kennzeichnenden Profil) darstellt, hier nicht entschieden zu werden.

35 H.W. Richardson. Bezugsorientiert denken. Beiträge für eine Theologie der Zukunft, Aquarius-Verlag 1978, S. 19. - R. Flasche spricht von drei Prinzipien, "die alle auf der Beobachtung der Wirklichkeit beruhen", die "aber dennoch metaphysische Prinzipien" seien (R. Flasche, a.a.O., S. 48)

36 cf. G.P., S. 48 f

37 Kl. Karbe. Jugendsekten, in: Müller/Küppers/Specht a.a.O., S. 31

Sachverständigengutachten zur VK

[38] F. Usarski, Die Stigmatisierung neuer spiritueller Bewegungen in der Bundesrepublik Deutschland (Kölner Veröffentlichungen zur Religionsgeschichte 15), Köln/Wien 1988 - Unter "spirituell" subsummiert der Autor mehr oder minder berechtigt das kennzeichnende religiöse Anliegen aller NRB's.

[39] abgedruckt im Buch von K. Löw. a.a. 0., S. 98 f.

[40] Th. Schellen, a.a.O., S. 15 - Der Autor ordnet das "mystisch-spirituelle Erleben"" der von S.M. Moon inspirierten Gemeinschaft in Pyong-Yang vorwiegend dem Zeitraum Ende der vierziger Jahre zu, während ab 1954 nach der Gründung der "Holy Spirit Association for the Unification of World Christianity" in Seoul vor allem das Gebet und die Lehre der G.P. im Mittelpunkt gestanden hätten (2.2.0., S. 28).

[41] H. Röhr, Mystische Elemente in der Vereinigungstheologie, in Kehrers "Das Entstehen...", S. 84 f.

[42] "A Prophet speaks today. The words of Sun Myung Moon" (übersetzt von Chr. Werner), l. Aufl. 1976, S. 6

[43] Y.O. Kim, a.a.O.. S. 59 - "Han" wird an gleicher Stelle von der Autorin als ein uralter koreanischer Begriff definiert, der verborgenen Kummer, ungelösten Schmerz, und zurückgehaltene Empörung meine. - Theologisch über das hier Dargelegte soll der Wunsch geäußert werden. dass S.M. Moon noch mit dem Theologen K. Schwarzenau ins Gespräch kommt, der ja expressis verbis sogar von der Erlösung Gottes spricht, ferner von der Dynamik eines selbst benommenen Gottes, der Schwierigkeiten habe mit seiner Allmacht und Allwissenheit, von dem man eher den Eindruck gewinne, dass er sich selbst dem Gefälle seines ihm selbst noch dunklen Wesens hingibt (cf. P. Schwarzenau. Das Problem der "Dunkelseite Gottes", in: Freies Christentum, 7 u. 8 / 1981, S. 11 ff.)

[44] H. Röhr, a.a.O., S. 99; W. Lewis, S.M. Moon. Ketzer oder Orthodoxer? 1979, S. 18. - H. Röhr unterstreicht im Zusammenhang mit seinen Ausführungen noch den Gedanken, dass sich eschatologische und mystische Dimension in einem religiösen System nicht zu widersprechen brauchen. "Auch Augustinus hat neben seinen tief mystischen "Confessiones" einen grandiosen geschichtstheologischen Entwurf mit eminent eschalologischer Ausrichtung (den "Gottesstaat") hinterlassen (ibidem).

[45] Es würde den Rahmen dieser Ausführungen sprengen, falls man der zahlenmystischen Ausdeutung und der symbolischen Valenz der einzelnen Phasen dieses "Wiederherstellungs-" und „Erlösungsprozesses" noch mehr Aufmerksamkeit schenken würde. Nur soviel sei anmerkungsweise und sub linea gesagt: 2000 Jahre lang dauerte nach S.M. Moon die "Entwicklungsphase" von Adam bis Abraham, dann nochmals eine gleiche Zeitspanne von Abraham bis Jesus. Später geht es um die 2000 Jahre des Neuen Bundes, die in der Schlusszeit unseres Jahrhunderts in drei entscheidende Weltereignisse ausmünden, nämlich in den Sieg der Alliierten über die sog. Mittelmächte, wodurch - laut G.P. - dem Satan das Versagen Adams, und in die Niederlage des Nationalsozialismus, wodurch dem Satan die unvollendete Mission Jesu vergolten worden sei. Als drittes prämonitorisches Ereignis stehe der

universelle Konflikt mit dem Kommunismus an, nach dessen Verlauf der Satan völllig vernichtet und eine Welt der Freiheit und Güte durch den Zweiten Messias heraufgeführt werde.

[46] a.a.O., S. 141 f.

[47] a.a.O., S. 771

[48] Es fanden kurz vor der "Wende" u.a. auch erste aufschlussreiche "christlich-marxistische" Gespräche statt - auf der einen Seite Theologen (im weitesten Sinne und ebenso aus Ost- wie aus Westeuropa), auf der anderen sowohl Marxisten aus dem ZK (Bulgarien und der Sowjetunion) als auch aus dem Lager sog. reformistischer Vertreter (Der Vf. war auf einem solcher viertägigen Treffen in Luzern 1987 zugegen).

[49] Dem Vf. dieser Zeilen ist es u.a. so ergangen, als er vor zehn Jahren den Aufsatz "Sun Myung Moon - Ein Heiliger von morgen? Der mögliche Messias aus dem Nordwesten Koreas" zwar in dem hochangesehenen Periodicum "Religion heute" unterzubringen vermochte, aber niemals ein positives oder negatives Echo zu hören bekam (=Redhardt 2)

[50] Kl. M. Lindner, a.a.O., S. 231

[51] entnommen dem Buch Th. Schellens, a.a.O., S. 9

[52] Fr. Sontag, Sun Myung Moon, Sinus-Verlag 1981, S. 76 - Der Autor ist, ohne es direkt anzusprechen, an der Frage interessiert, ob das augustinische Diktum auch auf S.M. Moon anwendbar ist: "Non fecerunt haereses nisi magni hominos" ("Es sind meist große Männer, die Sekten gründen"). Fr. S. neigt dazu, dieser Ansicht des Kirchenvaters im Blick auf S.M. Moon beizupflichten.

[53] Das Ereignis, womit erneut eine der zahlreichen politisch bedeutsamen Moon-Initiativen auf den Weg gebracht werden sollte, fand am 1.8.1996 statt. Hatte der Vf. noch vor ungefähr zehn Jahren indirekt moniert, dass über S.M, Moon eine "per- aspera ad astra"-Vita mit dem "konventionell üblichen Goldgrund" vertrieben werde, so überrascht die neueste Bezugnahme auf S.M. Moons biographische Daten aus der Feder Th. Schellens durch ihre erstaunliche und sachliche Nüchternheit (cf. Redhardt 2, a.a.O.. S. 339, Th. Schellen, a.a.O., u.a. S. 27)

[54] cf. Redhardt 2, S. 341

[55] H. Röhr, a.a.O., S. 97

[56] W. Lewis, S.M. Moon, Ketzer oder Orthodoxer?, Boston 1979, S. 31 u. 82; Th. Schellen reiht ihn eher in die Reihe der "Visionäre, Unzeitgemäßen und Unausweichlichen" ein (a.a.O., S. 20).

[57] P. Schwarzenau, Die Göttlichen Prinzipien. Anmerkungen zum grundlegenden Buch der Vereinigungskirche, in: Stellungnahme zu Theologie und Praxis der Vereinigungsbewegung, Kando-Verlag 1992, S. 8

[58] ibidem

[59] N.Thiel, Der Kampf gegen neue religiöse Bewegungen. Anti-Sekten Kampagne und

Sachverständigengutachten zur VK

Religionsfreiheit in der Bundesrepublik Deutschland, Kando 1986

60 Harding/Kuner, Entstehung und Entwicklung der Vereinigungskirche in der Bundesrepublik Deutschland, in Kehrers "Das Entstehen ...". S. 145

61 M.L. Moeller, Von der Sektenkritik zur Selbstkritik, in: Kirche - Lebensraum für Jugendliche, Grünewald-Verlag 1980: "Wir verdammen diese Sekten, denen wir zuvor den nicht verarbeiteten, negativierten, sozusagen ungaren Teil unseres Selbst zugeschrieben haben. So schieben wir unseren Konflikt mit uns und unserer nächsten Umgebung auf die Auseinandersetzung mit den Sekten ab" (a.a.O. S. 58).

62 Bereits ein flüchtiges Durchblättern der Bücher von N. Thiel einerseits und K. Löw andererseits vermittelt darüber einen anschaulichen Eindruck.

63 cf. das fast ähnliche Votum K. Löws. Er begrüßt die Erklärung der japanischen Bischöfe aus dem Jahre 1985, wonach kein Angehöriger der katholischen Kirche zugleich Mitglied der VK sein kann, um fortzufahren: "Aber die Aufforderung, jeden Kontakt mit allen von der VK geförderten Treffen oder Begegnungen zu vermeide". erinnert an die dunkelsten Zeiten der Kirchengeschichte" (a.a.O.. S. 39).

64 K. Löw. a.a.O., S. 79

65 J.A. Beckford, Cult Controversies, in: The Societal Response to the New Religious Movements, 1985

66 N. Thiel, a.a.O., S. 64

67 N. Thiel, a.a.O., Klappentext

68 G. Eberlein, Angst vor der Konkurrenz?, in: Evangelische Kommentare 1982, S. 187

LITERATURVERZEICHNIS

J.A. Beckford, Cult Controversies. The Societal Response to the New Religious Movements, Boston 1985

Berger / Hexel, Ursachen und Wirkungen gesellschaftlicher Verweigerung junger Menschen unter besonderer Berücksichtigung der "Jugendreligionen". Eine Grundlagenstudie (durchgeführt vom European Centre for Social Welfare and Research), Band I u. II, Wien 1981 (= Wiener Studie)

D. Bendrath, Ein Messias aus Korea, Evg. Presseverband für Bayern 1985

M. Blachmann, Artikel "Jugendreligionen", in: "Kirchliche Jugendarbeit in Grundbegriffen", Patmos 1985

Bromley / Shupe, Dynamik zwischen Ideologie und sozialer Organisation in sozialen Bewegungen, in Kehrers "Das Entstehen..", S. 109 ff.

Causa-Handbuch, hrsg. v. Causa Deutschland, 1986

Th. Cromwell, Essentials of the Unification Principle. Teachings of Sun Myung Moon, The Interreligious Leadership Seminar 1994

G. Eberlein, Angst vor der Konkurrenz?, in: "Evangelische Kommentare" 1982, S. 187 ff

Das Entstehen einer neuen Religion (hrsg. v. G. Kehrer), Kösel-Verlag 1981

Familie und destruktive Kulte (hrsg. v. E. Flother), Aktion für geistige und psychische Freiheit 1985

J. Fichter, The Holy Family of Father Moon, Kansas City 1985

Fragen und Antworten aus den Göttlichen Prinzipien, Interner Sonderdruck der Gesellschaft zur Vereinigung des Weltchristentums e.V. 1974

T. Gandow, Moon-Bewegung, in: Lexikon der Sekten, Sondergruppen und Weltanschauungen (hrsg. v. H. Gasper et alii), Freiburg i.Br. 1990, S. 689 ff.

F.-W. Haack, Jugendreligionen, Ursachen - Trends - Reaktionen, Claudius Verlag 1980 (=Haack 1)

F.-W. Haack, Jesus Christus oder San Myung Mun?, München 1989 (=Haack 2)

O.v. Hammerstein, Ich war ein Muni, München 1980

Harding / Kuner, Die Entstehung und Entwicklung der VK in der Bundesrepublik Deutschland, in Kehrers "Das Entstehen...", S. 129 ff.

R. Hauth, Tong-Il, Kyo. Neue Sekte "Internationale Vereinigungskirche" im Angriff, Claudius Verlag 1981

K. Hoheisel, Die Dämonisierung der sog. neuen Jugendreligionen, in: Saeculum XXXIV (Heft 3/4), Karl-Alber -Verlag 1983

R. Hummel, Religionsfriede statt Dritter Weltkrieg. Sun Myung Moons interreligiöse Aktivitäten, in: Materialdienst EZW, 10/1990, S. 291 ff.

K. Hütten, Seher, Grübler, Enthusiasten, 11. Aufl. Quell-Verlag 1968

Sachverständigengutachten zur VK

M. Introvigne, Moon et l'eglise de l'unification, Cesnur 1996

Neue Jugendreligionen (hrsg. v. Müller-Küppers / Specht), Vandenhoeck u. Ruprecht, 2. Aufl. 1979

Kl. Karbe, Jugendsekten, in: Neue Jugendreligionen (hrsg. v. Müller-Kuppers/Specht) S. 31 ff.

G. Kehrer, Ethos und Handeln im System der Vereinigungskirche, in Kehrers "Das Entstehen...", S. 192 ff.

Y.O Kim, Die Göttlichen Prinzipien. Studienführer, Frankfurt/M. 1973 (=Kim l)

Y.O. Kim, Vereinigungstheologie. Eine Annäherung, Kando-Verlag 1995 (=Kim 2)

Ch.H. Kwak, Das Prinzip in Grundzügen, Stufe 4, (hrsg. v.d. Vereinigungskirche), Frankfurt/M. 1981

S.H. Lee, Communism. A Critique and Counter Proposal, 1973

W. Lewis, Sun Myung Moon, Ketzer oder Orthodoxer? 1979

Kl. M. Lindner, Kulturelle und semantische Probleme beim Studium einer neuen Religion, in Kehrers "Das Entstehen...", S. 219 ff.

K. Löw, Von "Hexen" und Hexenjägern. Die Moonies und die Glaubensfreiheit, Eigenverlag des Autors, 2. Aufl. 1994

R. de Maria, Bekehrung oder Seelenwäsche? Eine psycho-soziologische Studie, Aquarius Verlag 1979

M. Mildenberger, Die religiöse Szene. Kirchliche Apologetik als Sündenbock, in: "Evgl. Kommentare" 1982, S. 190 ff.

M.L. Möller, Von der Sektenkritik zur Selbstkritik, in: Kirche - Lebensraum für Jugendliche, Grünewald-Verlag 1980

S.M. Moon / Hak Ja Han Moon, Zeitenwechsel. Vier Ansprachen der Wahren Eltern, Kando-Verlag 1995

N.-P. Moritzen, S.M. Moons Vereinigungskirche, Erlangen 1981

S. Murken, Gandhi und die Kuh, Diogenes-Verlag 1983

Die "Göttlichen Prinzipien", 2. Aufl. der dt. Übersetzung, 1973

"A Prophet Speaks Today". The Words of Sun Myung Moon (übersetzt von Chr. Werner), l. Aufl. 1976

J. Redhardt, Wie religiös sind die Deutschen? Das psychologische Profil des Glaubens in der Bundesrepublik, Benzinger 1977 (= Redhardt l)

J. Redhardt, Sun Myung Moon - ein Heiliger von morgen? Der mögliche Messias aus dem Nordwesten Koreas, in: "Religion heute". 4/1986, S. 239 ff. (=Redhardt 2)

J. Redhardt, Ökumene oder Paraökumene? Ein neues "Forum" konstituiert sich, in: "Religion heute", 4/1988, S. 266 ff. (= Redhardt 3)

Im Reich des Bösen. Der Kreuzzug der Munsekte (hrsg. vom Programmbereich Medien), KFW GmbH., Frankfurt/Main (= Beiheft zum gleichnamigen Film) 1981

H.W. Richardson, Bezugsorientiert denken. Beiträge für eine Theologie der Zukunft. Aquarius-Verlag 1978

H. Röhr, Mystische Elemente in der Vereinigungstheologie, in Kehrers "Das Entstehen...", S. 79 ff.

Th. Schellen, Gottes Herz heilen, Kando-Verlag 1995

P. Schwarzenau, Das Problem der "Dunkelseite Gottes". Eine Anfrage der Analytischen Psychologie an die Theologie, in: "Freies Christentum" 7 u. 8 1981, S. 11 ff. (= Schwarzenau I)

P. Schwarzenau, Die göttlichen Prinzipien. Anmerkungen zum grundlegenden Buch der VK, in: Stellungnahme zu Theologie und Praxis der Vereinigungsbewegung, Kando-Verlag 1992, S. I ff. (= Schwarzenau 2)

Segen der Liebe. Liebe, Ehe und Weltfrieden (hrsg. Vereinigungskirche e.V.), Kando-Verlag 1995

C. Sherwood, Inquisition. The persecution and prosecution of the Reverend Sun Myung Moon, Regnery Gateway 1991

Fr. Sontag, Sun Myung Moon und die VK, Sinus-Verlag 1981

N. Thiel, Der Kampf gegen neue religiöse Bewegungen, Kando-Verlag 1986

U. Tworuschka, Die Vereinigungskirche im Religionsunterricht, in Kehrers "Das Entstehen...", S. 179 ff.

F. Usarski, Die Stigmatisierung neuer spiritueller Bewegungen in der Bundesrepublik Deutschland (Kölner Veröffentlichungen zur Religionsgeschichte 15), Köln/Wien 1988

O. Wilhelm, Gedanken, die das Herz beleben, 3. Aufl. Kando-Verlag 1995

ETHOS UND HANDELN IM SYSTEM DER VEREINIGUNGSKIRCHE[i]

Günter Kehrer

Vorbemerkung:
In der öffentlichen Meinung ist das, was die Mitglieder kleiner religiöser Gruppen tun, bekannter als das, was sie glauben. Auch der gängige sozialwissenschaftliche Sachverstand wendet den scheinbar objektiven Konsequenzen des Glaubens mehr Aufmerksamkeit zu als dem Glauben und seinen Inhalten selbst. Erst neuerdings hat gerade mit Bezug auf die Vereinigungskirche Eileen Barker betont, dass auch die sozialwissenschaftliche Betrachtung die Theologie der untersuchten Gruppen nicht vernachlässigen darf.[1] - Die vorherrschende religionswissenschaftliche Betrachtung hingegen ist vor allem an den zu Theologumena und Dogmen und Mythen geronnenen Inhalten des Glaubenssystems einer religiösen Gruppe interessiert. Zwar spielen Riten und andere Formen des Handelns auch eine Rolle in der religionswissenschaftlichen Analyse, aber ihre Determiniertheit durch die eher kognitiven Bestandteile des Glaubenssystems wird häufig stillschweigend vorausgesetzt.

Das Spannungsverhältnis zwischen der sozialwissenschaftlichen und der religionswissenschaftlichen Betrachtungsweise wird nochmals verschärft, wenn man berücksichtigt, dass in der Realität von gelebter Religiosität die Spannung von Erkennen bzw. Glauben auf der einen

---

i Erstveröffentlichung in: "Das Entstehen einer neuen Religion – Das Beispiel der Vereinigungskriche", Günter Kehrer (Hrsg.), Kösel-Verlag, 1981 (A.d.R.)

Seite und Handeln auf der anderen Seite so nicht beobachtet werden kann. Die religiöse "Begründung" für moralische Weisungen, wie sie der modernen Theologie so eigentümlich ist, ist keineswegs typisch für das Verhältnis von Religion und Moral und für das Verhältnis von Religion und Handeln.[2] Die a-religiöse Begründung für moralische Weisungen ist die ethische Begründung schlechthin, jedenfalls soweit die okzidentale Tradition betroffen ist. Das sophistische Schrifttum einschließlich Sokrates geht ja gerade trotz aller internen Unterschiede von einer rein anthropozentrischen Begründung für Weisung und Handeln aus. Und hier sieht man zu Recht den Beginn der "philosophischen" Ethik. Demgegenüber haben Religionen zwar umfangreiche Moralen entwickelt, aber keine Ethiken.[3] Erst wenn die religiösen Spezialisten einer Religion auf schon entwickelte Ethiken nichtreligiöser Herkunft stießen, die popularisiert zum Wissensbestand einer Gesellschaft gehörten, war eine Religion genötigt, so etwas wie eine religiöse Ethik zu entwickeln, indem sie beispielsweise die Tugendtafeln religiös begründete. Aber hier handelt es sich eindeutig um Spezialfälle des Verhältnisses von Ethik und Religion.

Religion ist Glauben und Handeln: Mythos und Ritus. Diese Bestimmung ist unbestritten in jeder religionswissenschaftlichen Betrachtung. Ist Religion aber auch Ethos, Moral?[4] Bekanntlich werden manche Religionen geradezu als entwickelte Moralen angesehen. So entstehen immer wieder Zweifel, ob der Konfuzianismus tatsächlich eine Religion oder nicht eher ein System moralischer Regeln sei. Es kann als sicher gelten, dass durchaus nicht alle Religionen das gesellschaftlich gebotene Handeln religiös begründen. Umgekehrt ist es unverkennbar, dass viele religiöse Gruppen ihren Mitgliedern Handlungsweisen vorschreiben, die gemeinhin zum Gebiet der Moral gerechnet werden: wenn Tertullian schreibt: "Wegen deiner Schuld [...] musste auch der Sohn Gottes sterben, und da kommt es dir noch in den Sinn, über deinen Rock von Fellen Schmucksachen anzulegen!?"[5], handelt es sich dann um eine religiös begründete moralische Weisung oder um den evidenten Ausdruck einer religiösen Handlung? Ich berühre hier die viel verhandelte Indikativ-Imperativ-Problematik der theologischen Ethik, wie sie sich besonders bei der Behandlung der paulinischen Paränesen stellt[6] und auf die hier nicht eingegangen werden soll.

Ethos und Handeln

Nur soviel kann heute vom Stand der analytischen Moralphilosophie gesagt werden: die Ableitung eines Imperativs bzw. eines präskriptiven Satzes kann aus logischen Gründen niemals allein aus einer noch so großen Menge von Indikativen bzw. deskriptiven Sätzen erfolgen.[7] In der religiös-moralischen Sprache wird scheinbar sehr häufig gegen diese Regel verstoßen. In Wirklichkeit handelt es sich jedoch meistens um ein implizites Mitdenken von Imperativen, die den Sprechenden evident sind. So wenn etwa auf Schöpfungsmythen rekurriert wird, um soziale Relationen zu legitimieren, wird dabei mitgedacht, dass das von den Göttern ursprünglich Erschaffene das Gute sei und dass das Gute zu tun sei.

Religion und Moral gehören zu dem kulturellen System einer Gesellschaft. Das Problem einer Relation beider kultureller Subsysteme stellt sich jedoch nicht notwendig. In einer Gesellschaft ohne religiöse und moralische Pluralität bedürfen Religion und Moral keiner dringenden Begründung, und erst im Kontext des jeweiligen Begründens kann es auch zu einem In-Beziehung-Setzen von Religion und Moral kommen. Darüber hinaus gibt es den Sonderfall der religiösen Ethik: Große Teile des Lebens, manchmal sogar das ganze Leben werden unter einen religiösen Anspruch gestellt: Religion ist nicht mehr überwiegend Ritus, sondern Ethos. Es soll hier nicht untersucht werden, welche sozialen und kulturellen Konstellationen das Entstehen eines solchen umfassenden religiösen Ethos begünstigen.[8] Das Resultat ist jedoch eindeutig:

Alles Handeln wird religiös bedeutsam; dies bedeutet aber nicht, dass es sich notwendig in allen seinen Zügen von dem der Umgebung unterscheiden muss. Vielmehr ist die äußere Konformität durchaus häufig, aber sie ist anders qualifiziert (z.B. "in Christo", wie die häufige paulinische Formel lautet). Besondere Probleme entstehen dabei für die Anpassungsfähigkeit einer derart zum Totalen neigenden Religion an veränderte Bedingungen. Da potentiell alles Handeln religiös legitimiert oder gar normiert ist, bedarf jede institutionelle Handlungsveränderung der gleichzeitigen Veränderung im religiösen (mythischen und theologischen) System, und sei es nur der Redefinition. Solange davon nur Spezialisten auf der kognitiven Ebene betroffen sind, bereitet dies keine weiteren Probleme; sofern jedoch lebende religiöse

Gruppen berührt werden, führt dies zu Schismen, Abspaltungen u.ä.

Die Bedeutung der Lebensführung scheint religiös immer dann gegeben zu sein, wenn das Erreichen eines religiös erstrebten Zieles nicht mehr überwiegend von rituellen Praktiken abhängig ist, sondern von einem Ensemble an sich religiös irrelevanter Lebensweisen. Klasssischen Ausdruck findet dies im ersten Korintherbrief: "Wisst ihr nicht, dass die Ungerechten das Reich Gottes nicht ererben werden? ... Weder die Hurer noch die Abgöttischen noch die Ehebrecher noch die Weichlinge noch die Knabenschänder noch die Diebe noch die Geizigen noch die Trunkenbolde noch die Lästerer noch die Räuber werden das Reich Gottes ererben." (1 Kor 6,9-10). Auf der organisatorischen Ebene kann dies übersetzt werden in die Frage, welches Verhalten noch mit der Mitgliedschaft in einer bestimmten religiösen Gruppe vereinbar ist. Es ist das Problem der Kirchenzucht und damit auch das Problem der Dialektik von Kirchen und Sekten. In Übereinstimmung mit den üblichen Definitionen kann man bestimmen, dass abweichendes Verhalten zum Ausschluss aus der Sekte führt, nicht aber zum Ausschluss aus der Kirche. Das bedeutet: Das Ethos bestimmt die Sekte in ganz anderem Maße als die Kirche.[9] Heteropraxie mehr als Heterodoxie (immer in Bezug auf die dominanten kulturellen Muster) scheint das soziale Wesen der Sekte zu sein. Was gelebt wird, weniger was geglaubt wird, scheint die Substanz einer neuen Religion auszumachen. Deshalb ist es notwendig, Ethos und Handeln einer neuen Religion zu verstehen, wenn man etwas von dieser Religion selbst verstehen will.

Text- und Quellenlage

Ethik und Handeln einer religiösen Gruppe oder einer religiösen Bewegung[10] zu erfahren, scheint auf den ersten Blick nicht schwierig zu sein. Ab einem gewissen Stand der Rationalisierung, d.h. der Theologisierung des Glaubenssystems befasst sich jede Religion auch mit Ethik. Im Fall der Vereinigungskirche liegt eine ganze Reihe von Selbstzeugnissen vor. Zunächst und an erster Stelle sind "Die Göttlichen Prinzipien"[11] zu nennen. Wenn auch die wichtigste Urkunde der Vereinigungskirche nirgends direkt von "Ethik" handelt, so stellt sie doch fast auf jeder Seite die untrennbare Verwobenheit von Glauben und Handeln unter Beweis. Eine weitere wichtige Quelle ist das Werk "Unification Thought"[12], das im dritten und vierten Kapitel des zweiten Teils unter den Überschriften "Axiology" und "Ethics" auf 34 Seiten Probleme der Ethik abhandelt (von insgesamt 300 Seiten). Von besonderer Bedeutung ist weiterhin das Buch "Unification Theology and Christian Thought"[13] von Young Oon Kim (die wohl auch der führende theologische Kopf der Bewegung ist[14]). Ebenfalls von Kim sind die Bände "World Religions" und das Buch "Divine Principle and Its Application"[15]; beide Werke enthalten gelegentliche Passagen zur Ethik. Mit den bisher genannten Texten haben wir neben dem grundlegenden Werk - Die Göttlichen Prinzipien - vor allem wissenschaftlich-theologische Texte, die der Verbreitung und Vertiefung des Wissens dienen sollen. Sie sind unerlässlich für jeden, der sich mit der Lehre der Vereinigungskirche beschäftigt.

Eher nach außen gerichtete Bücher, in denen auch Autoren zu Wort kommen, die trotz aller Nähe zur Kirche als Außenstehende zu bezeichnen sind: "A Time for Consideration", "Exploring Unification Theology" und F. Sontags "Sun Myung Moon"[16], sind als weitere Texte heranzuziehen. Selbstverständlich dienen diese Bücher auch dem Zweck, die Kirche respektabel zu machen. Dennoch gehört es gerade zum Ethos dieser Gruppe, sich nicht abzuschließen, sondern durch Dialog und Kooperation die Welt zu verändern.

Eine Gruppe von Quellen sind zweifellos die positiven und negativen Selbstdarstellungen von Mitgliedern und Exmitgliedern. Keine seriöse Darstellung wird auf diese Quellen verzichten können, so begrenzt sie in ihrem Aussagegehalt auch sind. Die negativen Darstellungen sind von den Gegnern der Vereinigungskirche gut publiziert.[17] Die positiven sind in jedem Gespräch mit Mitgliedern der Kirche erlebbar. Beide beziehen sich überwiegend auf die Veränderungen, die das Leben in der Kirche fur die Betroffenen bewirkt hat. Hier liegt auch das öffentliche Interesse. Aufgabe des Berufs, Teilnahme an "Crusades", Fasten, "social work", "fund raising" - um nur einige Aktivitäten zu nennen -, entspringen nicht der bizarren Fantasie von Einzelpersonen, sondern sind in sich logische Bestandteile und Konsequenzen des Glaubenssystems, wobei nicht bestritten werden soll, dass in den Einzelheiten durchaus die Berechnung der Effektivität eine Rolle spielen wird. Es ist die Hypothese dieses Aufsatzes, dass der grundlegenden

Dogmatik der Vereinigungstheologie ein Ethos entspricht, in dem die Wahlmöglichkeiten für das Handeln limitiert sind. Jede Religion kennt ihre Todsünden! - Die Selbstzeugnisse haben deshalb vor allem ihre Bedeutung, wenn sie bezogen werden auf den in der Handlung subjektiv gemeinten Sinn, der wiederum in einer Relation zu dem Glaubenssystem stehen kann.[18]

Die genannten Quellen bilden die Grundlage der folgenden Analyse, wobei der Natur der Sache gemäß die dritte Quellengruppe am wenigsten objektivierbar ist und sich auch den Standards statistischer Repräsentativität entzieht.[19] Dennoch ist diese Quellengruppe unverzichtbar; denn auch wenn sie niemals die philologische Exaktheit der Analyse schriftlicher Quellen erreicht, bietet sie den Vorteil, Religion in Aktion zu erleben und nicht nur die Blässe ihrer papiernen Reflexion. Im Einzelnen soll versucht werden, bei der folgenden Analyse zu jedem Komplex alle drei Quellengruppen sprechen zu lassen.

Die Grundlage: diesseitige Eschatologie

"Gottes ursprünglicher Zweck der Schöpfung war die Verwirklichung des Himmelreiches, Gottes ewigen Objektes des Guten. Er schuf die Menschen mit der Absicht, das irdische Himmelreich mit dem Menschen als Mittelpunkt zu errichten. Wegen des Sündenfalls konnte er diesen Plan jedoch nicht durchführen. Daher ist der primäre Zweck der Vorsehung der Wiederherstellung die Errichtung des irdischen Himmelreiches." [Hervorhebungen von G.K.][20] In diesen Sätzen sind die Grundzüge des unifikatorischen Ethos enthalten:
- Diesseitigkeit,
- Anthropozentrismus,
- Aktivismus.

Diese Momente haben in der Öffentlichkeit - natürlich unter anderen Überschriften - viel Kritik hervorgerufen. Ich vertrete die These, dass alle diese Züge zurückzuführen sind auf den Glaubenssatz, dass es ein irdisches Himmelreich des Guten geben wird. Damit ist zugleich angesprochen, dass es auch ein außerirdisches Himmelreich geben wird. Hier berühren wir den Bereich, den die Anhänger der Vereinigungskirche die "spirituelle Welt" nennen, die zwar eine bedeutende Rolle im Glaubenssystem der VK spielt, aber für das Ethos nur von sekundärer Bedeutung ist.[21]

"Wir betrachten die menschliche Geschichte als die Geschichte der Wiederherstellung."[22] Eschatologische Komponenten haben die meisten christlichen Gruppen: Das Ausrichten auf den Jüngsten Tag, das Ende der Geschichte, ist ein vertrauter Zug. Genauso bekannt ist das Sammeln der Scharen, das Zusammenschließen der Treuen, die wissend in einem Ozean des Unwissens diesem Tag entgegen harren. Genau dies ist aber in der unifikatorischen Theologie nicht der Fall: Da gibt es keine Katastrophe, kein Jüngstes Gericht.[23] Geschichte ist ein Prozess, in seinem Ziel determiniert: "Das unifikatorische Prinzip übernimmt den Determinismus in Bezug auf das Ziel oder die Richtung der Geschichte. ...."[24] Ziel der Geschichte ist kein neuer Himmel, keine neue Erde, sondern das "Zurechtbringen" der alten Erde, die Wiederherstelllung der ursprünglich intendierten Ordnung, was impliziert, dass jedes Ding, jedes Lebewesen, jeder Mensch dann seinen Platz hat, der ursprünglich für ihn gedacht war. Es braucht hier nicht ausgeführt zu werden, auf welche geistesgeschichtliche Wurzeln diese Konzeption zurückgeht.

Wesentlich ist ihre Konsequenz für Ethos und Handeln der Vereinigungskirche. Es könnte zunächst den Anschein haben, als spiele die Tatsache, dass die Eschatologie intramundan konzipiert ist, keine besondere Rolle. Dieser Eindruck ist falsch, denn der Diesseitigkeit korrespondiert die Konzeption der Wiederherstellung, der "restoration", wobei der Mensch eine aktive Rolle zu übernehmen hat: Subjekt der Wiederherstellung ist der Mensch, was nicht bedeutet, dass die Vereinigungstheologie eine Geschichte "etsi Deus non daretur" lehrt, sondern dass die Wiederherstellung nur geschehen kann, wenn die Menschen an diesem Prozess mitarbeiten, der zwar von Gott so geplant ist, aber vom Menschen verzögert werden kann.

An dieser Stelle ist die Konzeption des "Scheiterns" wichtig. Die Menschen können Gottes Plan - zwar nicht in seinem Ziel, aber in seinem Ablauf - durchkreuzen. Und sie haben es mehrfach getan: vom Sündenfall bis zum Kommen Jesu: " . . Gottes Wunsch und die Pläne Jesu wurden auf jeder Ebene durchkreuzt."[25] Religionsphilosophisch ist in der Vorstellung des "Scheiterns", des "Durchkreuzens" von Gottes

Plan, eine Lösung für verschiedene Probleme gegeben: Sündhaftigkeit der Welt, Parusieverzögerung und Willensfreiheit gegenüber Gott. Aber dies ist nur die systematisch-kognitive Komponente. Die psychologische und soziologische Konsequenz liegt auf dem Gebiet des Ethos: da Gott Seinen Plan nicht ohne Mithilfe der Menschen ausführen kann, und zwar letztlich aller Menschen, kommt es schon jetzt auf die wissenden Menschen an, alles dafür zu tun, dass diesmal der Plan Gottes realisiert werden kann und nicht, wie vor 2000 Jahren, durchkreuzt wird. Von daher ist die rastlose Aktivität zu verstehen, die so besonders gern in der VK entfaltet wird: Die Reisewut der Führer, an der Spitze Moon selbst, der Einsatz aller technischen Mittel - alles Erscheinungen, die so bei Außenstehenden und mit der Bewegung wenig Vertrauten den Anschein mangelnder Seriosität und Religiosität hervorriefen.[26] Die zweite Hälfte des 20. Jahrhunderts ist "kairos" im religiösen Sinne; Zeit, die man nutzen kann, die aber auch vertan werden kann. Deshalb lautet das unifikatorische Motto: Denken und Handeln. Dieses Motto scheint bei Moon selbst schon zur Lebenshaltung geronnen zu sein: "Ich habe bei Reverend Moon in seinem Verhalten und in seinem Lehren eine Sache bemerkt. Du kannst ihm eine theoretische Frage stellen und er gibt dir irgendwie immer eine praktische Antwort [. . .] er gibt dauernd praktische Ratschläge und Anstöße für das Handeln. Er spricht niemals über theoretische Dinge gesondert von praktischen Dingen. Irgend etwas in seinem Geist arbeitet auf diese Weise. Er hat einen ganz praktischen Sinn, einen Sinn, in dem Theorie und Praxis unentwirrbar zusammengebunden sind. Du kannst sie nicht trennen." Diese Beobachtung stammt von einem Mitglied der Bewegung.[27] Die Zielorientiertheit und der Aktivismus der VK und ihrer Führer ergreift letztlich alle Mitglieder: Ständig wird etwas bewegt und in Gang gesetzt. Es ist vita activa auf der Grundlage einer durchaus kontemplativen Lehre, die mystische Züge hat, die dem Außenstehenden lange verborgen bleiben. Die Heiligen Gründe - geweiht von Moon in den verschiedensten Weltgegenden - sind für viele Mitglieder der Bewegung auch der Kontakt mit einer Welt, die von Aktivismus nichts weiß.

Es ist unübersehbar, dass dieser teleologische Aktivismus zugleich die stärkste immanente Bedrohung für den Fortbestand der Bewegung ist. Schon die teleologische Sichtweise für sich genommen enthält dem traditionellen Verständnis von Religion entgegenlaufende Momente;[28] wenn nun diese Teleologie gar noch auf ein durch Willensanstrengung historisch zu erreichendes Ziel gerichtet ist, so stellt sich unausweichlich die Frage, was geschehen wird, wenn dieses Ziel nicht erreicht wird. Dabei geht es nicht in erster Linie um das klassische religiöse Problem der enttäuschten Prophezeiung,[29] sondern um die Frage, was eine Bewegung tun soll, die ihr Ziel nicht erreicht hat, das zu erreichen letztlich ihre einzige raison d'etre war. Wenn ich die Literatur der VK richtig interpretiere und dazu die richtigen Schlüsse aus Unterhaltungen mit Mitgliedern der Bewegung ziehe, so scheinen die Lösungen schon in der Theologie vorhanden zu sein:

- Das Scheitern der Mission von Moon und seiner Bewegung falsifiziert nicht die Prinzipien der Bewegung, ebensowenig wie dies bei dem Scheitern der Mission Jesu der Fall war.
- Ein einmal erreichtes Stadium der Wiederherstellung kann nicht völlig nihiliert werden. Vielmehr erweist es sich retrospektiv als notwendiges Stadium im gesamten Entwicklungsprozess. Es ist deshalb durchaus möglich, dass die VK in den nächsten Jahrzehnten den Weg der vielen Denominationen gehen wird, wobei die soziale Aktivität immer eine besondere Rolle spielen wird.[30]

Wenn man diese radikal diesseitige Eschatologie der unifikatorischen Theologie verstanden hat, werden viele Momente ihres Handelns verständlicher, die sonst unter kolportagehaften Stichworten verhandelt werden.

Die sozialen Ebenen des unifikatorischen Ethos

Auch wenn das unifikatorische Ethos eine Einheit bildet, so lassen sich doch verschiedene soziale Ebenen unterscheiden, auf denen es sich aktualisiert. In äußerster Abstraktion sprechen die Göttlichen Prinzipien von

- individueller
- familiärer
- universeller Vollkommenheit.[31]

Dies ist jedoch eine zu schematische Darstellung, da zwischen der zweiten und der dritten Ebene der gesamte für die VK so ungeheuer

Blickpunkt Vereinigungskirche

wichtige Bereich von Politik, Wirtschaft und Kultur (im traditionellen Sinne) angesiedelt werden muss. In den meisten Selbstdarstellungen der Bewegung tritt dies nicht so deutlich hervor, da Staat und Gesellschaft sehr stark in Analogie zur Familie betrachtet werden.[32] Mehr an der Praxis orientiert beziehen sich die moralischen Grundsätze der Vereinigungskirche auf folgende Gebiete:
- auf den Bereich der Persönlichkeit
- auf den Bereich der Familie
- auf den Bereich des wirtschaftlichen Handelns
- auf den Bereich des Politischen
- auf den Bereich von Wissenschaft, Kunst und Religion.

Diese einzelnen Bereiche sollen nun im folgenden behandelt werden.

Das unifikatorische Ethos der Persönlichkeit

Die Lehre der VK unterscheidet sich in einem Punkt sehr deutlich von vielen religiösen Erlösungslehren: Sie stellt das religiöse Individuum und die Assoziation dieser religiösen Individuen nicht in den Mittelpunkt ihrer Doktrin. Dies scheint dem Augenschein zu widersprechen, denn Bindung an die VK bedeutet in der Regel Aufgabe einer Reihe von sozialen Beziehungen (Familie, Beruf etc.)[ii] - also durchaus ein gewohntes Muster radikaler "Erlösungsreligionen". Die Begründung für dieses Herauslösen liegt aber nicht in der angenommenen Sündhaftigkeit dieser Beziehungen per se, sondern sie wird darin gesehen, dass das als zeitlich begrenzt gedachte Herauslösen überhaupt erst die Möglichkeit zur Aufnahme geglückter Beziehungen eröffnet. Das teleologische Stufenschema des unifikatorischen Prinzips kehrt hier wieder: so wie die Mission Moons auf der von Jesus aufbauen muss - ohne die sie gar nicht gedacht werden kann -, so ist eine vollkommene Familie nur möglich auf der Grundlage vollkommener Persönlichkeiten.[33] Da die Sündhaftigkeit des Menschen und seiner sozialen Welt nicht ohne Zutun des Menschen aufgehoben werden kann, muss der Mensch in einem Prozess des Wachsens und Reifens erst dazu kommen, die Bedingungen zu erfüllen, die ihm das Eingehen sündloser Beziehungen ermöglichen. Das Ethos der Person (traditionell könnte man auch von einer Individualethik sprechen) zielt auf die Wiederholung des Prozesses, der beim ersten Menschenpaar unterbrochen wurde: Adam und Eva hätten erst nach einem Vorgang des Reifens Beziehungen zueinander aufnehmen dürfen; der Vorgang des Reifens wird dabei als Vervollkommnungsprozess gedacht. Nur wer den Vorgang des Gebens und Nehmens mit Gott aufgenommen hat, ist in der Lage, den Vorgang des Gebens und Nehmens mit seinem Partner und Gott als Mittelpunkt aufzunehmen. Das unverkennbar asketische Ethos der Person in der Vereinigungskirche ist ein Derivat der Ehelehre und beansprucht keinen selbständigen Platz. Es erinnert in manchen Zügen durchaus an puritanisch-bürgerliche Momente der langen Vorbereitungszeit auf die Ehe und ist darin der japanisch-koreanischen Gewohnheit der sehr frühen Eheschließung entgegengesetzt, gegen die jedoch (unter europäisch-amerikanischem Einfluss) die Regierungen schon lange ankämpfen. Wie weit spezielle Momente dieses "Wachsens und Reifens" in bezug auf Person und Ehe mit der Kulturbegegnung in Korea zusammenhängen, vermag ich nicht zu entscheiden; in Moons Biographie fänden sich allerdings durchaus Anhaltspunkte.

Unabhängig von dieser historischen Abhängigkeit leistet das Ethos der Person für die Vereinigungskirche dasselbe, was mit anderer Begründung die asketischen Forderungen radikaler religiöser Gruppen leisten: Die Konzentration des Commitments auf die religiöse Gruppe,[34] eine der Grundbedingungen für das Überleben abweichender religiöser Gruppen in der Anfangsphase ihrer Existenz. Während in den etablierten Religionen (auch in radikal begonnenen, aber dann saturierten Erlösungsreligionen) das religiöse Commitment nur eines unter vielen ist, verlangen neue Religionen zunächst einmal totales Commitment. Die Gründe für diese Forderung sind soziologisch einleuchtend: Die etablierte Religion kann zur Aufrechterhaltung ihres Bestandes auf eingespielte Muster im soziokulturellen Repertoire der Gesellschaft zurückgreifen und (wenigstens sehr häufig) auf religiöse Spezialisten, die ihre religiöse Rolle als Berufsrolle ausüben. All dies ist der devianten neuen Religion nicht möglich. Da sie jedoch alle Bereiche abzudecken hat, die auch die etablierte Religion abdeckt, muss sie von dem einzelnen Mitglied ein extrem hohes Maß an Engagement fordern, das zwangsläufig in einem gewissen Gegensatz zu den dominanten Mustern gesellschaftlicher Existenz steht. Die Legitimationen für diese

Forderungen[35] rekurrieren auf das Glaubenssystem der Gruppe. Obwohl diese Legitimationen letztlich austauschbar sind, müssen sie dennoch in einem plausiblen Zusammenhang zur "Lehre" stehen. Hier liegen die Anfänge der theologischen Ethik, soweit sie rein immanent sind. - Die Theologie der Vereinigungskirche enthält sehr wenige Momente, die radikales Commitment als Rückzug von der Gesellschaft zu begründen vermögen. Die Diesseitigkeit der Eschatologie erzwingt einen Umweg zur Begründung der (zeitlich begrenzten) weltabgewandten Askese. Dieser Umweg ist in der Konzeption der stufenweisen Wiedergutmachung zu sehen. Damit hat das Ethos der Wiedergutmachung keinen für sich stehenden Wert, sondern ist Vorbereitung auf vollkommenere Daseinsformen. Dem entspricht auch, dass die interne Rangordnung der Vereinigungskirche den "Paaren" eine bessere Position zuweist als den "Singles".[36] Damit verbunden ist ein "Ethos des Wartens", das den okzidentalen Anschauungen traditioneller Art entspricht, aber nicht sehr attraktiv auf die heute eher populäre Permissivität wirken dürfte. Es handelt sich bei der Individualethik der Vereinigungskirche in vielen Zügen um die bürgerliche Moral des Bedürfnisaufschubs. Ob aus diesen Gründen die VK auch von ihren Mitgliedern her ein so deutlich bürgerliches Gesicht trägt, soll hier nicht entschieden werden.

Das unifikatorische Ethos der Familie

Es ist gewiss keine überpointierte Feststellung, wenn man das Ethos der Familie als das zentrale Moment des unifikatorischen Ethos bezeichnet. Die Familie als soziale Institution ist von höchster Relevanz für die Vereinigungskirche. Dabei ist interessant zu sehen, dass die VK Familie immer nur in dem eng begrenzten Sinn der auf Eltern und Kinder reduzierten Kernfamilie sieht. Nirgends ist - soweit ich es überblicke - von Familie als 'gens', als Generationen übergreifender Zusammenhang die Rede.[iii] Dies ist um so unbegreiflicher, als die VK ihren Ursprung in Ostasien hat und ihr Gründer zweifellos noch stark vom Konfuzianismus beeinflusst sein muss.[37] Während im Arbeitsethos der VK und nicht zuletzt bei Moon selbst eine äußerst geglückte Synthese von ostasiatischem Fleiß und puritanischer Betriebsamkeit vorzuliegen scheint,[38] ist dies in der Familienvorstellung nicht gegeben. Hier dominiert vollkommen das westliche Familienideal - mit einer Ausnahme:

Heiraten sind nicht Privatangelegenheiten der potentiellen Ehegatten (darauf komme ich noch zurück). Die Bemerkung von Kim, "deshalb werden der traditionelle Bezug des Konfuzianismus auf die Heiligkeit der Familie und die Praxis der Gegenwart Gottes, die am besten im Christentum ausgedrückt ist, vereinigt, um einen neuen und mächtigen Standard der Arbeit, Kunst und der menschlichen Beziehungen abzugeben,[39] erscheint mir aus diesen Gründen nicht haltbar. Gewiss ist die Bedeutung der Familie ungewöhnlich groß im Glaubenssystem der VK[40], aber es ist nicht die Familie des Konfuzianismus, die hier im Vordergrund steht.

Warum hat die Familie eine solche Bedeutung in der Vereinigungskirche? Theologisch (d.h. in den Kategorien des rationalisierten Glaubenssystems) ist die Antwort einfach: Die Welt kann nur durch das wiederhergestellt werden, durch das sie an ihrer Vollendung gehindert wurde. Adam und Eva sollten die vollkommenen Eltern sein (was durch die illegitime Beziehung Evas mit Luzifer verhindert wurde), deshalb kann die Welt erst dann wieder in Ordnung gebracht werden, wenn es eine vollkommene Familie gibt, wozu es eines vollkommenen Paares bedarf.[41] "Auf Grund seiner gefallenen Natur hat der Mensch eine böse Familie, Gesellschaft und Welt geschaffen, indem er böse Kinder zeugte."[42] Dies bedeutet: Die Gesellschaft und Welt kann erst dann wieder mit Gott als Mittelpunkt hergestellt werden, wenn der Mensch keine bösen Kinder mehr zeugt; wozu allererst eine sündlose Ehe und Familie notwendig ist. Moons Mission ist geradezu die Gründung einer solchen Familie, und deshalb ist auch das Jahr 1960 (Eheschließung von Moon[43]) der "annus discretionis" der VK. Aus diesem Grund ist auch die feierliche Eheweihe das Sakrament der Kirche. Denn die von Moon gesegneten Paare leben als Ehepaare ohne concupiscentia (um mit Augustin zu sprechen). Sexualität ohne Sünde (von Thomas von Aquin ins Paradies verlegt) wird irdische Möglichkeit und zugleich Bedingung für die Wiederherstellung von Gesellschaft und Welt.

So weit die theologisch korrekte Antwort. Die soziologische und psychologische Antwort entzieht sich leider unseren Möglichkeiten. Was ist der Hintergrund der Entdeckung Moons, dass die erste Sünde in einem sexuellen Akt zwischen Eva und Luzifer bestand? Man tut keinem Religionsstifter Unrecht, wenn man nach den sozialen Bedingungen der jeweiligen Offenbarung fragt, denn die subjektive Authentizität der Offenbarung wird ja nicht in Frage gestellt.[44] Die Sünde par excellence ist der Ehebruch.[45] Gewiss folgt Moon mit seiner Betonung der sexuellen Komponente christlicher Tradition: Die Verbindung von Sünde und Sexualität ist eines der dauerhaftesten Erbstücke christlicher Moral; aber dennoch ist die Exklusivität, mit der Sünde und Sexualität kombiniert werden, ungewöhnlich. Lediglich als Vermutung möchte ich den Gedanken vortragen, dass das Aufeinandertreffen von puritanisch-presbyterianischer Prüderie und männlicher sexueller Freizügigkeit, wie sie in Ostasien gar nicht selten war und ist, der Sexualität eine Bedeutung für das Heilsgeschehen beimessen konnte, die nur vergleichbar ist mit der fatalen Lehre von der Weitergabe der Erbsünde, wie sie Augustin vertrat. Diese Andeutungen müssen Fragment bleiben.

Unabhängig von dem Entstehungszusammenhang der Ehelehre ist ihre Bedeutung für die Existenz der Vereinigungskirche. Hier sind mehrere Aspekte zu unterscheiden:

- Die Funktion für die Sozialisation der Gruppenmitglieder. Nach der Lehre der VK ist es nicht der Plan Gottes, dass der Mensch allein bleibt. Ehe und Familie sind Ziel des menschlichen Daseins. Da aber Ehe und Familie von zentraler heilsgeschichtlicher Bedeutung sind, kann man nicht einfach heiraten, sondern bedarf dazu der besonderen Qualifikation: Erst müssen zwei Menschen die jeweilige Grundlage gelegt haben, bevor sie die Ehe eingehen können. Ehe ist Promotion und diese kann nur geschehen, wenn die schon Qualifizierten (im Idealfall: der Qualifizierteste) ihre Zustimmung geben bzw. überhaupt erst über Qualifikation befinden. Jedes einzelstehende Mitglied hat so ein religiös intrinsisches Interesse am Erwerb von Qualifikation und zugleich die religiös durchaus seltene Gelegenheit, diese Qualifikation zu konsumieren.

- Die Kontrolle über eine in der modernen Gesellschaft zunehmend privatisierte Institution. Hier wird einer der problematischsten

Ethos und Handeln

Punkte im Leben der VK berührt. Bekanntlich suchen sich die Ehepartner nicht selbst aus, sondern werden zusammengebracht, wobei durchaus schon aus Gründen der Klugheit auf gewisse emotionale Tatsachen geachtet wird. Auch in der VK ist diese Praxis nicht unumstritten, scheint aber bis heute Usus zu sein. Die Gründe für diese Praxis - die doch so sehr den geheiligten patterns of romantic love widerstrebt - sind vielfältig: der Rückgriff auf übliche Praktiken im ostasiatischen Großfamilienverband;[46] Kontrollabsichten der religiösen Elite; Sicherstellung der Sozialität eines in der umgebenden Gesellschaft als privat konzipierten Vorgangs. Diese letzte Erklärung erscheint mit am plausibelsten. Weil die Ehe im System der VK eine so zentrale religiöse Bedeutung hat, ist sie von höchstem Gruppeninteresse. Erlaubt man ihre private Konstituierung, verliert sie ihre religiöse Relevanz. Moon als Symbol der Gruppenmitte bestimmt gewissermaßen stellvertretend die Ehepartner; dass er dabei zugleich die Internationalität der Kirche durch die Ehestiftungen untermauert, ist ein Nebeneffekt.

- Ehe, Sexualität und Kirchenzucht. Kleine religiöse Gruppen bedürfen der Kirchenzucht. Sie müssen auch Mitglieder aus plausiblen Gründen ausschließen können. Bei der prinzipiellen Offenheit des Glaubenssystems und seiner Fähigkeit, sich auch andere Elemente assimilieren zu können, werden die Gründe für Kirchenzuchtmaßnahmen eher auf sittlichem Gebiet liegen. Es scheint so zu sein, dass allein der Gedanke an sexuelle Unregelmäßigkeiten dem Mitglied den größten Abscheu einflößt. In diesem Punkt ist das System intransigent.

Trotz aller innerer Kohärenz der Einbettung des Familienideals ins Glaubenssystem besteht doch eine Gefahr, der die VK nur schwer entgehen wird: Ehe und Familie sind heilsnotwendig - organisatorisch notwendig ist jedoch ein hoher Bestand zölibatär lebender Mitglieder. Sobald der Missionserfolg stagniert, gerät das Gleichgewicht zwischen Heilsökonomie und Organisationsökonomie ins Wanken. Sofern nicht die Rekrutierung von neuen Mitgliedern gesteigert werden kann, bliebe nur der Ausweg der Denominationalisierung, mit dem augenscheinlich schon einige Mitglieder sich anfreunden. Dabei bliebe aber auch langfristig die Radikalität des Eheverständnisses auf der Strecke.[47]

Das unifikatorische Ethos des wirtschaftlichen Handelns

Die Verbindung von Geld und Religion ist nicht neu. In Abwandlung eines Wortes von Max Weber kann man von der Religion und für die Religion leben. Ich möchte hinzufügen: Man kann auch von und für die Religion leben.[48] Für die ökonomische Seite der Vereinigungskirche möchte ich mehrere Aspekte unterscheiden:
- ökonomische Aktivitäten als Modelle exemplarischen Handelns,
- ökonomische Aktivitäten als Grundlage religiösen Handelns,
- die ökonomische Basis der Missionszentren.

Es ist allgemein bekannt (und wird von der VK auch nicht bestritten), dass die Kirche mehrere Unternehmen in Korea, in den USA und auch anderswo betreibt. Dabei handelt es sich nicht um riesige Betriebe, sondern eher um "mittelständische" Unternehmungen, die nichtsdestoweniger profitabel arbeiten können und einen Gewinn für die Kirche abwerfen werden. Der strikt anti-kommunistischen Haltung der Kirche entsprechend, werden sie nicht im Sinne von gemeinwirtschaftlichem Eigentum geführt, sondern in einer Art paternalistischem Kapitalismus. Fleißige Arbeit und Verantwortung der Personen in leitenden Positionen für die Untergebenen entsprechen sowohl der Doktrin der VK als auch den koreanischen und japanischen Vorstellungen von Betriebsgemeinschaften.[49] Nach mündlichen Selbstdarstellungen hat der Betriebsleiter in etwa die Funktion des Vaters in der Familie, wobei immer zu beachten ist, dass dies im unifikatorischen Ethos etwas anderes bedeutet als im "normalen" egalitären Verständnis: Zwar ist die Position des Vaters herausgehoben, aber er muss in einem ständigen Prozess des Gebens und Nehmens mit den anderen Mitgliedern der Familie (des Betriebs) stehen, wobei Gott der wahre Mittelpunkt aller Beziehungen ist. Die VK beansprucht damit einen Weg gefunden zu haben, der antikommunistisch ist, aber dennoch die Missstände kapitalistischen Wirtschaftens vermeidet. Wie weit dieses Modell funktionsfähig ist, bleibt abzuwarten; ich vermute, dass es nur unter zwei Bedingungen arbeiten kann:

a) überschaubare Betriebsgröße und
b) religiöse Geschlossenheit der Belegschaft oder wenigstens großer Teile von ihr.

In erster Linie dienen jedoch die Unternehmen der VK der mate-

Ethos und Handeln

riellen Sicherstellung des religiösen Auftrags. Obwohl sich die einzelnen Zentren selbst erhalten sollen (und dies in der Regel auch tun), so gibt es noch genügend zentrale Aufgaben (Leitung, "crusades", Konferenzen u.ä.), die beträchtliche Kosten verschlingen. Nicht in allen Ländern ist das "fundraising" so eingebürgert wie in den USA, so dass das ökonomische Rückgrat der Bewegung die Wirtschaftsunternehmungen darstellen. Hier könnte ein strukturelles Problem für die Kirche auftauchen:
Wirtschaftsunternehmungen entwickeln eine eigene Dynamik. Sie tendieren dazu, Gewinne intern zu verwenden, d.h. zu reinvestieren, während der Anleger (in diesem Fall die Kirche) Gewinne eher extern verwenden will. Bisher scheint sich noch keine ausschließlich an ökonomischen Gesetzmäßigkeiten orientierte Elite etabliert zu haben, weshalb diese Gefahr noch minimal ist.[50]

Mit dem Aufbau eigener Betriebe könnte die VK in die Nähe von sozial und kulturell autonomen religiösen Gruppen kommen, die nur noch Teile ihrer Produkte mit der Umwelt tauschen müssen. Dies wäre der Lehre der Kirche geradezu entgegengesetzt, die ja keinen "retreatism" vertritt, sondern die Welt durchdringen will. Bis heute ist nur ein kleiner Teil der Mitglieder in eigenen Betrieben tätig. Die größere Zahl geht Tätigkeiten in der „normalen" Wirtschaft nach. Dies ist deshalb auch notwendig, weil die einzelnen kleinen Zentren (oft weniger als acht Personen) sich selbst erhalten müssen. In der Vergangenheit konnte man bei diesen Mitgliedern häufig eine Art "paulinischer Haltung"[51] in Bezug auf ihre Arbeit feststellen, wobei leicht zu wechselnde Jobs vorgezogen wurden. Wenn nicht alle Anzeichen trügen, macht sich hier ein Wandel spürbar. Auch qualifiziertere Ausbildungen werden zu Ende gebracht, und manche Mitglieder sind in durchaus ansprechenden Positionen tätig. Ob sich hier eine "Verweltlichung" ankündigt oder eine Veränderung der Missionsstrategien (von der Straßenmission zur mehr exemplarischen Mission), vermag ich nicht zu entscheiden.

Das unifikatorische Ethos des Politischen

Es ist keine Übertreibung zu sagen, dass die unifikatorische Lehre als Kernstück neben den eigentlich religiösen Stücken eine politische

Philosophie enthält. Hauptstück dieser Philosophie ist ein radikaler Antikommunismus, der besonders in eher linken Kreisen Gerüchte über CIA- und KCIA-Kontakte hervorgerufen hat, deren Überprüfung nicht allzu viele Anhaltspunkte ergeben hat.[52] Verbunden mit diesem Antikommunismus ist eine besondere Betonung der Rolle Koreas und der USA im Programm der Wiederherstellung. In der Öffentlichkeit ist diese politische Komponente der Vereinigungskirche auf vehemente Kritik gestoßen.[53] Religion und Politik ist in den meisten westlichen Demokratien eine tabuisierte Kombination. Was bedeutet der radikale Antikommunismus der Bewegung? Unverkennbar dürfte sein, dass er sich teilweise aus der besonderen Situation Koreas erklären lässt und aus den Erlebnissen Moons in einem nordkoreanischen Lager. Dies ist jedoch nur die biographische Komponente; es gibt auch eine systematische, wobei die Frage nach der Priorität keinen wissenschaftlichen Sinn ergibt. - Die Macht des Teufels ist in der Lehre der VK nicht figurativ verstanden, sondern sie ist höchst real, sowohl im persönlichen Leben jedes Menschen als auch in der gesamten Menschheitsgeschichte. So wie Gott sich einzelner Menschen und ganzer Völker bedient, um seine Absicht zu verwirklichen, so bedient sich auch Satan einzelner Menschen und ganzer Völker bzw. politischer Systeme, um Gottes Pläne zu durchkreuzen.[54] So wie von dem ersten Menschenpaar an das Kain-und-Abel Prinzip die Welt durchwaltet, so stehen zu jeder Zeit Menschen und Systeme auf der Kain-Seite oder der Abel-Seite. In der gegenwärtigen (1981 a.d.R.) weltgeschichtlichen Lage steht die Sowjetunion und ihre Verbündeten in der Kain-Position, die USA und deren Verbündete in der Abel-Position; vor 40 Jahren repräsentierten die Achsenmächte (Deutschland, Italien, Japan) die Kain-Seite und die Alliierten die Abel-Seite.[55] - Die Frage, woran man erkennen kann, ob in einem Konflikt ein Staat auf der Kain- oder der Abel-Seite steht, lässt sich relativ leicht beantworten durch die Feststellung, wo die Religionen mehr Freiheiten und Lebensrechte haben, denn in den Religionen ist das Suchen der Menschen nach Gott als dem Herz des Universums aufgehoben. - Es ist nicht ohne tragische Ironie, dass die VK in den Okzident kam, als in der Folge der Kennedy-Administration der Kalte Krieg abgebaut wurde. Radikaler, militanter Antikommunismus war nicht mehr en vogue. Der Gedanke, dass der Konflikt zwischen Demo-

Ethos und Handeln

kratie und Kommunismus militärisch ausgetragen werden könnte - in Korea durchaus offiziöse Ideologie - erschien in den USA und in Europa immer mehr als Ungedanke. Die VK kam so in Gefahr, in ein politreligiöses Abseits zu geraten; sie entging diesem Geschick teilweise durch eine Reinterpretation der Konfliktlehre: Die endgültige Auseinandersetzung braucht nicht notwendig militärischer Art zu sein.[56] Wie weit sich durch die Veränderungen in Süd-Korea in den Jahren 1979/80 ein Einfluss auf die VK ergibt, muss noch abgewartet werden. Entscheidungen hängen eng zusammen mit der Frage, ob die USA oder Korea langfristig Mittelpunkt der Bewegung sein werden. Dabei geht es wohl tatsächlich nur um diese beiden Länder. USA und Korea sind die Schlüsselstaaten in der polit-religiösen Lehre der VK. Lynn Kim hat es wohl richtig wiedergegeben, wenn sie sagte: „Wir sehen Amerika in einer ähnlichen Position wie Rom und Korea in einer ähnlichen Position wie Israel".[57] Israel und Korea sind die Länder, aus denen der Messias kommt, aber nur Rom bzw. die USA besitzen die Möglichkeit, den neuen Glauben so zu verbreiten, dass er die Welt rekonstruieren kann. Ich glaube, dass in dieser den USA zugeschriebenen Rolle eine latente Reinterpretation der politischen Theologie der VK zu sehen ist: Weg von dem Konzept des "letzten Kampfes zwischen Gut und Böse" zu einer Konzeption der Ausbreitung der Lehre über die Erde. Erst damit würde die VK wahrhaft Religion, während sie bis heute in vielem eher eine soziale Bewegung[58] ist.[59] Verschiedene Gründe sind für diese latente A-Politisierung maßgeblich: a) der offensichtliche Anachronismus eines militanten Antikommunismus. Das bedeutet nicht, dass aus „schlauer Berechnung" diese politische Haltung aufgegeben wird, sondern dass das allgemeine Klima solche Haltung nicht mehr ermöglicht. Statt Antikommunismus zu leben, wird vielmehr eine verstärkte Beziehung auf die fundamentaldemokratischen Werte erfolgen. b) 1981 läuft der dritte Sieben-Jahr-Zyklus der Wiederherstellung ab, und der Kampf der Systeme scheint sich als Dauereinrichtung auf undramatischer Ebene zu etablieren. Die VK muss sehr bald aus ihrer eschatologischen Naherwartung in ein realistischeres Verhältnis auch zur politischen Welt treten. Die Zeit der großen "crusades" der "Day-of-Hope-Tours" ist vorbei, denn diese hatten ja nur einen Sinn als Aufrüttelung einer Nation, damit sie die ihr von Gott zugedachte Aufgabe von einem direkten Effekt kann nicht gesprochen werden. Gewiss dienen sie dazu, die Bewegung respektabel zu machen, aber darüber hinaus entsprechen sie einem Bedürfnis, das in der Lehre der VK angelegt ist: Religion und Wissenschaft sind die innere resp. äußere Seite der Wahrheit, deren Zusammenschluss für die Wiederherstellung der Welt notwendig ist.[63] Die Aktivitäten der Kirche auf dem Gebiet der Wissenschaft sind also keine puren Zusatzbeschäftigungen und auch keine reinen Public Relations-Veranstaltungen, sondern dienen dazu, die Wahrheit der Prinzipien auch wissenschaftlich zu untermauern. Von dort her resultiert ein Verständnis von Wissenschaft, das wegen seiner Modernität eines Tages für den religiösen Bestand der Kirche zum Problem werden könnte. Es wird sich noch erweisen müssen, ob die Vereinigung von Wissenschaft und Religion nicht die integrative Kraft der unifikatorischen Lehre sprengt. Sehr wahrscheinlich werden die ersten Probleme im Bereich der historischen Wissenschaften auftauchen.

Die Aktivitäten der Kirche auf dem Gebiet der Künste werden legitimiert durch die unifikatorische Theorie des Schönen. Schönheit (als das weibliche Prinzip) ist die Antwort auf Liebe (das männliche Prinzip). Die unifikatorische Bewegung hat deshalb eine für neue Religionen relativ hochstehende Entwicklung auf dem Gebiet von Kunst und Grafik (z.B. bei der Gestaltung von Büchern und Broschüren).

Vereinigungsbestrebungen auf dem Gebiet der Religionen sind bisher wenig erfolgreich gewesen, da die Dialogversuche der VK von anderen religiösen Organisationen zurückgewiesen wurden. Lediglich einige Evangelikale fanden sich zum Gespräch bereit, ein Partner, der eigentlich der Vereinigungstheologie mit ihrem allegorischen Bibelverständnis fremd sein müsste.[64]

Die wissenschaftliche Ethik der Vereinigungskirche

Bei dem für eine neue Religion erstaunlich hohen Stand der theologischen Rationalisierung der Vereinigungskirche ist es überraschend, dass die Auseinandersetzung mit Theorien der Ethik eher unterentwickelt ist. In den wissenschaftlichen Werken "Unification Thought" und "Unification Theology and Christian Thought"[65] wird dargelegt, erfüllen wird. Ob es Moon gelingen wird, sich dieser neuen Lage anzupassen, ist fraglich; sein Temperament, sein Charisma drängen ihn zu den großen Würfen. Die zögernd anklingende Tendenz, dass Moon sich in sein Privatleben zurückziehen könne, scheint unter der Perspektive realistisch. Da er nie göttliche Qualitäten reklamiert hat, erscheint diese Lösung systemimmanent möglich. Das Zentrum der Bewegung ginge dann wohl endgültig in die USA. Die VK entwickelte sich zu einer systemkonformen, staatsbejahenden Denomination, die nach entsprechenden Transformationen durchaus die Chance hätte, in Dekaden zu einer höchst lebendigen Spielart von organisierter "civil religion"[60] zu werden. Die entscheidenden Komponenten einer "civil religion" birgt sie heute schon in sich: Diesseitigkeit, Supranationalität, interne Anpassungsfähigkeit.

Wissenschaft, Kunst und Religion im unifikatorischen Ethos

Die einen (Gegner) sprechen von "Tarnorganisationen", die anderen (Anhänger) sprechen von "Institutionen";[61] allgemein anerkannt ist, dass die VK neben der eigentlichen Kirchenorganisation eine Anzahl von Organisationen unterstützt, betreibt oder unterhält, die die Vereinigungslehre auf verschiedenen Ebenen propagieren und vertiefen, ohne diese Organisationen im Sinne von kirchlichen Mitgliedschaften zu betreiben. Die wichtigsten dieser Organisationen sind:

    a) IOWC (International One World Crusade), gehört aber mehr zum Bereich des Politischen
    b) ICUS (International Conference on the Unity of Science)
    c) PWPA (Professors World Peace Academy)
    d) CARP (Collegiate Association for the Research of Principles)
    e) New Hope Singers
    f) New York City Symphony Orchestra
    g) Korean Folk Ballet.

Organisationen b)-d) gehören dem Bereich der Wissenschaft an; e)-g) dem der Kunst. Es ist offensichtlich, dass die Veranstaltungen von diesen Organisationen (besonders von ICUS) auf einem beachtlichen intellektuellen Niveau stehen und teilweise prominente Teilnehmer aufweisen.[62] Die Kosten für alle Organisationen sind sehr hoch, und warum die Familie und das Gewissen die entscheidenden Instanzen für die ethische Betrachtung sind. Wo sich die Autoren etwa mit Bentham, Kant, Moore, Pierce und Dewey auseinandersetzen, geraten die Texte zu etwas dürftigen Exzerpten aus schon arg reduzierten Lehrbüchern.[66] - Es ist deutlich zu spüren, dass die VK das Problem des moralischen Begründens noch nicht hat. Der Aktivismus ist noch so dominant, das Ziel des Handelns so evident, dass des "Gedankens Blässe" noch keine Chance hat. Da die Eschatologie diesseitig ist und zudem Gottes Plan nur durch Mithilfe des Menschen erfüllt werden kann, bedarf es noch keiner sekundären religiösen Begründung für das Handeln. "[....] Der Zweck allein kann der Maßstab für die universale Gültigkeit des moralischen Handelns sein."[67] Und das Ziel des unifikatorischen Ethos ist zweifellos für jedes Mitglied, Änderungen der Strategie und Taktik sind Gebote der Klugheit ohne ethische Relevanz.

Sobald die Vereinigungskirche nicht mehr auf die unmittelbare Herstellung des irdischen Reiches Gottes ausgerichtet ist, wenn sie akzeptiert, dass zwar eine neue Seite in der Geschichte der Wiederherstellung aufgeschlagen ist, das Ziel jedoch nicht erreicht ist, dann wird die Stunde der religiösen Ethik gekommen sein.

Ausblick

Wer seine Informationen über die "Moonies" bisher aus den Berichten der yellow press und aus den Erkenntnissen der Sektenexperten der beiden großen Kirchen gewonnen hat, wird einige Dinge in der obigen Darstellung vermisst haben. Nichts über Fasten, lange Gebete, kurze Schlafzeiten; nichts über die Einsätze von Mitgliedern in den verschiedensten Gegenden unserer Erde. Sind das alles böswillige Gerüchte? Natürlich nicht! Das Leben in der Vereinigungskirche ist hart[iv], es trägt fast militärisch zu nennende Züge.[68] Diese Züge sind aber nicht Ausgeburten einer kranken Fantasie, die Produkte eines neurotischen Führers, sondern immanente Bestandteile einer das ganze Leben und den ganzen Kosmos begreifenden Philosophie. Alles, was in der VK getan wird, dient subjektiv dem einen Ziel: der Wiederherstellung. Dafür müssen Grundlagen gelegt werden auf allen Ebenen, im Bereich des Individuellen (Beten, Fasten usw.); im Bereich einer Stadt (Stadtteilarbeit, Errichtung von Missionszentren) usw. Man könnte die Vereinigungskirche mit einer Organisation vergleichen, die ständig unter höchster Anspannung gehalten wird, um das anvisierte Ziel zu erreichen. Sie hat von alledem so wenig institutionalisiert, was uns im bürgerlichen Verständnis an Religion so evident scheint: Ruhe, Frieden, Entspannung. Gewiss gibt es auch dies in der VK, aber es steht nicht im Vordergrund. Es dominiert der Gedanke der harten Arbeit, der rastlosen Anspannung. Moon als "champion of the Kingdom of God", wie es ein amerikanisches Mitglied der Bewegung ausdrückte. Es gibt keine Rede Moons, in der er nicht betont, wie hart er gearbeitet hat und wie hart er noch arbeitet und welche Opfer und Anspannungen von den Mitgliedern erwartet werden müssen. Das alles hat natürlich den Verdacht genährt, dass es sich hier um ein groß angelegtes Ausbeutungssystem handelt. Verstärkt wurde diese Haltung, wenn man beobachtete, dass auf Kongressen u.ä. durchaus gediegene Eleganz entfaltet wird, für die die Mitglieder in irgendeiner Form aufkommen müssen. Dazu muss bemerkt werden: Das unifikatorische Ethos ist nicht asketisch. Verzicht ist immer nur instrumentell gedacht und hat keinen Wert in sich selbst. Ziel ist eine Welt der Liebe und Schönheit, was auch materiellen Wohlstand einschließt. Der Weg dazu kann aber, ja wird über Verzicht und Opfer führen. In diesem Sinne handelt es sich um ein bürgerliches Ethos, das vom Bedürfnisaufschub ausgeht.

Wagt man eine Prognose über den weiteren Verlauf des Schicksals der Vereinigungskirche, so wird die Frage des Lebensstils keine geringe Rolle spielen. Bis jetzt konnte die weitverzweigte Organisation durch den Glauben an die kurz bevorstehende Wiederherstellung gewissermaßen unter permanentem "Dampf" gehalten werden. Jedes Zwischenziel (Bankette, Rallyes etc.) war eine Etappe auf dem Weg zum großen Ziel, für das Schlaf, Kraft und Geld geopfert werden konnten. Ab einer gewissen Etablierung von Organisationen wird es jedoch zwangsläufig zu der bekannten Verselbständigung von Mitteln und Zwischenzielen kommen. Hinzu kommt die notwendige Verschiebung der Wiederherstellung auf nicht mehr biographisch überblickbare Zeiten. Ich nehme an, dass die Kirche sogar in nicht allzu ferner Zeit eine neue profane Entwicklungsphase lehren wird. Die dazu passende Lehre kann nur sein, dass alle Energie der unifikatorischen Bewegung dann auf das Verstärken der guten Elemente (der Abelmächte) gerichtet sein muss. Dadurch kann die Diesseitigkeit gewahrt bleiben, ohne dass der Aktivismus unbedingt beibehalten werden müsste. Der Weg wird offen sein für eine neue Variante ethischer Religiosität.

Epilog

Natürlich bleibt die Zeit nicht stehen, und auch bei der heutigen Vereinigungskirche hat sich in den vergangenen 20 Jahren vieles entwickelt und verändert. Entwicklungen und Veränderungen habe ich allerdings nicht weiter verfolgt, da ich mich seit dem Erscheinen des von mir herausgegebenen Buches "Das Entstehen einer neuen Religion – Das Beispiel der Vereinigungskirche" mit anderen Themen beschäftigt habe.

Dennoch kann mein Artikel gerne nochmals veröffentlicht werden. Es liegt auch nichts vor, was aus damaliger Sicht unbedingt verändert oder hinzugefügt werden müsste.

Günter Kehrer
Oktober 2001

Ethos und Handeln

ANMERKUNGEN DES AUTORS

1 E. Barker, Living the Divine Principle. Inside the Reverend Sun Myung Moon's Unification Church in Britain, in: Archives de Sciences Sociales des Religions, 1978 45,1, S.75-93, bes. 78f., wo Barker von "Theology as an independent variable" spricht.

2 Leider gibt es bis heute keine historisch zureichende Darstellung wenigstens der okzidentalen Entwicklung der Ethik in Bezug auf die religiöse Entwicklung. Überhaupt ist das Fehlen von Geschichten der Ethik (sowohl der sog. philosophischen als auch der sog. theologischen) auffällig. Die wenigen Titel, die Erwähnung verdienen, sind sowohl von der Anlage als auch von der Textbetrachtung her veraltet: Geschichte der Ethik vom Altertum bis zum Beginn des 20. Jahrhunderts von E. Howald, A. Dempf und T. Litt, 1931 (Neudruck: 1978); C.E.Luthardt, Geschichte der christlichen Ethik, 2 Bde., 1896.

3 H. van Oyen zeigt deutlich, dass im alten Testament kaum von einer Ethik gesprochen werden kann, mit Ausnahme vielleicht der Weisheitsliteratur, die jedoch stark außerisraelitisch beeinflusst ist. H. van Oyen, Ethik des Alten Testaments, 1967; ähnlich G. Wendland, Ethik des Neuen Testaments, 1970.

4 Zum Problem von Religion und Moral vgl. B. Gladigow (Hrsg.), Religion und Moral, 1976.

5 Tertullian, Über den weiblichen Putz, in: Tertullians Ausgewählte Schriften 1. Bd. (Bibliothek der Kirchenväter) 1912, S. 177.

6 W. Schrage, Die konkreten Einzelgebote in der paulinischen Paränese, 1961.

7 dazu vor allem: R.M. Hare, Sprache der Moral, 1972.

8 Ob es sich um die Systematisierung von Erlösungswegen handelt, wie Max Weber annimmt, erscheint mir fraglich; M. Weber, Wirtschaft und Gesellschaft, 1. Halbbd., 1956, S.413-471.

9 Es ist wohl selbstverständlich, dass hier die Begriffe "Kirche" und "Sekte" vorurteilsfrei benutzt werden. Zur allgemeinen Problematik vgl. G. Kehrer, Soziale Bedingungen für nicht-kirchliche religiöse Gruppen in der Bundesrepublik, in: G. Kehrer (Hrsg.), Zur Religionsgeschichte der Bundesrepublik Deutschland, 1980 (Forum Religionswissenschaft 2), S.93 ff.

10 Auf die Bezeichnung "Bewegung" wird weiter unten noch eingegangen werden.

11 Die Göttlichen Prinzipien, 21973. In aller Regel benutze ich in diesem Aufsatz diese Ausgabe – einige Male ergänzt durch die engl. Ausgabe. Der Prozess der "Kanonbildung" ist durchaus noch nicht abgeschlossen. Man hat immer zu berücksichtigen, dass die deutsche Ausgabe eine Übersetzung der englischen ist, die wiederum auf das koreanische Original zurückgeht, dessen Form selbst noch nicht endgültig ist. In der letzten Zeit scheinen Bestrebungen im Gange zu sein, die textgerechten Über-

tragungen ins Englische zu bezweifeln. Wie weit sich darin interne Differenzen zwischen der koreanischen und der amerikanischen Elite widerspiegeln, kann heute kaum entschieden werden. Auf die Parallelität zu den Vorgängen in den ersten zwei Jahrhunderten des Christentums sei ausdrücklich hingewiesen.

[12] Unification Thought (ursprünglich koreanisch), engl. Ausgabe: 1973.

[13] Young Oon Kim, Unification Theology and Christian Thought, rev. ed. 1976.

[14] Diese Aussage hat so lange Bestand, bis es sich herausstellt, was Funktion und Geltung der neuen Theologengeneration sein wird, die gegenwärtig über die erste unifikatorische Schulung in Barrytown hinaus ihre theologische Ausbildung an erstklassigen amerikanischen Institutionen (z.B. Harvard Divinity School) erhält.

[15] Y. 0. Kim, World Religions, 3 Bde. 1976; Y. 0. Kim, Divine Principle and Its Application.

[16] 16 M.D. Bryant and H. W. Richardson (eds.), A Time for Consideration, 1978, M.D. Bryant and S. Hodges, Exploring Unification Theology, 1978; F. Sontag, Sun Myung Moon and the Unification Church, 1977. Zu nennen wäre noch R. Quebedeaux and R. Sawatsky, EvangelicalUnification Dialogue, 1979.

[17] Nur pars pro toto seien genannt: F.-W. Haack, Die neuen Jugendreligionen 2 Teile, 1977; ders, Jugendreligionen 1979; Aktion für geistige und psychische Freiheit, Dokumentation über die Auswirkung der Jugendreligionen auf Jugendliche in Einzelfällen, 1978.

[18] "Handeln soll dabei ein menschliches Verhalten ... heißen, wenn und insofern als der oder die Handelnden mit ihm einen subjektiven Sinn verbinden." M. Weber, Wirtschaft und Gesellschaft, 1. Halbbd., a.a.O., S.3. Diese Grundeinsicht jeder Soziologie bedeutet für die religionswissenschaftliche Betrachtung, dass versucht werden muss, zwischen dem subjektiven Sinn einer Handlung und dem "abstrakten" Sinn eines religiösen Systems einen Zusammenhang herzustellen; keinesfalls darf dieser Zusammenhang ungeprüft vorausgesetzt werden.

[19] Ich möchte aus diesem Mangel gegenüber dem traditionellen Weg noch nicht unbedingt die Tugend einer "interpretativen" Soziologie machen (vgl. C. Hoffmann-Riem, Die Sozialforschung einer interpretativen Soziologie, in: Kölner Zeitschrift für Soziologie und Sozialpsychologie, 1980 (32,2), S.339 ff.) Unverkennbar ist jedoch, dass die Soziologie religiöser Gruppen eine Verwandtschaft zu dieser Methodologie hat (vgl. Loflands „grounded theory" in: J. Lofland, Doomsday Cult, enl. ed. 1977, S. 342ff.).

[20] Die Göttlichen Prinzipien, a.a.O., S.132.

[21] Wenn ich richtig sehe, scheint die Relevanz der spirituellen Welt für die irdische Welt (unifikatorisch sollte man besser von einer Relevanz dieser für jene sprechen) für die einzelnen Mitglieder unterschiedlich zu sein. Das "Charisma", empfänglich für die spirituelle Welt zu sein, haben nicht alle in gleichem Maße.

[22] Unification Thought, a.a.O., S.247: "We regard human history as the history of re-creation."

23 Ob Lofland sein Buch "Doomsday Cult" nannte, um die Camouflage bis ins Inhaltliche zu treiben?

24 Unification Thought, a.a.O., S.247: "The Unification Principle adopts determinism in reference to the goal or direction of history."

25 Y. O. Kim, Unification Theology and Christian Thought, a.a.O., S.103: "God's desire and Jesus' ambitions were thwarted at every level."

26 Loflands ironische Bemerkung: „He (Rev. Moon) visited all 50 states (der USA) in 40 days, a feat requiring that he keep reminding his driver to run his car at 115 miles per hour and stop dwindling down to a mere 80." (Lofland, Doomsday Cult, a.a.O., S.284) steht nicht allein als Zeugnis der Begeisterung für Geschwindigkeit in der VK. Der neutral bis positiv eingestellte Sontag berichtet über die deutschen Aktivitäten: "Volkswagen buses are used by the Church all over Europe, but in Germany we sped down the autobahn (no speed limit) up to two hundred kilometers an hour in a black Mercedes." (F. Sontag, Sun Myung Moon a.a.O., S.37). Diese scheinbar nebensächliche Beobachtung ist bedeutsam, weil sie symptomatisch für einen Zug der VK ist: better, bigger, faster. Es ist kein Zufall, dass die Bewegung gerade in Japan, den USA und der Bundesrepublik Deutschland am erfolgreichsten war.

27 D. Bryant and S. Hodges (eds.), Exploring Unification Theology, a.a.O., S.72 f.: "I've noticed one thing about Rev. Moon in his behavior and teaching. Ask him a theoretical question and he somehow always gives you a practical answer [.....] he is constantly giving practical advice or giving challenges for activity. He never talks about theoretical things apart from practical things. There's something about his mind that works that way. He has a very practical mind, a mind in which theory and practice are intricately bound together. You can't separate them."

28 Ein Beleg für die teleologische Sichtweise der Vereinigungskirche: Energie existiert, um ein Elementarteilchen zu bilden. Das Elementarteilchen wiederum existiert, um ein Atom zu bilden, ein Atom, um ein Molekül zu bilden, ein Molekül, um jede Art von Materie zu schaffen, und alle Materie, um das gesamte Universum entstehen zu lassen." Die Göttlichen Prinzipien, a.a.O., S.54.

29 Sozialpsychologischer Klassiker zu diesem Bereich ist immer noch: L. Festinger et al., When Prophecy Falls, 1957.

30 Aus verschiedenen Gründen glaube ich nicht, dass eine "major relocation of members into economically viable communities or enclaves seems likely [...]" (Lofland, Doomsday Cult, a.a.O., S.340), obwohl manche Komponenten der Vereinigungstheologie dem entgegenkämen. Ich nehme vielmehr an, dass der Prozess der "Verweltlichung" schon so weit fortgeschritten ist, dass die Vereinigungskirche sich eher denominationalisiert. Besonders die amerikanische Führungsgruppe scheint diesen Weg zu favorisieren. This conjecture can be wrong!

31 Die Göttlichen Prinzipien, a.a.O., S.61 ff.

32 "Jede Familie oder Gesellschaft, in der solch eine Grundlage der vier Positionen mit Gott als Mittelpunkt errichtet ist, ähnelt einem Menschen in seiner vollkommenen

Persönlichkeit." (Die Göttlichen Prinzipien a.a.O., S.62). Hier kommt die selbstverständliche Beziehung von Gesellschaft auf Familie klar zum Ausdruck!

33 Vgl. dazu vor allem: Die Göttlichen Prinzipien, a.a.O., S.69ff.

34 Für die religionswissenschaftliche Bedeutung des Commitment-Begriffs vgl. B. Hardin and G. Kehrer, Identity and Commitment, in: H. Mol (ed.), Identity and Religion, 1978, S.83 ff; H. Mol, Identity and the Sacred, 1976, S.216ff; G.Kehrer, Die sozialen Bedingungen für nicht-kirchliche religiöse Gruppen in der Bundesrepublik Deutschland, in: G. Kehrer (Hrsg.), Zur Religionsgeschichte der Bundesrepublik, a.a.O., S.98 f., 112-115; R.M. Kanter, Commitment and Community, 1977 (Kanter untersucht in ihrem Buch Elemente utopischer Siedlungen in den USA des 19.Jahrhunderts).

35 "Legitimation" beinhaltet nicht das Moment der sekundären, betrügerischen Begründung. 182

36 S. dazu den Beitrag von B. Hardin und W. Kuner in diesem Band (Kehrer "Das Entstehen...")

37 Alle offiziellen Biografien sprechen davon, dass Moons Eltern vom Konfuzianismus zum Christentum übergetreten sind: z.B. "Initiative Eine Welt" (Hrsg.), Sun Myung Moon, o.J., S.2: "Seine Eltern sind Bauern, die ein Leben in bescheidenen Verhältnissen führen. Sie wachsen in der konfuzianischen Tradition auf, nehmen aber später durch amerikanische Presbyterianer christlichen Glauben an." Das weitere Schweigen über die Herkunft Moons ist auffallend. In der unifikatorischen Lehre spielen die Eltern des Gründers keine Rolle. Dies ist zum Teil verständlich, weil ja erst Moon selbst die vollkommene Familie begründet, so dass seine Herkunftsfamilie durchaus nichts Heiliges an sich hat. Obwohl Sontag in Korea mit Mitgliedern von Moons Herkunftsfamilie gesprochen hat, berichtet er nichts weiter über sie (E. Sontag, Sun Myung Moon, a.a.O., S.78).

38 "Idle time or time having no purpose is your enemy...", sagte Moon 1976. Manche Belege können nicht gegeben werden, da dies einen Bruch der Vertraulichkeit darstellen würde: auch der Text dieser Rede ist zu diesem Material zu rechnen.

39 Y. O. Kim, Unification Theology and Christian Thought, a.a.O., S.177: "therefore, the traditional concern of Confucianism for the sanctity of the family and the practice of the presence of God best expressed in Christianity will be combined to give a new and powerful standard of labor, art and human relationships..."

40 W.Lewis hat recht, wenn er betont: "The example of Jesus' ‚single life' has been followed by countless holy celibates. But where can we find an incarnate example of perfected divine-human marriage?" (W. Lewis, Is the Reverend Sun Myung Moon a heretic?, in: M.D. Bryant and H.D.Richardson, A Time for Consideration, a.a.O., S.195) - wenigstens was die theologisch-systematische Aussage betrifft.

41 Hier scheint die eschatologische Schwachstelle der VK zu liegen. Was geschieht, wenn trotz der vollkommenen Ehe von Rev. und Mrs. Moon die Welt in ihrem beklagenswertem Zustand verharrt? Ist dies ein weiterer Fall von verfehlter Prophetie? Ich gehe eher von der Annahme aus, dass das Glaubenssystem der VK schon

heute variabel genug ist, um dieses Problem ohne neue Annahmen lösen zu können. Die Vereinigungskirche wird dann als Hort der gelungenen Erlösung auf der familiären Ebene gelten, während die anderen Ebenen noch der Erlösung harrten.

42 Die Göttlichen Prinzipien, a.a.O., S.129.

43 Es ist allgemein bekannt, dass dies Moons zweite Ehe ist. Auf diese heute doch gewiss nicht ungewöhnliche Tatsache konnten sich alle Kritiker von rechts und links einschießen. Die yellow press und ihr verwandte kirchliche Spezialisten machten jedoch gern aus den zwei Ehen vier. Die Bedeutung der ersten Ehe von Religionsstiftern bedarf noch der Untersuchung.

44 Zu fragen wäre nach der Entstehung der unifikatorischen Sexualmoral im Sinne von H. Cancik, Zur Entstehung der christlichen Sexualmoral, in: B. Gladigow (Hrsg.), Religion und Moral, a.a.O., S.48-68.

45 "Es gibt [. . .] eine andere Art sozialen Lasters, das sich der menschlichen Kontrolle entzieht: den Ehebruch", schreiben Die Göttlichen Prinzipien, a.a.O., S.12 ziemlich unvermittelt und setzen dabei Ehebruch unmittelbar neben Kommunismus.

46 Dies läge jedoch im Widerspruch zur obigen These, dass das Familienbild der VK okzidental bestimmt ist. Allerdings ist es soziologisch möglich, zwei grundverschiedene soziale Institutionen wie die westliche Ehe und die ostasiatische Weise der Partnerwahl zu amalgamieren, wenn auch dann spezifische Probleme entstehen.

47 Moon scheint diese Gefahr schon seit einigen Jahren zu sehen, wenn er sehr zögernd mit neuen Ehesegnungen ist. Vgl. Anm. 38!

48 Nicht nur im Bereich der Sekten, sondern durchgängig im Bereich der hochorganisierten Großkirchen. "Religion als Beruf" hat auch seine ökonomischen Aspekte.

49 Die Quellenlage ist mehr als dürftig. F. Sontag hat anscheinend einige koreanische Betriebe besucht (F. Sontag, Sun Myung Moon, a.a.O., S.86. Die Betriebe scheinen sich im Rahmen des Üblichen zu halten, denn auch die schärfsten Kritiker der VK haben sich auf diesem Gebiet nicht hervorgetan; trotz aller Problematik des "argumentum e silentio" ist es in diesem Falle wohl möglich, diesen Schluss zu ziehen.

50 Der Austausch von "religious" und "economic" leaders wird praktiziert. So wird ein ehemaliger Landesleiter in verantwortliche Position im ökonomischen Bereich berufen.

51 1. Kor 7,29-31.

52 Vgl. U.S.Congress, House, Subcommitee on International Organizations, 95th Congr. 2nd Sess. und: Our Response to the Report of October 1978, New York, 1979 (Antwort der VK).

53 Die Versuche von zahlreichen VK-Mitgliedern, in den Wahlkampf 1976 zugunsten der Unionsparteien einzugreifen, hat dem Image der Kirche extrem geschadet.

54 Dabei handelt es sich aber um keine strikt dualistische Lehre, denn auch das personifizierte Böse, der Satan (die Schlange), ist erschaffen und kein selbständiges Prin-

zip. Vgl. Die Göttlichen Prinzipien, a.a.O., S.93.

[55] Die Göttlichen Prinzipien, a.a.O., S. 522 ff.: Der Vorwurf des Faschismus oder des Nationalismus ist an sich unbegründet.

[56] Vgl. als neutrale Quelle: "Materialdienst" der Evangel. Zentralstelle für Weltanschauungsfragen der EKD 9/1976, S. 137-140.

[57] D. Bryant and 5. Hodges (eds.), Exploring Unification Theology, a.a.O., S.36: "We see America as in a similar position to Rome, and Korea in a similar position to Israel."

[58] Zum Begriff und zur Theorie der sozialen Bewegung vgl. N. Smelser, Theorie des kollektiven Verhaltens, 1972.

[59] Eine ganze Reihe von Mitgliedern spricht heute noch bevorzugt von ihrer "Bewegung" und vermeidet fast den Ausdruck "Kirche".

[60] Zum Konzept von "civil religion" vgl. R.N. Bellah, Civil Religion in America, in: Daedalus 96 (1967), S.l-21; seither mehrere Wiederabdrucke. Unter "organisierter civil religion" möchte ich eine Denomination verstehen, die nicht unbewusst civil religion artikuliert, sondern sich um die Momente dieser civil religion kristallisiert.

[61] Initiative "Eine Welt", Sun Myung Moon, o.J., gibt eine Übersicht (im Sinne der VK) der wichtigsten Initiativen und Institutionen, die der Kirche assoziiert sind.

[62] So hat an ICUS-Konferenzen u.a. Sir John Eccles teilgenommen. Man sollte sich davor hüten zu behaupten, die meisten Teilnehmer wüssten nicht, wer der Veranstalter ist; schließlich eröffnet in der Regel Moon die Konferenzen selbst.

[63] Die Göttlichen Prinzipien, a.a.O., S.9.

[64] Einen Niederschlag fand dieser Dialog in: R. Quebedeaux and R. Sawatsky (eds.), Evangelical-Unification Dialogue, a.a.O.

[65] Vgl. Anm. 12 u. 13.

[66] Unification Thought, a.a.O., S.233-243.

[67] Ebd. S. 236: "[...] purpose alone can be the standard for the universal validity of moral action."

[68] Hier müssen jedoch auch Unterschiede zwischen den einzelnen Landesgruppen gemacht werden. Deutschland scheint harscher zu sein als England.

Anmerkungen der Redaktion

[ii] Mit der Ankunft von Peter Koch im Juni 1963 aus den USA, wo er zuvor die Vereingungsbewegung kennen gelernt hatte, begann die Missionsarbeit in Deutschland. Im März 1969 übernahm Paul Werner die Leitung der Mission. Bis zu dieser Zeit gingen alle Mitglieder tagsüber ihrer Arbeit nach und missionierten nach Feierabend. Erst zu Beginn der 70 er Jahre entwickelte Paul Werner so etwas wie

Ethos und Handeln

Missionsteams und damit auch eine gewisse Arbeitsteilung in Vollzeitmissionare und solche, die weiterhin ihre Berufstätigkeit ausübten und diese Missionstätigkeiten vorzugsweise finanziell unterstützten. In diese Zeit fiel auch die erste öffentliche Wahrnehmung der Vereinigungskirche in Deutschland. Die Berichte konzentrierten sich hauptsächlich auf die Misionsteams und die Mitglieder, die dafür, wenn auch vorübergehend, ihre Berufs- bzw. Ausbildungstätigkeit unterbrachen. In den frühen 80er Jahren, verbunden mit der Familiengründung vieler Mitglieder, wurde auch das Leben in Wohngemeinschaften zu Gunsten eines Gemeindelebens mit regelmäßigen Gottesdiensten und Veranstaltungen aufgegeben. 1988 forderte Rev. Moon die Mitglieder der weltweiten Vereinigungsbewegung auf, im Rahmen der "Heimatstadt-Vorsehung" in ihre Heimatorte zurückzukehren und sich dort als "Stammesmessias" in dienender Weise ganz besonders um die eigene Verwandten zu kümmern. Seit den 90er Jahren gibt es in Deutschland weder Vollzeitmissionare noch Wohngemeinschaften der Vereinigungskirche. Die Vorwürfe des Abbruchs von sozialen Bindungen gehen allesamt auf den Zeitraum von 1974 bis ca. 1984 zurück und geben die Wirklichkeit dieser Zeit auch nur sehr eingeschränkt wieder. (A.d.R.)

iii Hier irrt G. Kehrer. Zahllose Zitate aus Rev. Moons Ansprachen und Predigten können belegen, dass die Familie von der in der Vereinigungskirche als Ideal gesprochen wird, die Drei-Generationen Familie ist. Seit dem 1. Mai 1994 sprechen alle Mitglieder der Vereinigungskirche an Sonntagen ein Familiengelöbnis, das ausdrücklich in Punkt 3 auf die drei Generationen einer idealen Familie Bezug nimmt. "3. Wir als Familie, gegründet auf wahre Liebe, geloben die vier großen Herzensbereiche, sowie die Souveränität der drei Generationen und die Tradition der wahren königlichen Familie zu verwirklichen." Dazu noch zwei Zitate Rev. Moons aus dem Buch "Blessing and Ideal Family", S.210: "Life together with grandparents, parents and children is sound family life. If one generation is missing from a family, the family is crippled. When one ideal family is established, that family should serve as the bricks to build the Kingdom of Heaven." Und S. 211 " Blessed families in the Unification Church should be able to attend and serve the grandparents and parents of every race. Do you want to marry into the house where grandparents-in-law and parents-in-law live together? Do you want a household with many younger brothers and sisters? Or do you want a house where only your couple can live? It is the universal law that you get married and live together with your grandparents-in-law and parents-in-law." (A.d.R.)

iv Wenn diese Aussage überhaupt je zutraf, dann wohl für die oben beschriebene Zeit von 1974-1984 in Deutschland, und soweit sie das Leben der ledigen Mitglieder in Wohngemeinschaften beschreibt. Aber auch zu jener Zeit gab es Mitglieder, die die Mission nicht zum Lebensmittelpunkt machten und dieser wenn überhaupt in ihrer freien Zeit nachgingen. Wie schon gesagt, gibt es seit den 90er Jahren in Deutschland keine Wohngemeinschaften mehr. (A.d.R.)

WIE PASST DIE VEREINIGUNGSKIRCHE IN DIE RELIGIÖSE LANDSCHAFT MITTELEUROPAS?[i]

Jürgen Redhardt

Ich habe die Aufgabe, Ihnen eine ganz bestimmte NRB vorzustelllen. Dieses dreibuchstäbliche Abkürzel meint ein Phänomen, das früher oft mit "Jugendreligion" oder mit der englischen Bezeichnung "destructive cult" angepeilt wurde. NRB heißt "Neue Religiöse Bewegung". Ich gehöre zwar selbst nicht der Vereinigungskirche an; aber ich halte es für wichtig, von ihr zu wissen und ihre religiösen Grundlagen und Ziele zu kennen. Und für diese religiöse Vereinigung hat man ja eine zweite böse Diffamierungsvokabel in Umlauf gebracht: „"chen Verlautbarungen, obwohl staatliche Stellen sich doch allgemein weltanschaulicher und religiöser Neutralität befleißigen sollten.

I.

Lassen sie mich darüber eine kurze Story erzählen! Alle 28 deutschen Landeskirchen und alle katholischen Bistümer in Deutschland unterhalten sogenannte Weltanschauungsbeauftragte oder Sekten-

---

[i]Ansprache Prof. Dr. Jürgen Redhardts anlässlich eines Einführungsseminars zur Vereinigungsbewegung, November 1991, Bönigen/Schweiz (A.d.R.); Erstveröffentlichung in "Stellungnahmen zu Theologie und Praxis der Vereinigungsbewegung", Kando-Verlag, 1992

experten. Diese meist jungen Theologen, Diplompädagogen oder andere Bewusstseinsbildner - wie man heute dazu sagt - sollen sich laufend damit befassen, welche besonderen Richtungswechsel oder neuen Trends auf dem religiösen Markt festzustellen sind. Um authentische Verbindungen herzustellen und möglichst frische Informationen aus erster Hand zu erhalten, stellen sich derartige kirchliche Späher und Kundschafter öfters bei den NRB`s sogar persönlich vor. Da kam vor ungefähr zwei Jahrzehnten ein solch freundlicher Beauftragter der evangelischen Großkirche zum Zentrum einer NRB und machte sich bekannt, wer er sei, dass er jetzt als greenhorn dieses neue Amt angetreten habe und so weiter. Sein Gegenüber, eine lokale Repräsentantin der Vereinigungskirche, begann, ein wenig daran herumzumäkeln, dass man begrifflich nicht die Selbstbezeichnung ihrer religiösen Organisation gebrauche, sondern eben von "Moonsekte" rede. Im Deutschen habe das Wort "Sekte" eben einen schlechten Beigeschmack. Der kirchliche Mann gab sich liberal, ein wenig witzig und leutselig: "Ja, ja," so sagte er in etwa, "die evangelische und die katholische Kirche sind eben die beiden größten Sekten."

Sie verstehen: Mit solchen abwiegelnden, gutgemeinten Auskünften ist das angerissene Diffamierungsproblem zwar nicht vom Tisch. Aber ich finde es immerhin fair und wohlwollend, wenn in dieser humorigen Weise Großkirche und NRB gelegentlich miteinander umgehen. Leider geschieht etwas Vergleichbares nur selten, und dann nur punktuell und ohne positive Auswirkungen aufs Ganze. Immerhin hat sich der Sammeltopfbegriff "Jugendreligionen" auch schon überlebt. Er wurde, nachdem ihn der Anti-Sektenpfarrer Friedrich-Wilhelm Haack vor ungefähr 15 bis 20 Jahren kreiert hatte, plötzlich wieder wie eine heiße Kartoffel fallen gelassen, eben deshalb, weil es einfach nicht nachweisbar ist, dass die sechs bis sieben größten NRB`s nur oder in überwiegender Zahl durch jugendliche Zugänger ihren Nachwuchs sichern.

Noch etwas Genaueres über diese Gruppierungen, die man als NRB bezeichnet! Man meint damit alle international übergreifenden Religionsorganisationen jüngeren Datums. Man will sie unterschieden wissen von älteren religiösen Bewegungen seit ungefähr der Mitte des 19. Jahrhunderts, als sich die Neuapostolische Kirche, die Zeugen Jehovas, die Mormonen, die Adventisten und andere christliche Gemeinschaften oder auch überchristliche, außerchristliche Gruppierungen fest etablierten. Die meisten dieser Religionsorganisationen existieren ja noch heute, oft inzwischen sogar gesellschaftlich und juristisch völlig unangefochten, geduldet oder anerkannt. Einige können sogar erstaunliche Wachstumsraten bekannt geben, und am meisten tun das offenbar eben die Neuapostolischen Westdeutschlands, die immerhin 200.000 Mitglieder haben. Viele deutsche "Altsekten" haben sicher auch deshalb nach 1945 keinerlei Pressionen seitens der Großkirchen erdulden müssen, weil über ihnen gewissermaßen der Geist der von den Nazis ermordeten Zeugen Jehovas und anderer Märtyrer aus den Konzentrationslagern Buchenwald, Sachsenhausen oder auch Dachau schwebte.

Über die heutigen Neuen Religiösen Bewegungen wissen Sie wahrscheinlich schon einige Einzelheiten, über die Scientology Church zum Beispiel, die dem Menschen zur vollen Erschließung seiner geistigen und transzendenten Potentiale verhelfen will. Diese von Ron Hubbard gegründete religiöse Organisation spielt zur Zeit übrigens die Rolle des Watschenmannes, wenn in den Medien von Neuen Religiösen Bewegungen die Rede ist. Ich gestehe freimütig ein, dass ich ratlos bin, was alles von den Vorwürfen berechtigt ist. Bei den Moonies, auch teilweise bezüglich der Hare Krishna, erlaube ich mir ein vorläufiges Urteil, und zwar ein durchweg positives Votum. Über die Scientologen schweige ich mich allerdings aus. Primär deswegen, weil ich einfach zu wenig Einblick gewinnen konnte auf die inneren Strukturen und diese auch nicht recht zu erfassen vermochte. Auf die zwei, drei indischen Ableger, die es bei uns gibt, einschließlich der bereits genannten Hare Krishna, die manchmal in den Fußgängerzonen unserer Groß- und Mittelstädte mit Zimbeln und Handtrommeln auf sich aufmerksam machen, möchte ich nur um der vollständigen Abrundung willen hinweisen. Doch ich meine, dieses Randthema jetzt abbrechen zu dürfen.

Gibt es ein äußeres, auffälliges Kennzeichen, das die Vereinigungskirche auf den ersten Anhieb von allen anderen Neuen Religiösen Bewegungen unterscheidet? Ich nehme mit Sicherheit an, hierauf mit einem Ja antworten zu können. Die Moonies sind vermutlich die einzigen, die zugleich mit ihrem Bekanntwerden auch eine eigene Lehre ausformuliert präsentieren können. Diese stand schon an der Wiege der Vereinigungskirche fast fix und fertig da, und zwar in Gestalt der Göttlichen Prinzipien aus der Feder Sun Myung Moons. Ich brauche hierauf nicht näher einzugehen. Aber die Tatsache, dass von Anfang an nicht hin und her laboriert wurde und kein Glaubenslehrstück nach dem anderen zusammenmontiert wurde, vermittelte der Vereinigungskirche einen gewissen intellektuellen und organisatorischen Vorsprung, vorerst einmal ganz unabhängig davon, ob man als Nicht-Muni mit den inhaltlichen Aussagen des "Divine Principle" sympathisiert oder nicht.

Doch ein einziges Projekt der "Göttlichen Prinzipien" will ich vorweg noch lobend erwähnen: Sie vermeiden alles geheimnisvolle Wissenschaftskauderwelsch und jegliches Theologie-Chinesisch, durch das man sich nur mit Mühe hindurchkämpfen kann. So ergab es sich, dass auf theologischer und religionswissenschaftlicher Ebene schon ganz früh, vor über 20 Jahren, mit der Vereinigungskirche debattiert werden konnte. Über andere NRB wurde geschrieben, die Vereinigungskirche hat selber geschrieben. Es gibt eine Anzahl von Sammelbänden, in denen beispielsweise amerikanische Universitätstheologen mit Muni-Wissenschaftlern theologisch Florett gefochten haben. Die Vereinigungskirche verlegt sich zum großen Teil, ähnlich wie bei uns die Großkirchen, nicht in erster Linie auf ein Kleinschrifttum zur gezielten Werbung oder zur Kultivierung einer gläubigen Überzeugung oder sogar Naivität, sondern sie lässt sich auf logische Diskursivität und Argumentation ein.

Dazu kommt noch ein weiterer belangvoller Umstand. Es hat in der Kirchengeschichte immer wieder gemeindliche Gruppierungen gegeben, die sich die verpflichtenden Thesen zu eigen gemacht haben: "Alle müssen eins werden". So ähnlich steht es ja im Johannes Evangelium, Kapitel 17, Vers 21. Genauer erklärt muss es lauten: Die Christenheit darf nicht in Kirchen, Sekten und Denominationen aufgespalten sein und sich hinterrücks oder sogar offen bekämpfen. Das widerspricht der klaren, ausgesprochenen Absicht Jesu selber. Fast immer sind aus solchen ehrlichen Bemühungen, einer geschlosseneren Weltchristenheit die Wege zu bereiten, nur wieder zusätzliche Kirchen und fromme Gemeinschaften entstanden. Das ging im Regelfall folgendermaßen vor

Die VK und die religiöse Landschaft Mitteleuropas

sich: Da dämmerte es irgendwelchen bewussten und überzeugten Christen, dass man nicht ständig im Glaubensbekenntnis laut und feierlich deklamieren kann: "Ich glaube an eine heilige Kirche", während man sich zur gleichen Stunde die Köpfe einschlägt. Katholische Christen dreschen auf Lutheraner ein, Lutheraner auf Reformierte, und die wiederum knöpfen sich die Orthodoxen vor usw. und so ähnlich. Aber solche Vereinigungsbewegungen verliefen alle im Sand.

Das absolut Neue der Vereinigungskirche besteht demgegenüber in zweierlei:

Sie will global alle großen Religionen umfassen und erfassen, sich demnach nicht auf die Christenheit beschränken. Zweitens: Sie will nur ausnahmsweise Menschen und fromme Gruppen zu sich selbst bekehren. Sie will vielmehr primär zu einem Vereinigungsdenken motivieren, dem jeder in seiner angestammten Religion zum Aufblühen und zum Durchbruch verhelfen soll. Über diese zwei Besonderheiten der Vereinigungskirche gegenüber allen vorherlaufenden Versuchen, eine einzige Weltchristenheit zusammenzufügen, könnten wir jetzt stundenlang debattieren. Das Neue, einen Ökumenismus aller Religionen zu stimulieren, ist zwar auch schon früher probiert worden und fand seinen Höhepunkt in einer Konferenz aller Religionen 1893 in Chicago. Aber bald kehrte allenthalben eine resignative Bescheidenheit ein. Wie soll das zugehen, einen gemeinsamen Deckel zu finden, allein für die fünf, sechs, sieben oder acht wichtigsten religiösen Volksmassen der Erde? - Für die 1,3 Milliarden Christen, vielleicht 900 Millionen Moslems, 700 Millionen Hindus, 350 Millionen Buddhisten, und dazu kommen vielleicht noch 300 Millionen Konfuzianer, 70 Millionen Shintoisten, 20 Millionen Sikhs und ebenso viele Juden. Eine tollkühne visionäre Idee der Vereinigungskirche, an die Zusammenführung aller Religionen überhaupt einen einzigen Gedanken zu verschwenden! Aber um ein solches einmaliges Ziel wenigstens anzukurbeln, werden eminent umfangreiche Zusammenkünfte von religiösen Repräsentanten aus aller Welt arrangiert. Das würde der Vatikan oder der Weltrat der Kirchen auch fertig bringen, werden Sie denken; aber offensichtlich kriegt das im Augenblick tatsächlich nur die Vereinigungskirche fertig, und dieses Verdienst bekommen sie auch von vielen kundigen Leuten glücklicherweise honoriert.

Der Weltrat der Kirchen, das muss ich noch kurz ergänzen, ist das oberste Gremium aller nicht-katholischen Gruppierungen und Kirchengemeinschaften, soweit sie nicht grundlegend vom Geist der ersten fundierenden Bekenntnisse der Christenheit allzu stark abweichen. An der repräsentativen Spitze dieses Weltrates in Genf stehen derzeit neun Präsidenten. Einer dieser Topleute war bis vor kurzem der indische Erzbischof der syrisch-orthodoxen Kirche, Mar Gregorios. Ihn verbindet mit der Vereinigungskirche und deren Gründer Rev. Moon ein tiefes freundschaftliches Verhältnis, und er nimmt, wenn irgend möglich, an allen herausragenden interreligiösen Veranstaltungen, die von dieser oder jener Unterorganisation oder einem der "Ableger" der Vereinigungskirche arrangiert werden, immer wieder gerne teil. Warum, so wurde Mar Gregorios einmal von einem amerikanischen Reporter gefragt, warum er das denn täte? Obwohl die Medien der nordamerikanisch-westeuropäischen Staaten doch meistens recht abschätzig und oft maliziös über die Moonies zu berichten pflegten. Die Antwort lautete: Wenn die Hindus, die Moslems oder die Buddhisten aus meiner indischen Heimat zu einer religiös übergreifenden Tagung einladen, wird genau darauf geachtet, dass die jeweilige Quotierung für die einzelnen Konfessionen nicht höher ist als die der Einlader. Die Vereinigungskirche ist zahlenmäßig so gering, dass sie sich erlauben kann, daraus keinen Hehl zu machen. Ihre Gäste bestimmen zu 95 Prozent das Gesamtgesicht der Konferenz. Die Moonies sind nicht nur in einer verschwindenden Minderheit, sondern verlangen auch nicht im geringsten, dass ihnen gegenüber vornehme Rücksicht genommen wird.

Welche Inhalte spielen denn auf solchen Konferenzen eine hervorragende Rolle? Selbstredend, so muss ich darauf antworten, keineswegs solche, die von den Sponsoren hineinlanciert werden. Die maßgeblichen Leute für die wissenschaftliche Organisation interreligiöser Konferenzen sind ja ohnehin in der überwiegenden Anzahl keine Vereinigungskirchler, sondern eben kirchliche Repräsentanten oder Universitätslehrer aus aller Welt, meines Erachtens allerdings mit einem allzu spürbaren nordamerikanischen Übergewicht. Doch das mag ganz äußerliche Gründe haben, über die ich mich jetzt nicht verbreiten kann. Wie dringlich es ist, dass Religionswissenschaftler beieinander hocken, ja aufeinander einreden, kann man gar nicht hoch genug veranschlagen. Die Vereinigungskirche hat das in geradezu hellseherischer Weise schon früh erkannt und ständig in großmütiger Weise Konnektionen ermöglicht.

Es verhält sich nämlich bei dem Miteinander der Religionen folgendermaßen: Wir wissen ungeheuer viel voneinander. Man kann geradezu vor der Flut der religionswissenschaftlichen Information resignieren. Die Wissenshalden wachsen und wachsen, aber die Gefahren nehmen gleichzeitig zu, dass wir interreligiös aneinander vorbeireden. Ein Beispiel dazu: Wenn in Deutschland jemand einen Lehrstuhl für indische Religionen bekleidet, kennt er den Zen-Buddhismus aus dem Effeff. Aber hat er dann auch schon mit anderen die Qualen des aufrechten Sitzens im Lotossitz ausgestanden? Oder unsere typisch abendländischen Schwierigkeiten bei der Regulierung des Atems oder der geistigen Konzentration beispielsweise auf Hara, auf die Mitte unseres Leibes?

Natürlich sind auch die Problemstellungen, die von den Moonies im allgemeinen und von Rev. Moon im besonderen und persönlichen in die Religionswissenschaft hineingetragen wurden, einfach nicht zu übersehen. Ich denke dabei zuerst an die enorme Bedeutung des Schöpfungsauftrages 1. Mose 1,28, wie ihn die Moonies sehen und ihrem frommen Lebensstil zugrundelegen. In diesem Vers steht ja, dass Gott Adam und Eva segnete, sie zur Fruchtbarkeit aufforderte und zur Herrschaft über die Erde. Für die herkömmliche abendländische Schultheologie ist 1. Mose 1 die Magna Charta der Ermächtigung, der Erlaubnis und des Befehls zur Technisierung der Welt. Für die Moonies liegt das Verständnis des gleichen Kapitels also etwas anders. Weiterhin ist es die Erbsündenlehre, wie sie von den "Göttlichen Prinzipien" interpretiert wird, die besonders hervorsticht. Dahinter steckt ja die Frage, inwiefern kann die ganze Menschheit durch Adam und Eva in tiefe Schuldverstrickung geraten, was ist dagegen zu tun, warum und wieso ist es überhaupt dazu gekommen usw. Dann aber interessiert als drittens zum Beispiel besonders das Kapitel über das Ende aller menschlichen Geschichte. Ich könnte noch andere Kapitel nennen, die aber in unserem heutigen Zusammenhang nicht sonderlich interessant sind. Was ich da eben thematisch angerissen habe, klingt im ersten

Moment schon sehr detailliert und spezialisiert. Aber wenn man sich ein wenig auf das sogenannte Vereinigungsdenken einlässt, merkt man, dass es relativ plausibel und in sich geschlossen ist. Es gründet in einem objektiven Idealismus, hat kürzlich der Wiener Religionswissenschaftler Salaquarda dazu gemeint. Meines Erachtens mehr anerkennend als kritisierend. Wie gesagt, man muss und braucht kein Muni geworden zu sein, um ein solches positives Urteil über ihr grundierendes Glaubensbuch im einzelnen und über das religiöse Erfahrungssystem der Moonies im allgemeinen auszuformulieren, soweit es ein bestimmtes Bild der Realität vermitteln will.

Es gab und gibt da eine honorige Minorität von kirchlichen Vertretern, die den Moonies wegen ihres Images und ihres wissenschaftlichen Potentials allen Respekt bezeugen. Aber, so sagen sie, der blinde, absolute Antikommunismus, den Rev. Moon vertritt, zeugt von einem verdächtigen Kreuzzugsdenken und von anachronistischer, ideologischer Festgelegtheit. Nun, inzwischen hat sich dieses Problem auf historischem Wege gewissermaßen von selbst erledigt. Dennoch möchte ich hierzu ein paar unsystematische und kurze Anmerkungen einstreuen. Ich meine, dass Rev. Moon mit Michael Gorbatschow zusammengetroffen ist und auch nicht mit leeren Händen kam, beweist ja hinlänglich, dass der vielzitierte Hass auf den Kommunismus in seiner eigentlichen Intention von vielen Kritikern ziemlich wenig begriffen wurde. Es ging dabei nie um eine Haltung, die die physische Vernichtung des Feindes anstrebt, sondern einen besseren Modus vivendi mit ihm sucht, indem man ideologische Divergenzen eliminiert. Frieden auf Erden ist auch nach Moons Göttlichen Prinzipien eine ständige Friedens- und Harmoniesuche zwischen verfeindeten Großgruppen, die sich im Namen der göttlichen Heilszusage zumindest auf eine Dialektik von Partnerschaft und Gegnerschaft einzulassen haben. Mir ist durchaus bewusst, dass Rev. Moon jeden Antikommunismus verwirft, der bloß vom spekulativen Mammonismus und rabiaten Kapitalismus gespeist wird.

Vergessen wir auch folgendes nicht: Sun Myung Moon stammt aus jener Weltgegend, in der sich wie kaum sonst auf der Erde die Antagonismen von Kommunismus und moderner parlamentarischer Demokratie im Koreakrieg ein blutiges Stelldichein lieferten. Was ihm dabei persönlich an Grausamem und an Unbill widerfahren ist, ist natürlich eingeflossen in seine harte Position gegen eine Ideologie, die sich dem Atheismus verschrieben hat. Unterhalb dessen wird aber seitens der Vereinigungskirche nichts unterlassen, um ein christlich-marxistisches Gespräch bzw. eine Kontaktnahme zwischen antireligiösem Marxismus-Leninismus einerseits und Repräsentanten religiöser Weltorganisationen andererseits zu suchen und durchzuführen, sozusagen in der Gestalt ständiger Konferenzen, wie man das heute zu nennen pflegt. Erste Kontakte habe ich selbst mitgemacht, vor allem die allererste Fühlungsnahme hier in Weggis 1987. Sie können verstehen, dass daraus kein blankes kommuniqueartiges Ergebnis herauskam. Es wurde bewusst darauf verzichtet, aus einem solchen informellen Miteinander am Runden Tisch einen werbewirksamen Trommelwirbel zu inszenieren. Erst als bis Anfang 1989 noch zwei andere ähnliche Sachkonferenzen in Österreich und wiederum hier in der Schweiz stattgefunden hatten, ließ man mehr über den inhaltlichen Konsens und Dissens verlautbaren.

Die Vereinigungskirche betreibt ohnehin eine unzureichende Public Relation Arbeit. Den schroffen, überscharfen Anti-Marxismus ließ sie als Dauervorwurf über sich ergehen, ohne sich stichhaltig und argumentiert zu wehren. Insider im kirchlichen Apparat unserer beiden deutschen Großkirchen und sicher auch in den entsprechenden Gremien hierzulande geben zwar im engeren und auch weiteren Kreis durchaus zu, dass es recht verdienstvoll sei, was weltanschaulich und wissenschaftlich von den Moonies auf die Beine gestellt werde. Auch den überpointierten Antimarxismus nimmt man gelassen in den oberen kirchlichen Etagen hin, zumal man sich genau dessen bewusst bleibt, welche Irrläufer und theologischen Dummheiten anti- oder nicht antikommunistischer Verlautbarungen schon von ansonsten guten Kirchenleuten fabriziert werden. Die PR-Arbeit ist mangelhaft, lautet dennoch mein Vorwurf. Dazu gehört nicht, wie ein moderner Waschmittelproduzent den Leuten die Hucke voll zu lügen, aber es bedeutet mit der Wahrheit zu wuchern. "Seid klug wie die Schlange, aber ohne Falsch wie die Tauben", das ist der Auftrag Jesu an seine Missionare jedweder Couleur.

Aber die ungenügende PR-Arbeit der Vereinigungskirche zeigt insgesamt paradoxerweise auch manche positiven Früchte. Denn es wird mit einem leisen, aber unüberhörbaren Respekt zur Kenntnis genommen: "Die machen ja gar nichts von dem her, was unter ihrer Sponsorschaft alles geschieht", heißt es dann. Damit zollt man ja ein hohes Lob. Außerdem schimmert Achtung und indirekte Betroffenheit auch dadurch, wo man der Vereinigungskirche am Zeug flicken möchte. Kürzlich lief beispielweise im ZDF eine Aufklärungssendung über das sogenannte Reich des Bösen, d.h. über Sun Myung Moon, ohne dass man nun weiß, was mit dem "Reich des Bösen" im einzelnen gemeint sein sollte. Es war ein TV-Streifen, der ziemlich gemein zusammengeschustert war. Dennoch ließ sich bei den zahlreichen Interviews, die man eingeblendet hatte und in denen fast nur kritische Anti-Moon-Stimmen zu Wort kamen, nicht vermeiden, dass ständig unter der Hand anerkennende Voten lautiert wurden. Häufig wurde das Positive etwas heruntergespielt, indem man einräumte, wie sehr man zuweilen erstaunt sei, was diese kleine kirchliche Gruppierung schon alles zu Wege gebracht hätte, obwohl man doch wisse, was für gefährliche Absichten dahinter lauerten. Hier muss ein Nachsatz nachträglich die Aufgabe übernehmen, über das vorher Positive zum Abschluss die schmutzige Brühe der anonymen Anschuldigungen und Verdächtigungen zu gießen.

II.

Wir sind jetzt unmerklich fast ganz zum zweiten Teil unserer Überlegungen übergegangen, nämlich zu dem Thema, weshalb die Vereinigungskirche wider alle Vernunft und gegen alle bessere Einsicht permanent zum Buhmann und zur Zielscheibe heftigster evangelischer oder katholischer Angriffe gemacht wird. Hat sie nicht auch ein gerüttelt Maß selber Schuld daran? Das ist möglicherweise die heikelste selbst gestellte Frage, die ich aber unumwunden beantworten muss. Übrigens ist dieses damit aufgeworfene Problem sehr aufschlussreich: Trägt die Vereinigungskirche für ihre Diffamierung und Bekämpfung nicht selber ein gerüttelt Maß Schuld? Diese Frage wurde ja seit über zwei Jahrtausenden auch von eingefleischten Antisemiten immer wieder mit viel Erfolg aufgeworfen. Als ich im letzten Kriegsjahr zum Beispiel einen Offiziersbewerberlehrgang besuchen musste, wollte man

Die VK und die religiöse Landschaft Mitteleuropas

uns achtzehnjährigen Soldaten einbläuen: Die Juden selbst sind am Antisemitismus schuld. Es können sich doch nicht hunderte von Generationen geirrt haben, die längst vor der NS-Bewegung den Antisemitismus als kulturellen Selbstschutz begriffen haben. Ich bringe dieses Beispiel nur, um aufzuzeigen, wie rasch der Machtlose, Bekämpfte und Angefeindete auch noch die Schuld für seine erbärmliche Verteidigungslage zugeschustert bekommt.

Doch nun zu den konkreten Anschuldigungen gegen die Vereinigungskirche! Es ist da oft die Rede, dass junge Leute auf der Straße gewissermaßen abgefangen würden, gutwillig in ein Zentrum der Vereinigungskirche gingen, weil man sie dazu aufgefordert hätte, und dann stunden-, ja tagelang unter seelischen Druck gesetzt würden, bis sie bereit seien, den Moonies beizutreten. Man unterziehe sie einer suggestiven Manipulation, verlange von ihnen, sich unter anderem zehn Stunden lang über die Göttlichen Prinzipien belehren zu lassen, entziehe ihnen systematisch den Schlaf und was ansonsten noch zu einer konditionierten oder nichtkonditionierten Gehirnwäsche dazugehöre. Derartige schwere Vorwürfe verdichten sich in den Reporten sog. Elternbünde "gegen religiöse und weltanschauliche Indoktrination und Verführung Jugendlicher". Prozesse, die von den betroffenen Eltern deswegen gegen die Vereinigungskirche angestrengt wurden, sind alle oder fast alle im Sand verlaufen. Das braucht nicht unbedingt zu besagen, dass die Vereinigungskirche sich nicht doch moralisch schuldig gemacht haben könnte, nur dass ihr eben formaljuristisch nichts Belastendes anzuhängen war. Aus den USA wird berichtet, wie viel Geld manche Eltern ausgeben mussten, um ihre Kinder, die aus den Zentren der Vereinigungskirche ausgetreten sind, zu deprogrammieren, das heißt, sie wieder freizumachen von den religiös verpflichtenden und angeblich einzwängenden Lebens- und Lehrkonzepten der Moonis.

Es wäre langweilig, wenn ich jetzt umständlich und weit ausholend die Vereinigungskirche verteidigen und entschuldigen würde. Das sollen ihre Repräsentanten getrost selber tun. Und sie verstehen sich sogar, wenn es um Gerichtsprozesse geht, recht gut darauf. Dennoch will ich etwas tun, was vielleicht ein Theologe grundsätzlich sagen muss: Religion, so möchte ich knapp einfließen lassen, wird heutzutage ziemlich leicht und unernst genommen. Denn all den erwähnten schweren Anschuldigungen liegt letztlich ein Religionsverständnis zugrunde, wonach es eigentlich keine harten religiösen Brüche und Entscheidungen im Leben eines Menschen geben dürfe. Keine Konversion und Konzentration, wie man das im Schlagwort gesagt hat. Religion soll wie eine zarte Musik sein: leise, wohltuend und unaufdringlich und unser Dasein bereichern und erfüllen. Wenn jemand sich zu irgendeiner Religion bekennt, soll es sanft und ohne Turbulenzen zugehen. In Deutschland hat sich dafür vor einer Generation schon der Begriff geprägt, dass wir in der kulturellen Epoche einer "Religion ohne Entscheidung" leben, beziehungsweise in einem Weihnachts- und Totensonntagschristentum. Um es deftig und grob zu sagen: Mit ganzem Herzen und konsequenzreich einer religiösen Gemeinschaft anzugehören, gilt bereits als unschick. Nur etwas fromme Sauce ist gefragt.

Sie wissen, in welche Richtung ich argumentiere und was ich damit zum Ausdruck bringen möchte. In dieser nordamerikanisch-westeuropäischen Zivilisation, wo das Gewand der Religion gewöhnlich nur recht locker dem Einzelnen um die Schultern hängt, müssen notgedrungen immer solche Leute als ärgerlich, unbequem und aufdringlich empfunden werden, die es genauer und ernster nehmen und für die die Religion noch zum A und 0 der reifen menschlichen Persönlichkeit hinzugehört. Die Moonies sind solch eine intensiv religionsbewusste Gruppe, die an den fundierenden Sinn und die ursprüngliche Verpflichtung erinnert, der eigentlich jeder Angehörige einer religiösen Gemeinschaft unterliegt. Selbstverständlich kann man folgendes behaupten: Für mich, so kann man erklären, für mich bedeutet nun einmal meine Religionszugehörigkeit nur noch eine geringe Äußerlichkeit. Ich bin, so könnte dieser anonyme Mann weiter behaupten, ein konservativer Mensch und möchte deshalb an einer formellen Frömmigkeit festhalten. An mehr aber auf keinen Fall. Und ich verwahre mich dagegen, dass von religionsaktiven Minoritäten vehement darauf gedrungen wird, entweder völlig dabei zu sein oder aber jedem Erfahrungssystem der Religion Valet zu sagen. Allerdings muss derjenige, der sich in dieser Weise auf eine oberflächliche, lässige, ja fahrlässige Religionspraxis beruft und sie rechtfertigt, sich gegenwärtig bleiben, dass er damit außerhalb jeder interreligiösen, ja internationalen Verständigungsgemeinschaft steht. Aber ich sollte diesen Punkt, um was

Die VK und die religiöse Landschaft Mitteleuropas

es in der Religion immer geht, noch etwas herausprofilieren. Nehmen wir einmal an, Sie besuchen eine interreligiöse Konferenz der Moonies. Da treffen sie möglicherweise zwei extreme Vertreter religiöser Observanz und Lebensweisen. Sagen wir, sie treffen auf einen Trappistenmönch, der den Gipfel seiner asketischen Religiosität darin erfährt, in betender, meditativer Versenkung, in entrückter und tiefer Weise Gott nahe sein zu können und dabei möglichst auf jeden hautnahen oder sprachlichen Kontakt mit seiner Umwelt zu verzichten. Das ist recht hypothetisch gesagt. Sein gegensätzliches Spiegelbild ist unter Umständen - vielleicht auch nicht - ein Parse, der mitten in unruhiger, kaufmännischer Aktivität den Höhepunkt seiner religiösen Selbstverwirklichung sieht. Denn alles, was im Sinne der von Zarathustra gestifteten Religion das Leben schafft und fördert, hilft zur Gewinnung der himmlischen Seligkeit, speziell gerade die selbstvergessene Tätigkeit im ökonomischen Bereich, im Handwerk oder in der Landwirtschaft. Beide, der Trappist hier und der parsische Kaufmann in Bombay dort, sehen freilich die Religion als etwas an, dass man mit ganzem Ernst und Fleiß betreiben muss. Sei es durch absolute Zurückgezogenheit von allem Irdisch-Konkreten oder im völligen Aufgehen in der diesseitigen Weltverantwortung.

Vielleicht wissen Sie auch, dass man den Begriff "Religion" rein sprachlich auf zweierlei Weise ableiten kann: Die einen sagen, das Wort stammt vom lateinischen Wort religio bzw. religare ab, nämlich "sich an etwas zurückbinden". Und die anderen behaupten, dass der Begriff religio mit dem Wort relegere zusammenhängt, und das bedeutet "etwas eifrig und unverdrossen tun". Wie dem auch sein mag, in jedem Falle hat es Religion von Anfang an nicht mit etwas zu schaffen, was nur eine freundliche Beigabe des persönlichen Lebens ist, die zu nichts verpflichtet und zu nichts provoziert. Und wer Muni wird und ist, unterwirft sich ja damit automatisch einer disziplinierten, weitgehenden Bedürfnislosigkeit und einem dem Gehorsam verpflichteten Leben, vor allem bezüglich seines Verhaltens in bzw. gegenüber Ehe und Familie. In Deutschland, höchstwahrscheinlich auch in der Schweiz, hat man beispielsweise die Anti-Moon-Strategie mit Fernsehbildern aus sogenannten Massenhochzeiten in New York oder Seoul untermalt. Meist junge, oft interrassistische Paare, zuweilen viele, viele

233

Tausend, lassen sich ihren Eheschluss von Reverend Moon und seiner Frau feierlich absegnen. Wahrscheinlich haben Sie diesen Fernsehclip alle schon einmal gesehen. Der durchschnittliche, individualistisch erzogene Westeuropäer wendet sich dabei ab mit Grausen. Eine Hochzeitsfeier muss ganz individuell und intim angelegt und durchgeführt werden, so meint er. Und sofort assoziiert er, was von den flotten Agitprops der TV-Anstalt möglicherweise sogar beabsichtigt wird, er assoziiert eine suggestive Massenorganisation, die den einzelnen entmündigt, voll in den Griff bekommt und zu einem gefügigen Werkzeug einer gefährlichen weltweiten Umsturzbewegung heranzieht, auch und gerade durch diese Massenszenerie. Wobei sich die Vokabel "Massenhochzeit" schon für sich, für das Ohr eines Mittelstandsbürgers, außerordentlich abstoßend anhört.

Hier wird eine hinterhältige Herabwürdigung mit dem Instrument des Nichtwissens betrieben. Denn es wird ja nicht erklärt, welchen konfessions-erheblichen Stellenwert eine solche riesige Hochzeitszeremonie im Rahmen der "Göttlichen Prinzipien" einnimmt. Es wird auch erst recht nicht expliziert, warum gerade die überaus ernstgenommene Ehe für die Moonies so hoch angesetzt wird. Um es kurz und problembezogen anzureißen: Auch der Messias soll sich für die Vereinigungskirchler in einem Mann und einer Frau darstellen. Das ist, nebenbei gesagt, auch einer der heikelsten Punkte, weshalb es wohl kaum denkbar ist, dass die Vereinigungskirche jemals im Kreis des Weltrates der Kirchen Aufnahme finden kann. Eben deshalb, weil hier dem unverbrüchlichen ehelichen Miteinander eine so herausragende Bedeutung beigemessen wird, so dass es sogar als zeremonielle Segnung ins Zentrum eines Muni-Lebens plaziert wird. Auch hier kann man fragen, ob man als Christ ein Interesse daran haben kann, wenn die Eheinstitution noch weiter ausgehöhlt wird. Statt einzugestehen, dass die Vereinigungskirche faktisch ganz nah ans Sakrament des Eheverständnisses der Katholiken heranrückt, wird hier aufgrund eines Medienhappenings, nämlich der abfotografierten Segnung von ein paar tausend jungen Paaren, den Moonies ein schwarzer Peter in die Hand gespielt. Das empfindet man dann als komisch und seltsam oder unangemessen. Und so ist es auch von den maßgeblichen Leuten beabsichtigt. Obwohl die Moonies ganz klar andeuten, dass in der Ehe der eine des anderen Messias werden solle - und zwar der Erlöser schlechthin, ohne wenn und aber, in der Gegenwart ebenso wie in der Zukunft - und dass dazu eben ein feierliches, interreligiös begreifbares Zeremoniell gehört. Alle diese Erklärungsversuche kommen dann eben nicht mehr an.

Ich will es einmal konterkarikieren. Im Augenblick macht bei uns in der theologischen Ethik ein interessantes Buch Furore, das den verräterischen Titel trägt: "Lebensabschnittspartner", verfasst von einem Team Lermer und Meiser. In diesem Buch, das selbst von kirchlichen Zeitschriften relativ günstig beurteilt wird, steht beispielsweise ungefähr folgender Satz: "Ist es überhaupt denkbar, dass uns ein einziger Mensch über alle Veränderungen und Lernprozesse des modernen Lebens hinweg zu begleiten vermag?" Die Moonies beantworten diese Frage: Jawohl, so muss es sein. Sie nehmen das Miteinander sehr, sehr ernst. Man kann liberaler und freisinniger darauf antworten, aber dann muss man ehrlicherweise eingestehen, dass eben die Moonies mit ihrem absoluten Nein zur bloß vorübergehenden Lebensabschnittspartnerschaft die radikaleren Vertreter einer herkömmlichen, religiösen Praxis sind. Noch ein Zitat zum Abschluss aus diesem modernen Ehebuch, das diametral entgegengesetzt zur Ethik der Vereinigungskirche steht: "Wirkliche Liebe erlebt man nur im Präsens durch Präsenz. Wir zwei jetzt. Das allein zählt."

Wer also mit Kopfschütteln im Fernsehsessel die massenweise Segnung solcher frischer Ehepaare belächelt oder verwirft, sollte doch nicht vergessen, dass hinter dem Eheverständnis der "Göttlichen Prinzipien" ein tiefer Wille zum effektiven Ordnungsbild im Verhältnis von Mann und Frau zum Tragen kommt. Egal, ob wir solche religiöse Haltung mitverantworten möchten oder nicht. Egal, ob wir an ein eheliches Miteinander von Mann und Frau auch über die Todesschwelle hinaus glauben oder nicht.

Es gibt noch andere grundlegende Verhaltensweisen im religiösen Kanon und Lebensstil der Moonies, die eigentlich geschätzt und belobigt werden müssten, faktisch aber heruntergemacht und beargwöhnt werden. Ich knüpfe mit diesen Verweisen an etwas an, was Ex-Moonies oder Renegaten der Vereinigungskirche zu Protokoll gegeben haben und was ich deshalb bereits vorhin nebenbei herausstellte. Da wurden vor allem restriktive Maßnahmen im Tageslauf denunziert. Ständiger Schlafentzug, stundenlanges Anhören von Referaten, Verbot von Telefongesprächen mit Angehörigen, Entzug persönlicher Habe und so weiter. Alle derartigen Anschuldigungen konnten weitgehend entkräftet oder sogar widerlegt werden. Katholische Weltanschauungsbeauftragte, die das schwierige Thema der Askese und der Indoktrination ja schon seit Jahrhunderten zu verteidigen, hin- und herzuschieben und neu zu interpretieren haben, weil man ihnen in dieser Richtung immer wieder etwas vorwirft, sind am wenigsten gegen den Zug der Moonies eingestellt, sich harter Zucht zu unterwerfen und sogenannte Bedingungen auferlegen zu lassen. Die Katholiken kennen derartige Vorhaltungen - wie gesagt - aus der eigenen "Firma", denken Sie nur an Frau Ranke-Heinemann, an Herrn Drewermann oder Herrn Mynarek, die aus allen Rohren gegen die katholische Verzichtmoral und der damit eng verschwisterten Heuchelmoral anpredigen. Aber so viel ich weiß, hat Reverend Moon selbst gesagt und verlangt, dass sich kein Kirchenangehöriger zum Knecht seiner eigenen, meist platten oder gar materialistischen Wünsche machen dürfe. Evangelischerseits sieht man hier verstärkt eine massive Einschnürung des individuellen Entfaltungspotentials.

Die Diffamierungskampagne gegen die Moonies baut durchweg nicht auf religiösen, geschweige denn auf christlichen Positionen auf, sondern auf dem derzeitigen konventionellen Daseinsstil. Es gilt heutzutage nicht als schick in Wohlstandsländern, seinem Leben eine gewisse Fasson durch Mäßigung, möglicherweise sogar durch gelegentliche Verzichtleistung zu geben, was ja an sich in jedem Fall unabdingbar ist. Nur ein paar vereinzelte, moderne Randgruppen predigen eine neue Bescheidenheit und eine Rückkehr zum frugalen Lebensvollzug. Solchen Zeitgenossen sind selbst die Grünen in ihrer ökologischen Politik meistens nicht konsequent genug. Und dann kommt der mönchische, immer wieder auf die Notwendigkeit auch eines asketischen Daseins pochende Appell der Vereinigungskirche hinzu, der primär religiös und nicht ökologisch begründet ist.

Lassen sie mich dazu etwas Anschauliches einschieben, was nicht direkt in meinen Text gehört: Es ist ein so wunderschön einprägsames Bild, das der asketische Buddhismus für jenen ungeprägten, unerzoge-

Die VK und die religiöse Landschaft Mitteleuropas

nen Menschen gefunden hat, der irrlichtelierend seine Gedanken nicht zu fokussieren vermag und permanent im Sog seiner kleinen, niedrigen Wünsche steht. Er gleiche einem unruhigen, motorisch unaufhörlich von Ast zu Ast turnenden Affen. Ein Schreckbild sondergleichen für jeden, der in Indien zu Hause ist. Die buddhistische Menschenführung und Pädagogik nimmt gerne auf dieses Bild Bezug, und ich denke, wir könnten davon einiges abgucken.

Fast hätte ich vergessen, eines der raffiniertesten negativen Argumentationsmuster zu erwähnen. Man hat nämlich in fast allen gegen die Vereinigungskirche gerichteten Aufklärungsschriften immer wieder herausgestellt, dass es ja ein ganz besonderer Menschentyp sei, der in den Netzen der Moonies hängen bleibe. Das seien meist 15 - 25-jährige Leute des Mittelstandes, die in ihrer Beziehung zum Elternhaus in eine tiefe Krise geraten seien. Oft sei speziell das Verhältnis zum Vater gestört, so dass der Heranwachsende von daher rasch geneigt sei, sich einer religiösen Führungsfigur à la Sun Myung Moon anzuvertrauen. Dazu komme ein hohes Maß an Zukunftsangst vor der bevorstehenden Bewährung in Ausbildung und Beruf, vor der selbständigen Eigenverantwortung für das eigene Leben und möglicherweise auch die Furcht vor dem ungezwungenen oder auch verbindlichen Umgang mit dem anderen Geschlecht. Alle charakterlichen Einzelzüge, die man da aufgelistet hat, um das Bild eines labilen und teils sogar psychopathischen Jugendlichen zu zeichnen, kann ich gar nicht jetzt und hier zusammentragen. So viele werden da genannt. Aber sie können sich gewiss selber vorstellen, was in der Summe mit solchen Angriffen gemeint ist.

Allerdings geht man mit solchen Einwürfen, die vereinigungskirchlichen Mitglieder als arme, verhuschte, vor dem rauen Leben zurückschreckende Menschen an die Wand zu pinseln, oft ans Eingemachte aus der eigenen Küche, um es etwas salopp zu sagen. Denn gewöhnlich ist ja jeder religiöse Mensch stark bewegt vom grundstürzenden Erlebnis seiner Nichtigkeit vor Gott und dadurch aus Sinn- und Sündenangst zutiefst motiviert, sich einer übergreifenden, höheren Macht, sei es Gott - oder seien es mehrere Götter oder sei es auch ein umfassendes Sinn- oder Handlungsprinzip -, ganz und gar anzuvertrauen und auszuliefern. So in etwa funktioniert ja Religion. Zumindest sind sich in diesem prozessualen Religionsmodell die meisten Religionswissenschaftler einig. Vor Gott sich zu demütigen, setzt immer eine bis ins Mark erschütternde Einsicht in die eigene Unzuständigkeit voraus. Die Furcht ist der Weisheit Anfang heißt es im Psalter; die meisten Religionen setzen ähnliche Anfangslektionen voraus. Und ein Mensch, der daran herumbuchstabiert und damit beginnt, ist in der Regel tatsächlich nicht so selbstsicher, indolent und unbeeindruckbar. Er gelangt vielmehr aus einer inneren Gebrochenheit und Desintegration heraus zum Glauben, um dadurch ganz neu zu erstarken, getrost und fröhlicher zu werden und Gewissheit und Identität zu erlangen.

Jetzt aber zurück zu dem Versuch, die Moonies gewissermaßen psychologisch auszupunkten, ja der seelischen Armseligkeit preiszugeben. Es seien also Nichtangepasste, die sich den Jugendreligionen und speziell der Vereinigungskirche anschlössen, eben sogenannte Sensibilisierte oder Gescheiterte. Schwächlinge könne man auch dazu sagen. So meinen die Sektenexperten oder Weltanschauungsbeauftragten ziemlich übereinstimmend in ihrem Antiwerbefeldzug. Gegen derartige wiederholte Vorwürfe konnten sich die deutschen Vereinigungskirchler inzwischen recht kräftig zur Wehr setzen. Ungefähr 300 Mitglieder ließen sich von einem Psychiater namens Kuner in Tübingen durchtesten. Der hat sie dem Minnesota Multiphasic Personality Inventory (MMPI) unterzogen. Das ist einer der wichtigsten Selbstbeurteilungstests, vergleichbar im deutschen Sprachraum dem Freiburger Persönlichkeitsinventar. Ergebnis: Die Moonies zeigen die gleichen Werte, die auch ansonsten der Durchschnitt der Bevölkerung zeigt. Sie bieten stimmige, realnorme Ergebnisse, ohne auch nur die geringsten Neigungen zum Krankhaften und Exzentrischen. Die ständigen Unterstellungen, sie seien als seelisch kaputte Typen am Rande der Normalität und der psychischen Gesundheit angesiedelt, konnten zumindest testpsychologisch widerlegt werden.

Ich komme zu einem Fazit und zu einem Resümee: Was die konfessionsspezifische Diffamierung angeht, so hoffe ich, einigermaßen in der Lage gewesen zu sein, deren Ungereimtheiten, Unstimmigkeiten und Unzulänglichkeiten aufgezeigt zu haben. Das betrifft einmal die angeblich aggressiven Werbemethoden, die zumindest heute, 20 Jahre nach der missionarischen Initialphase der Vereinigungskirche, in ruhigere Gewässer eingemündet sind. Die Moonies gehen weitaus subjektsensibler vor, als in Anti-Moon-Broschüren behauptet wird, und sie rekrutieren ihren Nachwuchs keineswegs nur aus religiös desinteressierten Familien mit ärmlichem, kulturellem Anregungsniveau. Oft kommt heutzutage der Nachwuchs insofern aus eigenem Antrieb, weil periodische vereinigungskirchliche Zeitschriften, z. B. der "Weltblick" oder das "Forum für Religion und Weltgestaltung", ein eindrucksvolles Niveau durchzuhalten vermögen. Zum anderen kann man befriedigt zur Kenntnis nehmen, dass die wissenschaftsglaubwürdigen Ambitionen der Vereinigungskirche zunehmend wohlwollend reflektiert werden. Auch völlig zu recht, wie ich meine. Es gibt eine unter vielen Definitionen des religiösen Glaubens, die folgendes besagt: "Glaube ist die von Gott selbst gestiftete Beziehung zu Ihm, zu Ihm als dem Urgrund des Seins." Dafür liefern die Moonies brauchbare, kompakte und hilfreiche wissenschaftliche Hinweise. Und dass Glauben sich unter dem liebenswürdigen Eindruck von Glaubenden bildet, verstehen sie ohnehin in umwerfender Weise darzulegen.

Epilog

Kritiker, aber auch befreundete Bekannte, haben mir gelegentlich vorgeworfen, was ich da über die Vereinigungskirche vor zehn Jahren vorgetragen habe, verdiene nur dünne Lorbeeren und wenig Applaus.

Ich denke freilich anders darüber. Im Kreis von nahen Verwandten einiger jüngerer Unifikationisten konnte und wollte ich keine "bessere" Figur machen. Für einen Außenstehenden - das merke ich hier und da - mag manches etwas unelegant oder banal erscheinen. Auch stilistisch hapert es gelegentlich. Doch im vorliegenden Fall schien es mir primär dringend geboten, alles zu vermeiden, was mir als besserwisserische Distanznahme oder abgehobene Intellektualität ausgelegt werden könnte.

Ich sah also meine Aufgabe in erster Linie darin, den Zuhörern zu bedenken zu geben, dass es womöglich gute Gründe gibt, sich vermittels der Vereinigungskirche und deren "Göttlichen Prinzipien" aus einem religiösen oder nicht-religiösen Alltagstrott herauszureißen zu lassen. Die konventionelle, volkstümliche Aussage:

"Frage nicht, durch welche Pforte

du in Gottes Stadt gekommen,
sondern bleib' am stillen Orte,
wo du einmal Platz genommen"
hat ohnehin immer nur eingeschränkte Gültigkeit beanspruchen können.

Ich wäre überdies froh, wenn man mir zumindest positiv anrechnet, einige wichtige harte Informationen geschickt in den lockeren Kontext gemischt und hinreichend richtig erläutert zu haben. Und welche erste Lektion hätte ich diesen vorausgeschickten Darlegungen am liebsten folgen lassen? Ich hätte gerne aufgezeigt, wie C.G. Jung und Mircea Eliade - von unterschiedlichen Voraussetzungen her - einen gemeinsamen Basiszusammenhang aller Religionen in einem kollektiven Schatz von Archetypen erschlossen haben.

Jürgen Redhardt
im Juli 2001

BEKEHRUNG ODER SEELENWÄSCHE - EINE PSYCHO-SOZIOLOGISCHE STUDIE[i]

Richard De Maria

Voraussetzungen und Rahmenbedingungen

Mein Interesse an der Vereinigungskirche ist das eines jeden, der sich mit geistigem Wachstum, besonders dem der Jugend, beschäftigt. Der Tag, an dem einer meiner Studenten das College verließ, um sich ganz der Religion Rev. Moons zuzuwenden, war der Tag, an dem ich begann, ernsthaft nach der Dynamik, der Anziehung und den Konsequenzen einer Mitgliedschaft in der Vereinigungskirche zu fragen. Als jemand, der sich jahrelang in geistiger Führung engagierte, interessierte mich die Wirkung auf Persönlichkeit und Spiritualität, die von der Mitgliedschaft in der Kirche ausgehen mochte. Ich las die theologischen Schriften der Kirche und befragte Mitglieder über ihren Lebensstil auf dem Hintergrund traditioneller Geistigkeit. In diesem Vortrag möchte ich den Leser einladen, die Fragen und Gedanken, die mir während dieser Zeit der Reflexion gekommen sind, mit mir zu teilen. Es ist nicht Zweck dieses Vortrages, zu Schlussfolgerungen zu kommen, sondern von den Sozialwissenschaften und der Religionsgeschichte her einen Bezugsrahmen aufzustellen, der für jene nützlich sein mag, die sich aus diesem oder jenem Grunde für die Mitgliedschaft in dieser neuen Bewegung interessieren. Vieles von dem, was zur Sprache kommt, trifft

---

[i] Erste Veröffentlichung: "A Psycho-Social Analysis of Conversion", Richard DeMaria in "A Time for Consideration"; The Edwin Mellen Press, New York, 1978; erste deutsche Veröffentlichung: "Bekehrung oder Seelenwäsche? Eine Psycho-Soziologische Studie", Aquarius Verlag, 1979. (A.d.R.)

auf jede Religion und ihre Ausübung zu. Das ist kein Zufall, denn ein Ziel dieser Studie ist es zu zeigen, dass die Dynamiken und Methoden, Werte und Gefahren der Vereinigungskirche die gleichen sind, die man wiederholt in der Geschichte der Religion und Spiritualität antrifft.

Es ist vielleicht relevant, wenn ich am Anfang zwei Voraussetzungen erwähne, mit denen ich an diese Studie heranging. Die erste ist eine theologische Voraussetzung, die sich für mich, aufgrund meiner römisch-katholischen Zugehörigkeit, in der Überlegung des Zweiten Vatikanischen Konzils ausdrückt: Nämlich dass Gott viele Religionen benutzt, um die Menschen zu Erlösung und Wachstum zu bringen. Darum konnte ich, ohne Fragen nach letzter oder umfassender Wahrheit zu stellen, an die Vereinigungskirche mit der Hypothese herangehen, dass sie möglicherweise für ihre Mitglieder ein wichtiger Weg geistigen Wachstums ist. Ob dies tatsächlich der Fall war, blieb abzuwarten. Ich wusste, dass die Mehrzahl der Berichte in den Medien die Bewegung als das Werk eines gefährlichen und verwirrten Mannes darstellten; ich wusste, dass viele Beobachter die Mitgliedschaft in der Vereinigungskirche als eine Art erzwungener Gefangenschaft ansahen. Eine gewisse Vertrautheit mit der Geschichte der amerikanischen Reaktionen auf neue Religionen warnte mich jedoch vor einer unkritischen Übernahme dieser frühen populären Meinungen. Amerikaner haben wiederholt neue religiöse Gruppen, die in ihrer Mitte entstanden, verspottet, missinterpretiert und verfolgt. Gamaliels Rat an den Sanhedrin hat nicht viele Nachahmer in der amerikanischen Öffentlichkeit gefunden. Um nur einige wenige Beispiele davon zu nennen: Unsere puritanischen Vorväter, selbst aus England geflohen, um der Verfolgung zu entgehen, hatten sich kaum in der Neuen Welt niedergelassen, als sie die religiösen Neuerer Anne Hutchinson und Roger Williams vertrieben. J. Smith und seine Anhänger wurden in ihren ersten Jahren durch ihre Mitmenschen, die ihnen ihren Erfolg neideten oder ihre Begeisterung fürchteten, von Stadt zu Stadt gejagt.

Smith und sein Bruder wurden schließlich in Illinois erschossen, wo sich die Mormonen nach einem kleinen "Mormonenkrieg" niedergelassen hatten; aber auch von dort wurden sie schließlich vertrieben. John H. Noyes und seine frühesten religiösen Perfektionisten-Mitstreiter wurden Anfang des 19. Jahrhunderts von einer aufgebrachten

Bekehrung oder Seelenwäsche

Bevölkerung aus Putney, Vermont, vertrieben. Sie ließen sich schließlich in Oneida, New York, nieder, wo ihr Lebensstil in der Presse ständig falsch dargestellt und angegriffen wurde, bis sie ihr kommunales Leben endlich unter der Androhung gesetzlicher Verurteilung wegen ihrer außergewöhnlichen Praktiken auflösten. In jüngerer Vergangenheit wurde die Koinonia-Gemeinschaft in Americus, Georgia, von der Bevölkerung der umgebenden Städte sabotiert und verboten, weil sie Schwarzen und Weißen erlaubte, gemeinschaftlich zusammenzuleben. Und es ließen sich noch viele Beispiele anführen. Ich erwähne sie nur, um meine zweite Voraussetzung zu verdeutlichen: Dass man den Berichten der Medien nicht unkritisch, ohne eigenes Lesen, Denken und Prüfen, Glauben schenken sollte.

Wege zum Verständnis des plötzlichen Wandels

Die erste Frage, die es im Hinblick auf die Vereinigungskirche zu betrachten galt, betraf die Plötzlichkeit, mit der Menschen Mitglieder wurden. Die "Übernacht-Bekehrungen" so Vieler zu dieser neuen Religion haben viele Amerikaner veranlasst, die Gültigkeit religiöser Erfahrung in Frage zu stellen und zu folgern, dass von den Leitern der Bewegung gewisse, eher böswillige Mittel angewandt wurden um dies zu bewirken. Man muss - in anderen Worten - die oft gehörte Anschuldigung der Gehirnwäsche in Betracht ziehen.

Das Phänomen plötzlicher Bekehrung ist nichts Neues; tatsächlich wurden plötzliche Bekehrungserfahrungen in fast jeder Religion als gültig anerkannt. Um meine Erläuterungen auf die Christenheit zu beschränken: Paulus von Tarsus ist nur eine Gestalt unter vielen in der frühen Kirche, der diese neue Religion innerhalb von Stunden annahm. In der Tat hat es durch die ganze Geschichte der Christenheit hindurch Sekten gegeben, die die Gültigkeit der Bekehrungserfahrung nicht nur bestätigen, sondern glaubten, dass eine plötzliche und radikale religiöse Verwandlung der normale Weg zur Erlösung ist. William James' klassische Analyse religiöser Erfahrung im Westen teilt religiöse Menschen in zwei Arten ein, wobei die zweite Art durch relativ plötzliche Bekehrung die Befreiung/Gnade erfährt. Betrachten Sie folgenden Bericht von John Wesley, den James zitiert:

"Allein in London fand ich 654 Mitglieder unserer Gesellschaft, die klare, außerordentliche Erfahrungen hatten und deren Zeugnis ich glauben konnte, ohne den geringsten Grund zum Zweifeln. Und jeder von ihnen (ohne eine einzige Ausnahme) erklärte, dass seine Befreiung von der Sünde unmittelbar geschah, dass der Wechsel innerhalb eines Augenblicks erfolgte. Hätte die Hälfte von ihnen, oder ein Drittel, oder einer von zwanzig erklärt, dass es in ihnen graduell bewirkt wurde, so würde ich es in Bezug auf sie geglaubt haben und hätte gedacht, dass einige graduell und einige augenblicklich geheiligt wurden. Da ich aber über einen so langen Zeitraum hinweg nicht eine einzige Person mit dieser Aussage gefunden habe, kann ich nicht umhin zu glauben, dass die Heilignung/Weihe gewöhnlich, wenn nicht sogar immer, ein Augenblicks-Geschehen ist."

Die heutige Psychologie erkennt ebenfalls zwei Wege der Gesundung an, wobei der letztere die Katharsis-Erfahrung ist, bei der ein Patient plötzlich "das Licht sieht" oder "alles zusammenfasst", manchmal nach Monaten fruchtloser Therapie.

Angenommen die Bekehrungserfahrung ist ein Phänomen, das von vielen religiösen Menschen akzeptiert und befürwortet wird, wie sollen wir den plötzlichen Umbruch des Lebensstils erklären? Die frühe christliche Kirche erklärte ihn durch die Inbesitznahme eines neuen Geistes. Der Christ ist jemand, der von einem Heiligen Geist übernommen wurde, so dass er in einer neuen Weise sieht, denkt und hört. In Paulus' klassischer Schilderung ist es weiterhin Paulus, der lebt, aber in gewisser Weise ist es nicht mehr Paulus, sondern der Geist Christi, der sein Denken und Handeln lenkt. Eine mehr zeitgenössische Auffassung (wenn auch nicht notwendigerweise bessere) besagt, dass Metanoia eine Änderung des Bewusstseins ist. Die Denkkategorien, durch die die Welt wahrgenommen wird, sind neu ausgerichtet, so dass man auf eine neue Art sieht und folglich auch anders handelt - in Übereinstimmung mit dieser neuen Sicht. -

Es gibt Modelle, wonach das Gehirn eines jeden Menschen durch Erziehung, Umwelt und Erfahrungen so "programmiert" ist, dass es den Eintritt nur bestimmter Aspekte der Realität erlaubt. Das ist es, was man unter dem Bewusstsein eines Menschen versteht: Die Kategorien, durch die man die Welt wahrnimmt. Es gibt viele mögliche Bewusstseinsarten. Während ein Bewusstsein in einer bestimmten Wachstumsstufe notwendig und wertvoll sein mag, kann es in einer anderen Stufe, wenn die Weiterentwicklung eine andere Sicht und Interpretation der Welt verlangt, ein Hindernis bedeuten. Kontinuierliches Reifen hängt von einer Änderung, Neuformung und Erweiterung des Bewusstseins ab.

Unter Verwendung dieses Modells könnten wir folgendes zur religiösen Bekehrungserfahrung sagen: Ein übermäßig individualistisches, selbstbezogenes Bewusstsein, eines, das in hohem Maße vom Kampf um das persönliche Überleben in einer feindlichen Welt geprägt wurde, schneidet einen Menschen von dieser besonderen Wahrnehmung ab, die unter vielen Namen bekannt ist, nach so vielen religiösen Erfahrungsberichten aber ganz alltäglich zu sein scheint. Abraham Maslow ist nur einer unserer zeitgenössischen Psychologen, der eine wissenschaftliche Erforschung dieses religiösen Bewusstseins fordert und überzeugend auf seine Bedeutung hinweist wegen des Friedens, der Kreativität und der Freude, die aus ihm hervorgehen. Damit soll nicht der Wert eines mehr individualistischen Bewusstseins bestritten werden, das in den frühen Wachstumsstadien tatsächlich erforderlich sein mag. Es soll vielmehr gesagt werden, dass das individualistische Bewusstsein in späteren Jahren durch ein mehr "kosmisches" Bewusstsein (Erleuchtung, Einheitsbewusstsein usw.) ersetzt oder zumindest verändert werden muss, wenn man über die selbstsüchtige und letztlich unbefriedigende individualistische Persönlichkeit hinaus wachsen will. So jedenfalls sagen diejenigen, die für religiöse Erfahrung eintreten.

Umwelt, Erfahrung, Erziehung und Lesen bewirken bei manchen Menschen, dass ihr Bewusstsein langsam und stufenweise verändert wird und sie in zunehmendem Maße diese neue Vision und das neue Leben entdecken, wovon die Religiösen sprechen. Für andere jedoch, so hört man, verläuft der Übergang nicht annähernd so glatt. Für sie ist er, wenn er überhaupt stattfindet, traumatisch und plötzlich. In jedem Fall ist der Prozess im Wesentlichen der Gleiche: Eine neue Serie von Kategorien wird entdeckt und angenommen und verändert die Wahrnehmung eines Menschen in Bezug auf die Welt.

Wie Joseph Pearce feststellt:

"Wir glaubten immer, dass unsere Wahrnehmungen, unser Sehen,

Hören, Fühlen usw. Reaktionen auf aktive Einwirkungen wären, die durch die "Welt draußen" auf sie ausgeübt wurden. Wir glaubten, dass unsere Wahrnehmungen diese Außenwelt-Mitteilungen dann an das Gehirn weitergeben, wo wir eine vernünftige Nachbildung von dem, was draußen war, zusammensetzen. Wir wissen jetzt, dass unsere Vorstellungen, unsere Gedanken oder Grundvoraussetzungen unsere Wahrnehmungen aktiv steuern. Wir sehen, fühlen und hören gemäß dem - wie Bruner es nennt - "selektiven Programm" unseres Geistes. Metanoia ist das griechische Wort für Bekehrung, "eine fundamentale Verwandlung des Geistes". Es ist der Prozess, bei dem Begriffe neu gestaltet werden. Metanoia ist eine spezielle, intensivierte reife Form der gleichen Weltsicht-Entwicklung, wie wir sie auch bei der Formung des Kindergemüts finden. Früher mit Religion zusammengebracht, hat sich Metaonia als der Weg erwiesen, durch den jede wahre Bildung stattfindet... Metanoia ist die Inbesitznahme durch die Disziplin, der totale Aufmerksamkeit gegeben wird, und eine Neustrukturierung des betroffenen Geistes."

Bekehrung kann demnach als eine Methode der Umerziehung angesehen werden, wobei man danach trachtet, die unausgeglichene oder ungesunde Programmierung, mit der er oder sie aufgewachsen ist, "rückgängig" zu machen. Die plötzliche Bekehrung scheint für manche Menschen der einzige Weg zu sein, durch den sie in diese Erweiterung des Bewusstseins, Voraussetzung für das Wachstum, eintreten können (was andere graduell unter dem Einfluss sanfterer Anstöße erreichen). Die Liste der Männer und Frauen, deren Leben der Heiligkeit und des Dienens aufgrund plötzlicher und radikaler Umkehr erfolgte, ist lang - lang genug, um eine wohlwollende Betrachtung dieses Prozesses zu rechtfertigen. Zusammengefasst ist mein Standpunkt, dass plötzliche Bekehrung ein gültiger Weg zu geistigem Wachstum zu sein scheint. Die Plötzlichkeit der Bekehrung vieler Mitglieder der Vereinigungskirche sollte nicht als Kriterium für die Unglaubwürdigkeit benutzt werden. Wenn jemand plötzliche Bekehrung für eine unglaubwürdige Form religiöser Erfahrung halten möchte, so sollte er sich zumindest bewusst sein, dass er dies angesichts einer langen Tradition der Anerkennung tut.[ii]

Bekehrung oder Seelenwäsche

Techniken in der Rolle von Katalysatoren

Viele Beobachter stoßen sich jedoch weniger an der Plötzlichkeit der Bekehrung als an den Techniken, durch die sie zustande kommen.

Offenbar erfolgen viele dieser Bekehrungen im Kielwasser ziemlich stark manipulierender Kräfte, die Anlass zu den Vorwürfen der "Gehirnwäsche" gaben. Berichten gemäß besucht der potentielle Bekehrte einen Workshop in einem etwas abgeschiedenen Zentrum der Zurückgezogenheit, wo er oder sie einem harten und anstrengenden Programm unterworfen wird, mit wenig Zeit für private Dinge oder Reflexion, und wo Nahrung und Ruhe auf ein Minimum reduziert sind. Abgeschnitten vom Kontakt mit der Außenwelt unterzieht sich das Mitglied jeden Tag sechs bis acht Stunden geistbetäubender Theologie, und das alles in einer Atmosphäre gemeinschaftlicher Liebe und Anerkennung. So manch ein Außenstehender schließt, dass die unter dieser Art von Druck und Umständen eingegangenen Glaubensverpflichtungen notwendigerweise unglaubwürdig sein müssen. Wir tun gut daran, die Sache dann eingehender zu betrachten.

Für geistiges Wachstum verantwortliche Menschen haben anerkannt, dass das Erwachen neuen Bewusstseins schwierig ist, weil es den teilweisen Abbruch des früheren Bewusstseins erfordert. Da dies für manche nicht einfach ist, haben geistige Lehrer Methoden entwickelt, die dabei helfen, den Tod/Leben-Prozess zu vollziehen, wobei das alte Bewusstsein zerbrochen wird, um Raum für das neue zu schaffen. In Asien z. B. gibt es unzählige Methoden, die vom weisen Mann, dem Guru, angewandt werden, um dem Schüler dabei zu helfen, seine falsche Wahrnehmung zu überwinden und die Wahrheit zu sehen. Tage ohne Schlaf (schlaflos gehalten durch einen Knuff oder Schlag, wenn die Aufmerksamkeit nachlässt), Beschimpfung und Absurdität, Wochen des Ringens mit unlösbaren Rätseln, Stunden der Arbeit an Aufgaben, die keinem Zweck dienen - einige oder alle diese Disziplinen gehören zu den durch Jahrhunderte lange Erfahrung geheiligten Methoden, mit denen der Meister dem Lernenden bei seinem Bemühen, das Licht zu finden, helfen will. Der Mann oder die Frau, die fühlen, dass sie ihr Leben nicht voll leben, deren Handlungen destruktiv geworden sind, deren Leben an einem toten Punkt angekommen ist -

solche Menschen mögen freiwillig diese Übungen und schweren Prüfungen auf sich nehmen, weil sie wissen, wie schwer es ist "neu geboren" zu werden.

In der amerikanischen Geschichte des Christentums bildete die Erneuerungsbewegung während der Erweckungen des 18. und 19. Jahrhunderts das Rückgrat der amerikanischen Religion. Wanderprediger bereisten das Land und fanden überall Menschen, die bereit waren sich dem totalen emotionalen Kampf der Wiederbelebung auszusetzen. Teilnehmer reisten aus ihren Wohnorten und Städten an freie Plätze in Wäldern, wo sie mehrere Tage kampierten und die für manche seltene Gelegenheit geselligen Kontakts genossen, Stunden mit ausgiebigem Singen, Beten und Zeugnisablegen verbrachten und sich den leidenschaftlichen und furchterregenden Predigten der "Höllenfeuer-Prediger" aussetzten. Sie taten es in der Hoffnung, dass sie, eingetaucht in diese Glaubenserfahrung, jene Vision erlangen könnten, von der sie glaubten, dass sie für die Erlösung wesentlich sei, die aber viele ohne charismatische Hilfe nicht finden konnten.

Betrachten wir auch die von einigen zeitgenössischen Gruppentherapien angewandten Methoden, die ihren Teilnehmern zu neuer Bewusstheit verhelfen sollen. In der Gruppentreff-Bewegung z. B. unterziehen sich Teilnehmer freiwillig schlaflosen "Marathon"-Sitzungen mit Durchleuchten, Beschimpfen, Nacktheit, Angriffen und Zuwendungen in der Hoffnung, dass sie durch solche Erfahrungen von ihren emotionalen Blockierungen befreit und zu neuem Bewusstsein geführt werden. In dem Trainingsprogramm des Erhard-Seminars unterziehen sich die Teilnehmer der Disziplin des verbalen Angriffs, hypnotischer Übungen und sich wiederholender Lesungen, und zwar 16 Stunden pro Tag, in denen sie weder rauchen, essen, noch den Raum aus irgendwelchen Gründen verlassen, noch sich bewegen oder sprechen dürfen ohne dazu aufgefordert zu sein. (Etwa 35000 Amerikaner haben für diese Erfahrung $250,- bezahlt.) Freiwillig - es existiert eine Warteliste - ertragen sie diese Torturen, weil sie die Notwendigkeit eines neuen Sehens anerkennen und glauben, dass Erhard Methoden gefunden hat, mit denen dies ausgelöst werden kann.[iii]

Man könnte Erhards strukturierte Methoden zur Änderung des Bewusstseins mit jenen traditionellen Praktiken der spirituellen 30-

Bekehrung oder Seelenwäsche

Tage-Exerzitien des Ignatius von Loyola, der russischen Poustinia-Praxis (Einsiedlerleben) und den Drogen- und Alkohol-Rehabilitationsprogramme (die hinsichtlich ihrer Wirksamkeit gewöhnlich von der Bereitschaft der zu beeinflussenden Teilnehmer abhängen) vergleichen. Hinter diesen und so vielen anderen Methoden verbirgt sich eine Wahrheit, die durch die ganze Religionsgeschichte hindurch anerkannt wurde:

a) Ungesundes Verhalten ist ein Zeichen dafür, dass man die Welt und die Beziehung zu ihr in verzerrter Weise wahrnimmt und dass neue Gesundheit von der Neustrukturierung dieser Wahrnehmung abhängt.

b) Diese neue Wahrnehmung kann nur erreicht werden, nachdem das alte verzerrte Bewusstsein abgebrochen wurde.

c) Da dieses alte Bewusstsein nicht leicht zu ändern ist, mag es erforderlich sein, einige der außergewöhnlichen Methoden anzuwenden, die, wenn bereitwillig angenommen, in diesem Prozess als Katalysatoren wirken.

Die Anwendung manipulierender Techniken als Katalysatoren in der Bekehrungserfahrung hat eine lange und ehrwürdige Geschichte. Die Wirksamkeit scheint dabei weitgehend von der Bereitschaft des zu beeinflussenden Teilnehmers abzuhängen. Darum - selbst einmal angenommen, dass die Berichte über die Workshop-Taktiken der Vereinigungskirche stimmen - sollten wir die Bewegung auf dieser Basis nicht anfechten, wenn wir nicht ebenso bereit sind, die vielen Formen des "Methodismus" zu verwerfen, die die religiöse Geschichte kennzeichnen. Wir müssen annehmen, dass es sich bei denen, die die einführenden Workshops der Vereinigungskirche besuchen, um Menschen handelt (alle alt genug, um zu wählen), die mit ihrem augenblicklichen Leben unzufrieden sind und eine größere Sicht, eine größere Vision suchen. Sie würden nicht da sein, wenn sie nicht die Hoffnung hätten, eine persönliche Wandlung zu erfahren. Indem sie das tun, reihen sie sich unter die Männer und Frauen der Geschichte ein, die einen Lehrer suchen und sich freiwillig den Methoden unterwerfen, mit denen er ihnen bei ihrer Suche nach Sinn/Verstehen hilft.

Das Argument der physischen Gewaltanwendung

Eine letzte Frage stellt sich in Bezug auf den Bekehrungsprozess bei der Vereinigungskirche, und zwar im Hinblick auf die Möglichkeit physischer Zwänge. Wenn bei der Bekehrung von Mitgliedern der Vereinigungskirche physischer Zwang angewendet wird, dann muss gegen diese Kirche aus Gründen, die zu offensichtlich und zahlreich sind, um genannt zu werden, angegangen werden. Wachsamkeit gegenüber jeder neuen Sekte und Bewegung in dieser Hinsicht ist erforderlich und weise. Es sollte jedoch eine warnende Anmerkung an unsere Pseudo-Wächter gemacht werden: In der westlichen Welt hat sich der Verdacht hinsichtlich physischer Zwänge in neuen Religionen, obwohl oft geäußert, so doch gewöhnlich nicht bestätigt. Das Gerücht - offensichtlich geglaubt -, dass die ersten Christen Babys als Teil ihrer Rituale opferten, ist nicht ohne Parallelen in der von Christen selbst eingenommenen Haltung gegenüber späteren religiösen Bewegungen.

Sicherlich werden die Katholiken in Amerika vorsichtig sein, Berichten über Zwangsausübung in der Vereinigungskirche Glauben zu schenken. Sie zumindest sollten sich daran erinnern, wie lange die "schrecklichen Enthüllungen" der Maria Monk bezüglich ihrer Gefangenhaltung in einem Montrealer Kloster verbreitet und von amerikanischen Mitbürgern geglaubt wurden - selbst nachdem sich der Bericht als Schwindel herausgestellt hatte - und mit welch unglückseligen Folgen. In der Mitte des 19. Jahrhunderts stürmten Familie und Freunde einer Rebecca Newell das St. Xavier Kloster in Providence, Rhode Island, um sie mit Gewalt herauszuholen, so sicher waren sie, dass sie dort gegen ihren Willen festgehalten wurde. (Ihr Versuch missglückte. Einige Jahre später, als Rebekka sich entschloss, die letzten Gelübde nicht abzulegen, verließ sie ohne nennenswerte Schwierigkeiten das Kloster.)

Tatsächlich gibt es nach meiner Kenntnis keinerlei Fakten, aufgrund derer der Vorwurf der Zwangsausübung innerhalb der Vereinigungskirche erhoben werden könnte. Freiberufliche Schriftsteller und Reporter, die an Trainingssitzungen teilgenommen haben, berichteten von keinerlei Zwängen. Der einzige unbestreitbar physische Zwang, der gegenwärtig in Bezug auf die Vereinigungskirche ausgeübt wird, geschieht durch professionelle Kidnapper und Deprogrammierer, die im Auftrag der Eltern arbeiten. Es gibt Berichte über Entführungen (im Jan. 1976 zeichneten Fernseh-Kameras auf, wie Marie-Christine Amadeo in Lyon gekidnappt wurde), erzwungene Gefangenhaltung über einen Zeitraum von zweieinhalb Monaten und die systematische Zerstörung der Überzeugungen des Gefangenen in Sitzungen mit ununterbrochenem Reden, die 30 Stunden ohne Unterbrechung dauern können.

Eltern zahlen für diese Dienste in dem Glauben, dass man Feuer mit Feuer bekämpfen muss. Überzeugt, dass ihre Kinder einer Gehirnwäsche unterzogen wurden, fühlen sie sich berechtigt ähnliche Methoden anzuwenden, um sie zu retten. Auch das hat seine geschichtlichen Parallelen, von denen die bekannteste vielleicht die Entführung, der Hausarrest und die wiederholten Verwarnungen des Thomas von Aquin von Seiten seiner Mutter und Brüder ist, die überzeugt davon waren, dass seine Entscheidung, dem neugegründeten Predigerorden beizutreten, ein Fehler war. Vom historischen Standpunkt aus gesehen können wir froh sein, dass ihr Vorhaben missglückte.

Viele Beobachter kommen aufgrund von Berichten über Mitglieder der Bewegung, die sich gegen ihre Eltern stellen, zu dem Schluss, dass es innerhalb der Vereinigungskirche Zwang geben muss. Kinder, so wird berichtet, weigern sich ihre Familien zu besuchen oder mit ihnen in Verbindung zu bleiben und werden sogar angehalten, sie als Agenten des Teufels zu betrachten. Tatsächlich jedoch hält die Vereinigungskirche ihre Mitglieder dazu an, durch Telefonanrufe, Briefe und Besuche bei Familie und Freunden Kontakt zu halten, wenn immer die Finanzen und die Anforderungen des Apostolates es erlauben. Oder man sollte vielmehr sagen: die Vereinigungskirche würde ihre Mitglieder gern dazu anhalten. Denn wenn diese Besuche oder Anrufe in ständiges Argumentieren ausarten, indem die Eltern die Entscheidung des Mitglieds anfechten und schelten, schmeicheln oder sich lustig machen, dann muss dieses Mitglied, besonders wenn es neu und daher in seiner Neigung noch schwankend ist, diese Beziehung um des eigenen Seelenfriedens willen einschränken. Das tut jeder Mensch, ob jung oder alt, dessen Familie oder Freundeskreis unfähig ist, eine Entscheidung, die als Berufung empfunden wird, zu akzeptieren oder zumindest zu tolerieren.

Welcher Eheberater würde einem jungen Mann oder einer jungen Frau, deren Eltern den neuen Partner ständig beschimpfen und demütigen, nicht raten, diese Kontakte einzuschränken, da doch die erste Pflicht dem neuen Leben, dem neuen Partner und der neuen Aufgabe gegenüber besteht? Seit Jahrhunderten handeln die religiösen Orden der christlichen Kirche in ganz ähnlicher Weise: Man bemüht sich, der Familie und den Freunden dabei zu helfen, die Entscheidung des Mitglieds, den kommunitären Auftrag anzunehmen, zu akzeptieren und zu unterstützen. Wenn die Briefe der Eltern an den Sohn oder die Tochter jedoch wenig mehr enthalten als die ständige Bitte, nach Hause zurückzukehren, und wenn die Besuche nicht viel mehr einbringen als Angriffe durch die Familie bezüglich Religion, Lebensstil oder Mission des Neulings, so dass dieser von Kummer aufgewühlt und zerrissen zurückbleibt, dann gäbe es nicht einen Novizen-Lehrer oder -Lehrerin, die nicht von jeder weiteren Verbindung abraten würde, solange die Familie ihre Haltung nicht ändert.

Die Vereinigungskirche geht hier ganz einfach den traditionellen Weg der Erfahrung, indem sie dem jungen Menschen dabei hilft, sein eigenes Leben und die eigene Bestimmung zu finden. Man kann nur mit Bedauern feststellen, wie Misstrauen und Zank zwischen Familienangehörigen als Folge der Hinwendung eines Mitglieds zur Vereinigungskirche entstanden sind. Wir tun wahrscheinlich am besten daran, Jesu Rat zu folgen und eine Bewegung eher nach ihrer Wirkung als nach den von ihr angewandten Methoden zu beurteilen. An ihren Früchten müssen wir sie erkennen. Nach diesen Feststellungen wollen wir nun Wesen und Ergebnisse der Verpflichtung betrachten, die Vereinigungskirchenmitglieder im Zuge ihrer Bekehrung eingehen.

Verpflichtung im Zeitalter des Proteus-Menschen

Ein Vollmitglied der Vereinigungskirche zu sein bedeutet gegenwärtig, dass man in eine gemeinschaftlich orientierte Lebensform eintritt, wo er oder sie ihr ganzes Leben in den Dienst der Mission stellten. Wer sich der Vereinigungskirche anschließt, verpflichtet sich der Aufgabe, die Welt auf das Zweite Kommen des Messias vorzubereiten. Viele Menschen außerhalb der Kirche betrachten einen Einsatz dieser Art als eine Verarmung. Sie glauben, dass eine solche Verpflichtung den Menschen davon abhält, "sich selbst zu finden", sich gemäß der eigenen Vision und Natur zu entwickeln. Es sperrt den Menschen in einen engen Lebensstil ein und schneidet ihn von den vielen Möglichkeiten des Wachstums, die das Leben bietet, ab.

In diesem Abschnitt wollen wir diese Einwände untersuchen, indem wir Wesen und Auswirkungen totaler Hingabe von Mitgliedern der Vereinigungskirche analysieren. Bevor wir das jedoch tun können, müssen wir mit einer noch grundlegenderen Betrachtung beginnen: Sie bezieht sich auf die Möglichkeit und Gültigkeit von Verpflichtung schlechthin. Gegenwärtig haben wir eine Kultur, die Verpflichtungen zunehmend scheut. Robert Jay Lifton hat den Begriff des Proteus-Menschen geprägt, um den heutigen Menschen zu beschreiben, der wie der griechische Gott Proteus seine Gestalt nach Belieben ändern kann. Er kann Ideen und Ideologien annehmen, sie modifizieren, von ihnen ablassen und sie dann wieder annehmen - alles mit einer Leichtigkeit, die in scharfem Kontrast zu der Treue gegenüber Glaubensstrukturen in der Vergangenheit steht. Während Lifton den Proteus-Menschen lediglich beschreibt, heben andere ihn in den Himmel. William Kilpatrick hat die Philosophie, die im heutigen Amerika herrscht, den "Kult der Fluktuation" genannt. Nach diesem Ethos ist der gereifte Mensch derjenige, der immer flexibel bleibt, der sich niemals festlegen lässt und immer offen ist für die vielen sich ergebenden Lebenserfahrungen.

Kilpatrick, dessen Werk im wesentlichen eine Kritik dieses "Kultes" ist, beschreibt die Art, in der sich dieser Glaube im täglichen Verhalten zeigt. Der heutige Mensch, sagt er, "möchte keine Wahl treffen. Er möchte auf keine Möglichkeit verzichten. Tatsächlich möchte er alle Möglichkeiten probieren, ohne jemals unter ihnen wählen zu müssen. Er sieht um sich die vielen zur Auswahl stehenden attraktiven Identitäten und fürchtet, dass jedes Treffen einer Wahl ihn auf Geringeres festlegen könnte, als sein Appetit auf Abwechslung erlaubt... So eilt er vorwärts in der Hoffnung, an all diesen Möglichkeiten teilnehmen zu können, ohne sich auf eine von ihnen festzulegen. Er möchte jegliche Verpflichtung auf einen geeigneteren Zeitpunkt verschieben, d.h. auf unbestimmte Zeit."

Es gibt viele Faktoren, sowohl kulturelle als auch theoretische, die für die Beliebtheit dieser Proteus-Haltung dem Leben gegenüber verantwortlich sind. Dazu gehört die Rückkehr zur Rousseau'schen Philosophie im zeitgenössischen Gewand. Ein Streit, der wiederholt in der Geschichte aufgetreten ist, konzentriert sich auf die Frage: Ist der Mensch im wesentlichen gut oder böse? Rousseau glaubte, dass der Mensch im Grunde gut sei. Das Böse im Menschen schrieb Rousseau den durch die "Zwänge und Einflüsse der Gesellschaft" verursachten Verzerrungen zu. Diese Meinung oder eine Variation davon kann man in jenen zeitgenössischen psychologischen Theorien wiederfinden, die den Menschen für grundsätzlich gut halten und alles Böse, das wir sehen, den Zwängen willkürlicher und beschränkender Entscheidungen zuschreiben. Es heißt, dass Menschen Frustration erleben und in eine zerstörerische Haltung umschlagen, weil es ihnen nicht gelingt, sie selbst oder authentisch zu sein. Und dieses Versagen geschieht, weil sie sich binden lassen durch Entscheidungen und Traditionen, die aus einer früheren Lebensperiode stammen. Der Grund für die Konflikte der Menschen liegt darin, dass das heute existierende "Ich" versucht, die Entscheidungen des "Ich" von gestern auszuleben.

Leider besteht weiterhin das Argument, dass unsere Gesellschaft uns zu zwingen versucht nach Entscheidungen zu leben, die zu einem früheren Zeitpunkt und von einem Selbst, das von dem heutigen Selbst völlig verschieden ist, getroffen wurden. Der wirklich "ganze" Mensch ist derjenige, der es gelernt hat, diesen Druck zu überwinden. Es ist der Mensch, der bereit ist, jegliche durch die Gesellschaft verursachte Fessel, wenn nötig, abzuwerfen, der dem inneren Selbst lauscht und ihm folgt gemäß dessen Entwicklung angesichts einer sich verändernden Kultur. Kilpatrick fasst dieses Verständnis wie folgt zusammen:

"Gesundheit besteht im Fließen mit diesem Strom, zu sein, was immer die uns durchfließenden Gedanken und Gefühle uns sein lassen und anzuerkennen, dass diese sich ständig verändern... Es ist eigentlich nicht erforderlich, irgend etwas zu tun, weil man sich auf sein Selbst verlassen kann. Die menschliche Natur ist gut, schöpferisch, selbststeigernd, selbst-regulierend, wenn sie nur von den von uns auferlegten unnötigen Begrenzungen befreit werden kann. Lege dich zurück und fließe in dem Strom. Es mag erschrecken, aber im Grunde ist es sicher. Vertraue dir selbst."

Bekehrung oder Seelenwäsche

Vielleicht verstehen wir jetzt besser, warum der heutige Student Aussagen über die Hölle aus dem Katechismus christlicher Lehre verbannen möchte. Der Proteus-Mensch mit einer Faszination für Fluktuation fühlt sich nicht wohl bei einer Lehre, die besagt, dass man fähig zu und verantwortlich für Entscheidungen ist, die die Zukunft betreffen. Und ein Proteus-Mensch könnte die mit der Religion von Rev. Moon verbundene Art der Verpflichtung, so total und fast unwiderruflich wie sie ist, nur als Gipfel des Masochismus betrachten.

Es liegt natürlich eine gewisse Wahrheit in der Einsicht, die dem Prinzip der Fluktuation zugrunde liegt. Aber hier ist - wie so oft - ein ausgleichendes Prinzip erforderlich, ein Prinzip, das leider in letzter Zeit nicht häufig zum Ausdruck kommt. Und das ist die Notwendigkeit der Verpflichtung bei einer reifen Persönlichkeit. Der Versuch, jede Möglichkeit offen zu halten, niemals zu wählen, ist für die menschliche Persönlichkeit genauso destruktiv wie der Versuch jener, deren Gemüt verschlossen ist, keine Ausnahme zuzulassen. Unsere Kultur heute verlangt danach, dieses ausgleichende Prinzip zu erfahren. Es ist nötig, dass wir daran erinnert werden, dass Unentschlossenheit eine Form der Sklaverei und des Bösen sein kann. Wie J. C. Haughey gesagt hat:

"Der Mensch hat Jahrhunderte lang gegen die Sklaverei gekämpft in dem festen Glauben, dass die unfreiwillige Form des Determinismus böse ist. Die Ironie unserer heutigen Zeit liegt darin, dass so viele Menschen sich krank machen lassen durch die freiwillige Sklaverei der Unentschlossenheit, obwohl es ihnen freisteht anders zu handeln."

Es gibt Studien, die darauf hinweisen, dass das Fehlen von Identität als Folge des Kultes der Fluktuation zum Unglücklichsein führt. Lifton erkennt das Leid, das Nicht-Verpflichtung mit sich bringt, indem er feststellt, dass der Proteus-Mensch "tatsächlich sehr unter Schuld leidet, oft jedoch, ohne sich klar darüber zu sein, welches die Ursache seines Leidens ist. Denn er leidet an einer Art versteckter Schuld, einer vagen, aber hartnäckigen Art der Selbstverdammung in Bezug auf die symbolischen Disharmonien, die ich beschrieben habe, ein Gefühl, keine Ausdrucksmöglichkeit für die loyalen Empfindungen und keine symbolische Struktur für seine Ausführungen/Taten zu haben."

Die Beziehungskraft eschatologischer Denksysteme

Im Gegensatz zu der Philosophie der Proteus-Fluktuation steht die existenzialistische Betonung der Wahl und der Treue gegenüber dieser Wahl. Die Existenzialisten sagen, dass man, indem man eine Wahl nach der anderen trifft und bereit ist, die Konsequenzen dieser Wahl zu durchleben, eine Persönlichkeit wird und einen Charakter entwickelt. Ohne Wahl gelingt es einem nicht, Selbstheit zu entwickeln. Dennoch sieht es jetzt leider so aus, als ob der heutige Mann und die heutige Frau jede Wahl nach Möglichkeit meiden und geneigt sind zu glauben, dass dies ein Zeichen für Reife und Weisheit sei. Es ist nicht leicht, die heutigen Männer und Frauen davon zu überzeugen, dass wahre Freiheit in der Fähigkeit besteht eine Wahl zu treffen - eine Wahl von Bedeutung, und das die Freiheit der Nicht-Wahl eine Illusion ist. Mehr noch ist eine Wahl nur echt, wenn sie Konsequenzen hat. Ein Kind, dessen Eltern alle Resultate seines Tuns berichtigen, hat nicht die Freiheit der Wahl, da es egal ist, was es wählt. Isaak Asimov schildert diese These eindrucksvoll in seiner kurzen Geschichte "Multivac" über Menschen einer zukünftigen Zeit, die in einem vom Super-Computer geschaffenen Utopia leben. Das Besondere an Asimovs Geschichte ist, dass der Leser in die Lage versetzt wird, die Tragik eines Lebens, in dem Entscheidungen eigentlich keinen Unterschied machen, nachzuempfinden. Der Leser nimmt an der Erfahrung des Charakters teil und empfindet die Seichtheit - die Unmenschlichkeit -, die ein Leben ohne wirkliche Wahl erzeugen würde. Um menschlich zu werden, muss man Entscheidungen treffen, Entscheidungen - um es noch einmal zu sagen - mit Konsequenzen. John Haughey kommentiert:

"Selbstheit entsteht in erster Linie durch das Auswählen. Wenn keine Wahl getroffen wird und der Mensch in einem ständigen Zustand der Unentschlossenheit verharrt, ist sein Geist nebelhaft und schwebt sozusagen außerhalb von ihm. Der Geist eines Menschen wächst und manifestiert sich vor allem im Vorgang des Wählens. Unsere Wahl drückt Selbstverständnis aus und macht Selbstverständnis gleichzeitig möglich."

Diese Äußerungen über die Notwendigkeit von Verpflichtung und Treue widersprechen jedoch nicht der Grundeinsicht jener zeitgenössischen Verfasser, die für ein flexibleres Selbst plädieren. Jeder, der mit der unbeugsamen Persönlichkeit gelebt hat, der Person, die jedes Detail ihrer überlieferten Grundsätze zum Absoluten erhebt, der Person, die unfähig ist, zwischen dem Wesentlichen ihrer Identität und dem Zufälligen zu unterscheiden, der weiß sehr wohl, wie begründet der Begriff der Flexibilität ist. Denn solche Menschen neigen dazu, im Laufe der sich verändernden Zeiten ebenso untauglich wie zerrissen und unglücklich zu werden. Die Korrektur dieser Haltung besteht jedoch nicht darin, "schwankend wie das Korn im Winde" zu werden. Das Ziel erfordert eine Mischung von Flexibilität und Verpflichtung. Darum - wie Kilpatrick folgert, "sind Flexibilität und Anpassungsfähigkeit für den Menschen notwendig, um mit der veränderlichen Zukunft fertig zu werden, und jede Theorie von Identität, die die Verpflichtung nachdrücklich betont, muss gemildert werden durch das Wissen darum, wie schwer eine Verpflichtung unter den neuen Bedingungen geworden ist. Da ist jedoch ein delikates Gleichgewicht am Werk: das Gleichgewicht zwischen dem Versuchsweisen und der Verpflichtung, zwischen Fluktuation und Entscheidung. Niemand möchte an die falsche Identität gefesselt sein; wenn wir jedoch überhaupt eine Identität anstreben, dann müssen wir allerdings eine Wahl treffen."

In seiner Analyse des Norman Brown, einer Person, die er für den gegenwärtigen Kult der Fluidität teilweise verantwortlich macht, bemerkt Kilpatrick zurecht, dass diejenigen, die so überzeugt zugunsten dieser Haltung schreiben, gewöhnlich Männer und Frauen sind, die durch Lebensverpflichtungen bereits ein Gefühl für Identität entwickelt haben. Was diese Verfasser oft vergessen ist, dass sie von Menschen gelesen werden, die nicht den Luxus einer verwirklichten Identität teilen.

Aber es ist müßig, so überzeugend über die Bedeutung der Verpflichtung zu debattieren und ihre Abwesenheit in der heutigen Gesellschaft zu beklagen, wenn wir es versäumen, ein letztes Element zu betrachten. Eine Verpflichtung kann, zumindest für die meisten Männer und Frauen, nur eingegangen werden, wo ein bedeutungsvolles Ziel in Sicht ist. Wenn jemand in einer Gesellschaft lebt, die alles relativiert hat, wird Verpflichtung schwierig: Das Geschichtswissen unserer Gesellschaft hat es vielen schwer gemacht, unsere Religionen, unsere Nation oder irgendeine unserer Institutionen unerschütterlicher Treue für Wert zu halten. Verpflichtung setzt Sinn/Bedeutung voraus. Viktor Frankl fand in seiner psychiatrischen Praxis heraus, dass die größte Krankheitsursache des heutigen Menschen das Fehlen von Sinn und Zweck im Leben ist. Toffler hat in seinem "Future Shock" mit großer Einsicht auf die Schwierigkeit der Verpflichtung in einer unsteten und sich ständig verändernden Wegwerf-Gesellschaft hingewiesen.

Diese recht ausführliche Abschweifung in die Bedeutung der Verpflichtung und ihr Fehlen in unserem gegenwärtigen Ethos versetzt uns besser in die Lage, die Anziehungskraft der Vereinigungskirche und den ihr gegenüber geleisteten Einsatz zu verstehen. Ganz einfach: Die Vereinigungstheologie rückt das Leben für ihre Mitglieder in einen bedeutungsvollen Zusammenhang und ist daher fähig, den Einsatz, dessen große Bedeutung wir festgestellt haben, auszulösen. In einer Befragung von Kirchenmitgliedern war der für die Mitgliedschaft am häufigsten genannte Grund die Wahrheit der dieser Kirche zugrundeliegenden Theologie.

Betroffene Pfarrer fragen oft sich und andere, worin die Anziehung der Vereinigungskirche besteht. Warum, so fragen sie, haben Menschen - besonders im orthodoxen Glauben aufgewachsene - traditionelle Religionen und traditionelle Denksysteme zugunsten eines unerprobten Enthusiasmus aufgegeben? Eine Teilantwort kann in der eschatologischen Natur der Vereinigungstheologie gefunden werden.

Wie alle eschatologischen Theologien hat sie ein äußerst attraktives Denksystem zu bieten, das die Fähigkeit besitzt, ungewöhnliche Hingabe hervorzurufen und wach zu halten. Wer zur Vereinigungskirche kommt, wird mit theologischen und historischen Erkenntnissen beschenkt, die ihm, wenn er sich ihnen ganz öffnet, großen Wert und Bedeutung geben können: Es ist seine Mission, die Welt für das Zweite Kommen, die Erfüllung der Schöpfung und die Erlösung vorzubereiten.

Die Vereinigungskirche lehrt, dass das Zweite Kommen des Messias nahe bevorsteht, und dass eine Welt des Friedens und des Glücks daher in sehr naher Zukunft möglich ist. Der Erfolg dieses Messias ist jedoch abhängig davon, ob er von der Menschheit angenommen wird. Er wird versagen, wenn die Welt seine Botschaft und Mission nicht bereitwillig akzeptiert. Gottes Weg gemäß der Vereinigungstheologie ist die Freiheit Seiner Geschöpfe zu respektieren. Dieses Versprechen einer relativ baldigen Herrschaft des Guten und des Friedens hat die Macht, Kräfte der Hingabe und Energie hervorzurufen, die sonst nicht leicht geweckt werden.

Natürlich, die traditionelle christliche Theologie spricht auch von einem Zweiten Kommen Christi, und dass zu dieser Zeit die Welt erneuert wird; aber nach 2000 Jahren des Harrens kann man nicht erwarten, dass dieses Versprechen auf eine unbestimmte zukünftige Zeit den gleichen Enthusiasmus und die gleiche Kraft hervorruft, wie es das eschatologische Versprechen unmittelbarer Möglichkeiten tut. Um es ganz klar zu machen: Es gibt Menschen, die eine Arbeit mit unermüdlicher Begeisterung tun können und auch tun, ohne zu erwarten, dass große Veränderungen noch zu ihren Lebzeiten stattfinden. Für sie wirkt das Versprechen auf den endlichen Sieg des Guten, obwohl kaum reflektiert, als Horizont und letztliche Quelle der Hoffnung. Aber ihre Zahl ist klein. Die meisten Menschen sind nur dann fähig, diese selbstlose Energie aufzubringen, die anscheinend in jedem von uns liegt, aber kaum angerührt wird, wenn unmittelbare Aussicht auf Erfolg besteht.

Die religiöse Geschichte der westlichen Welt bezeugt das wiederholte Auftreten religiöser Sekten, die verkündeten, dass das Zweite Kommen schnell herannahe und die zur Unterstützung ihrer Behauptungen auf Zeichen hinwiesen. Wir könnten annehmen, dass jeder, der Kenntnis von seiner Geschichte hat und von den vielen Beispielen weiß, unfähig wäre, mit Enthusiasmus die Behauptungen dieser neuesten Theologie über die bevorstehende zu akzeptieren. Interessanterweise jedoch sind Rev. Moons Anhänger scharfdenkende Kenner der Geschichte und nicht in Unkenntnis der vielen historischen Parallelen zu ihrer Bewegung. Da sie glauben, dass in Gottes Erlösungsplan der Erfolg des Messias davon abhängt, dass die Menschen ihn akzeptieren, können die Mitglieder der Vereinigungskirche das Scheitern vorangegangener Versprechen erklären und weiter an ihrer Hoffnung hinsichtlich des jetzigen Versprechens festhalten.

Kurz gesagt, vermittelt die Vereinigungstheologie eine Interpretation des Lebens, die Männer und Frauen befähigt, sich mit ganzem Herzen zu verpflichten. Und wenn sie eine Ideologie liefert, dann ist es eine Ideologie, die gerade der Destruktivität der meisten Ideologien entrinnen könnte: Beschränktheit der Vision und Vorurteil.

Die Vereinigungskirche ist, wie ihr Name sagt, ein Versuch eine Ideologie zu schaffen, die eher vereinigt als trennt und die verschiedene Ideen, Menschen, Bewegungen und Geistesrichtungen integriert. Die Gemeinschaften und Heiraten mit Beteiligten unterschiedlichster Rassen sind symbolhaft für die internationale und inter-kulturelle Vereinigung von Ansichten, Richtungen und Traditionen, die sie zu erreichen suchen. Sie möchten alle Kräfte, die die Wiederherstellung des menschlichen Lebens auf dem erzieherischen, ästhetischen oder politischen Sektor bewirken, unterstützen und, wo nötig, fördern. Wenn dies eine Ideologie genannt werden soll, ist es zumindest eine, die sich als katholisch verstehen und die ihre Anhänger eher zu Ausweitung und Wachstum als zu enger Sichtweise führen sollte.

Enthusiasmus und Hingabe sind im Leben der Kirchenmitglieder offensichtlich. Ob ihre Aufgabe in Geldsammeln, Missionieren, Studieren oder in organisatorischen Projekten besteht, sie tun sie mit einer Großherzigkeit und Begeisterung, die niemand leugnen kann, obwohl mancher sie hinwegdiskutieren möchte. Und im Gegensatz zu den Vorurteilen Außenstehender zeigen Besuche und Interviews, dass auch Freude, Glück und Selbsterfüllung dabei sind. Das sollte niemanden verwundern, denn ironischerweise ist es so, dass der, der Freude, Glück und Selbsterfüllung direkt sucht, sie kaum findet. "Sie gehören", wie Frankl sagt, "zu der Art Phänomene, die nur als Nebeneffekt erreicht werden können, und die genau in dem Maße vereitelt werden, wie sie zum Gegenstand direkter Absicht gemacht werden." In ähnlicher Weise hat sich E. Pangborn geäußert: "Mit allem gebotenen Respekt für einen der humansten Akte, . . . die Verfolgung des Glücks ist eine Beschäftigung für Narren." Diejenigen, die selten an sich selbst denken und sich vielmehr an eine Sache außerhalb ihrer eigenen Bedürfnisse hingeben, scheinen die Freude und Selbsterfüllung zu finden, die andere so emsig suchen.

Ein Blick in mögliche Fallgruben nach dem Gipfelsturm und mögliche Auswege.

Diese Überlegungen über die Bedeutung der Verpflichtung und das Vertrauen in ein Denksystem würden den interessierten Betrachter geneigt sein lassen, auf den Erfolg der Vereinigungskirche mit Anerkennung zu blicken. Wir sollten jedoch einige Fallgruben beachten, die sich vor dem neuen Mitglied als Folge seiner Verpflichtung gegenüber der Vereinigungskirche auftun können. Bei der ersten handelt es sich um eine, die das religiöse Vorhaben schon immer heimgesucht und beeinträchtigt hat und zwar besonders jene Religionen, bei denen die Bekehrung eine wesentliche Rolle spielt.

Das Bekehrungserlebnis versetzt einen Menschen in einen Zustand von Freude und Frieden, Gewissheit und Liebe, Vertrauen und Energie, dem nichts bisher Erlebtes gleichkommt. Das Problem liegt darin, dass manche Menschen erwarten, dass dieser Zustand, einmal erreicht, andauern müsse. Diese verständliche Erwartung wird von vielen Religionen gefördert, indem ihre Mitglieder dazu veranlasst werden, alle Zweifel oder Verwirrungen im Anschluss an eine Bekehrung als moralische Schwäche zu betrachten. Ein ehemaliges Mitglied der Vereinigungskirche soll gesagt haben, "dass man sich zwingen musste, Menschen zu lieben, die man gar nicht liebte ..., dass man sich glücklich fühlen sollte, wenn man es gar nicht war." Diese Haltung ist das Einschärfen einer rein äußerlichen Praxis: Menschen fühlen sich gezwungen, die Rolle absoluter Zuversicht und moralischer Aufrichtigkeit zu spielen, lange nachdem die Gewissheit begonnen hat nachzulassen. Oder sie deuten das Schwinden des Enthusiasmus als Zeichen dafür, dass die ursprüngliche Bekehrungserfahrung eine Illusion war. Verwirrt wenden sie sich von der Bewegung völlig ab. Beide dieser Reaktionen im Anschluss an Bekehrungserfahrungen sind bekannt, und beide sind bedauerlich. Lassen Sie uns zunächst die Möglichkeit der Unzufriedenheit betrachten.

In so vielen geistig-seelischen Bereichen kann man feststellen, dass einem ursprünglichen Ausbruch von Einsicht und Energie Zeiten des Zweifels und der Dürre folgen. Die römisch-katholische Geistigkeit würde diese "dunklen Nächte der Seele" als wichtige und unvermeidbare Stufen des Wachstums bezeichnen und in der Tat als alles andere als ein Zeichen dafür, dass die ihnen vorausgegangenen religiösen Erfahrungen nicht authentisch und nicht beachtenswert seien. Bei meiner Arbeit hat sich als wichtig herausgestellt, junge Menschen auf das offenbar unvermeidliche "Herunterkommen", das so oft auf religiöse Erfahrungen folgt, vorzubereiten, indem man ihnen hilft zu verstehen, dass es sich hierbei um ein allgemeines Muster innerhalb geistigen Lebens handelt.

Ich habe versucht, ihnen dabei zu helfen, diese Erfahrungen als Gott-gegebene Ausblicke auf das Leben, wie es sein kann, zu betrachten, als eine Vision, die sie bewahren sollten, besonders in Zeiten der Schwierigkeiten. Wenn auch der anfängliche Enthusiasmus vorbeigehen mag, der Wert der Erfahrung bleibt, denn wenn sie einmal diese andere Art des Seins erfahren haben, haben sie Ziel und Führung für ihr Leben. William James sagt über die Bekehrungserfahrung:

"Dass sie wenigstens für einen kurzen Augenblick einem Menschen zeigt, welches der Höchstgrad seiner spirituellen Fähigkeiten ist - d a s ist es, was ihre Bedeutung ausmacht, eine Bedeutung, die durch Zurückfallen nicht geschmälert werden kann, wenngleich Beharrlichkeit sie steigern dürfte."

Die Aufgabe besteht darin, den Wert dieser Bekehrungserfahrungen - Gipfelerlebnisse, wie Maslow sie nennen würde - genau einzuordnen, indem man ihren Wert weder einfach leugnet noch sie vergöttert.

In der Einführung der 2. Ausgabe seines Buches "Religiöse Werte und Gipfelerfahrungen" ("Religion Values And Peak Experiences") berichtet Abraham Maslow, dass er in den der ersten Ausgabe folgenden Jahren zu einer größeren Würdigung dessen, was er "Plateau-Erlebnis" ("plateau esperience") nannte, gekommen sei, einem Zustand des Bewusstseins, der viele Charakteristiken mit dem Gipfelerlebnis teilt, jedoch heiterer und ruhiger ist, immer ein Verstandes- und Erkenntniselement aufweist, wesentlich mehr vom Willen gesteuert und das Resultat harter Arbeit ist. Er schreibt:

"Ein flüchtiger Einblick in die Gipfelerfahrungen ist sicherlich möglich und mag schließlich jedem widerfahren. Aber - sozusagen - seinen Wohnsitz auf dem hohen Plateau universellen Bewusstseins aufzuschlagen, das ist eine ganz andere Sache. Das läuft darauf hinaus, zu einer lebenslangen Bemühung zu werden. Es sollte nicht verwechselt werden mit dem "Donnerstagabend-Aufdrehen" (Thursday-evening turn-on), von dem so viele junge Menschen glauben, dass es der Weg zur Transzendenz sei. Es sollte aus diesem Grunde nicht mit irgendeiner Einzelerfahrung verwechselt werden, "Die geistigen Diszipline", sowohl die klassischen als auch die neuen, die in unseren Tagen ständig weiterentdeckt werden, verlangen alle Zeit, Arbeit, Disziplin, Studium und Hingabe."

Dies ist, so scheint mir, eine weise Korrektur der Betonung, die Maslow in seiner ersten Ausgabe auf die plötzliche Gipfelerfahrung und auf die stillschweigende Ablehnung der geistigen Aktivitäten der Pflicht, Ausdauer, Mühe und des Asketentums legte. Nun aber den Eindruck zu haben, dass jene Augenblicke plötzlicher Einsicht nutzlos wären, wäre ebenso verkehrt. Viele Menschen würden den langwierigen und mühevollen Weg zur "Plateau-Erfahrung" niemals beginnen, täten sie es nicht aufgrund eines flüchtigen Ausblicks, eines Moments der Einsicht in die Dinge, wie sie sein könnten. Bekehrungserfahrungen können "Türen der Wahrnehmung" sein, ohne die viele den Weg in das geistige Leben niemals finden würden. Ihr Wert kann jedoch verloren gehen, wenn Menschen auf Zeiten des Zweifels und der Dunkelheit, die oft folgen, nicht vorbereitet sind.

Die Vereinigungskirche scheint diese Dynamik zu verstehen. Gleich im Anschluss an die Bekehrungserfahrung folgen eine Reihe von Workshops, in denen ein intensives Studium der Theologie dieser Bewegung durchgeführt wird, das es erlaubt, die Einsicht der ersten Momente durch einen festen, verstandesmäßigen Glauben zu stützen. Geistige Leiter innerhalb der Kirche geben dem jüngeren Mitglied, wenn es Probleme hat, den Rat mehr zu beten, härter zu arbeiten und tiefer zu studieren. Dieser Leiter weiß, dass besonders in den Anfangsjahren die Tendenz besteht, die neue Einsicht zu verlieren, wenn sie nicht durch Gebet, Arbeit und Aktivität untermauert wird. Das Schwinden der Begeisterung und das Auftreten von Zweifeln sind nicht Zeichen einer missverstandenen Berufung, sondern der unvermeidbare Verlauf der Vision, mit dem man rechnen muss.

Die Person wird dazu angehalten zu beten, auch wenn das Gebet nicht leicht fällt, fröhlich zu sein, auch wenn sie sich krank fühlt, um äußerlich zuversichtlich zu sein und damit den Taktiken Satans zu entgehen. Und das ist keine schlechte geistige Führung. Aber sie bringt die andere oben genannte Gefahr und Geißel der Religionen mit sich, und das ist die Gefahr der Veräußerlichung. Der Mensch beginnt womöglich, äußere Rechtschaffenheit mit innerer Ganzheit zu identifizieren, sich zufrieden zu stellen mit dem äußerlich rechtschaffenen Leben. Ein solcher Mensch, der sich mit seinem neuen Bild identifiziert, lebt jeden Tag danach und widersteht den Angriffen Satans, indem er in seinem Inneren alles verdrängt, was diesem Bild widerspricht.

Das Problem ist vielfältig. Denn tatsächlich besteht der eine Weg zur Erreichung eines geistigen Ideals darin zu handeln, wie eine heilige Person handelt, in der Hoffnung, dass die zunächst nur äußere Haltung mit der Zeit den inneren Bewusstseinszustand beeinflusst. "Den neuen Menschen anziehen" ist eine erprobte Methode der Spiritualität. Diese Methode birgt jedoch die Gefahr in sich, dass der Mensch sein äußeres Verhalten mit innerer Erneuerung verwechselt und also annimmt, dass er oder sie die Stufen der Heiligkeit, die den äußeren Handlungen entsprechen, erreicht hätten. Danach muss jedes innere Anzeichen eines Rückfalls jeder unberechenbare Wunsch (oder Gefühl) unbewusst geleugnet und verdrängt werden. Bei der gesunden Geistigkeit unterdrückt der Mensch solche Wünsche und Gefühle, die seinem Ideal widersprechen, um den Preis des Opfers und des Leidens (unterdrücken im Gegensatz zu verdrängen). Das ist etwas völlig anderes, als wenn ein Mensch dazu angehalten wird zu leugnen, dass solche Gefühle überhaupt auftreten, weil solche Gefühle unwürdig und für einen Menschen, der zu Besonderem berufen ist, tatsächlich unmöglich sind. Diese letztere Dynamik kann zu echter Krankheit führen.

E. Neumann hat über diese Dynamiken und die daraus resultierenden Übel der Projektion und Angst, die durch Verdrängung erzeugt werden, sehr einsichtsvoll geschrieben.

Unterdrückung ist eine bewusste Leistung des Ego und wird gewöhnlich in systematischer Weise praktiziert und kultiviert. Es ist wichtig, darauf hinzuweisen, dass bei Unterdrückung ein Opfer gebracht wird, das zu Leiden führt. Dieses Leiden wird akzeptiert, und aus diesem Grunde bleiben die abgelehnten Inhalte und Teile der Persönlichkeit weiter in Verbindung mit dem Ego. Bei der Verdrängung verlieren die ausgeschlossenen Inhalte und Teile der Persönlichkeit, die dem dominierenden ethischen Ziel zuwiderlaufen, ihre Verbindung mit dem bewussten System und werden unbewusst und vergessen, d.h. das Ego weiß überhaupt nichts mehr von ihrer Existenz. Verdrängte Inhalte sind - im Gegensatz zu den unterdrückten Inhalten der Kontrolle durch das Bewusstsein entzogen und wirken unabhängig von ihm; sie führen, wie die Tiefenpsychologie gezeigt hat, in der Tat ein aktives eigenes Untergrundleben mit verheerenden Folgen sowohl für das Individuum als auch für die Allgemeinheit.

Diese "verheerenden Folgen sowohl für das Individuum als auch für die Allgemeinheit" haben geistige Führer bewogen, vor einer "idealistischen" Annäherung an die Spiritualität auf der Hut zu sein. Die Reaktion vieler ist, dass sie alle Geistesrichtungen, die Nachahmung empfehlen (wie die "Imitatio Christi"), als krankmachend betrachten. "Sei Du-selbst" scheint dem heutigen geistigen Leiter eine gültige Form der Spiritualität zu sein. Andererseits bestreitet Neumann nicht den Wert eines "idealistischen" Herangehens an das Geistige, wenngleich er dessen Gefahren anerkennt. Er ist mehr für eine ganzheitliche Annäherung.

Was gebraucht wird, ist eine Spiritualität, die Anfänger ermutigt, für die höchsten Ziele zu kämpfen, indem man ihnen klar macht, dass eine Heiligkeit oder Ganzheit möglich ist, die über ihre kühnsten Erwartungen hinausgeht - wenn sie nur dafür kämpfen. Bei diesen ersten Schritten werden anfängliche Begeisterung und Eifer als gültige Einsicht und religiöse Erfahrung gewertet, als wertvolle Visionen dessen, was sein kann. Zu gleicher Zeit jedoch muss diese Spiritualität durch etwas ausgewogen werden, das die Anfänger lehrt, ihre gefallene menschliche Natur zu erkennen und die Schwächen dieser Natur eher geduldig zu akzeptieren als sie zu verdrängen.

In einer Religion wie der der Vereinigungskirche mag die Tendenz bestehen, diesen zweiten Aspekt des Geistigen zu ignorieren. Die Mitglieder glauben, dass die Erlösung der Welt von dem Zeugnis abhängt, das sie all denen gegenüber ablegen, die sie treffen. Sie mögen so eifrig darauf bedacht sein, ein "gutes Beispiel" abzugeben und in jedem Augenblick die Freude und Integrität der Vereinigungstheologie zu bezeugen, dass sie womöglich keine Zeit finden, auf die Seite in ihnen, die unerneuert bleibt, zu lauschen und sich um sie zu kümmern. Ronald Knox' Daumennagel-Sketch (thumbnail sketch) enthusiastischer religiöser Anhänger mag auf eine mögliche Tendenz innerhalb der Vereinigungskirche hinweisen. Mitglieder solcher Gruppen, sagt Knox, wollen keine "Beinahe-Christen" haben, keine schwächeren Brüder, die sich schwer tun und straucheln, die... mit einem Bein auch noch in der anderen Welt bleiben möchten ... Arme menschliche Kreatur! Jeder Fehler, der gemacht wird, wird von Beobachtern außerhalb der Gemeinschaft gnadenlos vermerkt und erzeugt eine Menge Ärger und Schmach innerhalb der Gemeinschaft.

Eine weitere Gefahr, der sich die Vereinigungskirche bewusst sein muss, ist die Anziehungskraft ihres Lebensstils auf entmutigte Menschen, für die die Hinwendung zur Religion eine Zuflucht vor der Aufgabe darstellt, eine Identität zu schaffen. Religion hat schon immer jene angezogen, die die Verantwortung für ihr Leben nicht akzeptieren wollen. Solche Menschen übernehmen gern die von der Kirche gebotene fertige Identität und entgehen auf diese Weise der schwierigen Aufgabe, ihre eigene Identität zu finden. Das ist eine besondere Gefahr für Religionen, die einen gemeinschaftlichen Lebensstil praktizieren, wie es beim Hauptkern der Vereinigungskirche zur Zeit der Fall ist. Jeder gemeinschaftliche Versuch neigt unausweichlich - und bedauerlicherweise - dazu, eher Einförmigkeit als Einmütigkeit durchzusetzen. Eine starke Persönlichkeit kann das ohne jeden Schaden überstehen. Für sie kann Gemeinschaftsleben eine wertvolle Stütze sein, indem es eine hilfreiche Struktur, wertvolle Freiheit und ein starkes Gefühl des Zusammmenhalts bietet. Für die passive Persönlichkeit jedoch kann die Tendenz zur Gleichförmigkeit innerhalb des Gemeinschaftslebens die vielleicht in ihm keimenden zarten Anfänge einer Selbstfindung zerstören. Für diese Person könnte die Mitgliedschaft in der Vereinigungskirche höchst ungesund sein.

Eine andere Gefahr vom geistigen Gesichtspunkt aus und besonders wahrscheinlich in der Vereinigungskirche ist die Pflichtbesessenheit. Ein Mann oder eine Frau, die die gegenwärtige Zeit als höchst bedeutungsvoll verstehen, die glauben, dass die Zukunft der Welt in gewissem Sinne von der Treue einer kleinen Truppe zu ihrer

Berufung abhängt, kann verständlicherweise anfangen, das Leben nur als Pflicht zu sehen und jedes Ereignis nur auf seine Nützlichkeit hin zu beurteilen. Jede Handlung, jede Beziehung, jede Entscheidung muss auf ihre "Brauchbarkeit" in Bezug auf die Verbreitung der Botschaft und Mission der Kirche geprüft werden. Es gibt Persönlichkeiten, für die diese Art der Spiritualität ungesund ist. Sie fühlen sich schuldig für verschwendete Zeit; sie betrachten jede Entspannung als Schonung, wenn es nicht im Zusammenhang mit der Arbeit gerechtfertigt werden kann; sie werden, was man halbernst "workaholics" nennt. Dabei verlieren sie allmählich die Fähigkeit, das Leben und seine Schönheit zu genießen, und das ist, zumindest nach meinem Verständnis einer ganzheitlichen Spiritualität, eine unglückliche Verzerrung.

Es gibt innerhalb der Vereinigungstheologie einen Faktor, der das Auftreten einer solchen Verzerrung verhindern mag: das ist ihr gesunder Materialismus. Die "Göttlichen Prinzipien", das Hauptwerk der Vereinigungstheologie sagen, dass es kein geistiges Glück ohne wahres physisches Glück gibt. Nach dieser gleichen Aussage ist die Tatsache, dass die Religion bisher den Wert der Alltagsrealität und des physischen Glücks unterbetont hat, um die Erreichung geistigen Glücks zu betonen, ein Grund für ihr relatives Versagen. Indem die Vereinigungskirche diese Überzeugung vertritt, steht sie jedoch eindeutig in der Tradition der orthodoxen Christenheit, die solche Sekten (Gnostiker, Albigenser, Jansenisten), die die physische Welt als böse bezeichnen möchten, ebenfalls als ketzerisch verworfen hat. Diese Anerkennung der Gültigkeit physischer Freude von Seiten der Vereinigungstheologie würde erfordern, dass ihre Mitglieder dem Pflichtbewusstsein Zeiten der Entspannung, des Feierns und der Freude zum Ausgleich entgegensetzen. Um es noch einmal zu wiederholen: Es besteht die Gefahr, dass bestimmte Persönlichkeiten, die sich von der Kirche angezogen fühlen mögen, unfähig sind, innerhalb der Spannung dieser Theologie zu leben und die bewusst oder unbewusst ihr Leben vom Pflichtprinzip beherrschen lassen.

Sexualleben als Gradmesser des allgemeinen Befindens

Der Priester-Psychologe Eugene Kennedy hat darauf hingewiesen, dass wir in der Sexualität die Verhaltensweisen und das Wohlbefinden eines Menschen reflektiert sehen können. Dieses Prinzip, so kann man vermuten, ließe sich auch auf eine Gruppe anwenden. Es mag darum wertvoll sein, wenn wir unsere Betrachtungen über die mit der Mitgliedschaft in der Vereinigungskirche verbundene Verpflichtung abschließen, indem wir kurz die Praktiken der Kirche in Bezug auf die Sexualität beleuchten. Obwohl Theorie und Praxis der Heirat innerhalb der Vereinigungskirche noch in einem Entwicklungsstadium sind, ist die Grundausrichtung doch zu erkennen.

Das neue Mitglied der Kirche beginnt mit einer Zeit der Vorbereitung und Ehelosigkeit; selbst Ehepaare, die der Kirche nach ihrer Heirat beitreten, leben für einige Zeit abstinent. Wenn die Vorbereitungszeit zu Ende ist - eine Entscheidung, die von der Person und Leitern der Kirche gemeinsam getroffen wird, jedoch niemals vor Ablauf von drei Jahren Mitgliedschaft, - nimmt die Person an dem nächsten Segnungstreffen der Kirche teil, bei dem Rev. Moon einen Ehepartner empfiehlt. Die beiden für einander vorgeschlagenen Mitglieder mögen sich vorher noch nie gesehen haben; sie können verschiedener Nationalität sein. Die beiden haben für kurze Zeit Gelegenheit, miteinander zu sprechen und zu entscheiden, ob sie einander akzeptieren können (sie dürfen ablehnen, ohne ihre Zugehörigkeit zur Kirche zu verlieren). Wenn sie seine Empfehlung annehmen, nehmen sie bald darauf an einer Heiratszeremonie teil und beginnen dann ihr gemeinsames Lebeniv.

Die betonte Steuerung von Sexualität und Heirat durch die Gemeinschaft ist keine Besonderheit der Vereinigungskirche. John H. Noyes wies in seiner Analyse über kommunale Versuche in Amerika darauf hin, dass alle Gemeinschaften, die in Amerika erfolgreich waren, einen gemeinsamen Faktor hatten, indem sie Sexualität und Heirat unter den Schutz und die Kontrolle der Gemeinschaft stellten. Die Shakers z. B. unterdrückten jede Äußerung von Sexualität und lebten ein Leben absoluten Zölibats; die Perfektionisten von Oneida verboten das Eingehen auswärtiger Verbindungen, während die Ausübung von Sexualität innerhalb der Gemeinschaft erlaubt war; und die Kommunisten von Amana erlaubten zwar die Heirat, behinderten sie jedoch, indem sie den Verheirateten in niedrigere Ränge einstuften. Sie vermieden dadurch die Aufteilung der Loyalität zwischen den Allgemeinbedürfnissen und den Anforderungen der Familie, da eine solche Teilung der

Loyalitäten die Kraft eines gemeinschaftlichen Unternehmens erheblich schwächt. Man ist versucht, die Heiratspraxis der Vereinigungskirche folgendermaßen zu interpretieren: Als einen Versuch, den möglicherweise zersplitternden Einfluss der kleinen Familieneinheit innerhalb eines Gemeinschaftsrahmens zu steuern.

Die Vereinigungskirche besitzt eine Theologie, die das männlich-weibliche Prinzip als eine Reflexion der Gottheit und als Teil von Gottes Plan zur Erlösung der Welt versteht. Die Welt kann erst dann erneuert werden, wenn Männer und Frauen, die zunächst sich selbst vervollkommnet haben, Verbindungen eingehen, die von Gott gesegnet sind und auf den geistigen Qualitäten der Partner basieren. Auch glaubt sie, dass die aus diesen Verbindungen geborenen Kinder von Geburt an frei sind von den erblichen Belastungen der ursprünglichen Sünde.

Folglich kann man verstehen, dass ein Mitglied der Vereinigungskirche die Heirat als so entscheidend für die Erlösung des Einzelnen und der Welt ansehen könnte, dass sie nicht auf der Grundlage bloßer Anziehung eingegangen werden kann. Man kann erkennen, warum sie annehmen könnten, dass keiner genug Selbsterkenntnis besitzt, um in kluger Weise die Person auszuwählen, die geeignet ist, die eigene Persönlichkeit zu ergänzen. Darum ergibt es einen Sinn, die Partnerwahl einem anderen zu überlassen, vor allem, wenn man glaubt, die Möglichkeit zu haben, sich der Führung eines von Gott besonders inspirierten Mannes anvertrauen zu können.

Ohne Zweifel wird die Idee der "arrangierten" Heiraten so manchen amerikanischen Beobachter abschrecken. Es sollte jedoch darauf hingewiesen werden, dass bis in relativ jüngster Zeit die Praxis "arrangierter" Heiraten in der westlichen Welt üblich war, besonders bei jenen, die wichtige Positionen bekleideten. Das Experiment (denn genau das ist es) der Heirat, die nur auf romantischer Anziehung beruht, ohne dass dem Rat der Familie viel Gehör geschenkt wird, läuft erst zu kurze Zeit, um ausgewertet werden zu können. Soviel kann gesagt werden: Zur Zeit gibt es keine überzeugenden Daten, aus denen man schließen könnte, dass die arrangierten Heiraten der Vergangenheit weniger erfolgreich waren als die auf romantischer Anziehung beruhenden der Gegenwart. Die Partner begannen ihren Ehestand mit einem Bewusstsein der Berufung; ihre Aufgabe war es, für einander in guten und schlechten Zeiten da zu sein. In so manchem Fall entwickelte sich aus diesem hingebungsvollen Dienen mit der Zeit eine tiefe Liebe. Hinter dem Lied, das Tevie für Hedi in "Anatevka" singt, steckt mehr als ein Moment gutes Theater. Nachdem er gesehen hat, wie seine Töchter sich eine nach der anderen anschickten, eine Ehe nach eigener Wahl einzugehen, fragt Tevie, dessen Heirat für ihn arrangiert wurde, seine Frau, ob sie ihn liebe. Und sie versichert ihm, dass, wenn 25 Jahre des Dienens, Teilens und Sorgens keine Liebe sei, sie nicht wüsste, was denn dann Liebe sei.

Obwohl nur die Zeit es zeigen kann, besteht Grund zu glauben, dass die Heiraten der Vereinigungskirche -, die auf den objektiven Ansichten des zuverlässigen Führers basieren, der seine Leute wahrscheinlich gut kennt, und die erst nach einer Vorbereitungszeit mit einem Bewusstsein der Berufung und einer Offenheit für das transzendentale Element der sexuellen Erfahrung eingegangen werden -, die Elemente der Gesundheit und andauernder Beziehungen enthalten.

Schlussfolgerungen

Dies sind meine Grundgedanken hinsichtlich der Vereinigungskirche, bestimmt für die, die sich verantwortlich fühlen für jemanden, der von der Mitgliedschaft in dieser Kirche betroffen ist oder sich von ihr angezogen fühlt. Wir haben gesehen, dass die von der Vereinigungskirche angewandten Methoden der Bekehrung und die von ihr ausgelöste Verpflichtung, wenngleich mit Gefahren verbunden, so doch durch die ganze Geschichte der Religion hindurch benutzt wurden - besonders in Zeiten, in denen das allgemeine Interesse an der Religion einen Tiefstand erreicht hatte. Dieser Pfad ist nicht nur allgemein üblich, sondern er scheint auch die Möglichkeit zu bieten, Menschen zu tiefem und ausgewogenem Glauben zu führen.

Es gibt Gefahren: Die Gefahr der Angst angesichts des Zweifels, eine Angst, die zu Heuchelei und Veräußerlichung führen kann, mit der daraus folgenden Verdrängungshaltung. Aufkommende Zweifel können Unzufriedenheit auslösen und einen Menschen alle religiösen Werte als Illusion verwerfen lassen. Da gibt es die sehr reale Möglichkeit der passiven, nicht-reflektierten Zustimmung, die die Person ihre

Bekehrung oder Seelenwäsche

Kritikfähigkeit verlieren lässt. Da besteht die sehr reale Möglichkeit, dass all diese Begeisterung in eine Sache und in Projekte geleitet wird, die einer Welt, die es sich nicht leisten kann, ihre begrenzten Ressourcen an menschlichem Idealismus vergeudet zu sehen, das nicht wert sind. Es besteht die Möglichkeit, dass Rev. Moon die Macht, die er über seine Anhänger und Nachfolger besitzt, dazu benutzt, seine eigenen Interessen zu verfolgen oder gar eine totalitäre Bewegung zu schaffen.

Aber diesen Möglichkeiten stehen ausgleichend positive gegenüber, die aus dieser Bewegung hervorgehen könnten. Diese Bewegung kann Menschen Zweck, Ziel und eine Vision geben, die sie auf andere Weise nie gefunden hätten. Diese Bewegung kann Menschen aus einem Leben "ruhiger Verzweiflung" in ein sinnerfülltes Leben führen. Diese Bewegung kann lebensvolle Menschen heranziehen, die die Grenzen menschlicher Güte, menschlicher Energie und menschlicher Fähigkeiten durchbrechen. Diese Bewegung kann eine von jenen sein, die nicht nur eine bestimmte Gruppe, sondern die Religion und die Gesellschaft allgemein wiederbeleben. Wenn die Welt jede spirituelle Bewegung nur wegen der innewohnenden Gefahren und Möglichkeiten vernichtet hätte, dann wäre sie heute um vieles ärmer.

Ich weiß keinen besseren Weg, um diese Studie abzuschließen, als mit Ronais Knox Schlussworten zu seiner Studie über spirituelle Sekten. Nachdem er ausführlich die unvorhersehbaren Wege, die der Enthusiasmus seine Anhänger durch die ganze Geschichte hindurch führte, aufgezeichnet hatte, und nachdem er über die Verzerrungen geklagt hatte, die durch diese Gruppen in die christliche Religion hineingetragen wurden, kommt Knox dennoch zu dem Schluss:

"Der Mensch wird ohne Vision nicht leben. Wir tun gut daran, diese Moral aus der Betrachtung der vielen seltsamen Berichte der Visionäre/Seher mit uns fortzunehmen. Wenn wir uns zufrieden geben mit dem Einerlei, dem Zweitbesten, dem Kurzlebigen, so wird uns das nicht verziehen werden. Die ganze Zeit, während ich dieses Buch geschrieben habe, wurde ich von einem mir im Gedächtnis gebliebenen Widerhall aus 'La Princesse Lointaine' verfolgt:

Blickpunkt Vereinigungskirche

Bruder Trophus: Untätigkeit, Meister Erasmus, ist die einzige Sünde; und die einzige Tugend ist...
Erasmus: Was?
Bruder Trophus: Die Begeisterung!

Anmerkungen der Redaktion

ii Lewis, wie die anderen amerikanischen Religionswissenschaftler auch, beschreibt die Kirche, wie sie sich ihm in den späten 70er Jahren präsentierte. Bereits in den 80er Jahren änderte sich das Bild grundlegend, weil fast alle der ehemals in Wohngemeinschaften lebenden jungen Mitglieder eigene Familien gründeten und sich nach eigener Wohnung und Broterwerb umsehen mussten. Heutzutage besteht die Mitgliedschaft in den USA und Westeuropa zu nahezu 100% aus erwerbstätigen und eigenständigen Familien. (A.d.R.)

iii Man muss hier fairerweise hinzufügen, dass solche doch recht zweifelhafte Methoden, wie sie der Autor von anderen Gruppen berichtet, in der Vereinigungskirche, auch in den 70er Jahren, niemals Anwendung fanden. (A.d.R.)

iv Diese Beschreibung, die sich auf die 70er Jahr bezieht, trifft heute so nicht mehr zu. Seit dem ersten World Culture and Sports Festival im Jahre 1992 öffnete Rev. Moon die Segnungszeremonie auch für Mitglieder anderer Religionen und vor allem für bereits verheiratete Paare, die durch ihre Teilnahme ihr Ehegelübde erneuern wollten und sich mit den Familienwerten der Vereinigungskirche solidarisch erklärten. Zu diesen Familienwerten gehört, dass außereheliche sexuelle Beziehungen nach wie vor strikt abgelehnt werden. (A.d.R.)

SUN MYUNG MOON - KETZER ODER ORTHODOXER?[i]

Warren Lewis

Die historische Symbiose zwischen Orthodoxie und Häresie

Offensichtlich ist es ein grundlegendes Muster in der Kirchengeschichte, Ketzer zu verdammen, gleichwohl Irrlehren zu übernehmen. Dieser Prozess kann jedenfalls in der Entwicklung der theologischen Orthodoxie beobachtet werden. Das Konzil von Nicaea im Jahre 325 verkündete, dass die zweite Person der Gottheit (Jesus Christus) von derselben Beschaffenheit sei wie die erste Person (Gott der Vater). Aber der Ausdruck "homoousios" (gleiches Wesen), der schließlich unter dem Einfluss des Athanasius von Alexandrien und des Ossius von Cordoba in das Glaubensbekenntnis einfloss, kann im Neuen Testament nicht nachgewiesen werden. Er wurde vielmehr ursprünglich im zweiten Jahrhundert von christlich-gnostischen Kreisen geprägt. Die Sprache der Häresie wurde hier erstmals zur Definition der Orthodoxie. Etymologisch bedeutet "Häresie" im Griechischen "Wahl, Auslese". Ein Häretiker ist also jemand, der auswählt, wenn auch - aus orthodoxer Sicht - jemand, der falsch auswählt.

Der Fall der Nestorianischen Häresie (strenge Zwei-Naturen-Lehre) liegt ähnlich wie der erste. Die Meinungen der Kirchenkonzile über die von Nestorius aufgebrachten christologischen Streitfragen schwankten hin und her: von Ephesus (431) nach Chalcedon (451) zum II. Konzil

---

[i] Erste Veröffentlichung: "Is the Reverend Sun Myung Moon a Heretic?", Warren Lewis in "A Time for Consideration; The Edwin Mellen Press, New York, 1978; erste deutsche Veröffentlichung: "Sun Myung Moon - Ketzer oder Orthodoxer?", Aquarius Verlag, 1979 (A.d.R.)

von Konstantinopel (553) und wieder zurück zum III. Konzil von Konstantinopel (680/681). Auf einem späteren Konzil wurden schließlich Nestorius' Ideen offizielle Lehrmeinung. So schlägt das Pendel aus. Bis der Ketzerei zugrunde liegende Teilwahrheit sichtbar ist, wird sie zunächst unter engem Blickwinkel betrachtet. Das geistliche Klima ändert sich also fortwährend.

Häufig nimmt ein Ketzer älteres Gedankengut oder Lebensweisen auf, die innerhalb der christlichen Traditionen mitgetragen wurden, aber zur Zeit unmodern sind. Der Ketzer richtet sich allerdings häufig auf eine schismatische Art nach den neu gefundenen alten Wahrheiten aus, indem er den Anspruch erhebt, sie beinhalten die ganze Wahrheit. Manchmal ist also die neue Ketzerei ein natürliches, aber nicht mehr erwünschtes Kind der älteren Orthodoxie. Zum Beispiel richteten die Teilnehmer des Konstanzer Konzils (1414-1417) den Ketzer Johannes Hus hin, weil er an eine Variante ihrer eigenen, gegen den Papst gerichteten Doktrin glaubte: Wegen einer eindrucksvollen Liste an päpstlichen Verbrechen enthob das Konzil den Papst Johannes XXIII. seines Amtes. Es akzeptierte den Rücktritt von Papst Gregor XII. und unternahm Aktionen gegen Papst Benedikt XIII., der sich weigerte, sich gnädigst zu unterwerfen. Am 6. April 1415 erklärte das Konzil sein Dogma, dass ein ökumenisches Konzil Autorität über den Papst habe ("Haec sancta"). Doch am 6. Juli desselben Jahres verbrannten dieselben orthodoxen Konzilreformer Johannes Hus auf dem Scheiterhaufen, weil er unter anderem dem Papst nicht genügend gehorsam war.

Eine zweite Quelle der christlichen Ketzerei sind die neuen wissenschaftlichen und kulturellen Ideen. Theologen trachten danach, religiösen Glauben mit anderen menschlichen Belangen in Beziehung zu bringen.

Die frühen christlichen Gnostiker versuchten als erste, das Evangelium einer heidnischen Welt nahe zu bringen. Sie verbanden ihren Glauben an den himmlischen Erlöser mit der Weltanschauung ihrer hellenistischen Kultur. Auf diese Weise schufen die Gnostiker auf einen Streich sowohl die erste Theologie als auch die erste Ketzerei. Ein weiteres Beispiel sind die deistischen Theologen im England des 18. Jahrhunderts, die die rationale Struktur ihres Glaubens in der Sprache der wissenschaftlichen Konzeption Newtons verteidigten und so hieb- und stichfeste, "ewige" Beweise schufen, denen es für einige wenige Jahre gelang, überzeugend zu wirken. Als sich dank Darwin im 19. Jahrhundert und Einstein im 20. Jahrhundert das Newtonsche Weltbild änderte, wurde der wissenschaftliche Teppich unter ihrem "Queen Anne Glauben" weggezogen.

Die Streitpunkte, die der Debatte Orthodoxie - Ketzerei zugrunde liegen, sind noch aktuell. Nicaea ist stets gegenwärtig, aber ebenso ist auch der opponierende Unitarismus seit dem Mittelalter eine kraftvolle Theologie und geistige Bewegung. Er ist in der Tat die Orthodoxie des heutigen Harvard und Neuengland und ebenso die unausgesprochene Voraussetzung für einen großen Teil der gegenwärtigen historischen Studien des Neuen Testamentes. Ein weiteres Beispiel für die bleibende Kraft der Ketzerei ist die Erneuerung der gnostisch-deistischen Apologetik in unserer Zeit durch Theologen wie Teilhard de Chardin und Karl Heim.

Wir wollen nun aus dem Vorangegangenen ein erstes Gesetz über Ketzerei und Orthodoxie darlegen. Beide Begriffe existieren in einer historischen Symbiose. Sie hängen voneinander ab; der eine erzeugt den anderen. Die Theologie ist ein Mann auf zwei Füßen. Sie schreitet auf dem linken Fuß der Ketzerei voran, der rechte Fuß der Orthodoxie bleibt zurück. Fortschritt wird erreicht, indem der rechte Fuß den Boden, den der linke schon erforscht hat, gewinnt und ihn dann überschreitet.

Die Gärung der neuen und ketzerischen Ideen im christlichen Europa vom 11. bis zum 16. Jahrhundert zerstörte die Dünkel derjeniger, die sich selbst als Bewahrer einer einheitlichen, monolithischen Orthodoxie sahen. Die theologische, soziale, wirtschaftliche und personelle Vielfalt wuchs während dieser Zeit. Auf jeder Stufe der sozialen Wirklichkeit gab es damals Ketzer: den individuellen Ketzer (Eudo de la Stella, Tanchelm); unorganisierte Volksbewegungen (das Narrenschiff von St. Truiden); kleine organisierte Gruppen von Pietisten oder Intellektuellen (die Brüder des freien Geistes, die Brüder des gemeinsamen Lebens, die Beghards und Beguins); neue Kirchen und Massenbewegungen (Waldenser und Albingenser); philosophische Ketzer (Averroisten); nationalistische Häretiker (Jeanne d'Arc, Johannes Hus); unterwürfige, fügsame Ketzer (Franz von Assisi); den Kaiser als Ketzer (Friedrich II.), den Papst als Ketzer (Bonifacius VIII., Johannes XXII.),die Kirche als Ketzer (die Konzile zu Konstanz und Basel), Europa als Ketzer (deutsche, schweizerische, britische, böhmische, skandinavische und holländische Reformationen). Während dieser Zeit gab es niemals eine Orthodoxie der Mehrheit auf irgendeinem Gebiet. Die Menschen des Mittelalters mögen zuvor gefühlt haben, dass sie ein Erbe hatten: Die soziale Wirklichkeit war für sie auf der Grundlage theologischer Legitimationen aufgebaut, die, wie sie glaubten, aus der Antike stammte: "Quod semper, quod ubique, et quod ab omnibus" (Vinzent von Lerins). Aber ihr Bild von der Antike war oft historisch gesehen falsch. Was ihnen so ewig wie Rom zu sein schien, mochte tatsächlich aus historischer Sicht nicht älter gewesen sein als ein oder zwei Jahrhunderte. Die Idee eines kaiserlichen Papsttums liefert dafür ein Beispiel. Nach dem 11. Jahrhundert beherrschte das Papsttum sowohl die weltlichen als auch die religiösen Bereiche des europäischen Lebens mit der Rechtfertigung, so alt zu sein wie das Bistum von Rom selbst. Das kaiserliche Papsttum war jedoch eine politische Neuschöpfung, die auftauchte, weil die Päpste und die kanonischen Rechtsgelehrten der gregorianischen Reformtradition ihre Ansprüche so hartnäckig geltend machten. Dabei stützten sie ihre Argumente auf ein jüngeres, gefälschtes Dokument, das angeblich zur Zeit von Konstantin geschrieben worden war. Diese vorher gefälschte "Konstantinische Schenkung" gab den Päpsten kaiserliche Autorität, und sie benutzten dieses Dokument, um den Anspruch zu erheben, dass sie über eine solche Autorität schon seit der Zeit Konstantins verfügten. Auf diese Weise wuchs die Macht des Papsttums als erneuernde Kraft nach Jahrhunderten verworrener Beziehungen zwischen Kirche und Staat, in denen nicht selten die Bischöfe und der römische Papst Schachfiguren in den Händen der Kaiser und Könige gewesen waren. Nun, im Wormser Konkordat (1122), wurde diese neue "antike" römische Erfindung zur Orthodoxie, die bis ins 15. Jahrhundert hinein und theoretisch für alle Zeiten in Kraft bleiben sollte.

Eine strengere theologische Bewegung liefert ein anderes Beispiel. Der Augustinismus war eine Entwicklung der frühen Theologie des Augustinus, verbunden mit der späteren klösterlichen Reformbewegung (Bernhard), der Geistigkeit der Viktorianischen Bewegung und dem Humanismus von Chartres. Er wurde im 13. Jahrhundert von Franziskanern (Alexander von Hales, Bonaventura, Petrus Johannes Olivi und einer Reihe anderer) systematisiert und verfochten. Diese acht Jahrhunderte lang dauernde Entwicklung gab das Gefühl der Dauerhaftigkeit, das ein Nebenprodukt eines jeden orthodoxen Glaubens ist. Jedoch aus dieser Uniformität der westlichen Tradition ergab sich zugleich die Unfähigkeit zur Auseinandersetzung mit den neuen intellektuellen und politischen Ideen der arabischen Welt.

Als sich Mitte des 13. Jahrhunderts Gelehrte und Theologen mit diesen neuen Ideen befassten, wurden sie von den Augustinern als Ketzer verdammt. Italienische wissenschaftliche Denker (Averroisten), dominikanische Theologen (Albertus Magnus, Thomas von Aquin) und andere versuchten die neue Wissenschaft auszuwerten und zu integrieren. Die Augustiner veranlassten jedoch, dass 1270, 1277 und 1284 diese neuen theologischen Entwicklungen offiziell verdammt wurden. Doch dann wurde durch eine überraschende Wendung Thomas von Aquin als die große theologische Autorität der Katholischen Kirche eingesetzt ("doctor communis"). Seine Häresie wurde nun die Orthodoxie der römischen Kirche und von dieser Zeit an waren es die Augustiner, die Gefahr liefen, als Ketzer verurteilt zu werden. Tatsächlich geschah genau das, als Luther und Calvin die alte augustinische Tradition wieder aufgriffen und sie benutzten, um die Kirche zu reformieren. Die Hauptgegner dieser protestantischen Augustiner waren nicht nur die Thomisten, sondern vielmehr die jesuitischen Thomisten, die eine noch jüngere geistliche Neuheit darstellten.

Unser erstes Gesetz über Ketzerei und Orthodoxie lautete, dass beide in einer historischen Symbiose existieren. Wir können nun einen Zusatz machen, nämlich, dass weder die Ketzerei noch der orthodoxe Glaube die alleinige religiöse Wahrheit beinhalten. Vielmehr erwächst religiöse Wahrheit aus dem fortwährenden Kampf zwischen beiden, indem jeder versucht, den anderen zu übertreffen. Wenn jeder seine Rolle gut spielt, kann das Spiel Ketzerei - Orthodoxie in einem Gewinn für alle enden, insofern, als eine neue symbolische Wirklichkeit erscheint und die Menschen wieder neue Standpunkte beziehen, um das Spiel von vorne zu beginnen.

Im Europa des 12. Jahrhunderts wurden Streitpunkte, die schon

Generationen zuvor geklärt worden waren, nicht mehr als drängende Fragen empfunden. Man hielt sie für genügend fundiert. Aber als sich die Ziegel des orthodoxen Gebäudes durch die Winde der neuen Wissenschaft und der neuen sozialen Erfahrungen allmählich lockerten, begannen sie davonzufliegen. Die Leute dachten, das ganze Haus könnte zusammenfallen und reagierten in einer krampfhaften Intoleranz und Verfolgung. Wir modernen Menschen sind entsetzt über die Inquisition, die Tausende aufgrund von Geständnissen religiöser Verfehlungen auf dem Scheiterhaufen verbrannte; Geständnisse, die durch gewaltsames "Deprogramming" und Folter herausgepresst wurden. Jedoch wurde die Inquisition von allen Gesellschaftsschichten unterstützt, vom König bis hinunter zum einfachen Volk, das bereit war, seine Handvoll Reisig auf den Scheiterhaufen des Ketzers zu werfen. Die Ketzer wurden als Bedrohung der existierenden Gesellschaftsstrukturen angesehen, so dass sie auf dem einen oder anderen Weg von ihrem Irrtum geheilt werden mussten. Sonst, so dachte man, würde die Gesellschaft selbst Gefahr laufen, zerstört zu werden. Es wurde argumentiert, dass die Gesellschaftsordnung eine theologische Legitimation brauche. Die Inquisition war der gesellschaftlich gebilligte, legale Prozess, der diese "Kriminellen" ihrer gerechten Bestrafung zuführte.

Aber die Flut der Ketzerei überschwemmte weiterhin Europa, zerstörte alte Grenzsteine, räumte Barrieren weg und verwischte die Grenzen der Orthodoxie. Als die Flut verebbt war, war das Land immer noch da, aber mit veränderten Konturen. Rinnsale waren Flüsse geworden, Täler hatten sich zu Bergen erhoben und zerklüftete Plätze waren eingeebnet. Mehr noch. Die Häresie selbst war zum alltäglichen Brauch geworden. Vom 11. Jahrhundert an brodelte Europa in einer alphabetischen Suppe aus allen möglichen religiösen Ketzereien: gewöhnliche Katholiken und daneben Almarikaner, Beginen, Catharer, Dunkards, Eastern Orthodox Schismatics, Fratizellen, Gallikaner, Humanisten, Jansenisten, Knights Templar, Lollarden, Mennoniten, Nominalisten, Orebiten, Petrobrussianer, Quietisten, Ranters, Socinianer, Taboriten, Utraquisten, Vaudois, Witches, X, Y, Z.

Aus dem Einen entstand die Vielfalt.

Die Christenheit unterzog sich einem Prozess der Pluralisierung und Demokratisierung. Die Orthodoxie erkannte die Ketzerei und zeugte den religiösen Pluralismus, der dann selbst zum neuen orthodoxen Bekenntnis wurde. Aber ironischerweise ist es wiederum der tolerante Pluralismus Amerikas, der selbst so viele Gruppen mit "wahren Gläubigen" erzeugt.

In Amerika kann jeder versuchen, der Reformer oder Gründer eines neuen Glaubens zu sein. Wem etwas missfällt, kann sich von seiner Kirche abspalten und eine neue gründen. Rom donnert nicht mehr gegen Ketzerei; tatsächlich werden heute diejenigen, die einst von Rom als Ketzer gebrandmarkt worden wären, nun als "getrennte Brüder" umarmt. Heute stellt der liberale Pluralismus die allgemeingültige Wahrheit dar. Aber es kann keinen wirklichen Pluralismus geben, ohne dass es auch einige Rechtgläubige gibt. Jedoch werden die Rechtgläubigen oft angegriffen, "totalitär" oder pluralistisch intolerant zu sein. Die Rechtgläubigen werden heute als "Ketzer" von der Orthodoxie der pluralistischen Toleranz verfolgt.

Ketzer und Orthodoxe existieren in einer Symbiose. Die Zeugen Jehovas, die Amish und die aus Indien exportierten Gurus existieren weiter, weil die Methodisten, Presbyterianer, Katholiken und Baptisten sie als Beweis für die Toleranz ihrer neuen Orthodoxie brauchen. Rechtgläubige contra tolerante Pluralisten ist die heutige Form des symbiotischen Kampfes zwischen Ketzerei und orthodoxem Glauben.

Eine Metaphysik der Ketzerei und Orthodoxie

Wenn jemand über diesen Aspekt nachsinnt, scheint ein Schluss unvermeidbar: sowohl "Orthodoxie" als auch "Ketzerei" sind bedeutungslose Worte. Wenn Ketzerei Orthodoxie wird und Orthodoxie Ketzerei, wenn das eine das andere erzeugt und das andere durch Anpassung das Vorangegangene ergibt, was für einen Sinn hat es dann noch, eine Unterscheidung zu treffen? Wir brauchen einen neuen Satz semantischer Werkzeuge, um die eigentlichen Inhalte von Häresie und Orthodoxie herauszuarbeiten. Bisher neigten die Theologen, die das Problem der Ketzerei und der Orthodoxie diskutierten, dazu, die Angelegenheit in Begriffen von "entweder - oder" zu sehen, weil auch sie

Anhänger der einen oder der anderen Richtung waren. Wenn "A" wahr wäre, könnte "nicht A" auch nicht wahr sein. Diese Denkweise kann nicht nur in den dogmatischen Argumenten der Theologen, sondern auch in der modernen Wissenschaft beobachtet werden. Wir denken in Kategorien von Identität und Gegenteil. Wenn wir also argumentieren, der Mensch sei am Werk, so kann Gott es nicht sein. Wenn Gott aktiv ist, dann ist es der Mensch nicht. Wenn die Gesetze von Ursache und Wirkung wirksam sind, dann kann es kein Wunder geben. Wenn es ein Wunder gibt, dann sind die Naturgesetze verletzt worden. Entweder das eine oder das andere. Aber niemals beides auf einmal. - Aber könnten wir nicht diese Problematik aus einer anderen Sicht betrachten? Es ist beispielsweise erörtert worden, dass die Wirklichkeit zu ein und derselben Zeit aus Wellen wie auch aus Partikeln besteht. Wenn wir Dinge von zwei Standpunkten gleichzeitig betrachten müssen, so könnte dies bedeuten, dass es eine Dualität gibt, die der Wirklichkeit an sich zugrunde liegt. Wirklichkeit könnte gleichzeitig "dies" und "nicht dies" sein. Genauso wie dies eine philosophische Tradition schon ausdrückt, ist Wirklichkeit dann "yin" und "yang"

Wenn wir das yin und yang-Symbol betrachten, so symbolisiert es nicht einen Dualismus: zwei (eigenständige) Begriffe. Es zeigt vielmehr das Weiße wie auch das Schwarze, und es gibt vor allem auch die markierende S-Form zwischen ihnen. Das S ist keine Linie, sondern vielmehr eine optische Täuschung, die durch das Ineinandergreifen der beiden farbigen Formen zu einer "Einheit der Affinität" hervorgerufen wird. Diese "Einheit der Affinität" ist die dritte Komponente, die die anderen beiden vereint. Wo auch immer es zwei Begriffe gibt, die miteinander in Relation stehen, gibt es drei Begriffe: yang (Positivität), yin (Negativität) und ihre "Einheit der Affinität", Mutualität. Es gibt also Zweierpaare, die nicht zusammenpassen, und Zweierpaare, die zusammenpassen. Diejenigen, die zusammenpassen, sind zwei und mehr. Dieses Modell der Realität könnte etwas über Ketzerei und Orthodoxie aussagen. Insofern als Ketzerei und Orthodoxie auf der Basis der "Einheit der Affinität" zueinander eine Beziehung haben können. Sie scheinen ineinanderzugreifen. Jedes existiert nur so lange, wie es ein aktives Geben und Nehmen mit dem Gegenüber aufrechterhält. Obwohl jedes verschieden ist, sind beide vereint. Deshalb sind sie gleichzeitig: Die Orthodoxie beginnt nicht erst dann zu existieren, wenn die Ketzerei ausgelöscht ist. Eine erhält die andere am Leben. Ohne die schöpferische Suche der Ketzerei nach Wahrheit werden aus der Orthodoxie unbewegliche Antworten und "Alt-Weiber-Geschichten". Ohne das Wahrheitsvermächtnis des Orthodoxen wird die Ketzerei Irrsinn. Wenn eines nicht existiert, so existiert das andere auch nicht. Zusammen erzeugen sie beides, die Konservierung der Tradition und die revolutionäre Reaktion dagegen. Die eine Linie zu verfolgen bedeutet, die andere unter Anklage zu stellen; die eine auf dem Scheiterhaufen zu verbrennen bedeutet, die andere einzuäschern. Dies ist das Gesetz der Symbiose von Ketzerei und Orthodoxie.

Weder papalistische und/oder konzilistiarische Erklärung noch die so sehr verbal angeregte Rückkehr zu biblischer Primitivität, noch auch die Durchführung einer vagen ökumenischen Einheit können dem Geben und Nehmen zwischen Ketzerei und Orthodoxie ein Ende setzen. Aber da die Geschichte uns über diese Symbiose belehrt, können wir jetzt die Spannung zwischen den beiden Begriffen schöpferisch ausnutzen. Nachdem wir die "Einheit der Affinität" von Häresie und Orthodoxie verstanden haben, können wir diese Einsicht benutzen, um religiöse Meinungsverschiedenheiten besser begreifen zu können und um gewisse Fehler der Vergangenheit zu meiden: theologische Kurzsichtigkeit, bittere Ketzerurteile, Abwehrhaltungen bei beiden Parteien und das Schüren von Hass und Furcht.

Sun Myung Moon - Mann der neuen Möglichkeiten

Rev. Sun Myung Moon mit seiner Lehre "Die Göttlichen Prinzipien" und seiner "Vereinigungskirche" bietet sich selbst, seine Lehre und seine Bewegung als den Weg zur Vereinigung nicht nur der zersplitterten Christenheit, sondern aller Weltreligionen an. Ob Rev. Moon eine vereinigte Grundlage für die zukünftige weltweite Kultur, die er zu erreichen hofft, liefern wird oder nicht, würde ich als Kirchengeschichtler lieber erst nach der Verwirklichung beantworten. Meine These ist, dass Rev. Moons Theologie am besten verständlich wird, wenn man sie weder als Orthodoxie noch als Ketzerei sieht, sondern als Versuch, beide zu vereinigen, indem sie die Spannung zwischen beiden zur Schaffung eines neuen symbolischen Feldes benutzt. Es ist nicht überraschend, dass in einer Zeit, in der wir die Notwendigkeit sowohl für orthodoxen Glauben als auch für Ketzerei erkannt haben, eine bewusste vereinigende Anstrengung gemacht werden kann, um das Geben und Nehmen zwischen beiden für kreative soziale Zwecke ausnutzen zu können. Genau das wollen Rev. Moon und die Vereinigungskirche verwirklichen. Das Gesetz der Symbiose von Ketzerei und Orthodoxie hat hier ein vorhersagbares Ergebnis zur Folge: Nämlich einen selbstbewussten Versuch zur Vereinigung der historischen Ketzereien und orthodoxen Bekenntnisse in einen für das nächste Jahrtausend vorgesehenen meta-orthodoxen Glauben.

Bei Rev. Moon hat das yin und yang von Ketzerei und Orthodoxie eine neue christlich-philosophische Weltanschauung geschaffen. Es gibt viele frühere Beispiele für das, was er tut. Die Hellenisierung des hebräisch-christlichen Evangeliums brachte im späten Römischen Reich das Mixtum der mittelalterlich-christlichen Kultur hervor. Ganz ähnlich ist die Vereinigungsbewegung ein soziales Feld, wo orientalisch philosophische und soziale Belange mit westlich religiösen und kulturellen Belangen gekreuzt werden und wo so eine neue Mischung geschaffen wird. Genauso wie die christlichen Gnostiker des zweiten und dritten Jahrhunderts oder die mittelalterlichen christlichen Anhänger von Aristoteles ruft Rev. Moon nach einer Vereinigung von Wissenschaft und Religion. Wie Kaiser Konstantin und sein Hoftheologe Eusebius von Caesarea ruft Moon nach einer Vereinigung von Politik und Religion. Wie Origines, die Kappadozier und Augustinus, die die Hochzeit des griechischen Neoplatonismus mit dem christlichen Evangelium einleiteten, so hält auch Moon eine Hochzeit zwischen seiner Version des koreanischen Christentums und seiner Musterkollektion orientalischer Gedanken.

Rev. Moons Christentum ist eine Mischung der Ergebnisse von presbyterianischen Missionspredigten, der Heiligkeit der Methodisten und der Ausstrahlung der Pfingstler. Dazu fügt er seine eigene Interpretation der Bibel und seine mystischen Erfahrungen mit Jesus Christus. Wie Moon sagt, erschien ihm Jesus zum ersten Mal auf einem koreanischen Berghang am Ostermorgen des Jahres 1935,[ii] als er sechzehn Jahre alt war. Jesus trug Moon auf, dass er die messianische Aufgabe, das Königreich Gottes auf Erden herbeizuführen, vollenden solle. Moons christliche Erfahrung ist geprüft worden in den historischen Tragödien und geistigen Opfern seines Volkes: dem leidenden Land der Beter, Korea.

Es gibt auch orientalische Elemente in Rev. Moons Erfahrungen und Gedanken. Diese schließen Ideen und Praktiken des Buddhismus, Hinduismus, Taoismus, Konfuzianismus und des koreanischen Schamanismus mit ein. Aber all diese orientalischen Elemente durchgehen in der Vereinigungstheologie genau dieselbe Art alchemistischer Wandlung, die auch die christlichen Elemente durchmachen. Die Metaphysik des taoistischen yin und yang, die kindliche Ehrfurcht und Ahnenverehrung des Konfuzianismus, die buddhistische Seelenwanderung und die Erwartung des Maitreya Buddha, auch der allgemeine schintoistische Glaube, sie werden alle mit in das philosophische System hineingenommen, indem sie im Schmelzofen von Moons christlicher Eschatologie symbolisch neu dargestellt werden. Diese Neuversinnbildlichung geschieht dadurch, dass zwei oder mehrere traditionelle Begriffe miteinander verflochten werden, bis sie in einem neuen, dritten verschmelzen. Dieser Prozeß wird kontrolliert von Moons Gespür für die neuen Möglichkeiten, die in allen Dingen liegen. Dieses Vorgehen zeichnet Moon als eine neue Art von Ketzer aus, als einen meta-orthodoxen Theologen, der die wahren eschatologischen Möglichkeiten innerhalb des christlichen Glaubens weit besser versteht als seine orthodoxen Verleumder.

Die Göttlichen Prinzipien - orthodoxe Ketzerei oder ketzerische Orthodoxie

Nachdem in dem Theaterstück "Der Zauberer von Oz" das vom Tornado hochgeschleuderte Haus von Dorothy Gale auf die "Böse Hexe des Ostens" gefallen war und dadurch die kleinen grünen "Munchkins" befreit wurden, stand für sie alle fest, dass Dorothy eine Hexe sei. Sonst hätte die böse Hexe mit ihrem wunderbaren fliegenden Haus nicht erschlagen werden können. Deshalb wird die Frage an Dorothy gerichtet: "Bist du eine gute oder eine böse Hexe?" Es kommt den Munchkins gar nicht in den Sinn, dass Dorothy weder eine gute noch eine schlechte Hexe sein könne, sondern nur ein Mädchen von einer Farm in Kansas, das in einem fliegenden Haus gefangen war.

Im selben Geist lesen viele Theologen die "Göttlichen Prinzipien", wenn ihnen bewusst wird, dass es sich um eine Mischung aus Ketzerei und orthodoxem Glauben handelt, und sie fragen sich dann: Ist dies jetzt orthodoxe Häresie oder ketzerische Orthodoxie? Die "Göttlichen Prinzipien" sind aus dem Koreanischen in ein zu buchstäbliches Englisch übersetzt und werden als schwarzes Buch publiziert, das wie eine "King James Bibel" aussieht.[iii] Die "Göttlichen Prinzipien" sind in anderen Worten eine systematische Theologie wie die von Thomas oder Barth, jedoch von durchgehend eschatologischer Art.

Das Metaprinzip - Vier Positionen

Rev. Moons Lehre über Gott beweist den weiterführenden und wissenschaftlichen Charakter seiner Theologie. Gemäß den "Göttlichen Prinzipien" ist Gott die universale Ursprungsenergie der dualen Wirklichkeit von Energie und Materie. Gott hat sowohl innere als auch äußere Aspekte, sowohl Männlichkeit als auch Weiblichkeit, sowohl "Geist" als auch "Körper". Alles, was existiert, spiegelt diese zweifache Natur wider. Alles enthält sein eigenes "Sung Sang" (ein koreanischer Ausdruck für "innerer Charakter") und "Hyung Sang" (ein koreanischer Ausdruck für "äußere Form"), seine eigene thetisch-antithetische Polarität und seine eigene Relativität zwischen Materie und Energie. Diese Polaritäten zeigen, dass jedes Wesen das "Bild" und die "Ähnlichkeit" Gottes, seines Schöpfers, darstellt.

Nach den "Göttlichen Prinzipien" ist nicht nur alles in sich selbst polar, sondern es besteht auch eine polare Beziehung zu Gott. Durch die schon bestehende Polarität innerhalb eines Wesens erscheint die zusätzliche polare Beziehung zwischen Gott und dem Wesen parallel geschaltet. Diese doppelte Polarität wird das "Fundament der vier Positionen" genannt. Sie ist göttliches Prinzip. Das Buch "Die Göttlichen Prinzipien" leitet seinen Namen von der Darstellung dieser Theorie der Wirklichkeit ab. In den "Göttlichen Prinzipien" wird die Theorie der Polaritäten theologisch als eine Erklärung des Schöpfungsakts Gottes dargestellt. Gott selbst erschuf eine zweite Existenz, die Schöpfung. Die Schöpfung ist in sich selbst polar, das heißt, sie trägt in sich selbst zwei weitere Aspekte. Die Wechselbeziehung oder das Geben und Nehmen dieser zwei geschaffenen Aspekte miteinander und mit Gott ergeben selbst einen vierten Aspekt. Auf diese Weise entstehen die vier Ausdrücke des Fundamentes der vier Positionen. Während das alles unmöglich abstrakt klingen mag, ist es in Wirklichkeit sehr einfach zu verstehen und anzuwenden. Der Grund liegt darin, dass die Theorie als eine Erklärung für konkrete menschliche Erfahrung dargestellt ist, die auch am Beginn der Bibel selbst steht: die Geschichte der menschlichen Eltern. Diese Geschichte erzählt, wie Gott Adam und Eva erschuf. (Diese symbolisieren die ersten drei Ausdrücke des Fundamentes der vier Positionen.) Was prinzipiell geschehen sollte, war, dass Adam und Eva einander lieben sollten und jeder auch Gott so lieben sollte, wie Gott liebte. Aus einer derartigen von drei Seiten gegebenen Liebe heraus wären Kinder gezeugt worden, die eine vierte Position gebildet hätten, in der auch die Liebe der drei anderen ausgedrückt gewesen wäre.

Weil jedoch Adam und Eva ihre Liebe zu Gott nicht in ihrer Liebe zueinander ausdrückten, sondern ihre Liebe benutzten, um sich von Gott zu trennen, wurde das gottgewollte Fundament der vier Positionen am Anfang der menschlichen Geschichte nicht errichtet. Daher muss, gemäß den "Göttlichen Prinzipien", Gottes Arbeit der Erlösung daraufhin zielen, das Fundament der vier Positionen wiederherzustellen und zu verwirklichen; das heißt, sie muss danach streben, eine menschliche Familie zu schaffen, deren Liebe und Kinder auf Gott ausgerichtet sind. Gott (1. Position) als Ursprung drückt seine männlichen und weiblichen Wesensarten in einer Wechselbeziehung mit dem Mann Adam (2. Position) und der Frau Eva (3. Position) aus, was auf die Erzeugung von Kindern (4. Position) hinausläuft. Jede dieser vier Positionen soll eine Beziehung des Gebens und Nehmens innerhalb der "Grundstruktur der vier Positionen" mit jeder der drei anderen aufrechterhalten. Daher haben alle vier Ausdrücke gleichzeitig ein Geben und Nehmen miteinander. Im Falle des Gott Adam Eva Kinder-Modells (alle vier Ausdrücke) erhält Gott die Beziehung des Gebens und Nehmens mit beiden Elternteilen aufrecht, während die Eltern ein Geben und Nehmen untereinander und mit den Kindern und die Kinder wiederum ein Geben und Nehmen mit ihren Eltern und mit Gott haben.

Auf diese Weise wäre Gott der Großvater von Kain, Abel, Seth und schließlich Vater der gesamten Menschheit geworden - zur Freude Seines Herzens.

Das Fundament der vier Positionen wiederholt sich unendlich oft in der Natur und in allen Formen der Schöpfung. Diese Theorie strebt nach dem moralischen Prinzip, um eine metaphysische Grundlage für ein richtiges kosmisches und familiäres "Li" der konfuzianistischen Ethik zu errichten. Sie ist auch eine Rehabilitierung der neoplatonischen, mittelalterlich-christlichen Faszination über die "große Kette des Seins". Hieraus spricht wieder der gebändigte Gnostizismus oder das griechisch sprechende Christentum in der Tradition von Origenes, den Kappadoziern, Dionysius Areopagita und Johannes Scotus Eriugena. Gott ist das höchste Wesen, dessen ganze Natur nach außen fließt und in einer gegenseitigen Verkettung allen Seins in alle folgenden Wesen einströmt. Nichts ist seinem eigentlichen Wesen nach böse, weil alles von Gott gekommen ist und alles zu ihm zurückkehren wird. Die Quelle dieser eschatologischen Metaphysik liegt in der häretischen Lehre Origenes von Alexandrien, das "apokatastasis panton". Ein Gedanke, den Karl Barth in unserer Zeit wieder belebt hat, ein Gedanke, mit dem Nikolai Berdjajew übereinstimmt und den Einstein unterstützen würde. Er lehrt, dass letzten Endes nichts verloren geht. Alles wird zu Gott, dem Stifter allen Seins, zurückkehren. Wie Paulus im 1. Kor. 15,28 sagt: Gott wird "alles in allem" sein. Sogar Satan wird am Ende bekehrt werden. Es gibt keine ewige Hölle.

Gott - Christus - Mensch

Rev. Moons Ablehnung der Doktrin der Hölle erwächst aus seinem Verständnis der persönlichen Eigenschaften Gottes, nach denen Gott kein äußerlicher Schöpfer, sondern ein Vater ist, dessen Herz eng mit Seinen Kindern verbunden ist. Adam und Eva sind die Kinder dieses Vaters, der sie mit der Liebe eines wahren Vaters liebt. Als Kain Abel erschlug, erlitt Gottes "großväterliches Herz" unendlichen Schmerz. Als Jesus am Kreuz starb, war das Herz seines Vaters im Himmel (Abba) von schmerzlichem Kummer erfüllt. Weder die Kreuzigung noch der Sündenfall waren Teil des göttlichen Planes des liebenden himmlischen Vaters. Gott war enttäuscht und verletzt, als Eva den Garten ihres Vaters zerstörte. Der Vater war gezwungen, Seinen Plan der Vorsehung zu ändern, als Seine Tochter, verführt vom Erzengel, ihrer richtigen

Beziehung mit Adam ein Ende setzte.

Die "Göttlichen Prinzipien" lehren, dass Gott ein leidender Vater ist, dessen eigenes emotionales Wohlergehen eng mit dem Verhalten Seiner Kinder verknüpft ist. Dieser Einblick in das leidende Herz Gottes führt Rev. Moon dazu, Gottes Allwissenheit näher zu bestimmen und Seine bedingungslose Liebe zu bewahren. Innerhalb der von Ihm selbst gesetzten Grenzen Seines bedingungslos liebenden Wesens stand Gott mit gebrochenem Herzen daneben und beobachtete Eva und den Erzengel, als sie die erste Sünde begingen, beschränkt durch Seine eigene Liebe und ihre Freiheit. Gott konnte möglicherweise nicht im voraus gewusst haben, dass Eva tatsächlich ihre Freiheit benutzen würde, um zu sündigen. Er konnte nur im voraus gewusst haben, dass sie es könnte. Nach den "Göttlichen Prinzipien" weiß Gott weder zukünftige Möglichkeiten und Ereignisse im voraus, noch ist Er der absolute Herrscher von Jesaja 45,7, der "das Licht macht und die Finsternis schafft, der Frieden gibt und Unheil schafft". Moons begrenzter Gott hat nicht schon von Anfang an die Mittel festgelegt, mit denen die Schöpfung letztlich wiederhergestellt werden wird. Er ist ein entfaltender Gott, der für Seine Schöpfung einen ursprünglichen Plan hatte, welcher aber aufgrund des Falles geändert werden musste. Nach dieser Interpretation und im Gegensatz zur Predigt des Apostels Petrus im 2. Kapitel der Apostelgeschichte gab Gott in Seinem "unermesslichen Ratschluss und Seiner Voraussicht" Jesus nicht "in die Hände von Männern außerhalb des Gesetzes", damit er von ihnen gekreuzigt werde. Gott wollte, dass Botschaft und Leben von Jesus Christus anerkannt werden. Der Kreuzestod von Jesus war insofern das schrecklichste Ereignis in der Geschichte. Es wurde herbeigeführt durch das Versagen der Zeitgenossen von Jesus. Dies war nicht der Wille Gottes, sondern die Sünde des Menschen.

Die "Göttlichen Prinzipien" lehren jedoch ausdrücklich, dass Jesus durch seinen Gehorsam gegenüber Gottes Willen und durch seinen Tod der Selbstaufopferung und äußersten Liebe eine "geistige Erlösung" vollbrachte. Trotzdem wurde das Werk Jesu durch seine Kreuzigung unvollendet gelassen. Jesus hatte gebetet: "Dein Reich komme, Dein Wille geschehe auf Erden wie im Himmel." Es war Gottes Plan (und Jesus war daran, ihn auszuführen, bevor er gekreuzigt wurde), dass Jesus eine "vollkommene" Braut heiraten, "vollkommene" Kinder zeugen und das Königreich Gottes auf Erden errichten sollte. Dies hätte dann das Fundament der vier Positionen wiederhergestellt. Aber weil er gekreuzigt wurde, konnte Jesus seinen Plan nicht ausführen.

Die "Göttlichen Prinzipien" theologisieren die Erlöserrolle von Jesus eher in seine Arbeit und seinen geistigen Zweck als in die Besonderheit seiner Person. Es wird nicht gesagt, Jesus besäße größere Kräfte als irgend ein anderer vollkommener Mensch. Die "Göttlichen Prinzipien" definieren die Sohnschaft Jesu seinem Vater gegenüber als den liebenden Gehorsam von Jesus; es wird nicht behauptet, dass Jesus schon existierte, bevor die Welt geschaffen war (das Dogma der Dreieinigkeit). Vielmehr lehren die "Göttlichen Prinzipien", weil sie die Rolle des Messias als eine Mission und nicht als eine Person betrachten, dass die messianische Aufgabe, "ein Christus zu sein", von anderen, ja sogar von allen, aufgenommen werden könne. Luther sagt: "Sei deinem Nächsten gegenüber ein Christus." Das ist genau das, was Moon lehrt.

Laut den Göttlichen Prinzipien haben sich durch die Jahrhunderte hindurch große Heilige in einem messianischen Streben, die menschliche Geschichte wiedergutzumachen, selbst aufgeopfert. In unseren Tagen jedoch hat Jesus veranlasst, dass das Amt des Messias von ihm selbst auf den Herrn der Wiederkunft übertragen wird. Die geistige Welt, bestehend aus Engeln, Heiligen und den "Geistwesen von aufrechten Menschen, die vervollkommnet wurden", arbeitet intensiv mit der irdischen Welt zusammen, um die gesamte Menschheit in ein Königreich Gottes auf Erden wiederherzustellen, neu zu beleben und wiederzuerwecken.

Man kann verschiedene Wesensmerkmale der Ketzerei und des orthodoxen Glaubens in dem Vorangegangenen entdecken. Gott wird traditionsgemäß als ein Gott der Liebe und des väterlichen Gefühls verstanden. Dies wurde bisher jedoch nur mit dem Vorbehalt behauptet, dass Gott Vater selbst nicht leidet. Es wird auch gewöhnlich als Ketzerei angesehen, zu sagen, dass Gott nicht alles schon vorher wisse, bevor es stattfindet, oder dass Gottes Pläne durchkreuzt werden können. Es ist orthodox zu versuchen, sowohl Gottes absolute Herrschergewalt als auch Gottes absolute Liebe in Einklang zu bringen, wie sehr sich diese Ideen auch gegenseitig zu widersprechen scheinen. Die "Göttlichen

Prinzipien" zeigen einen ketzerischen orthodoxen Glauben, indem sie Gottes totale Liebe auf Kosten einer Begrenzung Seiner Voraussicht bejahen. Aber sie stellen auch Gottes Oberherrschaft wieder her, indem sie die Erfüllung Seines Willens in eine um so strahlendere Zukunft ausdehnen, wenn Er eine neue Möglichkeit haben wird, Seine tiefsten Absichten zu verwirklichen.

Für einige Christen mag es scheinen, als ob die Göttlichen Prinzipien die Zentralität und den ausschließlich Erlösung bringenden Wert des Todes Jesu und des versöhnenden Blutopfers verneinen. Von anderen könnte wiederum behauptet werden, dass der Gedanke, die Messiasrolle könne von Jesus auf jemand anderen übertragen werden, eine neue buddhistische Mythologie der Seelenwanderung sei.

In den "Göttlichen Prinzipien" liegt jedoch die Betonung der Messiasrolle mehr auf der Aufgabe als auf der christologischen Definition einer "göttlichen Person". In den "Göttlichen Prinzipien" wird weder eine Reinkarnation der Seele von Jesus in Rev. Moon angedeutet, noch gibt es dort einen Glauben an die "Göttlichkeit" Moons. Moon wird vielmehr für jemand gehalten, der fähig sein könnte, die Menschheit zu erneuern und zu vereinigen durch die Aufgabe, das Leben neu auf das zentrale Wesen der Liebe und den Dienst an Gott auszurichten.

Prädestination und freier Wille

Die "Göttlichen Prinzipien" stimmen teilweise, was Prädestination und Berufung angeht, mit Augustinus und Calvin überein, halten aber wie die Armenier und Methodisten an der Freiheit des Willens fest. Dies führt zu einer Neudefinition der Prädestination in einer halb-pelagianischen Weise. Berufung ist Gottes Hauptbestreben, damit alle gerettet werden. Gott greift auf besondere Weise ein, um Einzelpersonen zu speziellen Missionen innerhalb der allgemeinen Vorsehung zu berufen. Deshalb ist das grundsätzliche Verständnis der "Göttlichen Prinzipien" um Gnade so, dass die Menschen frei sind, sich für oder gegen Gott zu entscheiden, während Gott die Menschheit weiterhin mit Segnungen und Gaben aller Art überschüttet, doch niemals in die menschliche Entscheidungsfreiheit eingreift.

In den "Göttlichen Prinzipien" wird das erschaffene göttliche Bild der Menschheit primär in unserer gottähnlichen Fähigkeit, freie Entscheidungen zu treffen, verstanden.

Sünde und Erlösung

Zum Beispiel lag es gerade in Evas Weigerung, sich freiwillig für Gehorsam gegenüber Gott zu entscheiden (was auch der einzige Weg war, auf dem sie ihre Freiheit bewahren konnte), dass sie ihre Kraft der Entscheidungsfreiheit verlor und dadurch ihre ursprüngliche Beziehung mit Gott, Adam und der Schöpfung verletzte. Die frühreife Eva beging in ihrem geistigen Körper mit dem Erzengel Unzucht und zog dann Adam in ihre Sünde mit hinein, indem sie ihn zu einer sexuellen Beziehung verführte, ehe beide den Zeitpunkt der Reife erreicht hatten, den Gott für sie vorgesehen hatte.

Das Konzept der "Göttlichen Prinzipien", die erste Sünde der Menschheit als einen Akt der sinnlichen Liebe zu betrachten, ähnelt den Gedanken vieler katholischer Autoren. Sehr interessant ist auch die Vorstellung der "Göttlichen Prinzipien", dass Eva zuerst sündigte, indem sie von Satan verführt wurde, und dann Adam durch einen sexuellen Akt in die Sünde führte; denn dies weist in mancher Hinsicht Parallelen zu Miltons Genesis-Interpretation in "Das Verlorene Paradies" auf.

Nach den "Göttlichen Prinzipien" führte die Sünde Adams und Evas zu der Beherrschung der menschlichen Familie durch Satan; sie führte aber zu keinem Wandel in der physischen Existenz der Menschheit. Es wird verneint, dass der physische Tod eine Folge der Sünde ist. Adam und Eva waren schon von Anfang an physisch sterblich; deshalb war dies kein Resultat ihres Falles. Nachdem sie die ursprüngliche Sünde begangen hatten, behielten sie ihre Freiheit, ihren Verstand und ihre Fähigkeit, Gott zu gehorchen, aber sie starben geistig. Ihre geistige Wiederherstellung musste warten, bis der Messias (das heißt Jesus) kam, um sie von ihrem geistigen Tod zu erlösen. Der Herr der Wiederkunft hat dann die Aufgabe, die menschliche Familie zu ihrer ursprünglichen Stufe, zu einem auf Gott ausgerichteten physisch-sozialen Leben wiederherzustellen. Diese physische und soziale Wiederherstellung der menschlichen Familie wird durch die Auswirkungen einer eschatologisch-moralischen Anstrengung erreicht, d.h. durch die Beseitigung gewohnheitsmäßigen Sündigens und jener sozialer Bedingungen, die den "moralischen Menschen" zwingen, sich innerhalb einer unmoralischen Gesellschaft schlecht zu benehmen. Der Messias und die um ihn versammelte vereinigte Familie sollen als Vorbilder handeln und einen beispielgebenden Einfluss ausüben.

Aus den "Göttlichen Prinzipien" folgt, dass für die Erlösung von der ursprünglichen Sünde eine Mitgliedschaft in der wiederhergestellten Familie des Herrn der Wiederkunft erforderlich ist, da die Sünde Adams und Evas Disharmonie in den Familienbeziehungen verursachte. Diese geistig-soziale Familie strebt danach, die Gruppe von Menschen zu sein, deren Beziehungen zueinander vervollkommnet werden. Als logische Folge dieser Ansicht konzentriert sich das sakramentale Leben der Mitglieder der Vereinigungskirche vollständig auf den Prozess der Vereinigung mit der Familie des Herrn der Wiederkunft.

Die Lehre, dass Sünde eine Begierde darstellt, die speziell in sexueller Unzucht zutage tritt, wäre für Augustinus und Milton annehmbar. Die Aussage über die menschliche Freiheit würde John Wesley akzeptabel erscheinen und er würde auch mit dem Ideal, sich selbst in seinem Leben zu vervollkommnen, übereinstimmen. Der Humanismus der "Göttlichen Prinzipien" steht dem unitären Universalismus nahe, obwohl diese traditionellen Ketzereien kein zusätzliches Interesse an einer durchgehend eschatologischen Motivierung haben. Die Lehre der "Göttlichen Prinzipien", dass Heirat ein Sakrament ist und dass die Kirche eine geistige Familie ist, der ein geistiger Vater (Papst = Papa) vorsteht, ist streng katholisch. Die Stärke der Vereinigungstheologie liegt wiederum nicht darin, dass sie neue Ideen schafft, sondern alte Gedanken auf eine neue, überzeugende Weise miteinander verbindet.

Sun Myung Moon, ein Mann wie...

In unserer Zeit erleben wir westliche Menschen den missionarischen Einfall einer Vielzahl indischer Gurus und einer Schar von Zenmeistern genauso wie die Orientalen zu ihrer Zeit die Torheit der Verkündigung des christlichen Missionsevangeliums ertrugen. Aber Rev. Moon sollte nicht als einer dieser typischen Missionare aus dem Osten eingestuft werden. Er ist ein echter, gläubiger christlicher Denker, der genauso westlich und christlich wie orientalisch ist.

Rev. Moon ähnelt Tertullian. Tertullian war zuerst ein Christ und dann Montanist. Tertullian war ein gläubiger Theologe und auch ein kluger römischer Rechtsgelehrter, der alles, was durch seinen Verstand hindurchging, in die nützliche, präzise Terminologie der römischen Rechtsprechung übersetzte. Tertullian war ein Ketzer, aber ein Ketzer, dessen lateinischer Neologismus das Grundkonzept der westlichen Christenheit wurde. Dieselben Dinge könnten auch von Thomas von Aquin gesagt werden, der sowohl Augustiner als auch Aristoteliker war. Sie könnten genauso über Teilhard de Chardin ausgesprochen werden, der Jesuit wie auch Darwinist war. Moon ist wie diese Männer. Alle - Tertullian, Thomas von Aquin, Teilhard de Chardin und Moon - sind Ketzer, wagemutige Geister mit orthodoxem Herzen, die fähig sind, schöpferisch im Spannungsfeld von orthodoxem Glauben und Ketzerei zu wirken.

Trotzdem gibt es Gegner Rev. Moons. Er ist kein professioneller, das heißt, kein akademischer Theologe. Welcher Wert kann in einem Zeitalter, in dem christliche Theologie fast ausschließlich von deutschen Professoren oder ihren Studenten betrieben wird, schon in der Theologie eines koreanischen Elektroingenieurs liegen? Darüber hinaus ist Moon von keiner etablierten Kirche geweiht und wird doch "Reverend" genannt. Seine Erklärung: "Gott weihte mich" - scheint für die geistlichen Bürokraten unverschämt prahlerisch zu sein. Die Tatsache, dass er ein meisterhafter Administrator ist und erfolgreich Geldmittel beschafft, ruft Unruhe unter denjenigen hervor, die glauben, dass der neue Messias dem heimatlosen Jesus oder dem armen Franz von Assisi gleichen sollte.

Das beunruhigendste ist vielleicht das allgemeine öffentliche Image Rev. Moons. Er gibt einigen Leuten den Eindruck, ein sozusagen politischer, auf die Kanzel hauender, Arme schwenkender Erwecker zu sein. Schlimmstenfalls scheint er ihnen ein politischer Demagoge zu sein; bestenfalls ein weiterer Seelenretter. Doch wenn jemand die seltene Gelegenheit hat, ihn persönlich zu kennen, stellt sich heraus, dass er ein aufmerksamer, ausdrucksvoller, liebenswerter Mann ist, mit einer reizenden Frau und mehreren ausgelassenen, normalen Kindern. Ich jedenfalls kenne ihn als einen betenden Mann und ich habe den Scharfblick seines Geistes erlebt. Wie missgeleitet er in seinen Bestrebungen die ganze Welt zu retten, auch immer sein mag, ich bin überzeugt, dass er ein bedeutender Theologe ist. Er ist exzentrisch und voller Überraschungen, er ist ein "do-it-yourself"-Systematiker, der Theologie aus seinem Leben und aus Freude schreibt. Er kommt von der anderen Seite der Welt, aber das macht seine Theologie auch interessant.

Wahre Eltern, Himmel auf Erden

Rev. und Mrs. Moon sind die Eltern von zehn Kindern.[iv] Rev. Moon selbst hatte schon einmal eine Frau, und Mrs. Moon ist zwanzig Jahre jünger als er. Moons Lebenserfahrung hat aus ihm das Bild des Vaters und Großvaters gemacht, von jemandem, der die Freuden und Bitternisse von ehelichem Versagen und Erfolg geschmeckt hat, von jemandem, der aus Erfahrung gelernt hat, wie man "Wahre Eltern" sein kann. Rev. Moon wird "Wahrer Vater" genannt, besonders von denen, die in ihm eine starke, persönliche, väterliche Figur gefunden haben. Ähnlich wird Mrs. Moon "Wahre Mutter" genannt.

Diese Anreden sind nicht nur gefühlsmäßig, sondern werden als theologisch bedeutsam verstanden. Nach Rev. Moons Theologie ist Gott dreieinig. In Gott, dem Wort (Logos) und der Weisheit (Heiliger Geist), sind die vollkommenen Ausdrücke von Verstand und Herz des Vaters enthalten. Wort und Weisheit werden als die innere männliche und weibliche Dualität (yin und yang) innerhalb des Wesens Gottes begriffen. Also sind Gottes Wort und Weisheit unsere "Wahren Eltern". Rev. und Mrs. Moon versuchen, ein so begriffenes Bild von Gott zu sein. Sie streben danach "Wahre Eltern" zu sein, in deren Liebe und Elternschaft die himmlische Hochzeit (hieros gamos) stattfindet. Innerhalb der Vereinigungskirche werden Rev. und Mrs. Moon als die "Wahren Eltern" geliebt und diese Liebe nimmt oft (obwohl nicht immer) die Form der Ehrerbietung einer orientalischen Familie an. Die Mitglieder der Vereinigungskirche verbeugen sich vor Moon wie sich die Katholiken vor dem Papst und die Anglikaner vor dem Erzbischof verbeugen. Aber es ist die respektvolle Verbeugung des Jüngeren vor dem Älteren - und es gibt kein Obrigkeitsverhältnis in dieser familiären Geste.

Als Wahre Eltern ist es die Aufgabe von Rev. und Frau Moon, ein Beispiel für wahre Elternschaft zu geben, so dass sie nachahmungswertes Vorbild für ihre "Kinder" sein können. Indem sie dies tun, versuchen sie etwas, was Jesus getan hätte, wenn sein Leben nicht durch seine frühzeitige Kreuzigung beendet worden wäre. Jesus war während seiner kurzen Lebensspanne fähig, das vollkommene Beispiel für ein lediges, aber nicht für ein verheiratetes Leben zu geben. Dem Beispiel vom "ledigen Leben" Jesu sind unzählige Heilige, die sich dem Zölibat unterwarfen, gefolgt. Aber wo können wir das verkörperte Beispiel einer vollkommenen göttlich-menschlichen Ehe finden? Der verheerende Zustand von Ehe- und Familienleben in unserer Zeit wird von den "Göttlichen Prinzipien" als ein Argument für die Unvollständigkeit der von Jesus beabsichtigten Mission verstanden. Als der zweite Adam sollte Jesus eine vollkommene Eva geheiratet haben; sie sollten vollkommene Kinder gezeugt haben; dann hätte die Welt ein verkörpertes Beispiel einer vollkommenen Elternschaft zu seinen Lebzeiten gehabt. Indem sie dem Beispiel von Jesus folgen, streben Rev. und Frau Moon danach, in dem Versuch, die messianische Arbeit zu vollenden, ein "neuer" Adam und eine "neue" Eva zu werden. Wenn dies erreicht ist, bringt Gott Seine gesegnete Wohnstätte vom Himmel auf die Erde, um durch die "Wahren Eltern" und ihre Familie unter allen Männern und Frauen zu wohnen.

Unterwegs in Gottes Reich

Es gibt jedoch innerhalb der Eschatologie der Vereinigungsphilosophie trotzdem ein "noch nicht". Obwohl sie eine messianische Vision und Hoffnung hat, kündigt sie Moon nicht als den Messias an.[v] Deshalb ist eine spürbare Bescheidenheit vorhanden, wenn über Rev. Moon geredet wird. Dr. Young Oon Kim, Professorin für Vereinigungstheologie an Rev. Moons seit 1975 bestehendem Theologischen Seminar in Barrytown (New York), bezieht sich auf Moon fast gleichbleibend als "unseren Meister". Mr. David S.C.Kim (nicht verwandt mit Dr. Kim), gegenwärtiger Präsident des Seminars und jemand, der von sich selbst als "Rev. Moons linke Hand" spricht (Rev. Moons rechte Hand lebt in Seoul), bezeichnet Moon als "einen Propheten", als jemanden, der von Gott gesandt ist, um Gottes Willen zu verkünden.

Eine derartige Bescheidenheit in der Aussage könnte auch theologisch gewürdigt werden. Die Vereinigungskirche ist eine von vielen apokalyptischen Bewegungen, die überzeugt ist, dass sie die Daten von Gottes Plan für das Ende der Welt kennt. Nach der Zeittafel der Vereinigungsphilosopie ist Rev. Moons Bemühen, die notwendigen Bedingungen für das Königreich Gottes auf Erden in Amerika zu legen, gerade erfüllt. 1978 begann Moon eine "Wiederaufführung" derselben Mission in Europa. Ein bedeutsamer Abschnitt in dieser Entwicklung soll 1980/81 erreicht worden sein. Zu diesem Zeitpunkt wird auch Mrs. Moon ihre 21-jährige Vorbereitungsperiode zur Erreichung ihrer vollen Würde als "Wahre Mutter" vollendet haben. Obwohl es keine offizielle Doktrin der Vereinigungskirche ist, vermute ich, dass sie zu dieser Zeit idealerweise ihrem zwölften Kind das Leben geschenkt haben wird.[vi] (Dies ist ihre symbolische Wiederherstellung der ursprünglichen Versammlung der zwölf Apostel.) All diese Dinge sind Abschnitte und Bedingungen für den Anbruch des Messianischen Zeitalters.

Bis das Messianische Zeitalter beginnt, wird Rev. Moon weiterhin in einer "Johannes der Täufer"-Rolle wirken. Aber wenn Moon sich erfolgreich bei der Errichtung der notwendigen providentiellen Bedingungen für das Königreich bewährt, dann könnte er auch von Gott dazu gesalbt werden, "Vater" in diesem Königreich zu sein. Nach den genauen zeitlichen Berechnungen der Vereinigungskirche ist Moon zum gegenwärtigen Zeitpunkt nur in einem vorläufigen Sinne der Herr der Wiederkunft. Im Augenblick (1978) ist er in einem Zustand des Werdens! Therese Stewart, Dean des Theologischen Seminars der Vereinigungskirche, beschreibt seine gegenwärtige Rolle als die des "designierten Messias". Obwohl er für viele Kirchenmitglieder schon in emotioneller und religiöser Hinsicht als "Wahrer Vater" fungieren mag, ist er in diesem Moment weder wirklich noch theoretisch der Herr der Wiederkunft.

Rev. Moon ist sich dieser Unterscheidung wohl bewusst. Er ist ein charismatischer Seher und Visionär, der, so wird berichtet, nicht nur die geistige Welt besucht hat, sondern dort auch kosmisch bedeutende Siege errungen hat. Er ist in der Sprache von vergleichbaren Religionen ein Schamane von großem Ausmaß: einer, der gelitten hat, der "Seelenverlust" erfahren hat, einer, der die Geister der niedrigen und hohen Sphären überwunden hat und der jetzt das Kommen von Geist und Kraft befehlen kann. So wird Moon verehrt als unfehlbarer Seher,

Offenbarer und Prophet. Wenn Rev. Moon selbst gefragt wird - wie auch ich ihn einmal gefragt habe - ob er der Herr der Wiederkunft sei, so behält er das "Messianische Geheimnis" so sorgfältig für sich, wie Jesus es behielt. Aber Moons Zurückhaltung, ein klares "ja" oder "nein" auf diese Frage zu geben, sollte nicht als eine Verstellung abgetan werden. Er weiß, dass seine Zeit - falls sie je kommen sollte - noch nicht gekommen ist. In diesem Augenblick wirkt er noch als Wegbereiter des neuen Zeitalters. Der Tragweite seiner eigenen Theologie tief bewusst, gesteht Rev. Moon ein, dass weder er noch sogar Gott mit Bestimmtheit wissen, wie sich in der Zukunft die Geschichte entfalten wird.[vii]

Rev. Moon vertraut absolut darauf, dass Gott noch vor Ende dieses Jahrhunderts Seinen historischen Sieg durch die Errichtung des messianischen Königreiches erringen wird. Jedoch weiß Rev. Moon, dass seine Rolle in Gottes Zukunft vollständig abhängt von seiner eigenen Treue und der Gläubigkeit seiner Kirche, von harter Arbeit und der Zusammenarbeit mit der geistigen Welt. Einmal, bei einem frühen Sonntagmorgentreffen auf dem Belvedere Landgut (Tarrytown, N.Y.), predigte Rev. Moon über die Bedeutung der Jahre 1980/81 für Gottes Zeitplan. Er drängte die 500 anwesenden Leute zu immer größerer Arbeit. Dann schlüpfte er plötzlich vom Japanischen, in dem er gesprochen hatte, in ein reizvolles aber gebrochenes Englisch, dessen er sich gelegentlich bedient:

"Werden wir es schaffen?" fragte er.

"Ja!" riefen die jungen und enthusiastischen Zuhörer. "Werden wir es schaffen?" rief er ein zweites Mal.

"Ja!!" kam der Widerhall, doppelt so laut.

Aber dann fragte er: "Aber wie werden wir es schaffen?"

Normalerweise verlangt die Dynamik von Gruppenhandlungen wie dieser in emotional kritischen Momenten keine so schweren Fragen. Die Zuhörerschaft war verwirrt. Dann brach es im Hintergrund der Masse aus einem Mitglied, das geistesgegenwärtiger war als die anderen, hervor.

"Mit Dir!"

Es ertönte ein unsicherer Begeisterungsschrei, der von Rev. Moon selbst erstickt wurde, indem er fragend den Zeigefinger hob:

"Mit mir?"

Moons Augen verschwanden hinter seinen Lachfalten, als er sie mit der strahlenden Verschmitztheit seines orientalischen Gesichtsausdruckes umfing. Dann korrigierte er sie sanft, indem er himmelwärts zeigte und sagte:
"Mit Gott!"

Für und Wider eschatologischer Bewegungen

In einem gewissen Sinn ist die Vereinigungskirche nicht ganz das Modell der zukünftigen Gesellschaft. Moon sieht voraus, dass die Vereinigungskirche selbst dazu bestimmt ist, sich als geistlich-physiche Organisation aufzulösen.[viii] Sogar sie muss in der Kultur der kommenden Welt aufgehen. Während eines Fakultäts-Mittagessens in Tarrytown erzählte Rev. Moon, der derartige Anlässe immer zu zwanglosen "Tischgesprächen" nutzt, uns Professoren des Seminars großartig gestikulierend (so wie es seine Art ist): "Sprecht nicht von der Vereinigungskirche! Vereinigungskirche ist nichts, sie muss sterben! Sprecht nur von Gott und einer Welt unter Gott!" Moons Absicht ist, dass die gegenwärtige organisierte Kirche als Brücke in die Zukunft dienen soll, als ein Mittel, das Ziel der einen Weltkultur zu erreichen.

Die Vereinigungskirche gehört in die sich kontinuierlich entwickelnde Reihe einsamer prophetischer und messianischer Bewegungen, die in jedem Jahrhundert existierten: Die Patristen, Justinus der Märtyrer, die Montanisten und Irenäus im zweiten Jahrhundert, Joachim von Fiore im 12. Jahrhundert, die Flagelianten (Geißler), Franziskaner, Hussiten und Wiedertäufer im hohen und späten Mittelalter bis zu den jüngsten utopischen sozialen, politischen und kulturellen Träumern eines dritten Weltzeitalters des Heiligen Geistes, des III. Bewußtseins, der Noosphäre und des Zeitalters des Wassermanns. Alle haben uns in dem Glauben gelassen, dass "eine neue Welt kommen wird". In unserer Zeit bewegen sich so verschiedene theologische Kräfte wie die Zeugen Jehovas, die "Theologen der Hoffnung" (Jürgen Moltmann und seine Schule) und die evangelischen Fundamentalisten (Hal Lindsey, David Wilkerson etc.) in diesen berauschenden Sphären. In jedem der erwähnten Fälle hat der verantwortliche Schaffner für Gottes Eisenbahn den Fahrplan falsch gelesen. Von den himmelwärts starrenden Aposteln Jesu bis zu den neuesten Wolkenbeobachtungen von heute haben sich alle geirrt. Durch die "Verzögerung" verwirrt, ordneten sie dann ihren Zeitplan von neuem. Lukas ersetzte das "zweite Kommen" des pfingstlichen Feuers durch das mehr apokalyptische Feuer des letzten Gerichts. William Miller wandte sich ehrenhafterweise wieder seinem Pflug zu, als seine Adventistischen Prophezeiungen für die Jahre 1843 und 1844 (berichtigt) unerfüllt blieben. Die Zeugen Jehovas machen unerschrocken weiter, nachdem sie ihre Voraussagen für das Jahr 1914 einfach in eine geistige Sicht umgedeutet haben.

Man mag das Versagen all dieser eschatologischen Gruppen als Beweis für ihren Schwachsinn betrachten und dieses Urteil als ausreichenden Grund benutzen, um sie zu unterdrücken. Aber man möge auch bemerken, dass diese eschatologischen Gruppen, sogar trotz des Ausbleibens ihrer Träume vom Königreich, eine bedeutende kreative Kraft in der Geschichte dargestellt haben. Sie haben sich gegen überalterte Formen gestellt und etablierte Kräfte umgestürzt. Man mag ihnen anrechnen, dass sie als Katalysator für eine bessere, wenn auch nicht vollkommene Zukunft gewirkt haben. Ohne die mittelalterliche Lehre des Joachim von Fiore würde der frühneuzeitliche Bauer nie den Mut gefunden haben, gegen seinen feudalistischen Herren zu revoltieren. Nicht zu Unrecht zitieren die zeitgenössischen marxistischen Philosophen Johannes Hus, Thomas Müntzer und Jan v. Leyden als geistige Vorreiter für den heutigen Aufstieg des Proletariats.

Geistliche Hoffnungen haben weltliche Auswirkungen erzeugt. Die neuen Formen der politischen Regierungen und neuen Stile der Wirtschaftsorganisation sind die Werke von sektiererischen Zusammenschlüssen von Gleichgesinnten, ob es sich jetzt um die Anabaptisten in den verborgenen Tälern von Oberösterreich, die Experimentarier in der "Neuen Harmonie" oder die Mormonen im amerikanischen Grenzgebiet handelt. Die Moralpredigten der Quäker setzten der Sklaverei in England ein Ende. Der methodistische "Enthusiasmus" bewegte die britischen Herzen dazu, Gesetze über die Kinderarbeit zu erlassen und die industrielle Revolution zu reformieren. Andere Arten des Fortschritts, die als eine direkte Folge des eschatologischen Strebens auftraten, mögen weniger großartig, aber deswegen nicht weniger bedeutsam sein. Amana baute tiefe Gefriertruhen und Oneida ist für seine Silberwaren berühmt. Die Shaker erfanden die Waschmaschine, die Adventisten die Cornflakes und die Campbelliter die ökumenische Bewegung. Rev. Moon gründete eine neue Tageszeitung in New York.[ix]

Der Stein des Anstoßes

Viele zeitgenössische Christen haben die Erwartung längst aufgegeben, dass Jesus in den Wolken der Glorie erscheinen wird, um die Getreuen in den Himmel heimzuführen oder das tausendjährige Reich zu errichten. Rev. Moon und seine Vereinigungskirche stimmen mit dieser Einschätzung überein, indem sie argumentieren, dass die Bilder dieser biblischen Version der Wiederkunft eher vorwissenschaftliche Metaphern als die literarische Beschreibung der geschichtlichen Wirklichkeit darstellen. Dass dieser Standpunkt der Vereinigungsphilosophie dem wortgläubigen Bibelforscher verhasst ist, dürfte klar genug sein. Aber den meisten Leuten geht es überhaupt nicht um diese Frage. Es geht ihnen vielmehr um die politischen Verflechtungen der Organisation. Könnte Rev. Moon nicht ein religiöser Adolf Hitler sein, der seine jugendlichen Brigaden in eine neue Version der Hitlerjugend umgestaltet? Könnten nicht die äußeren Umstände den gesellschaftlichen Auswirkungen dieser geistigen Hoffnungen einräumen, dass sie statt eines messianischen Königreiches des Friedens ein totalitäres religiöses Regime erzeugten?

Zuerst kann gesagt werden, dass solche Schreckensbilder nicht neu sind. Sie sind vielmehr die typischen Beschuldigungen, die vielen neuen Gruppen vorgeworfen worden sind, um ihre Verfolgung zu rechtfertigen. Wenn sich die theologische Debatte als unwirksam herausstellt, die sozialen Ketzer zu besiegen, haben die modernen Verfechter des orthodoxen Glaubens, ähnlich wie ihre mittelalterlichen Gegenstücke, in der Gewalt Zuflucht genommen. Die Salemer Puritaner wurden in ihrer Furcht vor Ketzerei zur Hexenjagd getrieben. Unschuldige Leute starben. Ein Jahrhundert später wurde Mutter Ann Lee, die Gründerin der Shakers in der Nähe von Boston und Albany geschlagen und sexuell misshandelt. Joseph Smith, der erste Mormone, wurde von einem religiösen Mob in Carthago/Illinois gelyncht.

Die gängigen Taktiken der religiösen Gegner der Vereinigungskirche wie Rabbi Maurice Davis von White Plains und Rev. Jorge Lara-Braud des Nationalen Kirchenrates unterscheiden sich nicht sonderlich von denen, die die Vertreter des orthodoxen Glaubens während der mittelalterlichen Inquisition angewandt haben. Doch sind diese Inquisitoren zu raffiniert, als dass sie die Moonies auf die Folterbank oder den Scheiterhaufen schicken würden. Sie drängen vielmehr auf Untersuchungen wegen Steuerhinterziehungen, schlagen die Ausweisung unerwünschter Ausländer vor und fechten die moralische Integrität der Bekehrungen der Vereinigungskirche an, indem sie diese als "Gehirnwäsche" bezeichnen.

Es ist sicherlich wahr, dass die Vereinigungskirche an den Tag glaubt und für den Tag lebt, an dem es eine Weltkultur unter einem Gott geben wird, wie es die Göttlichen Prinzipien lehren. So ein internationaler theokratischer Sozialismus würde die wirtschaftlichen Verwicklungen der himmlischen Beziehungen in einer irdischen Regierungsstruktur verkörpern.

Die Vereinigungskirche predigt eine "bürgerliche Religion", die der von dem hervorragenden Soziologen Robert Bellah vorgeschlagenen ähnelt. Doch unterscheidet sich der Standpunkt der Vereinigungskirche von dem Bellahs in einem sehr wesentlichen Punkt: Während Bellahs Vorstellungen immer mit typisch amerikanischen Begebenheiten beginnen und enden (obwohl er sich östlicher Einflüsse durchaus bewusst ist), ist die Vereinigungskirche internationaler und misst nicht amerikanischen Orten, Leuten und Ereignissen symbolische Bedeutung zu. Während Bellahs Versuch zu einer amerikanischen Version eines religiös verwurzelten Nationalsozialismus führen könnte, entwickelt die Vereinigungskirche einen internationalen Sozialismus mit denselben Wurzeln. Während Bellah von einer "amerikanischen bürgerlichen Religion" spricht, trachtet die Vereinigungskirche danach, eine künftige weltweite bürgerliche Religion zu schaffen.

Das alles scheint in unserem Bewusstsein festzukleben und unsere Herzen zu berühren. Was sollen wir tun? Hauptsächlich haben wir doch reagiert, indem wir diesen Mann und seine Bewegung geschmäht und uns über seine Botschaft lustig gemacht haben. Warum setzt er uns in solche Aufregung?

Was soll man mit einem neuen Messias anfangen? Was sollen wir mit einer religiösen Bewegung machen, die einen messianischen Anspruch stellt? Die Worte aus der Hymne "Once To Every Man and

Nation" von James Russell Lowell verfolgen uns in diesem Augenblick etwa so:

". . . . . . . Some great cause, God's new Messiah,
offering each the bloom or blight..."
(". . . Ein großer Anlass, Gottes neuer Messias, bietet
jedem Blüte oder Fäulnis.")

Unmögliche und mögliche Reaktionen

Ist der große Anlass, Rev. Sun Myung Moon, Blüte oder Fäulnis? Wir könnten abwarten, wie Rabbi Gamaliel geraten hat, um zu sehen, ob Moon und seine Bewegung von Gott sind. Die Geschichte wird sicherlich das letzte Wort haben. Doch die öffentliche Meinung verdammt die Ketzerei immer wieder und wird am Ende doch von ihrer Botschaft bezwungen. Der Wandel der öffentlichen Meinung ist oft sehr plötzlich. Jesus, Augustinus, Thomas, Luther, Wesley, Abraham Lincoln - sie alle wurden von denselben Leuten, die sie vorher mit Schimpfwörtern belegt hatten, bald darauf stürmisch gefeiert. Wenn Moon auch ein Prophet und Theologe ist, so wird ihm dasselbe widerfahren.

Was können wir mit dieser neuen Kirche anfangen?

Wir könnten sie bekämpfen. 1976 hieß es in der Publikation der koreanischen Kommission für die Zusammenarbeit mit dem Nationalen Christlichen Kirchenrat der USA:

Der Kirchenrat der Stadt New York hat zweimal aus doktrinären Gründen die Bewerbung der Vereinigungskirche um Mitgliedschaft abgewiesen. Einige bedeutende koreanische und japanische christliche Theologen haben die Lehre der Vereinigungskirche als Ketzerei eingestuft. Diese mittelalterliche Erklärung verweist auf die Ergebnisse einer Inquisition, der ich als Beobachter beiwohnte. Das ökumenische Komitee, das abwog, ob die Vereinigungskirche "christlich" sei, bestand aus einem Mennoniten, einem tschechischen Protestanten, einem Campbelliten, einem Lutheraner, einem Presbyterianer, einigen schwarzen Methodisten und Baptisten und einem oder zwei anderen. Es war ein "Käfig von unreinen Vögeln" (Jer. 5,27), diese Repräsentanten von früheren schismatischen Strömungen, die ökumenisch dafür waren, dass

Rev.Moon kein Christ und seine Lehre ketzerisch sei. Rev. Moon erzählte uns später lachend, dass er auf diese Weise wenigstens eines seiner Ziele erreicht hätte, nämlich, alle Christen (und Juden!) letzten Endes zu vereinigen - gegen sich selbst!

Die Entscheidung des New Yorker Konzils ist sogar um so mehr erstaunlich, wenn man sich daran erinnert, dass es vorher die Hellseher der Swedenborgschen Antitrinitätslehre, die Humanistischen Universalisten und römisch-katholischen Papisten und Marienverehrer in seinen Klub aufgenommen hatte. Wenn die Vereinigungskirche wegen Ketzerei aus dem christlichen Kirchenrat ausgeschlossen wurde, dann fragt man sich (unwillkürlich), wie eine andere Kirche jemals da hineingekommen ist. Welche christliche Kirche ist orthodox genug, um eine andere "ketzerisch" zu nennen, ohne damit gleichzeitig dieses Attribut auf sich selbst zurück zu werfen? Aber es ist eine Erfahrungstatsache der kirchengeschichtlichen Aufzeichnungen, dass die heiligen Synoden ihre Entscheidungen nicht immer auf dem Boden der rationalen Folgerichtigkeit getroffen haben. Politische Beweggründe waren genauso ein Teil dieser Entscheidung, wie sie es in Nicaea oder in der Räubersynode gewesen waren.

Noch alarmierender ist die Tatsache, dass der Autor des Berichtes, auf dem der Nationale Kirchenrat seine Verdammung der Vereinigungskirche aufgebaut hatte, mit keinem einzigen Mitglied oder Theologen zusammengetroffen war. Darüber hinaus war die Antwort, die der Autor gab, als er eingeladen wurde, das Seminar der Kirche zu besuchen und wenigstens einige der Leute zu treffen, die in seinem Bericht verdammt werden, dass er zu beschäftigt sei, um eine derartige Einladung vor 1981 anzunehmen.

Eine zweite mögliche Reaktion auf die Vereinigungskirche könnte sein, die Gegenwart einer neuen Tradition, die noch nicht den Makel der Engstirnigkeit in sich trägt, in unserer Mitte zu akzeptieren. Rev. Moons Unification Seminary, zum Beispiel, zeigt eine Politik der theologischen Offenheit, die das Wort "Vereinigung" schon impliziert. Die Fakultät besteht momentan aus einem polnischen katholischen Priester, einem reformierten holländischen Pfarrer, einem texanischen Pfingstler, einem Laien der orthodoxen Ostkirche, einem ungarischen jüdischen Rabbi, einem kanadischen Presbyterianer, einem chinesischen

Konfuzianisten, einem irischen katholischen Laien und einer Theologin aus Korea, die auch Mitglied der Vereinigungskirche ist. Die Studentenschaft repräsentiert ähnlich die Welt mit allen ihren rassischen, nationalen und konfessionellen Merkmalen. Eine derartige Einrichtung verkörpert in ihrer Organisation den Glauben der Kirche. Ganz gewiss könnten wir ihre Besonderheit im weiten Schoß der Christenheit zulassen.

Als dritte Reaktion könnten wir Rev. Moons hervorragendes Organisationstalent und dessen Bedeutung für die kulturelle Gemeinschaft anerkennen und ermutigen. Die Internationale Kulturstiftung bereitet gerade ihre siebenjährige "Internationale Konferenz zur Vereinigung der Wissenschaften (ICUS)" vor, die 1978 an Thanksgiving in Boston, Massachusetts stattfinden soll. Die Namenliste der früheren und jetzigen Teilnehmer ist eine Liste von Nobelpreisträgern und ihren engsten Mitarbeitern. Die Konferenzen haben den namhaftesten Wissenschaftlern dieser Welt die Gelegenheit geboten, gemeinsam über ihre Arbeitsgebiete nachzudenken und besonders die Frage nach der Relation zwischen Werten und Wissenschaft anzuschneiden.

Eine vierte Alternative für die theologischen Gemeinden wäre, eine faire Untersuchung der Vereinigungskirche zu unternehmen. Dies würde ein Zusammentreffen mit Theologen und Mitgliedern der Vereinigungskirche einschließen, um sich in eine gründliche und kritische Diskussion der "Göttlichen Prinzipien" und ihrer Tragweite einzulasssen. Solch eine faire Untersuchung ist das wenigste, was wir Rev. Moon schulden; sie würde auch die Dynamik von Orthodoxie und Häresie in ihren ursprünglichen Zusammenhang wiederherstellen, nämlich in eine weiterführende theologische Diskussion.

ANMERKUNGEN DER REDAKTION

ii Nach der koreanischen Altersangabe zählen auch die noch nicht vollen Jahre. Im Jahre 1935 war demnach der 1920 geborene Moon 16 Jahre alt (A.d.R.)

iii Mittlerweile gibt es eine neue englische Übersetzung dieses grundlegenden Buches: Exposition of the Divine Principle, The Holy Spirit Association for the Unification of World Christianity, New York, 2nd printing 1998; eine deutsche Übersetzung ist in Bearbeitung (A.d.R.)

iv Das galt Anfang der 80er Jahre, als der Artikel ursprünglich geschrieben wurde. Das Ehepaar Moon hat insgesamt 14 Kinder. (A.d.R.)

v 1992 hatte Rev. Moon auf dem Abendbanquet anlässlich des 1. World Culture and Sports Festivals zum ersten Mal öffentlich erklärt, dass ihm zusammen mit seiner Frau Hak Ja Han die Mission des wiedergekehrten Messias und der Wahren Eltern der Menschheit von Gott gegeben wurde. Auch auf seiner jüngsten 50-Staaten-Redetour durch die Vereinigten Staaten hatte er diese Überzeugung immer wieder ganz offen vertreten. (A.d.R.)

vi siehe Fußnote 3

vii siehe Fußnote 4

viii Tatsächlich verkündete Rev. Moon im Frühjahr 1997, dass von nun an die erst knapp ein Jahr alte internationale Familienföderation für Weltfrieden und Vereinigung eine zentrale Rolle einnehmen sollte, während die Zeit der Vereinigungskirche als strikt religiöse Institution abgelaufen sei. (A.d.R.)

ix Auf die ursprüngliche Gründung der News World Tageszeitung folgten bald andere. Die wichtigsten noch existierenden Zeitungen sind die Washington Times in den USA, die Segye Ilbo in Korea, die Sekai Nippon in Japan, die Middle East Times in Ägypten und die Tiempos del Mundo in ganz Lateinamerika. (A.d.R.)

EHE, FAMILIE UND SUN MYUNG MOON[i]

Joseph H. Fichter

Vielfach wurde die Vereinigungskirche wegen ihrer Theologie, ihrer Bekehrungspraktiken und der strengen Art der Lebensführung ihrer Mitglieder kritisiert. Dennoch verdient ihre Lehre über die Ehe eine genauere Betrachtung.

Es mag Zufall sein, dass die Mehrheit der jungen Moonies, mit denen ich gesprochen habe, vorher römisch-katholisch war. Ich traf sie bei mehreren Gelegenheiten, vorwiegend bei den jährlichen Konferenzen der International Cultural Foundation, wo ich sie stets fragte, woher sie kämen und warum sie der Vereinigungskirche beigetreten seien. Die jungen Männer und Frauen, die mir über ihren Glauben erzählten, gaben nicht vor, ein repräsentativer Durchschnitt der Mitgliedschaft zu sein, waren sie doch dazu ausgesucht worden, die Konferenzteilnehmer zu betreuen. Sie waren aufmerksam, sprachgewandt, enthusiastisch und vor allem: Sie hatten das starke Gefühl, berufen zu sein.

In diesem Kommentar beschränke ich mich auf die Darstellung eines Aspekts der geistigen Berufung bei den Mitgliedern der Vereinigungskirche: die zu einer göttlichen Ehe und Familie. Um ihr religiöses Engagement besser verstehen zu können, studierte ich ihre "offenbarte Schrift", die Göttlichen Prinzipien. Aus der schnell anwachsenden Literatur über diese Bewegung studierte ich Young Oon Kims Vergleich der Vereinigungstheologie mit christlichem Gedankengut, das

---

i Der Artikel erschien ursprünglich in der nordamerkianischen Zeitschrift America vom 27.10.1979. Fichter schildert darin die Vereinigungskirche, wie er sie Ende der 70er Jahre erlebte (A.d.R.)

Buch Frederick Sontags "Sun Myung Moon und die Vereinigungskirche",[ii] das die Bewegung positiv darstellt, und die schrecklichen Warnungen von Irving Louis Horowitz in "Sciene, Sin and Scholarship."

Bevor die Jonestown-Tragödie die Hysterie über religiöse Sekten anheizte, gab es schon einige negative Zeitungsartikel über Reverend Moons Einfluß auf Jugendliche. Der Hauptvorwurf gegen die Bewegung war der einer "Gehirnwäsche" bei der Bekehrung. Er ging von der Annahme aus, dass Menschen zwar anderen Kirchen freiwillig beiträten, zur Mitgliedschaft in der Vereinigungskirche aber gezwungen oder in sie hineingelockt würden. Barbara Hargrove sagte, dass Eltern und Pastoren dazu neigten, bei denen "verdächtige Methoden" zu wittern, denen es gelänge (im Gegensatz zu ihnen selbst!), Treue, Verbundenheit und religiösen Eifer in jungen Menschen zu wecken.

Den Werdegang eines engagierten Mitgliedes der Vereinigungskirche kann man in etwa in mit dem eines Novizen vergleichen, der in einen katholischen Orden eintritt. Das Leben ist geregelt, diszipliniert und hat eine Zielsetzung. Man gibt seine weltlichen Ziele und seine weltlichen Güter auf und widmet sich vollständig den Zielen der Organisation. Keine Drogen, kein Alkohol, kein Sex, kein Geld, wenig Entscheidungsspielraum, wenige Sorgen. Man unterwirft sich einer geistigen Führung und man entwickelt eine Loyalität für die religiöse Gemeinschaft, ihre Programme, ihre Philosophie, ihre Leiter.

In beiden Fällen fühlen die Personen eine Berufung zu tieferer Spiritualität und erfahren eine intensivere Verbindung zu Gott und ein sinnvolleres Gebetsleben als vorher. Sie entwickeln auch einen Enthusiasmus für die Lehren der Kirche, der sie ermutigt, die frohe Botschaft der Erlösung anderen mitzuteilen. Einige Katholiken, die der Vereinigungskirche beigetreten sind, fühlen, dass ihre neue Religion eine universale Orientierung, ein Programm hat, das die gesamte Menschheit mit einschließt, während sie glauben, dass der Katholizismus sich mehr auf die individuelle Beziehung eines Menschen zu Gott konzentriert. Ein junges Mitglied, im ökumenischen Jargon äußerst bewandert, meinte, dass die katholische Kirche sehr "kulturverbunden" sei und außerhalb der europäischen und abendländischen Hemisphäre nicht viel Fortschritte mache.

Was die lebenslange Berufung angeht, gibt es allerdings einen sehr tiefgreifenden Unterschied: In einem katholischen Orden wird man zum Zölibat hingeführt, denn in diesem Ziel liegt die Heiligkeit des Individuums. Im Gegensatz dazu wird das voll engagierte Mitglied der Vereinigungsbewegung für Ehe und Familienleben vorbereitet. Solange der Mensch nicht mit einem Ehepartner in einer heiligen Ehe verbunden ist, ist seine Spiritualität unvollständig. Ledige Personen, die sich zu dieser Kirche bekehren - die meisten sind um die 20 Jahre alt -, werden schon sehr bald über die theologische und geistige Bedeutung des Familienlebens aufgeklärt, für das sie bestimmt sind. Von ein paar Ausnahmen abgesehen hat das Zölibat in der Vereinigungskirche keine Zukunft.

Junge Menschen, die "in die Familie kommen", leben in einem Zentrum der Vereinigungskirche mit anderen männlichen oder weiblichen Mitgliedern, streng nach Geschlecht getrennt. Frederik Sontag nannte dies "gemischtes Zölibat" ("coed monasticism"). Sie entwickeln untereinander eine Beziehung als Familie, als Geschwister und nicht als potentielle Ehepartner. Es gibt eine geistige Gemeinschaft, eine enge Kameradschaft und gegenseitige Unterstützung innerhalb der Wohngemeinschaft. Egoismus ist ein schwerwiegendes Fehlverhalten; christliche Liebe ist ein Schlüsselwort. Und dieses Kollektiv kann nur dann harmonisch sein, wenn es mit Gott verbunden ist.

Einer der heftigsten Vorwürfe gegen die Gemeinschaft der Vereinigungskirche ist der, dass eine Mitgliedschaft die Familie zerstöre. Der Neu-Bekehrte verlässt Haus und Familie, Brüder und Schwestern, um sich vollständig seiner religiösen Berufung hinzugeben. Eltern erheben den Vorwurf, dass ihre Kinder einer "Gehirnwäsche" unterzogen werden. Ganz ähnliches wurde katholischen Orden vorgeworfen, dass sie nämlich ihren Sohn oder ihre Tochter in ein Kloster gelockt hätten. Gottes Ruf muss befolgt werden, selbst wenn die Eltern dagegen sind. Einige katholische Eltern haben sogar ihren Kindern verboten, an charismatischen Gebetstreffen teilzunehmen, damit sie nur nicht den Kreis der Familie verlassen müssten. Tatsache aber ist, dass bei weitem die Mehrheit der VK-Mitgliedern eine herzliche Beziehung zu ihren Eltern und ihrer Familie aufrecht erhält.

Die Möglichkeiten, die sich einem Kirchenmitglied in der Ehe erschließen, sind einerseits einschränkend, andererseits eröffnen sie einen neuen Horizont. Das Mitglied darf nicht außerhalb der "Familie" heiraten, d. h. der Ehepartner muss auch ein Mitglied der Bewegung sein. Diese gleiche strenge Regelung trifft auch auf die Heirat von Offizieren der Heilsarmee zu, sowie auf die Partnerwahl israelitischer Juden. Es gab auch in der katholischen Kirche eine ähnliche Regelung gegen Mischehen, die aber allmählich aufgeweicht wurde. Jedes Mitglied, das außerhalb der Vereinigungsbewegung heiraten möchte, hat offensichtlich nicht erkannt, wie wesentlich und wichtig es ist, die gleichen religiösen Werte in einer lebenslangen Gemeinschaft und Treue zu teilen.

Auf der anderen Seite eröffnen sich neue Horizonte durch die Möglichkeit und Förderung von Eheschließungen über die Grenzen von Nationalität und Hautfarbe hinweg. Die vorherrschende amerikanische Mentalität, jemanden von der eigenen Nationalität und insbesondere von der eigenen Hautfarbe zu heiraten , findet sich in dieser Bewegung nicht. Bei der jüngsten Verlobungszeremonie waren ungefähr ein Drittel der Paare unterschiedlicher Hautfarbe. Aufgrund der Tatsache, dass die Bewegung viele japanische und koreanische Mitglieder hat, eröffnen sich für "Kaukasier" (Weiße) Heiratsmöglichkeiten, die sie normalerweise nicht hätten. Mit einer gemeinsamen religiösen Überzeugung und einem gemeinsamen religiösen Lebensstil teilen sie Werte, die ihnen über die Unterschiede ihrer eigenen Kulturen hinweghelfen.

Die Vereinigungskirche lehnt die Heirat zwischen Teenagern ab. Die Teenagerehe wird von einigen Soziologen als das größte potentielle Hindernis für eine stabile Ehe betrachtet. Die Mitglieder müssen warten, bis sie 25 Jahre alt sind, und manche bevorzugen sogar, noch länger zu warten. Die Stufen der Gestaltung und des Wachstums kommen vor der Stufe der Vollendung. Mitglieder verspüren keine Eile in Sachen Heirat und Ehe. Sie haben aber auch keinen Grund dazu. Weibliche Mitglieder brauchen nicht nervös zu werden, wenn sie in einem Alter von 30 Jahren noch nicht verlobt sind. Ihre religiöse Berufung liegt in der Ehe, und Herr Moon wird einen Ehepartner für sie finden und sie davor bewahren, ihr Leben als alte Jungfern zu beenden.

Die Ehe ist ein ernstes und heiliges Sakrament, das einer sehr langen und aufwendigen Vorbereitung bedarf. Eine Besonderheit ist, dass die Mitglieder einverstanden sind, dass Herr Moon ihren Lebenspartner für sie aussucht. Das Konzept der "arrangierten Hochzeit" erscheint jungen Leuten heute fremd, obwohl es Sitte und Lebensstil der Menschheit über einen langen Zeitraum der Geschichte hinweg war! Die arrangierte Heirat ist in der Vereinigungskirche kein "Muss"; die Mitglieder dürfen ihre Wünsche ausdrücken, aber sie haben ein tiefes Vertrauen, dass Gott durch Herrn Moon zu ihnen spricht. Ein kürzlich verlobter Mann drückte es mir gegenüber so aus: "Wir versuchen, durch unser Gebetsleben das Vertrauen zu entwickeln, dass Gott sehr wohl weiß, was am besten für uns ist, und dass Gott durch Reverend Moon wirken wird, um uns einen geeigneten Partner vorzuschlagen."

Durch den Brauch der arrangierten Ehe werden alle Gedanken an Flirts, Verabredungen und romantische Liebe - die den jungen Menschen total vereinnahmen können! - unterbunden. Zueinander hingezogen sein, sich zueinander hingezogen fühlen, ist geistig motiviert. Sie stellen Gottes Willen, so wie er durch ihren religiösen Führer für sie ausgedrückt wird, vor ihren eigenen Willen und ordnen ihren eigenen Willen Gottes Willen unter. Ihr grundlegendes Motiv in der Vorbereitung für die Ehe - wie in allem, was sie sonst tun - ist Gottes Willen zu folgen. "Wir beide lieben Gott mehr als wir einander lieben, und so sollte es auch sein; es ist der einzige Weg, auf dem wir unsere Hoffnung nach einer auf Gott gegründeten Familie erfüllen können."

Es ist heute allgemein üblich, dass junge Menschen ihre Verlobung als eine ganz persönliche Entscheidung betrachten, in die sich Eltern, Verwandte und Freunde auf keinen Fall einmischen sollen. Nachdem sie bekannt gegeben worden ist, gibt es vielleicht eine Party und Geschenke. Als die liturgische Bewegung noch sehr jung war, pflegten die Katholiken den Brauch einer feierlich und religiös gestalteten Verlobung. Für Mitglieder der Vereinigungskirche ist die Verlobungszeremonie ein heiliges und öffentliches Ereignis, und es wird von vielen Paaren gleichzeitig gefeiert. Wenn das Paar zu der Gelegenheit gemeinsam einen Kelch mit Wein trinkt, etablieren sie eine geistige Abstammungslinie.

Die Verlobung, die von Gott gesegnet und von der Kirche bestätigt ist, bezieht sich nicht in erster Linie auf den Körper. Sie ist kein Freibrief für sexuelle Aktivitäten - der voreheliche Geschlechtsverkehr ist vollständig untersagt. Man verabscheut die Vorstellung eines "Zusammenlebens" vor der Ehe als ein sündiges, lustbetontes Verhalten. Selbst nach der Eheschließung haben die Paare noch für einige Zeit keine sexuellen Beziehungen. Es kann passieren, dass sie in verschiedene Missionen in unterschiedliche Teile der Welt geschickt werden, bevor sie dann ihr gemeinsames Eheleben beginnen.

Der wichtigste Zweck der Ehe ist, Gott Ehre, Herrlichkeit und Freude zu bringen, und der vorrangige Zweck des Geschlechtsverkehrs ist es, Kinder zu zeugen. Die biblische Aufforderung, fruchtbar zu sein und sich zu vermehren, wird von den Mitgliedern dieser Kirche sehr ernst genommen. Eine geistige Vervollkommnung kann es im abgeschiedenen, selbstbezogenen Zölibat nicht geben. Sie kommt durch die Erfahrung der drei Stufen der Liebe in einer auf Gott gegründeten Familie: die gegenseitige Liebe von Ehemann und Ehefrau, die Elternliebe und die Kindesliebe. Die Familie ist die Grundlage, um Gottes Liebe zu verstehen. Wer zu "wahren Eltern" wird und die Erde mit geistig vollkommenen Menschen bevölkert, hilft das Reich Gottes zu erschaffen und Erlösung in eine sündige Welt zu bringen.

Die Vereinigungstheologie liefert eine Begründung dafür, wie wichtig das Familienleben ist: Gott erschuf Adam und Eva mit einem Potential für sowohl geistige als auch physische Vollkommenheit. "Der Zweck der Schöpfung ist es, Gott Freude zu bringen", schreibt der Theologe Herbert Richardson. Das Erlebnis von Gottes Liebe und das Erreichen individueller Vollkommenheit sollte eine erste große Freude für unsere ursprünglichen Eltern gewesen sein. Eine heilige Familie zu errichten bedeutet, Gottes Liebe als zweite große Freude gemeinsam als Mann und Frau zu erleben. Das Teilen der Liebe Gottes mit dem ganzen Universum erfüllt schließlich Gottes Plan für Sein Königreich auf Erden.

Gemäß der Theologie der Göttlichen Prinzipien, der offenbarten Schrift der Vereinigungskirche, wollte Gott, dass Adam und Eva heiraten und vollkommene Kinder haben sollten, um Sein physisches und geistiges Königreich zu bevölkern. Dieser Plan schlug fehl, als der Erzengel Eva sexuell verführte und damit die ursprüngliche Sünde des Ehebruchs begangen wurde, die den geistigen Sündenfall der Menschheit zur Folge hatte. Ihr Gefühl der Sünde und Befleckung wurde durch eine verfrühte und deshalb unerlaubte sexuelle Beziehung mit Adam noch verstärkt, was den physischen Sündenfall verursachte. Im weiteren Verlauf der Geschichte schickte Gott Jesus, um die Menschheit von der Sünde zu erlösen. Er erfüllte seine geistige Mission, aber er wurde getötet, bevor er heiraten und Vater einer Nachkommenschaft von vollkommenen Kindern werden konnte. Unsere ersten Eltern verwarfen Gottes Liebe; Jesus wurde daran gehindert, die Mission der Erlösung zu vollenden, zu der ihn Sein Himmlischer Vater gesandt hat.

Es ist nun an der Zeit, dass Mitglieder der Vereinigungskirche vollkommene Familien in Liebe, Einheit und Rechtschaffenheit etablieren, die wiederum alle Hautfarben, Nationen und Religionen vereinigen. Das göttliche Muster von Liebe und Familie ist in der "Grundlage der Vier Positionen" dargelegt, ein Begriff, der eine etwas schwerfällige theologische und bezugsorientierte Formulierung zu sein scheint. Die Vier Positionen sind: Gott, Ehemann, Ehefrau und Kind. Die reine und vollkommene Beziehung mit Gott hilft, eine vollkommene Beziehung zwischen Mann und Frau und zwischen Eltern und Kindern zu schaffen. Das geistige und physische Königreich Gottes - die vollkommene Erlösung, die Gott durch den Messias zu vollenden gedachte - wird durch die Vermehrung von auf Gott gegründeten Familien verwirklicht.

Wer in der traditionellen christlichen Theologie verwurzelt ist, wird finden, dass diese Lehren vor Irrlehren nur so triefen; aber ein pragmatischer Soziologe wird bemerken, dass die Moonies mit einem Familienprogramm auftreten, das auch tatsächlich funktionieren kann. Während Eheberater und Gemeindepfarrer den Zerfall des Familienlebens beklagen, handelt die Vereinigungskirche. Eine auf Gott gegründete Familie ist nicht nur ein "Schlagwort" oder ein geistiges Ideal, das den Mitgliedern von den Kirchenleitern nahegelegt wird. Es ist der wesentliche Kern des Glaubens der Kirchenmitglieder. Es ist eine grundlegende, tiefgreifende Motivation , eheliche Treue und Beständigkeit in der heutigen Gesellschaft wiederherzustellen.

Man braucht nicht ein Experte in Moraltheologie zu sein, um zu erkennen, welchen bedeutenden Wandel Familienwerte und eheliche Werte in der amerikanischen Gesellschaft durchlaufen. Menschen mit einer säkularen Betrachtungsweise mögen diesen Wandel als einen

Ausdruck von persönlicher Freiheit, als eine Möglichkeit zur Selbstverwirklichung sehen. Menschen mit einer spirituellen Sensibilität betrachten diesen Wandel als einen Verfall der Moral, sowie als Missachtung unbedingt notwendiger Werte und Voraussetzungen einer Gesellschaft. Wie auch immer man diese Entwicklung betrachten will, es handelt sich um einen tiefgreifenden Wandel in einem Familiensystem, das lange Zeit integraler Bestandteil der westlichen Zivilisation war.

Einige Familien geraten wegen gesellschaftlicher Umstände in große Schwierigkeiten, wie z.B. wirtschaftliche Engpässe, Armut und Diskriminierung bei der Vergabe von Wohnung und Arbeit. Diese gesellschaftlichen Gründe, kombiniert mit persönlichen Gründen, können eine veränderte Sicht in Bezug auf Ehe- und Familienwerte zur Folge haben. Recht zuverlässige Statistiken über menschliches Verhalten und Einstellungen belegen, dass vorehelicher Geschlechtsverkehr, Geschlechtskrankheiten, Teenage-Schwangerschaften, Pornographie, Untreue und Scheidungen Phänomene sind, die das Familienleben vieler Amerikaner schwer belasten. Die religiösen Werte des Judäo-Christentums haben im wesentlichen eheliche Treue und den Zusammenhalt der Familie befürwortet. Pfarrer, Pastoren und Kirchenleiter beklagen hingegen, dass diese Werte jetzt mehr und mehr untergraben werden. Allerdings sehen einige Kirchen diese Werte und Lehren "nicht so streng", "nicht so eng", um sich so dem Verhalten und den Werten ihrer Gemeindemitglieder "anzupassen". Zugeständnisse wurden gemacht in Bezug auf Ehescheidung, Verhütungsmethoden und sogar Abtreibung. Die großen Konfessionen waren bislang nicht sehr erfolgreich, diesem Trend entgegenzuwirken.

Was immer man auch an Kritik über die Vereinigungskirche als gesellschaftliche und religiöse Bewegung anbringen mag, so sollte man doch zumindest anerkennen, dass sie ein systematisches Programm für die Wiederherstellung von "altmodischen" Werten hat: Betonung der Reinheit vor der Ehe; Vorbereitung im Gebet für die Ehe; die Bereitschaft, eine geistige Führung in der Partnerwahl zu akzeptieren; eheliche Liebe als Widerspiegelung von Gottes Liebe; Vermittlung einer geistigen Vervollkommnung an die Kinder. Es wurde viel Kritik an den theologischen, politischen und wirtschaftlichen Aspekten der Vereinigungskirche geübt. Dagegen fanden bisher ihre positiven Wertvorstellungen über Ehe und Familie nur sehr wenig Beachtung.

Wenn Katholiken von einer "Berufung" sprachen, meinten sie meistens ein Leben, das ein ewiges Zölibat erfordert - entweder in einem weltlichen Amt oder als Priester, sowie ein Leben unter gleichgesinnten religiösen "Brüdern und Schwestern". Dies war der sogenannte "Königspfad" unter den geistigen Werdegängen, in Bezug auf die eigene Erlösung wie auch für die Mission nach außen hin. Es gab natürlich auch ein Konzept der "Berufung zur Ehe", aber das war eher ein Konzept "zweiter Wahl" und im Grunde genommen sogar ein riskanter Weg für den, der zu Gott kommen möchte. Die VK-Mitglieder kehren das genau um: wenn du einer höheren Berufung folgen möchtest, wenn du ein Leben in Richtung geistige Vervollkommnung leben möchtest, dann heirate und habe Kinder!

Es ist eine allgemeingültige Feststellung, dass das Leben in der Familie die moralische Grundlage einer Gesellschaft bildet, und dass Religion immer darauf abzielt, den moralischen Zusammenhalt in der Familie zu stärken. Es gibt genügend Sprichwörter und Slogans, die die Bedeutung der Familie herausstreichen. "Die Familie, die zusammen betet, bleibt zusammen." Die moralische Ebene einer Gesellschaft spiegelt die moralische Ebene ihrer Familien wider. Die Lehre der Vereinigungskirche betont die zentrale Bedeutung der Familie für den Erhalt einer religiösen Kultur und die Weitergabe einer geistig hochstehenden Tradition. Ich möchte meine Ausführungen mit der Bemerkung des Theologen Harvey Cox beenden: "Hier ist eine Bewegung, die es schafft, einen religiösen Universalismus, eine drängende Endzeiterwartung, eine warmherzige, unterstützende Familie und ein Programm zum Aufbau des Reiches Gottes auf Erden unter einen Hut zu bringen! So eine vielversprechende Kombination kann man doch nicht einfach ignorieren."

ANMERKUNGEN DER REDAKTION

[ii] Kim, Young Oon, "Vereinigungstheologie - Eine Annäherung", Kando Verlag 1995. Sontag, Frederick, "Sun Myung Moon und die Vereinigungskirche"; Sinus Verlag 1981 (erhältlich über Kando Verlag) (A.d.R.)

Teil III

Beiträge in eigener Sache

FRAGEN UND ANTWORTEN RUND UM DIE VEREINIGUNGSKIRCHE

Fritz Piepenburg und Geros Kunkel
Arbeitskreis für Öffentlichkeitsarbeit
der Vereinigungskirche e.V.

I. Geschichte

1. *In welchem sozialen Umfeld erlebte Rev. Moon seine Jugendjahre?*
Sun Myung Moon wurde am 25. Februar 1920 (6. Januar nach dem traditionellen Mondkalender) nahe der Stadt Jeongju im heutigen Nordkorea geboren. Beinahe alle Dorfbewohner waren in der Landwirtschaft tätig. Wie die meisten Familien lebte auch die Familie Moon nach den Regeln des Konfuzianismus. Seine erste Schulbildung beinhaltete das Erlernen chinesischer Schriftzeichen in der konfuzianischen Dorfschule.[1] Im Jahre 1931 konvertierte die gesamte Familie zum Christentum presbyterianischer Prägung. Gleich im Anschluss durchlief der junge Moon noch eine christlich geprägte Grundschule in Jeongju und eine Mittelschule in Seoul. Im Frühjahr 1941 erhielt er von der japanischen Besatzungsmacht die Erlaubnis auf der Technischen Hochschule der Waseda Universität in Tokyo zu studieren, von der er im Herbst 1943 als Elektroingenieur graduierte. Danach kehrte er in seine koreanische Heimat zurück.[2]

2. *Wie erlebte Rev. Moon die Berufung durch Gott?*
Nachdem seine Familie zum Christentum übergetreten war, studierte der junge Moon mit großem Interesse die Bibel und beteilgte

sich rege am Gemeindeleben seiner Kirche. Schon damals führte er ein intensives Gebetsleben. Am 17. April 1935, als er auf einem Berg südlich seines Elternhauses im Gebet vertieft war, erschien ihm Jesus und forderte ihn auf, seine auf Erden unvollendet zurückgelassene Mission zu vollenden. Nachdem der junge Moon diese Aufforderung zweimal abgelehnt hatte - da er die Schwierigkeiten, die diese Mission mit sich bringen würde, erahnen konnte - willigte er beim dritten Mal ein und versprach Jesus, seine Mission auf Erden zu Ende zu führen. Diesem Versprechen ist Reverend Moon bis auf den heutigen Tag treu geblieben.

3. *Wann und wo wurde die Vereinigungskirche (im weiteren VK genannt) gegründet?*

Die Gründung der VK (ursprünglicher Name: "Heilig-Geist-Gesellschaft zur Vereinigung des Weltchristentums") erfolgte am 1. Mai 1954 in Seoul, Korea. Wie sich aus dem Namen schon erkennen lässt, war es keineswegs die ursprüngliche Absicht von Rev. Moon, eine völlig neue Kirche zu gründen. Vielmehr ging es ihm und den frühen Mitgliedern darum, das in unzählige Konfessionen und Grüppchen zersplitterte Christentum wieder zu vereinen. Als Rev. Moons Bemühungen bei den etablierten christlichen Gruppen auf zunehmenden Widerstand stießen, wurde die „Heilig Geist Gesellschaft" immer mehr in die Rolle einer eigenständigen Kirche gedrängt und als Tongil Kyo-Hae, also Vereinigungskirche, bekannt.

Aus einer kleinen Gruppe von Mitgliedern entwickelte sich im Laufe der folgenden Jahre eine weltweite Religionsgemeinschaft, in der Menschen aus unterschiedlichen religiösen und kulturellen Traditionen eine geistige Heimat gefunden haben.

Die VK hat eine umfassende Glaubenslehre, in welcher Gott als Schöpfer und Eltern aller Menschen im Zentrum steht. Sie ist bestrebt, geschwisterliche Beziehungen unter den Menschen, über die Grenzen von Nationen, Hautfarben und Religionen hinweg, aufzubauen. Dadurch soll das Ideal einer großen universellen Familie mit Gott als Mittelpunkt verwirklicht werden. Sie glaubt an ein ewiges Leben des Menschen und geht davon aus, dass Gott eines Tages alle Menschen erlösen wird.

Fragen und Antworten

4. Wie oft hat Rev. Moon geheiratet?
Rev. Moon heiratete 1943 Frau Sun-Kil Choi. Aus dieser Ehe ist ein Sohn Sung-Jin hervorgegangen. Frau Choi war nicht bereit, das Engagement Rev. Moons für seine Nachfolger und seine Glaubensideale zu akzeptieren, da sie empfand, dass sie selbst dabei zu kurz käme, und begann 1955 einen Scheidungsprozess, der 1957 abgeschlossen war. Rev. Moon heiratete 1960 Hak Ja Han, die ihm 14 Kinder geboren hat.[3]

II. Lehre

1. Was ist „Das Göttliche Prinzip" und wie ist es entstanden?
Das Göttliche Prinzip ist das grundlegende Lehrbuch über die Offenbarungen und Erkenntnisse von Rev. Sun Myung Moon. Das ursprüngliche Manuskript ging in Nord-Korea während des Koreakrieges verloren. Nachdem Rev. Moon nach Pusan, im Süden, gekommen war, schrieb und diktierte er ein Manuskript mit Namen Wolli Wonbon (Ursprünglicher Text des Göttlichen Prinzips). Er erarbeitete dann zusammen mit Hyo-Won Eu, dem ersten Präsidenten der VK Koreas, eine systematische Präsentation seiner Lehre mit biblischen, geschichtlichen und geisteswissenschaftlichen Querverweisen. Aus diesen Bemühungen entstand 1957 das Wolli Hesul (Erklärung des Göttlichen Prinzips) und 1966 das Wolli Kangron (Darlegung des Göttlichen Prinzips), welches zur grundlegenden Schrift der VK wurde. 1973 wurde Wolli Kangron von Dr. Won-Pok Choi zum ersten Mal ins Englische übersetzt (The Divine Principle). Parallel zur englischen Ausgabe übersetzte Paul Werner dieses Buch unter dem Titel „Die Göttlichen Prinzipien" ins Deutsche. 1996 erfolgte eine neue autorisierte Übersetzung ins Englische unter dem Titel „Exposition of the Divine Principle"[4], gefolgt von einer deutschen Neuübersetzung mit Titel „Das Göttliche Prinzip" im Jahr 2002.

2. Welches Gottesbild wird im Lehrbuch „Das Göttliche Prinzip" vertreten?
Gott wird im Göttlichen Prinzip als Schöpfer und Erste Ursache der gesamten Schöpfung gesehen. Die Schöpfung entspringt Seinem innersten Wesen. Er ist kein einsames monadisches Wesen, sondern verei-

nigt in Sich eine männliche und weibliche Natur sowie ein inneres Wesen und eine äußere Form, die in der Schöpfung in mannigfaltiger Weise zum Ausdruck kommen. Diese polaren Wesensmerkmale bilden in Gott eine ausgeglichene und harmonische Einheit. Der Kern von Gottes Wesen ist Sein Herz. In seiner Beziehung zu den Menschen wird Gott nicht nur als Schöpfer, sondern vor allem als „Eltern" (Himmlischer Vater und Himmlische Mutter) betrachtet.

3. *Welches Menschenbild wird im Lehrbuch „Das Göttliche Prinzip" vertreten?*

Der Mensch ist Geschöpf und Abbild Gottes. Als Abbild besteht der Mensch aus einem Geist und einem Körper und spiegelt als Mann und Frau Gottes männliche und weibliche Aspekte wieder. Weiterhin besitzt jeder Mensch eine göttliche Natur, die Ursprüngliche Natur genannt wird und uns mit unserem Ursprung, Gott, in einer Eltern-Kind-Beziehung verbindet. Der Mensch ist in Gottes Augen der Höhepunkt Seiner Schöpfung und als Sein Kind erschaffen. Darüber hinaus ist der Mensch auch Mitschöpfer. Als einziges Wesen im gesamten Universum hat der Mensch eine eigene Verantwortung, einmal für seine eigene Entwicklung, aber auch seiner Gesellschaft und der Umwelt gegenüber. Dadurch, dass er diese Verantwortung erfüllt, steht er seiner Umwelt gegenüber in einer einzigartigen Position, in der er die Welt mit der Liebe und im Auftrag Gottes regieren kann.[5]

4. *Welche Rolle spielt die Natur?*

Die Natur erfüllt einmal den Zweck, als Lebensraum für die Menschen, Gottes Kinder, zu dienen und ist darüber hinaus Ausdruck der Mannigfaltigkeit der Liebe Gottes. Die vielfältigen und begrenzten materiellen Formen der Schöpfung sind Ausdruck des unendlichen Ursprungs. Dabei wird die Materie nicht dualistisch dem Geist gegenübergestellt, sondern komplementär zu diesem gesehen. In der Vielfältigkeit liegt Einheit. Diese Vielfältigkeit ist Ausdruck der unendlichen Liebe Gottes. Die Liebe verbindet alle Elemente der Schöpfung mit Gott und gibt ihr einen göttlichen Wert. Jede einzelne Form der Schöpfung ist Ausdruck eines Aspektes Gottes, was ihr dadurch einen einzigartigen Wert verleiht und sie damit zu einem unersetzbaren Teil des Universums macht.

5. Warum hat Gott den Menschen und das Universum erschaffen?
Ziel und der Höhepunkt der Schöpfung ist der Mensch. Der Mensch ist als direktes Abbild Gottes mit einem Herz (im Sinne von „innerstes Gemüt") ausgestattet und in der Lage, Gottes Liebe in höchster Form zu erfahren und zu erwidern. Gott hat den Menschen geschaffen und ihm die Freiheit gegeben, mit Ihm eine Liebesbeziehung aus freien Stücken einzugehen und in dieser Liebesbeziehung Freude zu erfahren und zu teilen. Alles, was Gott geschaffen hat, dient diesem Zweck. Die Schöpfung existiert, um den Menschen dabei zu helfen. Sie ist Zeugnis von Gottes unendlicher Liebe. Durch die Schöpfung kann der Mensch Gottes Liebe in vielfacher Art und Weise erfahren. Indem der Mensch mit Liebe über die Schöpfung regiert, kann diese ihren Zweck erfüllen und erlangt einen göttlichen Wert. Ohne den Menschen ist die Schöpfung nicht in der Lage, ihr ursprüngliches Potential, nämlich Ausdruck von Gottes Liebe zu sein, zu verwirklichen.[6]

6. Was bedeutet der Sündenfall?
Der Sündenfall ist der Punkt, an dem der Mensch zu Beginn seiner Geschichte, als er sich noch mitten im Wachstumsprozess befand, sich von Gott abwandte. Diese Trennung führte dazu, dass der Mensch seinem Ursprung entfremdet wurde. Im Menschen entstand eine weitere Natur (gefallene Natur), die mit der ursprünglichen Natur in Konflikt geriet. Der Mensch verlor die Fähigkeit, mit seinen geistigen Eltern (Gott) zu kommunizieren. Die Trennung von Gott führte zu immer mehr Trennung untereinander und zu Konflikten unter den Menschen. Dieses falsche Muster (im religiösen Sprachgebrauch auch als „Ursprüngliche Sünde" bezeichnet) der ersten menschlichen Vorfahren wurde an die jeweils folgende Generation weitergereicht.

7. Wer ist Satan oder der Teufel?
Satan ist nach biblischem Verständnis der gefallene Erzengel Luzifer, ein Geschöpf Gottes, der ursprünglich den Menschen unterstützen und ihm dienen sollte. Als er erkannte, dass Gott die Menschen als Sei-

ne Kinder mehr liebte als ihn, wurde er eifersüchtig. Diese Eifersucht veranlasste den Erzengel, die Menschen von Gott zu trennen und sich selbst über sie zu erheben.

Er verführte die Menschen dazu, gegen Gottes Gebote zu verstoßen (im biblischen Bild von der Schlange) und die Liebe als stärkste Kraft des Universums für egoistische Zwecke zu missbrauchen.[7]

8. Warum hat Gott den Sündenfall nicht verhindert?

Gott hat den Menschen einen freien Willen in ihren Handlungen gegeben. Nur ein freies und eigenverantwortliches Wesen kann die höchste Form der Liebe verwirklichen. Hätte Er den Sündenfall durch direktes Eingreifen verhindern wollen, so hätte Er den freien Willen, den Er den Menschen gegeben hat, missachtet. Somit würde Er gegen sein eigenes Prinzip verstoßen. Auch wäre Seine Liebe dem Menschen gegenüber von dessen Gehorsam abhängig und damit nicht bedingungslos.

9. Was bedeutet die menschliche Geschichte aus göttlicher Sicht?

Die menschliche Geschichte ist aus Gottes Sicht der lange und schwierige Prozess, die gefallenen Menschen zu ihrer ursprünglichen Position wiederherzustellen. Es geht darum, die Menschen schrittweise zu führen und ihnen zu helfen, die durch den Sündenfall entstandene grundlegende Trennung von Gott zu überwinden.

10. Welchen Plan verfolgt Gott mit der menschlichen Geschichte?

Das Ziel der menschlichen Geschichte ist es, alle Menschen wieder in ihre ursprünglich von Gott gegebene Position zu bringen. Das bedeutet, alle Menschen sollen in die Lage versetzt werden, mit Gott freien Austausch zu haben und Freude durch Liebe zu erfahren. Hierzu muss Gott Menschen finden und vorbereiten, die die Fehler der ersten Menschen, Adam und Eva, wiedergutmachen, indem sie beispielsweise in einer mit Adam und Eva vergleichbaren Situation kommen, deren Fehler aber dann nicht wiederholen.

11. Welche Rolle spielen die Propheten?

Propheten sind Menschen, die Gott vorbereitet, um die Menschen

Fragen und Antworten

zu ermahnen und anzuleiten, ein besseres Leben zu führen. Gott braucht Menschen, die auf Sein Wort hören und Ihm nachfolgen. Sie dienen als Sprachrohr Gottes, um möglichst viele Menschen zu erreichen. In diesem Sinne könnte man Rev. Moon und andere mahnende und erleuchtende Stimmen als Propheten des 20sten Jahrhunderts beschreiben.

12. Welche Rolle spielt Jesus Christus?
Jesus Christus ist der Messias. Er ist der Mensch, der das ursprüngliche Ideal eines vollkommenen Menschen in seinem Leben verwirklicht hat. Er hat als erster Mensch auf Erden in vollkommener Einheit mit Gott gelebt. Somit konnte er anderen Menschen dieses Ideal zeigen und lehren.

13. Was bedeutet „Messias" und welche Rolle kommt ihm zu?
Der Messias (wörtlich übersetzt: der Gesalbte) ist der von Gott erwählte Mensch, der das Problem der Ursprünglichen Sünde löst und das verlorengegangene Ideal verwirklicht. Durch den Messias hat Gott die Möglichkeit, die Menschen von ihrer Entfremdung zu befreien, sie zu Ihm zurückzuführen und Sein Ideal zu verwirklichen.

14. Ist Jesus Gott selbst?
Jesus ist Mensch und Gottes wahrer Sohn zugleich. Indem er sich vervollkommnet hat, sich in völliger Herzenseinheit mit Gott befindet und aus seiner Ursprünglichen Natur heraus lebt - ohne Konflikt mit einer gefallenen Natur -, wird er als vollkommenes Abbild Gottes Ihm gleich. Jesus, in seiner Position als neuer Adam, verkörpert den vollkommenen Sohn Gottes, der Sein Herz versteht und in dem Gottes Liebe vollkommen verwirklicht ist. Seinen Mitmenschen gegenüber drückt sich dies in bedingungsloser und vergebender Nächstenliebe aus. Er allein hat die Qualifikation, seine Mitmenschen so zu führen, dass sie ebenfalls zu wahren Söhnen und Töchtern Gottes werden können.

15. Warum starb Jesus am Kreuz?
Jesus starb am Kreuz, weil die Menschen seiner Zeit ihn nicht als

den von ihnen erwarteten Messias erkannt und anerkannt haben. Jesus wurde von seinen Mitmenschen abgelehnt, von seinem Jünger Judas verraten und schließlich sogar von seinem engsten Jünger Petrus verleugnet. Jesus wurde zu seiner Zeit von seinen Mitmenschen, vor allem aber von der damaligen religiösen Führungsschicht, nicht verstanden und deshalb schließlich wie ein Schwerverbrecher hingerichtet. Sie erkannten nicht, wie Gott durch Jesus wirkte und ihnen Erlösung bringen wollte.

16. War der Kreuzestod Gottes Wille?

Gottes Wille war es, durch Jesus die Menschen zurück zu Seinem Ideal zu führen. Die Menschen haben dies allerdings durch ihren Unglauben und ihre Arroganz verhindert. Somit blieb Gott nichts anderes übrig als Seinen eigenen Sohn Jesus zu opfern. Weil Jesus absoluten Glauben behielt und bereit war, das Kreuz zu tragen, obwohl er wusste, dass die Geschichte der Wiederherstellung wiederum verlängert werden musste, konnte er am dritten Tage auferstehen und den Menschen, die an ihn glaubten, geistige Erlösung bringen. Insofern war die Kreuzigung tatsächlich Gottes Wille (nachdem der Unglaube der Menschen nicht mehr zu ändern war). Aber es war auch der traurigste Moment für Gott, weil mit Jesus Sein geliebter Sohn in den Tod ging. Das mühsam erarbeitete Fundament, auf dem Jesus gekommen war, ging verloren und die Geschichte der Wiederherstellung und das Leid der Menschen wurden erneut verlängert.

17. Was bedeutet die Wiederkunft Jesu?

Gottes Wille, die Menschen zu ihrem ursprünglichen Ideal wiederherzustellen, ist absolut. Weil Jesus die vollständige Erlösung der Menschen hier auf Erden nicht verwirklichen konnte, muss der Messias wiederkommen. Das heißt nicht, dass der Mensch Jesus wiederkommen wird, sondern dass Gott erneut einen Menschen auf Erden finden muss, der den Weg Jesu zu Ende geht und hier auf Erden Gottes Ideal verwirklicht.

18. Hat sich die Wiederkunft durch Rev. und Frau Moon erfüllt?

Rev. Moon ist einen sehr schweren Weg gegangen und hat auch

unter schwerer Verfolgung und in den schwierigsten Situationen einen unerschütterlichen Glauben bewiesen. Er konnte Gottes Herz vollständig verstehen und danach leben. In seiner Gründeransprache zum 1. Welt Kultur und Sportfestes am 24.08.1992 in Seoul, Korea, verkündete Rev. Moon öffentlich, dass er zusammen mit seiner Frau in der Position der Wahren Eltern der Menschheit stehe.[8] In Rev. und Frau Moon hat sich somit die Wiederkunft des Messias erfüllt.

19. Was bedeutet „Wahre Eltern"?

Durch den Sündenfall hat sich der Mensch von Gott und Seiner Liebe getrennt. Diese Trennung hat sich bis heute leidvoll ausgewirkt.

Rev. Moon und seine Frau Hak-Ja Han sehen ihre Berufung darin, den Fehler Adams und Evas wieder gut zu machen und der Menschheit als Begründer der "Wahren Familie", d. h. der auf Gott ausgerichteten Familie, zu dienen und den Grundstein für "Wahre Eltern" zu legen. Durch die Segnungszeremonien wird dieses geistige Erbe von Rev. Moon und seiner Frau Hak-Ja Han den daran teilnehmenden Paaren weitergegeben. Danach begibt sich jedes Paar selbst auf den Weg, zu wahren Eltern zu werden und wahre Familien zu errichten, die Gottes Ideal der wahren Liebe in der Familie manifestieren.

20. Was bedeuten die Letzten Tage?

Die Letzten Tage sind ein Symbol für die Zeit, in der die Menschen die Möglichkeit haben, durch den Messias die gefallene Welt zu beenden und das Himmelreich Gottes auf Erden und im Himmel zu verwirklichen. Die Letzten Tage stehen für das Ende der Herrschaft Satans über die Menschen.

21. In welcher Position steht der Mensch, der das Schöpfungsideal erfüllt?

Der Mensch ist Kind Gottes. Indem er das Schöpfungsideal erfüllt, ererbt er Gottes Schöpfung und wird Herr über sie. Er ist auch als Wesen mit Geist und Körper Mittler zwischen der irdischen und der ewigen geistigen Welt. Er ist es, der die Schöpfung mit Gott verbindet.

22. Gibt es eine ewige Hölle?

Nein. Die Hölle ist ein Ort, den die Menschen durch ihr liebloses, egoistisches und von Gott getrenntes Leben geschaffen haben. Es ist der Ort, der weit entfernt von Gottes Liebe ist. Es ist kein Ort, den Gott erschaffen hat und kann deshalb keine ewige, absolute Existenz haben. Das Kindschaftsverhältnis der Menschen zu Gott ist absolut. Ebenso ist Gottes Wille, all Seine Kinder wiederherzustellen, absolut. Gott kann keine vollständige Freude empfinden, solange eines Seiner Kinder noch leidet.[9] Wenn Gottes Ideal sich erfüllt hat, wird die Hölle aufhören zu existieren, da alle Menschen von Gottes Liebe erfüllt sein werden und es somit keinen Ort in der geistigen Welt mehr geben wird, in der Gottes Liebe nicht präsent ist.

23. *Wird Gottes ursprünglicher Schöpfungsplan jemals ganz erfüllt werden?*

Mit Sicherheit. Gottes Wille ist absolut, und Gott wird Seinen Willen verwirklichen. Weil Gott Erste Ursache und Schöpfer ist, kann die Ursprüngliche Natur, die uns mit Gott verbindet, nicht völlig zerstört werden. Die gefallene Natur hingegen ist relativ und lebt nur solange, wie sie vom Menschen durch falsches Handeln genährt wird. Die Frage ist nur, wie lange es dauern wird, bis die gefallene Natur überwunden ist. Dies hängt vom Menschen ab, der mit seinem freien Willen eigenverantwortlich entscheiden kann, welchen Weg er geht. Letztendlich ist die Kraft der göttlichen Liebe jedoch stärker, und wenn diese von einem Menschen vollkommen verwirklicht wird, wird sie die Ursprüngliche Natur auch in anderen Menschen erwecken, bestärken und sich somit durchsetzen. Denn alle Menschen spüren in ihrem innersten Wesen, dass sie nur in der Liebe Gottes völlige Erfüllung finden werden. Wer einmal von der Liebe Gottes ergriffen und bewegt worden ist, der kann sie nicht mehr leugnen. Sein ganzes Streben wird darauf ausgerichtet sein, diese Liebe dauerhaft zu erhalten und mit anderen zu teilen.

Fragen und Antworten

III. Die Struktur der deutschen VK

1. Wann und wo wurde die deutsche VK gegründet?
Die deutsche VK wurde im Jahre 1964 zunächst unter dem Namen „Gesellschaft zur Vereinigung des Weltchristentums e.V." gegründet. 1973 wurde sie dann in „Vereinigungskirche e.V." umbenannt.

2. Wie wird der nationale Vorstand der VK gebildet und wie die Gemeindevorstände?
Nach der Vereinssatzung wird alle zwei Jahre eine Vollversammlung einberufen, in deren Verlauf der alte Vorstand entlastet und ein neuer Vorstand gewählt wird. Jede lokale Gemeinde hat einen Gemeindeleiter/leiterin, der/die hauptsächlich die Gottesdienste und andere Zusammenkünfte der Gemeinde organisiert. Der Gemeindevorstand wird in Abstimmung mit dem nationalen Vorstand von der zuständigen Gemeinde gewählt. Alle Mitglieder, einschließlich des Vorstandes, sind ehrenamtlich tätig.

3. Wie gliedern sich die lokalen Gemeinden?
Die VK hat zur Zeit zehn lokale Gemeinden, die sich in Berlin, Bonn, Düsseldorf, Frankfurt, Gießen, Hamburg, Hannover, München, Nürnberg und Stuttgart befinden. In der Bundesrepublik leben gegenwärtig etwa 800 Familien, die sich zur VK bekennen und regelmäßig Gottesdienste besuchen bzw. selbst gestalten.

4. Wie feiert die VK einen Gottesdienst?
Die Gemeinde trifft sich am Sonntagmorgen zum gemeinsamen Gottesdienst. Geistliche Lieder und Gebet sowie Lesungen aus der Bibel, dem Göttlichen Prinzip und Reden von Rev. Moon sind fester Bestandteil des Gottesdienstes. Der Gemeindeleiter oder ein anderes Mitglied hält eine Predigt. Ankündigungen und neueste Entwicklungen auf internationaler Ebene werden bekannt gegeben. Die Sonntagskollekte wird eingesammelt. Ein geselliges Beisammensein bei Kaffee und Kuchen findet im Anschluss an den Gottesdienst statt.

5. Welche Abgaben leisten Mitglieder der VK?

Mitglieder zahlen einen jährlichen Mitgliedsbeitrag, der sich in dem für gemeinnützige Vereine üblichen Rahmen bewegt. Die VK kennt auch die biblische Tradition des sogenannten Zehnten.[10] In der Praxis bleibt es jeder Familie überlassen, durch welche Spenden sie die Gemeindearbeit unterstützen will.

6. Wie missionieren die Mitglieder der VK?

Der von Jesus gegebene Missionsauftrag[11] gilt für alle Kirchen und christlichen Gemeinschaften gleichermaßen. Er kann in verschiedener Form umgesetzt werden. Während die VK in den 70er und frühen 80er Jahren viele Vollzeitmissionare hatte und sich stark für die Mission einsetzen konnte durch Verteilen von Kirchenliteratur und Einladungen zu Vortragsreihen, nahm die Zahl der Vollzeitmissionare gegen Ende der 80er Jahre ständig ab. Beinahe alle ehemaligen Missionare sind jetzt Familienväter und –mütter und mit ihrem beruflichen und familiären Leben voll ausgelastet. Dennoch wird im Bekannten- und Verwandtenkreis gerne zu einem Gottesdienst- oder Seminarbesuch eingeladen. Eine besondere Bedeutung kommt dabei den sogenannten „Hauskreisen" zu, wobei sich geographisch naheliegende Familien lose zu Gesprächskreisen organisieren und dazu auch Gäste einladen.

7. Wie nehmen die Mitglieder der VK am gesellschaftlichen Leben teil?

Die Mitglieder der VK, die zu über 95% aus Familien bestehen und einem geregelten Beruf nachgehen, sind voll in die Gesellschaft integriert und zeichnen sich häufig durch einen besonders hohen Grad an gesellschaftlichem Engagement aus. Mitglieder sind in Schulelternbeiräten, im Vereinswesen, aber auch auf lokalpolitischer und kirchlicher Ebene tätig. Mitglieder der VK beteiligen sich an allen gesellschaftlichen Ereignissen (vom Kindergeburtstag über die Weihnachtsfeier bis hin zur Fastnacht), allerdings immer unter Beibehaltung ihrer moralischen und ethischen Grundsätze.

8. Leben die Mitglieder der VK in Wohngemeinschaften?

Während in den 60er und 70er Jahren Straßenmission und Wohngemeinschaften ("Zentren") üblich waren, hat sich hier längst ein grundlegender Wandel vollzogen. Zum einen ist der größte Teil der Mitglieder verheiratet und lebt in Familien, zum anderen begann zu Beginn der 80er Jahre die Heimkirchenarbeit.

Die Weitergabe der Lehre im Rahmen der Tätigkeit von Missionsteams stand besonders in der Anfangszeit im Mittelpunkt der Aktivitäten. Seit dem Beginn der Heimkirchenarbeit werden die Mitglieder ermutigt, sich konstruktiv in ihre jeweilige Umgebung einzubringen, um für die Liebe Gottes Zeugnis abzulegen. Ziel der Aktivitäten ist nicht die VK selbst, sondern, dass Gott in den Herzen der Menschen wohnen kann, dass Seine Liebe in den zwischenmenschlichen Beziehungen praktiziert wird und dass schließlich eine Welt entsteht, die keine Kirchen – auch keine VK – mehr benötigt.

9. In welchem Verhältnis steht die VK zu anderen von Rev. Moon ins Leben gerufenen Organisationen?

Wer Leben und Werk von Rev. Moon beschreiben will, wird diesem Vorhaben nur gerecht, wenn er dabei zwischen der VK und den zahlreichen später von Rev. Moon initiierten Organisationen und Projekten, wie z. B. "Professors World Peace Academy" (PWPA), die Entwikklungshilfeorganisation "International Relief Friendship Foundation" (IRFF), die "Frauenföderation für Weltfrieden", die "Familienföderation für Weltfrieden und Vereinigung", die "Interreligiöse und Internationale Föderation für Weltfrieden" usw. differenzieren kann.

Mitglieder der VK akzeptieren die Lehre des Göttlichen Prinzips in ihrer Gesamtheit und erkennen Rev. und Frau Moon als Begründer der "Wahren Elternschaft" an. Mitglieder aller anderen Organisationen identifizieren sich mit den konkreten Zielvorstellungen ihrer jeweiligen Vereinigung. Ihre persönliche religiöse Überzeugung bleibt davon unberührt. Diese Organisationen sind bei der Verfolgung der Ziele, denen sie sich widmen, vollständig eigenständig und sind keine Unter- oder gar Tarnorganisationen der VK. Das erklärt, warum so renommmierte Leute wie die ehemaligen US-Präsidenten George Bush und Gerald Ford, der britische Ex-Premier Sir Edward Heath, der frühere russische Präsident Michael Gorbatschow, sowie führende christliche, moslemische oder jüdische Wissenschaftler und hochrangige religiöse Repräsentanten gerne und wiederholt an Veranstaltungen teilnehmen.[12]

10. Was ist das „matching"?

Viele Mitglieder der VK betrachten es als ein großes Privileg, einen Vorschlag für ihren Partner von Rev. Moon zu erhalten (sogenanntes "matching"). Es steht jedem frei, diesen Vorschlag anzunehmen oder abzulehnen. Eine Ablehnung beeinträchtigt nicht die Mitgliedschaft in der Vereinigungskirche und führt schon gar nicht zu einem Ausschluss aus der Religionsgemeinschaft.

Bei der Segnung im Jahre 1992 nahmen zum ersten Mal auch Angehörige anderer Religionen teil. Im August 1995 – Segnung von 360.000 Paaren – erhielten nur noch ein kleiner Teil der Paare von Rev. Moon einen Partnervorschlag. Über 90 % der Teilnehmer waren bereits verheiratete Paare, darunter ein Großteil aus anderen Religionen. Es wurde und wird nicht erwartet, dass sie ihr Religionsbekenntnis wechseln.

11. Was ist die „Segnung"?

Bei der Segnung verspricht jedes Paar vor Gott und dem Ehepartner, eheliche Treue zu halten, gute Eltern und eine Familie zu werden, die durch ein Leben zum Wohle anderer einen Beitrag für eine Welt der Kultur des Herzens leistet.

In ihrer inneren Bedeutung kommt die Segnung einer Befreiung der teilnehmenden Paare von der Ursprünglichen Sünde gleich, die von Adam und Eva auf Grund ihres Falles an die nachfolgenden Generationen weiter gegeben wurde. Das gesegnete Paar verlässt damit die gefallene Abstammungslinie und schließt sich der neuen, direkt mit Gott verbundenen Abstammungslinie an, was dann auch allen Nachkommen des gesegneten Paares zu Gute kommt.

Seit Anfang 1997 werden Geistliche anderer Kirchen und Religionen eingeladen, zuerst selbst an einer Segnung teilzunehmen. Anschließend können sie in ihren Gemeinden ähnliche Segnungszeremonien durchführen. Außerdem ist es zur Tradition geworden, dass bei diesen Segnungszeremonien religiöse Führerpersönlichkeiten anderer großer Religionen zusammen mit Rev. und Frau Moon den Paaren entsprechend ihrer jeweiligen Tradition ihren Segen aussprechen.

Fragen und Antworten

12. Welchen Stellenwert haben Ehe und Familie in der VK?

Nach Auffassung der VK sind Ehe und Familie keine menschliche Erfindung und kein Ergebnis sozialer Notwendigkeit, sondern von Gott begründet. Gott ist vor allem ein Gott des Herzens, ein Gott elterlicher Liebe. Menschen sind, wie es in der Bibel heißt, als Mann und Frau zum Ebenbild Gottes geschaffen[13] und tragen somit das göttliche Potential an Liebesfähigkeit in sich, das in der liebenden Beziehung von Mann und Frau und in der vollendeten Elternschaft die höchste Ausdrucksform findet.

Die Familie ist die "Schule der Liebe". In ihr lernen wir die verschiedenen Erscheinungsformen der Liebe: als Kind, als Bruder oder Schwester, als Mann oder Frau und als Eltern. Von unserem Lernerfolg in dieser "Schule" hängt es weitgehend ab, welche Beziehungen wir zu den anderen Mitgliedern der Weltfamilie aufbauen und wie wir unsere Rolle als Bürger unserer Nationen und der Welt erfüllen.

Liebende Familien sind somit die Bausteine für eine friedliche Welt, Bausteine für das Reich Gottes auf Erden. Eine harmonische und gesunde Gesellschaft, Nation und Welt kann nur durch harmonische und liebende Familien verwirklicht werden. Die Familie stellt somit die Keimzelle der vollkommenen, von Gott gewollten Welt dar. Wahre Liebe kann am besten in einer Familie realisiert werden, in der Gottes Liebe wohnt. Daher sollen die Beziehungen von Mann und Frau, Eltern und Kindern sowie Brüdern und Schwestern von erfüllter und dauerhafter Liebe geprägt sein.

13. Was bedeuten Sterben und Tod im Lichte der Lehre der VK?

Geburt, Heirat und Sterben sind die drei wichtigsten Ereignisse im Leben eines jeden Menschen. Entsprechend der Lehre der VK bedeutet "Sterben" den Übergang von dieser physischen Welt in die ewige Geistige Welt. Dieser Übergang könnte als "zweite Geburt" bezeichnet werden. Bei seiner 1. Geburt löst sich der Mensch nach 9 Monaten Aufenthalt im Mutterleib von der Plazenta und wird durch die enge Röhre des Muttermundes in eine neue Welt gepresst. Ganz ähnlich löst sich der Mensch bei seinem Tod von seinem physischen Körper und wird in eine neue Geistige Welt hineingeboren, die ganz neue und ungeahnte Perspektiven bereit hält.[14] Der Mensch hat also, nach der Lehre der VK, drei Leben: zuerst in flüssiger Umgebung im Mutterleib (9 Monate), dann in luftiger Umgebung auf Erden (90 Jahre) und schließlich im Bereich der Liebe Gottes in der Geistigen Welt (ewige Existenz). Deshalb wird der physische Tod auch nicht als Bedrohung oder Verlust empfunden, sondern ist ein Ereignis besinnlicher Freude, hat der Betroffene doch sein Erdenleben abgeschlossen und geht nun in eine ungleich schönere Welt ein. Mitglieder der VK feiern aus diesem Anlass die sogenannte Sung Hwa Zeremonie, was so viel bedeutet, wie Aufstieg und Eingang des Menschen in die Geistige Welt.

IV. Vereinigungskirche und Gesellschaft

1. Warum hat die VK in unserer Gesellschaft so einen schlechten Ruf?

Alle neuen Religion oder Religionsgemeinschaften sind in ihrer Anfangszeit ausnahmslos auf den erbitterten Widerstand der etablierten Traditionen gestoßen. Auch das Christentum wurde zu Beginn als „Nazoräersekte"[15] beschimpft. Ihre Gründer wurden nicht selten mit dem Tode bedroht. Insofern ist also die Kontroverse um die VK zunächst einmal ein bekanntes historisches Phänomen.

In der Bundesrepublik widmen sich kirchliche Sektenbeauftragte (auch Weltanschauungsbeauftragte genannt) sich der Aufgabe, über andere Glaubensgemeinschaften aus der Sicht ihrer eigenen Kirche zu informieren. Einige vermochten sich in der Öffentlichkeit durch besonders eifriges Warnen vor der „Sektengefahr" als sogenannte „Sektenexperten" zu profilieren. Sie haben dazu beigetragen, dass hierzulande die Auseinandersetzung mit Neuen Religiösen Bewegungen und auch mit der VK von übertriebener Polemik und einem aggressiv gegen die Gruppen gerichtetem Grundtenor geprägt ist.[16]

2. Inwieweit liefern Veröffentlichungen der katholischen und evangelischen Kirchen und ihnen nahestehenden Organisationen objektive Information über die VK?

Von den Veröffentlichungen der katholischen und evangelischen Kirche und ihnen nahestehenden Organisationen kann naturgemäß nur bedingt eine objektive und sachliche Auseinandersetzung mit der VK erwartet werden, da die etablierten Kirchen neue Religionsgemein-

Fragen und Antworten

schaften häufig als Konkurrenten um Gläubige ansehen und sie deshalb bekämpfen. Viele Veröffentlichungen der Amtskirchen sind von sogenannten "Sektenexperten" verfasst, die keinerlei Absicht hegen, mit religiösen Minderheiten in einen bedeutungsvollen und fruchtbaren Dialog zu treten. Vielmehr geht es ihnen um Abgrenzung, Ausgrenzung und Bekämpfung. Ziel der "Sektenexperten" ist, die Minderheitenreligion als skurril und gesellschaftlich unakzeptabel darzustellen. Deshalb gelten ihre Schriften auch unter Religionswissenschaftlern und Juristen als unakzeptabel, bestenfalls fragwürdig.[17] Man darf allerdings nicht übersehen, dass diese "Sektenexperten" in ihrer polemischen und auf Konfrontation ausgerichteten Grundhaltung auch innerhalb ihrer eigenen Kirche umstritten sind.[18] Dass es auch anders geht, zeigen die Evangelische Zentralstelle für Weltanschauungsfragen (EZW)[19] und die Katholische Sozialethische Arbeitsstelle[20], welche die Auseinandersetzung mit der VK auf einer sachlicheren Ebene führen. Leider findet bei unseren Medien oftmals nur Gehör, wer die schaurigsten und unglaublichsten Geschichten zum Besten geben kann, die dann in aller Eile verbreitet werden, ohne dass man sich die Mühe macht, die Nachrichten auf ihren Wahrheitsgehalt hin zu überprüfen.

3. *Wie steht die Lehre der VK zur demokratischen Grundordnung der Bundesrepublik?*

Die VK bekennt sich zu den Worten Jesu im Vaterunser: "Dein Reich komme, dein Wille geschehe wie im Himmel so auf der Erde".[21] Sie glaubt daran, dass es nach Gottes Wille und Plan eine gerechtere und bessere Welt geben kann und wird. Anders ausgedrückt glaubt sie an das Potential des Menschen, der mit Gottes Hilfe tatsächlich die Möglichkeit hat, eine bessere und friedvollere Welt zu gestalten.

Ähnlich wie die katholische, die protestantische oder andere christliche Kirchen macht auch die VK Aussagen zum Staatsverständnis, deren Ansätze im Göttlichen Prinzip deutlich werden. Diese Aussagen bejahen den freiheitlich-demokratischen Rechtsstaat ausdrücklich und sehen in ihm das Muster für eine ideale Welt: Im Göttlichen Prinzip heißt es dazu:

"Das politische System dieses Zeitalters wurde durch die Französische Revolution wiederum in drei Machtbereiche geteilt - Legislative,

Exekutive und Judikative -, ..." Indem die politischen Parteien "das verfassungsmäßige politische System der Demokratie errichteten, konnten sie das Muster des Systems einer idealen Welt verwirklichen."[22]

Die "Trennung der drei Machtbereiche (ist) die von der himmlischen Seite geplante ideale Gesellschaftsstruktur."[23]

4. Ist die Lehre der VK anti-kommunistisch?

Die kritische Einstellung der VK zum Kommunismus leitet sich wesentlich aus seinem, den christlichen Glauben und Demokratieverständnis diametral entgegengesetzten, antireligiösen und atheistischen Lehren ab. Rev. Moon, der die menschenverachtenden Folgen einer strikt materialistischen Ideologie am eigenen Leib erfahren hat, kritisierte die kommunistische Ideologie, rief aber niemals zu Hass oder Gewalt gegen ihre Vertreter auf. In seinen eigenen Worten: „Aber wir wollen die Kommunisten mit Wahrheit und Liebe besiegen. Lasst sie zuerst ihre Fehler erkennen, damit wir sie als Brüder und Schwestern umarmen können".[24] Andere Quellen berichten, dass etliche von Moons engsten Freunden und Mitstreiter für ein unabhängiges Korea während seiner Studienzeit in Japan Kommunisten waren, die er vor seinen Landsleuten sogar verteidigte.[25]

5. Was Versteht die VK unter "Vereinigung der Religionen"?

Aufgrund ihrer großen Wertschätzung für andere christliche Kirchen und andere Religionen ist die VK weltweit eine der treibenden Kräfte für den interreligiösen Dialog und für das Zustandekommen eines friedvollen Miteinanders der Weltreligionen. Dieses langjährige Engagement wird auch von führenden Vertretern anderer Kirchen und Religionsgemeinschaften anerkannt. Diana Eck, Verantwortliche der Dialogabteilung im Ökumenischen Rat der Kirchen in Genf und Harvard-Professorin, schreibt:

"Auf weltweiter Ebene müssen wir feststellen, dass eine der Hauptinitiativen für interreligiösen Dialog heute von einer neuen religiösen Bewegung ausgeht - der VK durch ihre International Religious Foundation, Inc."[26]

Hinsichtlich der verschiedenen Religionen bemüht sich die VK darum, gemeinsame Anliegen herauszuarbeiten, wobei sie gleichzeitig den Wert jeder Tradition anerkennt und achtet. Ganz in diesem Sinne hat die von Rev. Moon initiierte "International Religious Foundation" (IRF) 1991 das einmalige Werk "World Scripture" herausgegeben, eine über 900 Seiten starke vergleichende Anthologie heiliger Texte aus den verschiedensten Religionen.[27]

ANMERKUNGEN DES AUTORS

[1] Breen, Michael "Sun Myung Moon – the early years 1920-53", Refuge Books 1997, S.15 ff.
[2] Breen, S. 28 ff.
[3] Breen, S. 61 ff.
[4] The Holy Spirit Association for the Unification of World Christianity "Exposition of the Divine Principle", Second Printing, N.Y. 1998.
[5] Vergl. die Drei Großen Segen für Adam & Eva und alle ihre Nachkommen in Gen. 1,28.
[6] Röm 8,19-22.
[7] Vergl. Jes 14,12-20; Lk 10,18; Jud 6-7; Off 12,9.
[8] Vollständigen Text der Rede unter http://www.vereinigungskirche.de/ansprachen/24-08-92.htm.
[9] Vergl. Gleichnis vom verirrten Schaf, Mt. 18,12-14.
[10] Vergl. Num 18,25-32; Deu 14,22-27.
[11] Matt 28,19-20.
[12] Vergl. "Stellungnahme zu Theologie und Praxis der Vereinigungsbewegung", Kando-Verlag 1992, S. 33.
[13] Gen. 1,27.
[14] Vergl. Spurgin Nora, "Über das Leben danach – 30 Fragen und Antworten", Kando-Verlag 2001
[15] Apg 24,5
[16] Verg. Usarski, Frank "Die Stigmatisierung Neuer Spiritueller Bewegungen in der Bundesrepublik", Böhlau Verlag, 1988, und Thiel, Norbert "Der Kampf gegen neue religiöse Bewegungen – Anti-"Sekten"-Kampagne und Religionsfreiheit in der Bundesrepublik Deutschland", Kando-Verlag 1986.

Fragen und Antworten

[17] Vergl. Besier, Gerhard/Scheuch, Erwin (Hrsg.) "Die neuen Inquisitoren – Religionsfreiheit und Glaubensneid", Edition Interfrom, Zürich 1999, Teil I: Befangene "Experten"? Zur Rolle kirchlicher Sektenbeauftragter; und Kriele, Martin "Religiöse Diskriminierung in Deutschland", Zeitschrift für Rechtspolitik, 11. Nov. 2001, 34. Jahrgang.

[18] Erst im Januar dieses Jahres machte der "Sektenexperte" Thomas Gandow der ev. Landeskirche Berlin-Brandenburg von sich Reden, als er in griffigen Worten vor den angeblichen Gefahren warnte, die von der US amerikanischen De Moss Stiftung ausgingen. Dabei brachte er auch in unzulässiger Weise Rev. Moon mit ins Spiel. Nach wenigen Tagen verkündete Michael Utsch von der EZW genau das Gegenteil: von der in Florida ansässigen Stiftung gehe keine Gefahr aus......

[19] Eine halbwegs faire Beschreibung der VK, die sich wohltuend vom sonst gewohnten Tenor der "Sektenexperten" abhebt, findet sich in dem von der EZW herausgegebenen Buch "Panorama der neuen Religiosität – Sinnsuche und Heilsversprechen zu Beginn des 21. Jahrhunderts", Gütersloher Verlagshaus, 2002; unter 2.2.10 Vereinigungskirche e.V.

[20] Es gibt einen langen, objektiven und sachlichen Schriftwechsel zwischen der VK und der Arbeitsstelle.

[21] Matt. 6,10 (Einheitsübersetzung).

[22] "Die Göttlichen Prinzipien", deutsche Erstauflage 1972, S. 507.

[23] "Die Göttlichen Prinzipien", S. 506.

[24] Zitiert nach Löw, Konrad Maria "Von 'Hexen' und 'Hexenjägern' – die Moonies und die Glaubensfreiheit", Baierbrunn, 1993, S. 34.

[25] Breen, S. 57.

[26] New Religious Movements and the Churches, WCC Publications, World Council of Churches, Genf 1987, S. 140, eigene Übersetzung.

[27] International Religious Foundation "World Scripture – A Comparative Anthology of Sacred Texts", Paragon House Publishers, 1995.

FAMILIE UND GESELLSCHAFT IN DER VEREINIGUNGSKIRCHE [i]

Franz Feige

Die Vereinigungskirche hat seit ihrem Bestehen die verschiedensten Reaktionen in der Öffentlichkeit ausgelöst, die wiederum Anlass zu Gegenreaktionen auf ihrer Seite wurden.[1] Aus diesem auf unterschiedlichen Begegnungsebenen stattfindenden Wechselspiel von Aktion und Reaktion entwickelten sich vor allem in Amerika und Europa in den letzten Jahren häufig Konfrontationen, die oft zu einer scharfen Trennung zwischen der Vereinigungskirche und diversen Bereichen der Gesellschaft führten. Wenn man auch diese Konfrontationen nicht nur als ein Produkt von Missverständnissen sehen sollte, so haben sie doch oft Zerrbilder errichtet, die eine objektive Meinungsbildung verhindert oder zumindest erschwert haben.[2]

G. Kehrer interpretiert in seinem Aufsatz das gegenwärtige Handeln in der Vereinigungskirche vom Standpunkt eines — von ihm so diagnostizierten — Ethos, welches vom Bedürfnisaufschub ausgeht.[3] Selbstverständlich kann die Relevanz dieser Feststellung nicht bestritten werden. Mein Beitrag konzentriert sich hingegen mehr auf ein - wenn man so will - Zukunftsethos oder auf ein Ethos, das die Vereinigungskirche bzw. Vereinigungstheologie wiedererschaffen will. Denn es ist ja dieses, wenn auch in der Wiederherstellung noch nicht direkt im Vordergrund stehende Ethos, um das es in der Vereinigungskirche letztlich geht. Gerade aber weil es mit allen Konsequen-

---

[i] Leicht gekürzt aus: Günter Kehrer (Hrsg.) "Das Entsehen einer neuen Religion - Das Beispiel der Vereinigungskirche", Kösel Verlag, 1981

zen ernstgenommen wird - es also ein „irdisches Himmelreich des Guten geben wird"[4] -, werden für seine Erlangung Bedürfnisse aufgeschoben. Da die Ursachen des Bedürfnisaufschubes oder des - wie ich es nennen würde - Wiederherstellungsethos in Glaube und Hoffnung auf die Wiederherstellung des ursprünglichen Ethos liegen, bedarf vor allem das letztere einer genaueren Interpretation. Im folgenden werde ich dies mit besonderem Augenmerk auf die soziale Dimension versuchen.

Als zugrundeliegende Texte dienten vor allem die vereinigungskirchlichen Schriften: Die Göttlichen Prinzipien, Unification Thought, The Divine Principle, Study Guide und Unification Theology. Darüber hinaus wurde Communism: A Critique and Counter Proposal herangezogen.

Wechselwirkung und Gesellschaft

Die Vereinigungstheologie lehrt, dass jedem Vorgang polare Eigenschaften oder polare Elemente zugrunde liegen, die in dem Elemente- bzw. Energieaustausch einer Beziehung ihren Ausdruck finden.[5] Solch eine Wechselbeziehung oder -wirkung eines Vorgangs kann als harmonisch beschrieben werden, wenn die Einzelzwecke, also die Zwecke der Einzelelemente (-teile, -personen oder -gruppen), mit dem Ganzheitszweck, d.h. dem Zweck des ganzen Vorgangs, der das Harmoniezentrum des Ganzen bildet, in harmonischem Einklang stehen. Zur Erhaltung einer harmonischen Wechselbeziehung muss der Ganzheitszweck der leitende Zweck sein. Die Vereinigungstheologie lehrt jedoch ausdrücklich, dass beide Zwecke unabkömmlich sind und dass daher der Einzelzweck dem Ganzheitszweck und der Ganzheitszweck dem Einzelzweck dienen sollte. Für die Aufrechterhaltung einer blühenden und gedeihenden Gesellschaft (Ganzheitszweck) ist nach der Lehre der Vereinigungskirche das Geben gegenüber dem Empfangen bzw. Nehmen richtungsführend.[6]

Eine Gesellschaft kann (vorläufig) dann als harmonisch und gerecht definiert werden, wenn all ihre Teilzwecke (Interessen und -gruppen) durch Ausrichtung auf den Ganzheitszweck miteinander in harmonischem Einklang stehen. Diese Definition ist natürlich noch viel zu vage und abstrakt, umreißt aber dennoch das wesentliche Funktionsziel einer Gesellschaft. Die Harmonie oder der Zweck des Ganzen bedürfte noch einer genaueren Bestimmung, da er eine leitende bzw. richtungsweisende Funktion einnimmt und die Harmonie der Einzelzwecke immer in Beziehung zu diesem Ganzheitszweck bzw. der Harmonie des Ganzen definiert werden muss. Die eigentliche Frage richtet sich also nach dem Sinn und Zweck der Gesellschaft (Zweck des Ganzen). Um sie zu beantworten, muss man sich eingehender mit dem Schöpfungsideal der Vereinigungstheologie beschäftigen.

Die drei Segen und die Gesellschaft

Das Himmelreich ist die Erfüllung des Schöpfungsideals Gottes, auf das man sich immer als wirkliches Ganzes beziehen muss. Gemäß der Vereinigungstheologie gab Gott dem Menschen nämlich drei Segen: fruchtbar zu sein, die Erde zu füllen und sie sich untertan zu machen (1. Mose 1,28). Dies bedeutet, dass der Mensch Vollkommenheit auf der Ebene der Einzelperson, Familie bzw. Gesellschaft und der Umwelt bzw. des Universums erreichen sollte. Nur auf Basis der Erfüllung dieser Segen[7] kann letztlich die gottgewollte, ideale Gesellschaft und somit das Himmelreich auf Erden und in der geistigen Welt entstehen.[8] Aus der Sicht der Vereinigungstheologie besteht das Himmelreich Gottes also im wesentlichen aus drei Komponenten oder Dimensionen; nämlich der Beziehung des Menschen zu Gott, der Menschen untereinander und des Menschen zur Natur. Obwohl alle drei aufs engste miteinander verknüpft und voneinander abhängig gesehen werden müssen, kann man sie wie folgt einzeln typologisieren: (siehe Abb. 1)

Dieses Schema soll eine Möglichkeit veranschaulichen, die Realität aus drei Dimensionen heraus zu erklären, wobei die drei Segen als Parameter dienen. Eine Realität, in der diese drei Segen erfüllt sind, wird durch die Vervollkommnung der drei ihr entsprechenden Dimensionen zur vollkommenen Realität, d.h. zum Königreich Gottes. Die drei Dimensionen sind im Grunde nichts anderes als die durch die drei wesentlichen Beziehungen (Mensch-Gott, Mensch-Mensch, Mensch-Natur) geschaffenen Realitäten.

Hinsichtlich der Beziehungen der drei Dimensionen zueinander wird aus dem Schema ersichtlich, dass der zweite Segen bzw. Dimension zwischen dem ersten und dritten steht und eine Vermittlungs- und

Parameter der Realität / Perspektiven der Realität	Erster Segen	Zweiter Segen	Dritter Segen
Vollkommenheit	individuell	familial, sozial	universal
Wertebereich	subjektiv	beides (subjektiv und objektiv) in Harmonie	objektiv
Rolle oder Natur des Menschen	Objektiv (Jüngerschaft)	Vater- und Mutterschaft (austauschbar, bzw. beide in rotierender Harmonie[9])	Subjekt (Meisterschaft)
Beziehung	mystisch, theologisch, religiös	sittlich, soziologisch, politisch	wissenschaftlich, technisch, wirtschaftlich
Standart	Gewissen	Sittlichkeit	Fähigkeit
Erziehung	guter Charakter	guter Bürger	guter Arbeiter
	↓ 1. Dimension	↓ 2. Dimension	↓ 3. Dimension

Abb. 1: Parameter und Perspektiven der Realität

Harmonisierungsfunktion zwischen beiden einnimmt. Sie vereinigt die beiden Extreme, hält sie in harmonischer Spannung und bildet so ihren Berührungsbereich. Durch die Verschmelzung in diesem Berührungsbereich wird sie zu einer arteigenen Dimension,[10] die einer soziologischen und sozialethischen Betrachtungsweise entspricht. Die einzelnen Dimensionen lassen sich voneinander nicht eindeutig abgrenzen, denn sie gehen fließend ineinander über. Sie unterscheiden sich vielmehr in ihren Schwerpunkten bzw. Tendenzen. Während die Tendenzen des ersten und dritten Segens komplementär sind (z.B. individuell und universal), ihre Schwerpunkte sich also unterscheiden, tendiert der zweite Segen zur harmonischen Mitte der beiden anderen Tendenzen und bildet somit den Schwerpunkt aller drei Segen. Wenn man nun nach dem Zweck der ganzen Realität fragt, kann man aus dem obigen schließen, dass er mit dem Zweck des zweiten Segens identisch ist. D.h., die Zwecke der beiden anderen Segen sind Teilzwecke der zweiten, ohne deren Erfüllung des zweiten Segens nicht verwirklicht werden kann.[11] Umgekehrt hängen der erste und dritte Segen wiederum von der Erfüllung des zweiten ab.[12]

Wenn der Zweck des Ganzen mit dem Zweck des zweiten Segens übereinstimmt, kann man folgern, dass das Königreich Gottes mit der Erfüllung des zweiten Segen beginnt, d.h. bei der Mit-Schöpfung von Kindern Gottes. In Hinblick auf das Thema dieses Aufsatzes spielt der zweite Segen also in mehrfacher Weise eine wichtige Rolle: wegen ihrer zentralen Stellung im Schöpfungsideal und den ihr damit zukommenden Funktionen und wegen ihrer typisch sozialen Dimension. Daraus kann man folgern, dass die soziale Dimension[13] eigentlich die zentrale Dimension in der Vereinigungstheologie ist und dass sie das wesentliche Moment des unifikatorischen ursprünglichen Ethos darstellt. Mit anderen Worten, das Ideal, das in der Erfüllung der drei Segen liegt, ist durch und durch sozial.[14] Eine ideale Gesellschaft aufzubauen ist daher das eigentliche Ziel (Ideal) der Vereinigungskirche.[15]

Ethik und Struktur der Gesellschaft

Die soziale Dimension bringt durch den zweite Segen die subjektive geistige Welt des Individuums, deren Parameter der erste Segen ist, mit der objektiven gegenständlichen Welt des Universums, deren Parameter der dritte Segen ist, in eine harmonische Beziehung. D.h., die soziale Dimension hat subjektive wie auch objektive Eigenschaften. Diese Eigenschaften stehen unter einer Wechselwirkung, die von dem zweiten Segen, dem Parameter dieser Dimension, kontrolliert wird. Was die Beziehungen in einer Gesellschaft anbetrifft, so ist die charakteristische subjektive Ebene (Werte) der sozialen Dimension die Sittlichkeit bzw. soziale Ethik (im Gegensatz zur subjektiven Ebene der individuellen Dimension, die das Gewissen ist), während die charakteristische objektive Ebene (Funktion) der sozialen Dimension die Gesellschaftsstruktur und -form bzw. Soziologie ist (im Gegensatz zur objektiven Ebene des Universums, die die organische Struktur des Universums ist). Sittlichkeit und Sozialstruktur stehen also in einer Wechselbeziehung. Beide ähneln sich: die Gesellschaftsstruktur entspricht Werten und ist folglich nicht wertfrei, und soziale Werte entsprechen bestimmten Gesellschaftsstrukturen und haben deshalb institutionelle Implikationen. Da Werte und Institutionen unter einer Wechselwirkung stehen, können sie nicht total getrennt gesehen werden; vielmehr bedürfen sie ihrer gegenseitigen Existenz.

Die Entstehung einer Gesellschaft beinhaltet somit immer eine Institutionalisierung von Werten und eine Bewertung („Sakramentalisierung" im weitesten Sinne der Bedeutung) von Einrichtungen bzw. Gesellschaftsstrukturen. Das Heilige und das Weltliche entsprechen einander; denn sie können auf Grund ihrer Wechselwirkung, die durch die soziale Dimension harmonisiert wird, niemals total getrennt werden. Somit schafft der Mensch durch die Errichtung der Gesellschaft eine Dimension, in der das Heilige in eine engere Beziehung zum Weltlichen rückt. Diese Dimension wird zur spezifisch menschlichen Dimension, in der Gott und Natur eins werden.[16]

Familie und Gesellschaft

Die Vereinigungstheologie lehrt, dass die zentrale Institution, die sich aus dieser Verschmelzung ergibt, bzw. in der diese Verschmelzung stattfindet, die Ehe und Familie ist.[17] Dort entsprechen Struktur (Form) und Werte (Liebe) einander vollkommen, wobei organische Struktur und Werte in eine soziologische und ethische Dimension transformiert

Familie und Gesellschaft in der VK

werden.[18]

Die zentrale Bedeutung der Familie liegt in der Vermehrung von Kindern Gottes, ihrem Reifungsprozess und ihrer Vervollkommnung; d.h. in der Wiederholung des Schöpfungsaktes Gottes auf menschlicher Ebene, nämlich der Transformierung der Funktion Gottes. Dieser Schöpfungsakt kann nur dann als identisch mit dem Schöpfungsakt Gottes gesehen werden, wenn der Mensch individuelle Vollkommenheit erreicht hat. Aus funktioneller Sicht ist die Familie die Institutionalisierung des Schöpfungsaktes Gottes, des Wachstumsprozesses und der Vervollkommnung der ersten beiden Menschen. Sie ist also die Sicherstellung der Ererbung und Vererbung der Liebe Gottes, d.h. der Vermehrung von Kindern Gottes auf menschlicher Ebene. Die Familie ist also die grundlegende Institution, die Gott Mensch und Mensch Gott werden lässt. In ihr wird der Zweck der Schöpfung verwirklicht, denn sie ist der Ort, wo die Liebe Gottes im wesentlichen erfahren, weitergegeben und vermehrt wird. Die Gesellschaft sollte ebenfalls dem Zweck dienen, die weitere Vermehrung der Liebe und aller Werte Gottes sicherzustellen.[19] Auf ethischer bzw. soziologischer Ebene dient die Familie als Modell, um den Standard (Sittlichkeit) einer idealen Gesellschaft zu sichern. Dies geschieht, indem sie die Harmonie der subjektiven und objektiven Dimension durch die Institutionalisierung der wesentlichen (persönlichen) sozialen Rollen und Funktionen als das Soziale standardisiert. Die Familie ist also auf Grund ihres Grundmodellcharakters für Werte und Wertvermittlung von zentraler Bedeutung.[20] Ethisch und soziologisch ist also nicht die Einzelperson, sondern die Familie die kleinste in sich vollständige Moral- bzw. Sozialeinheit; denn die Form (Ausdruck) bzw. die Funktionen und Rollen des subjektiven Standards einer Einzelperson werden durch die verschiedenen familialen Beziehungen bestimmt.[21] Die Familie wird so zur ethischen und soziologischen Norm erhoben (Mikro-Gesellschaft und -Himmelreich), die der Wahrung, Erhaltung und Sicherstellung jeder Person und der Gesellschaft dient. Im Hinblick auf den subjektiven Standard einer Einzelperson (Gewissen) und ihre objektiven Fähigkeiten („Technik") wirkt diese Norm eher versichernd als beschränkend.[22]

Grundrechte der Gesellschaft

Wenn die Familie auch den Zweck der Schöpfung in sich trägt und ihr deshalb ein solch zentraler Wert zukommt, so darf sie doch keineswegs zur Absolutheit erhoben werden und zum Maßstab allen Seins werden. Vielmehr ist das Ganze, auf das man sich stets beziehen muss, das Himmelreich Gottes, gegenüber dem die Familie immer in einer dienenden Funktion steht. Die Familie ist sozusagen nur die kleinste Einheit der Norm und ist vom Wesen her mit dem Verhalten von Einzelpersonen, also mit persönlichen Beziehungen, verbunden.[23]

Diese Feststellungen erlauben es, die drei Segen bzw. ihren zentralen Zweck, die Familie, als Parameter (Kriterium) für eine konkrete Definition der gerechten Gesellschaft heranzuziehen. Das Recht, diese drei Segen zu erlangen, müsste das Grundrecht einer jeden Gesellschaft werden. Der elementare Zweck einer Gesellschaft besteht dann in der Pflicht, dieses Recht zu gewährleisten, um zur Wahrung und Erhaltung der drei Segen beizutragen. Konkreter hieße das: das Recht auf Ausübung der subjektiven Freiheit sowie das Recht auf Familie und Arbeit im Rahmen der Wahrung von Sittlichkeit hinsichtlich der Werte des Individuums, der Familie und Gesellschaft zu schützen.[24]

Familie und Organismus als Paradigma der Gesellschaft

Während der Modellcharakter der Familie maßgeblich im Bereich persönlicher Beziehungen betont wird, lässt sich aus den Quellen der Vereinigungstheologie klar erkennen, dass bei größeren Gruppen, z.B. einem Staat, der menschliche Organismus als Grundmuster in den Vordergrund rückt. Hier steht dann der vollkommene Mensch als Mikrokosmos in Persönlichkeit und organischer Struktur Modell.[25] Der menschliche Geist besteht elementar aus Gefühl, Verstand und Wille und sucht daher nach Schönheit, Wahrheit und dem Guten. Dementsprechend bilden sich Institutionen der Kunst, Wissenschaft und Religion.[26] Betrachtet man den Menschen aber vom Standpunkt der geistig-physischen Komplementarität, so können der kulturelle und der ökonomische Bereich unterschieden werden. Die Politik übernimmt dann eine mehr steuernde Funktion; nämlich die Harmonisierung beider Bereiche.[27] Das ideale politische System ähnelt den Funktionen des menschlichen Organismus (Gehirn, Rückgrat, Nervensystem, Organe, Gliedmaßen). So gleicht z.B. auch die auf Montesquieu zurückgehende Dreiteilung der Gewalten in der heutigen Gesellschaft der Beziehung und Steuerung dreier Organe im menschlichen Körper und entspricht so dem Modell einer idealen Staatsform.[28]

Sicherlich können die einzelnen Bereiche nicht isoliert verstanden werden, da sie ineinander übergreifen. Dennoch kann man eine klare Transformation der menschlichen Struktur und Funktion in den Bereich des sozialen Systems erkennen. Wie kann man jedoch die beiden Modelle - Familie und Organismus - für die Erklärung der Gesellschaft verwenden, wenn auch die Familie mit einem Organismus und die ideale Gesellschaft auf der anderen Seite mit einer Familie verglichen wird?[29]

Beide Modelle entsprechen den komplementären Eigenschaften einer Gesellschaft, die wiederum zu der Komplementarität der individuellen und subjektiven sowie der universalen und objektiven Dimension korrespondieren. Das Modell der Familie steht deshalb für den zum Inneren, Subjektiven und Individuellen tendierenden Standard (Sittlichkeit) bzw. Struktur, während das Modell des Organismus für den zum Äußeren, Objektiven und Universalen tendierenden Standard (Fähigkeit) bzw. Struktur steht. Aus Sicht des Zweckes verhalten sich beide Modelle wie innerer und äußerer Zweck zueinander, deren letztlicher Ganzheitszweck die ideale Welt ist. Während das Familienmodell demnach relativ wertbezogen ist, ist das Organismusmodell relativ wertfrei. Auch von diesem Gesichtspunkt aus kann die Bedeutung der Familie in ihrer Funktion als Grundmodell der Verschmelzung von Werten und Struktur gesehen werden, d.h. in der Transformation (Subjektivierung) des organischen Modells in den menschlichen bzw. sozialen Bereich und in der Objektivierung (Institutionalisierung) von Werten.

Zusammenfassend kann hier festgehalten werden, dass das Familienmodell zur Bestimmung der subjektiven und das Organismusmodell zur Bestimmung der objektiven Komponente des Standards oder der Struktur einer Gesellschaft dient. Wenn familiale Beziehungen der wesentliche Zweck des Menschen und der Gesellschaft sind, so muss das Familienmodell immer das innere und richtungsführende Kriterium einer Gesellschaftsform sein. Die Verankerung der drei Segen in den Grundrechten muss also in der Wahrung der Familie ihren Ansatz haben. Das entscheidende Kennzeichen einer Gesellschaft ist demnach ihre Stellung zur Familie. Ihre Grundstruktur ist deswegen immer nur annähernd mit den Funktionen eines Organismus zu vergleichen. Die Gesellschaft muss immer ein humanisierter Organismus mit der in den drei Segen aufgezeigten humanen Natur sein.

Gesellschaftsform und -reform

Was die spezifische Gesellschaftsform angeht, so gibt es darüber in der Vereinigungstheologie bisher noch keine detailliertere Abhandlung.[30] Es wird jedoch in Unification Thought erwähnt, dass die ideale Gesellschaft trikoistisch sei und in ihr „co-life, co-prosperity and co-justice" herrschen.[31] Die demokratische Gesellschaftsordnung geht ihr voraus und ist ihr im Vergleich zu anderen, besonders in Form des demokratischen Sozialismus, am ähnlichsten.[32] Nähere Hinweise können jedoch aus der implizierten politischen Philosophie im zweiten Teil der Göttlichen Prinzipien und aus der gegenwärtigen Haltung der Vereinigungskirche zur Weltpolitik gewonnen werden.[33]

Auffällig ist vor allem die stark antikommunistische Komponente und die Anlehnung an das westliche demokratische System. In Communism: A Critique and Counter Proposal wird in rigoroser Weise das ganze ideologische System des marxistisch-leninistischen Kommunismus kritisiert: seine ökonomische Theorie und sein dialektischer und historischer Materialismus. Die Kritik am Kapitalismus beruht im wesentlichen auf der ungerechten Verteilung des Profits. Dort liegen die Widersprüche, nicht im System selbst. Um diese Widersprüche zu beseitigen, genügte eine politische und geistige Reform. Für eine gewalttätige Revolution ist kein Grund vorhanden.[34]

Die Reformation, die die Vereinigungskirche beabsichtigt und deren motivierendes Zentrum sie zu sein versucht, ist - wie oben ausgeführt - religiöser und sozialer Natur. Da ihr Ziel eine Gesellschaft des Konsens[35] ist, wird sie sich im Rahmen demokratischer Institutionen bewegen. Das hauptsächliche Augenmerk dieser Reformation wird vor allem auf die Familie gerichtet sein; denn sie bildet das Kriterium für die Harmonisierung der Einzelperson und der Gesellschaft und ist die eigentliche Heimstatt der Liebe. Die Vereinigungskirche versteht sich daher im Grunde als eine Reformbewegung der Familie. Während das Ethos der Reform offensichtlich im Vordergrund steht, so ist doch das Ethos der Familie das innere, existentielle und leitende Ethos.

Abschließend kann man feststellen, dass es sich bei der Vereinigungskirche um eine Re-Form Bewegung handelt, deren Ethos die Re-Formung bzw. Re-Konstruktion der Gesellschaft ist, d.h. die Reform und Formung sowie die Rekonstruktion und Konstruktion der Gesellschaft. Präziser ausgedrückt heißt das, dass diese Re- und Konstruktion der sozialen Realität eine soziale Re- und Konstruktion ist, im besonderen eine Re- und Konstruktion der subjektiven Ebene der sozialen Realität, d.h. des ethischen Standards einer Gesellschaft, dessen Modell die Familie ist. Die Re- und Formung betrifft also mehr den religiösen und sittlichen Standard als die Re- und Formung der Institutionsstruktur der Gesellschaft, ist aber nach den obigen Ausführungen immer noch sozial. Dieser Aufsatz sollte vor allem einen Versuch darstellen, die Bedeutung des Familienmodells in der Formung und Konstruktion der Gesellschaft als den eigentlichen Beweggrund des Re- und Form-Ethos der Vereinigungskirche aufzuzeigen.

ANMERKUNGEN DES AUTORS

[1] Eileen Barker "Der professionelle Fremde: Erklärung des Unerklärlichen beim Studium einer abweichenden religiösen Gruppe", in Günter Kehrer (Hrsg.) "Das Entstehen einer neuen Religion – Das Beispiel der Vereinigungskirche", Kösel Verlag 1981

[2] Eileen Barker, a.a.O.

[3] Siehe dazu seinen Beitrag in Band II

[4] Günter Kehrer, a.a.O.

[5] Die Göttlichen Prinzipien, 2 1973, S. 44-59

[6] Die Göttlichen Prinzipien, a.a.O., S. 60 und The Divine Principle, Study Guide, 1977, S. 28-29.

[7] Segnung ist hier im Sinne von Auftrag oder Mandat wie auch im Sinne von Segen und Glück gemeint, beinhaltet also Verantwortung und Belohnung.

[8] Siehe dazu den Abschnitt über den Zweck der Schöpfung, in: Die Göttlichen Prinzipien, a.a.O., S. 59-64

[9] In Unification Thought, New York 1973, S. 90 (Note), wird z.B. die Austauschbarkeit bzw. Rotation der Subjekt- und Objektpositionen behandelt

[10] In den Göttlichen Prinzipien, a.a.O., S. 56-57, wird dies folgendermaßen dargestellt:"Ebenso ist der Punkt, an dem Adam und Eva als Ehemann und Ehefrau zu einer Einheit werden, gleichzeitig auch der Punkt, an dem Gott, das Subjekt der Liebe, und der Mensch als Objekt der Schönheit zu einer Einheit werden, somit das Zentrum des Guten bilden und den Zweck der Schöpfung erfüllen. Gott, der unser Vater und unsere Mutter ist, kann dann zum ersten Male in Menschen, die als seine Kinder Vollkommenheit erreichen, in Frieden für alle Ewigkeit wohnen. Dieses Zentrum würde dann ein Objekt der ewigen Liebe Gottes sein, durch das er angeregt würde, Glück zu empfinden in alle Ewigkeit. Anders ausgedrückt, das Wort Gottes nimmt dann zum ersten Male in der menschlichen Geschichte physische Gestalt an. Dieser Punkt wird daher zum Zentrum der Wahrheit und ebenfalls zum Zentrum des ursprünglichen Geistes des Menschen, der ihn bewegt, den Zweck der Schöpfung zu erfüllen... Als der Mensch fiel, verlor das Universum dieses Zentrum. Seitdem sehnt und ängstigt sich die Kreatur und wartet auf die Erscheinung der Kinder Gottes, d.h. auf Menschen in ihrer wiederhergestellten ursprünglichen Natur, um ihr Zentrum zu werden (Rom 8,19-20)."

Der Mensch wird sozusagen zur Nahtstelle des Universums, an der alles in ihm eins wird. Dieses Einssein ist ja die wesentliche Eigenschaft Gottes, die der Mensch dann widerspiegelt und verkörpert. Auf der anderen Seite ist diese

Familie und Gesellschaft in der VK

Dimension schon deswegen nötig, um die Harmonie der Realität herzustellen. Die Vereinigungstheologie lehrt, dass immer drei Punkte für eine Stabilisierung notwendig sind (The Divine Principle, Study Guide, a.a.O., S. 38).

11 Wie in der vorhergehenden Fußnote zitiert, wird gerade im zweiten Segen der Zweck der Schöpfung erfüllt.

12 Die Wechselwirkung ist also die wesenhafte Beziehung der Segen untereinander.

13 Die soziale Dimension soll hier nicht im engeren Sinn, sondern als eine Gott und Natur miteinschließende Dimension verstanden werden; eine Dimension, die im sozialen menschlichen Bereich ihre Achse hat. Die Beziehung zu Gott und Natur sind auch soziale Beziehungen, wenn auch Grenzfälle. Das Bewusstsein des Menschen ist fähig, Gott und Natur als Objekte miteinzubeziehen. Von seinem Wesen her gesehen ist der Mensch doch generell gesellschaftsbezogen, d.h. sozial. Selbst seine Gottesbegriffe und Konzepte der Natur sind anthropomorphisch und sozialbezogen. Sein Bewusstsein ist hauptsächlich sozial. Folglich ist die Vereinigungstheologie eigentlich eine "Sozialtheologie", d.h. eine im Sozialen fundierte Theologie. Alle Aktivitäten und alles Leben in der Vereinigungskirche werden also immer zum Sozialen und Gesellschaftlichen drängen. Gerade weil in der Vereinigungstheologie das soziale bzw. bezugsbezogene Element zentral ist, ist sie diesseitig, anthropozentrisch und aktivistisch. G. Kehrer hat recht, wenn er dieses Ethos auf den Glaubenssatz, "dass es ein irdisches Himmelreich des Guten geben wird" (a.a.O., S. 177), zurückführt. Dennoch muss hervorgehoben werden, dass dieses Ethos in der spezifisch unifikatorischen Betonung der sozialen Dimension seine Wurzeln hat. Dies hätte vielleicht noch expliziter in dem Beitrag von G. Kehrer zum Ausdruck kommen sollen.

14 Y.O.Kim, Unification Theology, New York 1980, S. 65: "Ultimately, God is not really interested in us as individuals. He is primarily interested in us as part of a larger community. As persons we constitute a unique network of relationships. We discover God in and through those relationships. In relating to one another on the most personal level we also encounter God. We should never think, I am what I am. Actually, I am because of you. All that I am is determined by what others are. We have our being in community." Im nächsten Absatz weist Y.O.Kim aber gleich auf die weitere Bedeutung der sozialen Komponente in der Vereinigungstheologie hin: "Nevertheless, Unification Theology goes far beyond a religion based upon social solidarity. Even though God is always our universal Father, it is possible to have a very private relationship with him."

15 Ein ebenso stützendes Argument für die Bedeutung der zwischenmenschlichen Beziehungen liegt in der Liebe als dem höchsten Gut des Menschen, die ihre Heimstatt in der Familie hat.

16 Es soll hier auf gewisse Parallelen des Verständnisses der Gesellschaft zwischen Dürkheim und der Vereinigungstheologie hingewiesen werden, die jedoch noch einer genaueren Untersuchung bedürfen.

[17] Siehe Fußnote 10

[18] Die relevanten Strukturen und Werte werden durch die metaphysischen Prinzipien des These-Division-Synthese-Vorgangs, des Zweckes des dreifachen Objektes und der Grundlage der vier Positionen beschrieben. (Göttliche Prinzipien, a.a.O., S. 48-50).

[19] Im Gegensatz zu G. Kehrers Argument liegt die Bedeutung der Familie nicht primär in ihrer Funktion für die Wiederherstellung der Welt, sondern in ihrer existentiellen Notwendigkeit für das Menschsein. Nur durch sie ist es möglich, die Werte Gottes als Mensch zu erlangen. Die Welt wird selbstverständlich durch die Familie wiederhergestellt, wesentlich aber auch durch sie erhalten. Die Wurzeln für den Wiederherstellungseifer liegen gerade in der wirklichen Erfahrung dieser Tatsache im sozialen Leben, überall dort, wo familiale Verhältnisse dieses Ideal durchscheinen haben lassen.

[20] Der Beitrag von H.J. Helle "Familie als Grundmodell für Werte und Wertvermittlung" ist besonders relevant in diesem Zusammenhang (in: A. Pans (Hrsg.), 1979,S. 255-304).

[21] Unification Thought, a.a.O., S. 228.

[22] Unification Thought, a.a.O., S. 239.

[23] Y. O. Kim bemerkt: "Reinhold Niebuhr insisted that love is and has to be limited to direct person-to-person contacts. We simply cannot relate to a whole group with the closeness experienced toward specific individuals" (a.a.O., S. 65).

[24] Diese Forderungen mögen naiv klingen, doch dienen sie mehr dazu, Tendenzen aufzuzeigen und einen Dialog über bessere Menschenrechte anzuregen.

[25] Die Göttlichen Prinzipien, a.a.O., S. 62-64

[26] The Divine Principle, Study Guide, a.a.O., S. 59-60.

[27] Unification Thought, a.a.O., S. 289.

[28] The Divine Principle, Study Guide, a.a.O., S. 106-107.

[29] Die Göttlichen Prinzipien, a.a.O., S. 62-64.

[30] Unification Thought, a.a.O., S. 296.

[31] A.a.O., S. 285.

[32] Ebd., S. 284-288 und Die Göttlichen Prinzipien, a.a.O., S. 490-493

[33] G. Kehrer hat in seinem Beitrag schon darauf hingewiesen.

[34] S.H.Lee, Communism: A Critique and Counter Proposal, 1973, S. 235.

[35] Konsens soll hier als freiwillige Zustimmung verstanden werden. Die Ähnlichkeit dieses Begriffs mit der Bedeutung der Wechselwirkung fällt auf. Man könnte deswegen die ideale Gesellschaft auch eine Gesellschaft der harmonischen Wechselwirkung nennen.

WAS STEHT IN DER SOGENANNTEN WIENER STUDIE?[1]

Werner Fehlberg

1981 wurde von Herbert Berger und Peter Hexel eine Grundlagenstudie zu Thema "Ursachen und Wirkungen gesellschaftlicher Verweigerung junger Menschen unter besonderer Berücksichtigung der 'Jugendreligionen'" fertiggestellt, die die Bundesregierung mit einem Kostenaufwand von ca. 300.000 DM in Auftrag gegeben hatte. Vier neue religiöse Bewegungen wurden ausgiebig untersucht: Vereinigungskirche, Ananda Marga, Scientology-Kirche und Divine Light Mission. In der Zusammenfassung wichtiger Ergebnisse der sogenannten "Wiener Studie" heißt es:

"*Auf Grund der Auswertung der Tiefeninterviews und der psychologischen Testverfahren konnte nicht festgestellt werden, dass die NRB (Neue Religiöse Bewegungen) pathologische Syndrome in der psychischen Struktur ihrer Mitglieder hervorbringen. Psychisch labile Personen erfahren häufig durch den Anschluss an eine NRB eine gewisse Stabilisierung. So konnten viele eine frühere Drogenabhängigkeit überwinden. Bei der Ablösung von einer NRB treten zweifellos unterschiedlich schwere psychische Belastungen auf, die bei solchen, die schon vor ihrem Beitritt zur NRB psychische Störungen aufwiesen, zu schweren Krisen führen können. Die Mitglieder der NRB erfahren deutliche Veränderungen ihrer Persönlichkeit und ihrer Verhaltensweisen.*

---

[1] Berger, Herbert und Hexel, Peter C. "Ursachen und Wirkungen gesellschaftlicher Verweigerung junger Menschen unter besonderer Berücksichtigung der „Jugendreligionen'", Wien 1981. Zu erhalten bei: Europäisches Zentrum für Ausbildung und Forschung auf dem Gebiet der sozialen Wohlfahrt, Berggasse 17, A-1090 Wien.

Die Mitglieder beurteilen das ausschließlich als positiv, da sie ihrer Ansicht nach an Orientierung, Selbstsicherheit, Beziehungsfähigkeit, Ausgeglichenheit etc. gewonnen haben. Auch die Ehemaligen erwähnten diese Aspekte immer wieder und sehen in der Zeit ihrer Mitgliedschaft meist eine konstruktive Phase ihres Lebens, über die sie jetzt hinausgewachsen sind... In keinem Fall konnten wir Hinweise auf eine sogenannte Psychomutation finden. Auch Eltern haben immer wieder festgehalten, dass sich das Wesen ihres Kindes nicht grundlegend geändert habe."[2] *S. 369f*

Bis heute sind die Ergebnisse der Studie in der Öffentlichkeit so gut wie unbekannt. Sie wurden von der Bundesregierung als Auftraggeber sozusagen totgeschwiegen. Das dürfte in erster Linie damit zusammenhängen, dass die Ergebnisse und Schlussfolgerungen nicht den Erwartungen der Auftraggeber entsprachen. Nach wie vor lässt sich auch eine erhebliche Diskrepanz zwischen der öffentlichen und der wissenschaftlichen Diskussion in Bezug auf die Neuen Religiösen Bewegungen feststellen. Gerade im Sinne einer Versachlichung der immer noch recht irrationalen Diskussion über das Phänomen der NRBs ist es wichtig, die Erkenntnisse der wissenschaftlichen Forschung stärker der Öffentlichkeit zugänglich zu machen. Diesem Zweck soll die folgende auszugsweise Wiedergabe der Empfehlungen zum Umgang mit NRB aus der Sicht des Forschungsteams[3] dienen:

Beginn des Auszugs

4.2. EMPFEHLUNGEN ZUM UMGANG MIT NRB AUS DER SICHT DES FORSCHUNGSTEAMS

4.2.1. GRUNDLEGENDE VORAUSSETZUNGEN

Um eine Konfliktverminderung zwischen den NRB und der Gesellschaft zu erreichen - eine totale Konfliktbereinigung ist sicherlich utopisch -, sind einige allgemeine grundlegende Voraussetzungen erforderlich, die zwar für manchen Leser banal und selbstverständlich klingen mögen, die jedoch selten beachtet werden und daher an dieser Stelle genannt werden müssen.

---

[2] ibid. S.369 f.
[3] ibid. S. 354-359

Was steht in der "Wiener Studie"?

Diese Voraussetzungen sind unseres Erachtens:
--Akzeptanz der religiösen, ideologischen und kulturellen Pluralität in unserer Gesellschaft;
--Akzeptanz der Entscheidungsfreiheit des Volljährigen im Rahmen der bestehenden Gesetze; Bereitschaft, in den NRB auch solche Elemente auf der Ebene der Werte und des Verhaltens wahrzunehmen, die auch vom Standpunkt einer anderen religiösen oder ideologischen Einstellung her als positiv gewertet werden können.

Wenn wir sagen, dass eine totale Konfliktbereinigung wahrscheinlich illusorisch ist, dann beziehen wir uns nicht auf die Dimension der Konflikte, die jede Gruppe und Gesellschaft auch dann auszutragen hat, wenn sie sich zu einer gemeinsamen Wertbasis bekennt, sondern wir meinen eben jene Konflikte, die durch die unterschiedlichen Wertvorstellungen und den daraus folgenden Verhaltensweisen zwischen den dominierenden Kräften der Gesellschaft und den NRB bestehen. Unserer Ansicht nach liegt hier der tiefste Grund für die Konfliktsituation: Die im soziokulturellen Bereich Mitteleuropas geschichtlich gewachsenen Werte und anerkannten gesellschaftlichen Ziele werden zumindest in einigen der untersuchten Gruppen radikal, von anderen zumindest teilweise abgelehnt - eine Ablehnung, die von den Jugendlichen nicht durch eine theoretische Auseinandersetzung vollzogen wird, sondern auf Grund ihres Erlebens, dass die Vermittlung der traditionellen abendländisch-christlichen, bürgerlich-liberalen, national-rassistischen und auch der sozialistisch-revolutionären Ideale und Werte nicht, beziehungsweise noch nicht, gelungen ist und sie in irgendeiner Form eine Auswegslosigkeit in diesem Konglomerat von Ismen wahrnehmen.

Die angeführten Ideale und Utopien haben an Attraktion verloren und bieten immer weniger Basis für Motivation und Engagement. Damit tritt ein individualistischer Materialismus des Produzierens und Konsumierens im Interesse des kapitalistisch organisierten Marktes in den Vordergrund. Dabei erleiden sowohl die innere wie auch die äußere Natur, in der wir zu leben haben, schwerste - teilweise irreversible - Schädigungen. Weil aber der Großteil der Umwelt der NRB noch an dieses oder an jenes Ideal glaubt oder weil sich die Generation der Eltern der Mitglieder der NRB nach dem Krieg einen kleinen Wohlstand aufgebaut hat und nun in einer für sie noch nicht wahrgenommenen Vorläufigkeit einem bescheidenen praktischen Materialismus anhängt, so ergibt sich eben ein Konflikt auf der Wertebene. Entscheidend für den Umgang miteinander ist, dass man den Konflikt zwischen den NRB und der Umwelt als einen Konflikt auf der Wertebene erkennt und auf dieser austrägt und ihn nicht in den juridischen, psychiatrischen oder administrativen Bereich abschiebt.

Sozialpsychologisch gesehen ist es verständlich, dass es die Tendenz des Abdrängens des Konflikts in die genannten Bereiche gibt. Es ist für eine Gesellschaft eine sehr bittere Erkenntnis, dass zumindest ein kleiner Teil der Jugend aus dem gesellschaftlich definierten und historisch entstandenen Rahmen des Wertkonsenses ausbricht und damit die Allgemeingültigkeit dieses Anspruchs in Frage stellt. So werden diese Menschen zu Häretikern an der allgemein gültigen Lebensorientierung - so schwammig und undefiniert diese in der heutigen Gesellschaft der Bundesrepublik Deutschland auch sein mag. Im Mittelalter gab es für Häretiker den Scheiterhaufen, für den Gottesleugner den Tod; heute werden Menschen mit abweichenden Lebenszielen diskriminiert, verleumdet und ins Abseits gedrängt.

Das Phänomen der NRB ist nur ein Ausdruck der Krise der Wert-Vermittlung an die junge Generation, es betrifft den Teil der Jugendlichen, die in neuen religiösen Idealen ihr Heil sehen. Ihnen gegenüber stehen die vielfältigen Gruppen, die der sogenannten Alternativszene zugerechnet werden und die mit der gleichen Radikalität den traditionellen Wertkonsens der Gesellschaft hinterfragen und auf politischem und sozialem Gebiet nach neuen Wegen suchen. Neben diesen auf ein Ziel hin orientierten Gruppen und Bewegungen stehen jene Desorientierten, Ausgeschlossenen und Frustrierten, deren Entwicklungschancen - zerstört durch tiefgreifende Einbrüche und nicht durchschaute Verhältnisse - im Drogen-, Alkohol- und allgemeinen Konsum oder in Gewalt und Selbstzerstörung ihr Ende finden. Allen gemeinsam ist die Ablehnung des globalen Wertkonsenses der traditionellen Gesellschaft, alle gemeinsam stellen eine Herausforderung an die Gesellschaft dar, die Grundlagen ihrer Existenz zu überdenken.

Erst dann, wenn man bereit ist, diese Herausforderung anzunehmen, und sich nicht in die Festung der eigenen ideologischen und religiösen Position einigelt, um von dort aus den vermeintlichen Feind zu vernichten, hat es einen Sinn, von Konfliktverminderung zwischen den NRB und der Umwelt zu sprechen. Das richtet sich gegen jene, die das Feindbild der NRB möglichst grell zeichnen wollen, um sich das Hinterfragen der eigenen Position ersparen zu können. Wir haben uns in verschiedenen Gesprächen des Eindrucks nicht

Was steht in der "Wiener Studie"?

erwehren können, dass das Feindbild der NRB für manche Gruppen eine wichtige Funktion hat: Der Kampf gegen die NRB bietet die bequeme Möglichkeit, in der Auseinandersetzung mit diesem Phänomen die eigene, langsam schwindende Identität zu stärken, in diesem Kampf selbst Sinn für das eigene Dasein zu finden (wobei die damit verbundenen Organisationsformen der 'Rettungsgesellschaften' durchaus ebenfalls 'sektenartige' Strukturen annehmen), um sich und andere von den realen Bedrohungen in der heutigen Gesellschaft abzulenken.

4.2.2. EMPFEHLUNGEN FÜR DIE INFORMATIONSARBEIT

Information ist die Grundlage jedes fundierten Kommunikations- und Auseinandersetzungsprozesses als Voraussetzung dafür, miteinander über die gleichen Inhalte zu diskutieren. Wir stellten auf jeglicher Ebene einen erheblichen Informationsmangel fest. Dieser Zustand erweist sich als um so schlimmer, als zugleich sehr viel Polemik betrieben wird.

Der Informationsmangel bezüglich der NRB bezieht sich in erster Linie auf:
--die Eltern der Betroffenen;
--die Medien, die fast ausschließlich polemisieren;
--staatliche und kommunale Einrichtungen, von denen besorgte Eltern Aktionen verlangen;
--die wissenschaftliche Forschung, die sich des Themas angenommen hat.

Wir möchten hier unser eigenes Erleben wiedergeben: Wir gingen an dieses Projekt in der üblichen Weise heran. Wir begannen mit dem Studium der zugänglichen Berichte und der Literatur zum Thema. Je mehr wir lasen, desto schwieriger erschien es uns, mit den betreffenden Gruppen überhaupt in Kontakt zu kommen und sie zu einer Mitarbeit zu bewegen. Mit einer gewissen Beklommenheit betraten wir diese 'andere Welt' und mussten erst uns und unsere Partner von den angestauten Vorurteilen befreien. Auch unsere Partner: Da die NRB schon unangenehme Erfahrungen mit entstellten Berichten gemacht hatten, war es für sie nicht selbstverständlich, unseren Willen zur Objektivität als gesichert anzunehmen.

Aus unserer Sicht muss eine Information über die NRB drei Kriterien erfüllen:
Sie muss ausgewogen, sachlich und selbstkritisch sein. Ausgewogen heißt, nicht durch Anhäufung negativer und Auslassung positiver Aspekte das Bild

zu verzerren, heißt, den Beobachtungen die Bedeutung zuzumessen, die ihnen innerhalb der Gruppe zukommt, und nicht jene, die in das Interpretationsschema das Beobachters passen. Es dürfen nicht einzelne Vorkommnisse als typisch hingestellt werden, bestimmten Lebensregeln nicht eine Bedeutung zugesprochen werden, die sie nicht haben, Perspektiven dürfen nicht verzerrt werden. Das, was dem Außenstehenden zuerst in die Augen springt, mag für die Gruppe gar nicht so wichtig sein; was auf Grund der kulturellen Andersartigkeit sofort registriert wird, wird auch meist falsch interpretiert. Es ist weiters sehr billig, religiöse Riten ins Lächerliche zu ziehen und symbolische Ausdrucksweisen verschiedener Texte der Gruppen in einer Weise zu interpretieren, die den Gruppenintentionen nicht entsprechen - auch religiöse Texte der Großkirchen können auf einen nicht Eingeweihten sehr befremdend wirken, sie haben nur ihre Schärfe in der gewohnten Unverbindlichkeit verloren.

Eine sachliche Information erfordert überdies eine Beschreibung, bei der Beobachtung und Beurteilung der Beobachtung in erkennbarer Weise voneinander getrennt werden. Auch das trifft auf die gängige Berichterstattung über die NRB nicht zu. Ebenso fehlt meist das selbstkritische Element, nämlich das Einbekenntnis der Relativität und Gebundenheit des eigenen Standortes.

Bei der Berichterstattung über NRB werden diese Prinzipien permanent verletzt. Das ist deswegen möglich, weil die auf Sensationen ausgerichtete Verfälschung mit breiter Zustimmung rechnen kann. Geschädigt werden damit aber nicht nur die Mitglieder der Gruppen selbst, sondern auch ihre Angehörigen und ehemalige Mitglieder. In den Gruppen wird durch diese verfälschte öffentliche Meinung die interne Diskussion und Kritik weitgehend verhindert, die Familien sind in einem Maße beunruhigt, das nicht gerechtfertigt ist, können kaum mehr ein Gespräch mit ihrem Kind führen; Verwandte (teilweise auch Freunde) distanzieren sich häufig oder nehmen eine beobachtende Position ein, sie fühlen sich durch die Zugehörigkeit eines Familienmitgliedes zu einer der 'schrecklichen Sekten' sozial deklassiert und erschweren somit den ehemaligen Mitgliedern den Austritt und das Finden des eigenen Lebensweges erheblich.

4.2.3. DIE KONFLIKTEBENE ZWISCHEN DEN NRB UND DEN KIRCHEN

Immer wieder betonten die Befragten, dass die Kirchen nicht gegen die NRB polemisieren, sondern sich fragen sollten, warum sich Jugendliche sol-

Was steht in der "Wiener Studie"?

chen Gruppen anschließen. Die Kirchen sollten sich in selbstkritischer Weise fragen, ob sie nicht in vielfacher Hinsicht an den Jugendlichen vorbei ihre Verkündigung und Pastoral betreiben, ohne auf die Bedürfnisse der Jugendlichen einzugehen. Mit solchen Aufforderungen sind jeweils recht verschiedene Inhalte angesprochen, und man kann sicherlich nicht von den Kirchen verlangen, dass sie eine Gefälligkeitsstrategie gegenüber den Jugendlichen einschlagen. Doch kommt auch hier zum Ausdruck, dass in der eingangs geschilderten Krise des Wertkonsenses der Gesellschaft die Kirchen keine neue Orientierung vermitteln können, die wirklich als umfassendes Angebot der Sinngebung den Jugendlichen in der heutigen Gesellschaft akzeptabel erscheint.

Gerade diese Tatsache, wofür man die Kirchen nur teilweise verantwortlich machen kann, sollte die Kirchen hellhöriger für neue religiöse Bewegungen und ihre Ursachen machen, bescheidener im eigenen Anspruch und mehr bereit zum Dialog mit Andersdenkenden. Die Betroffenen erwarteten gerade von den Kirchen die Verteidigung des Rechts auf religiösen Dissens und nicht das Ausspielen der kirchlichen Macht mit dem Versuch, mit Hilfe des 'weltlichen Arms' ein religiöses Konkurrenzangebot auszuschalten.

Wesentlich zur Verbesserung der Beziehungen wäre der Verzicht auf Bezeichnungen der NRB, die als diskriminierend empfunden werden. Der Begriff ‚Sekte' ist beispielsweise für viele Menschen negativ besetzt und wäre daher besser zu vermeiden, auch wenn er religionssoziologisch gerechtfertigt werden könnte. Ähnliches trifft auf den Begriff ‚Jugendreligionen' zu, der die soziologischen Gegebenheiten in den gemeinten Gruppen immer weniger trifft, da der Anteil von Erwachsenen, die schon lange die Mehrheit stellen, ständig zunimmt. Wenn wir dennoch auch für diese Arbeit diesen Terminus als Titel verwenden, so nur deswegen, weil wir den ursprünglich gewählten Titel beibehalten mussten.

Es wäre die Aufgabe der Kirche, mit den NRB eine theologische Diskussion zu suchen, die vermutlich dann fruchtbar wäre, wenn sie nicht fundamentaltheologisch-dogmatisch ausgerichtet ist, sondern pastoraltheologisch, das heißt wenn im Mittelpunkt der Diskussion die Frage stünde, wie den um Ideale und Lebensorientierung ringenden jungen Menschen aus dem Besten der jeweiligen Traditionen Hilfe geboten werden könnte. Das verlangt von jeder religiösen Gruppe, dass das Interesse an der Erhaltung und am Ausbau der eigenen Institution zurück- und das des Dienstes am Menschen in den Vordergrund gestellt wird.

4.2.4. KONFLIKTEBENE ZWISCHEN DEN NRB UND DER ÖFFENTLICHEN VERWALTUNG

Die staatliche Kompetenz sollte sich unseres Erachtens in dieser Frage auf folgende Gebiete beschränken:

--die Einhaltung der bestehenden Gesetze (zum Beispiel unverletzliche Rechte der Person laut Grundgesetz, finanzielle Gebarung, Steuergesetzgebung, Arbeits- und Vertragsrecht usw.) durch die NRB zu beobachten;

--Hilfeleistung bei der sachlichen Information über die NRB, da die Medien diese Aufgabe weitgehend nicht erfüllen;

--Hilfeleistung bei speziellen Konfliktfällen, zum Beispiel wenn Ausgetretene Schwierigkeiten haben, sich in die alte Umgebung neu zu integrieren.

Wieweit sind nun die staatlichen Behörden aufgefordert, den Jugendlichen oder Erwachsenen vor ungerechter Behandlung durch eine NRB zu schützen? Soweit es sich um Tatbestände handelt, die mit den bestehenden Gesetzen belangbar sind, ist die Frage leicht zu beantworten. Wie verhält es sich jedoch mit der durch die Organisationen hervorgerufenen oder auch nur vermuteten psychischen Abhängigkeit, wie mit der psychischen Gefährdung durch die NRB, die immer wieder ins Treffen geführt werden? Wir haben versucht, im Teil II detailliert zu beschreiben, welche Veränderungen und Auswirkungen durch die Mitgliedschaft wir wahrgenommen haben, und ziehen den Schluss, dass in dieser Frage administrative Instrumente nicht adäquat sind, sondern nur pädagogische, also eine Erziehung der Jugend zu Kritik und Selbstbewusstsein, eine Erziehung zum Hinterfragen jeden autoritären Anspruchs, sei es von politischen, wirtschaftlichen oder religiösen Führern.

Ende des Auszugs

STELLUNGNAHME DER VEREINIGUNGSKIRCHE E.V. ZUM ENDBERICHT DER ENQUETE-KOMMISSION "SOGENANNTE SEKTEN UND PSYCHOGRUPPEN" DES DEUTSCHEN BUNDESTAGES [1]

Siegfried Klammsteiner

Allgemeine Bemerkungen

Die am 9. Mai 1996 vom Deutschen Bundestag eingesetzte Enquete-Kommission "Sogenannte Sekten und Psychogruppen" legte am 9.6.1998 ihren Endbericht vor. An den zweijährigen Untersuchungen beteiligte sich die Vereinigungskirche e.V. auf Einladung der Kommission durch ihre Teilnahme an einer nicht-öffentlichen Anhörung sowie durch die Beantwortung der von der Kommission vorgelegten Fragenkataloge. Diese Antworten finden Sie im Internet unter www.vereinigungskirche.de unter dem Stichwort "Vereinigungskirche und Gesellschaft". Parteiübergreifend machten die Kommissionsmitglieder eine Reihe von Aussagen, denen grundsätzliche Bedeutung zukommt. Auf einige von ihnen soll hier kurz eingegangen werden:

Unter Kapitel 6 "Stellungnahme und Handlungsempfehlungen" wird zunächst die vom Grundgesetz geforderte Neutralität des Staates unterstrichen:

"*Der Staat hat gemäß der in Artikel 4 Grundgesetz festgeschriebenen Neu-*

---

[1] Endbericht der Enquete-Kommission "Sogenannte Sekten und Psychogruppen", Bundesdrucksache 13/10950 vom 9.6.1998

tralität und Toleranz die Entscheidung und das Bekenntnis des einzelnen zu seinem Glauben zu respektieren" (S.148-149)

Über die untersuchten neureligiösen Gruppierungen wird festgestellt:

"Bezüglich der laut Einsetzungsbeschluss hier besonders zu untersuchenden Gruppenstrukturen, Aktivitäten und Ziele ist festzustellen, dass diese zunächst und grundsätzlich nicht aus dem Rahmen von Religionen, religiöser Gruppen, Weltanschauungsgemeinschaften, aber auch anderer gesellschaftlicher Gruppen fallen". (S.149)

Der Endbericht verwirft kategorisch die Annahme, dass von neureligiösen Vereinigungen eine Gefahr für Staat und Gesellschaft ausgeht:

"Zum gegenwärtigen Zeitpunkt stellen gesamtgesellschaftlich gesehen die neuen religiösen und ideologischen Gemeinschaften und Psychogruppen keine Gefahr dar für Staat und Gesellschaft oder für gesellschaftlich relevante Bereiche". (S.149)

Darüber hinaus wird empfohlen, den historisch schwer belasteten Begriff "Sekte" zum Zwecke einer sachlich geführten Auseinandersetzung mit neureligiösen Bewegungen gänzlich zu vermeiden:

"In Anbetracht der in Kapitel 2 dargestellten Unschärfe und Missverständlichkeit des Begriffes der 'Sekte' hält es die Enquete-Kommission für wünschenswert, wenn im Rahmen der öffentlichen Auseinandersetzung mit neuen religiösen und ideologischen Gemeinschaften und Psychogruppen auf die weitere Verwendung des Begriffes 'Sekte' verzichtet würde. Insbesondere in Verlautbarungen staatlicher Stellen - sei es in Aufklärungsbroschüren, Urteilen oder Gesetzestexten - sollt zukünftig die Bezeichnung 'Sekte' vermieden werden." (S.154)

Auch der Unterstellung, neureligiöse Gruppierungen griffen auf Techniken der "Psychomutation" oder "Gehirnwäsche" zurück, wurde eine eindeutige Absage erteilt:

"Die Annahme einer 'Sekten-Konversion' durch eigene 'Psychotechniken' wie 'Gehirn-, Seelenwäsche' oder 'Psychomutation' ist zugunsten breiter angelegter Modelle aufzugeben." (S.149)

Ferner wird zugestanden, dass die Zugehörigkeit zu einer neureligiösen Gruppierung für das Mitglied ein Zugewinn an Lebensqualität bedeuten kann:

"Es muss jedoch auch der individuelle und soziale Zugewinn, den Men-

"Sogenannte Sekten und Psychogruppen"

schen erfahren (können), mit in Betracht gezogen werden". (S.148)
Die Vereinigungskirche begrüßt diese Erkenntnisse der Enquete-Kommission. Zurückweisen muss sie jedoch eine Reihe von Vorwürfen und Behauptungen, die im Kapitel "5.2.4.1 Die Vereinigungskirche" enthalten sind. Die folgende Stellungnahme geht detailliert darauf ein.

Stellungnahme der Vereinigungskirche

Wie bereits früher durch die Beantwortung aller Fragebögen der Enquete-Kommission "Sogenannte Sekten und Psychogruppen", die Teilnahme bei der Anhörung durch die Enquete-Kommission und durch den Kommentar zum Zwischenbericht geschehen, möchten wir uns auch zu dem nun vorliegenden Endbericht im Sinne der Fortsetzung des bisherigen Dialogs äußern. (Die Seitenangaben beziehen sich auf den Endbericht).

1. Begrüßenswert ist es, dass sich die Enquete-Kommission endgültig von dem negativ besetzten Begriff "Sekte" verabschiedet hat (S. 154), wie dies u.a. durch die Vereinigungskirche seit vielen Jahren immer wieder gefordert wurde. Die Annahme, Menschen würden durch spezielle Psychotechniken oder gar eine Gehirnwäsche zu Mitgliedern gemacht, ist nach den Erkenntnissen der Enquete-Kommission unzutreffend.

2. Bereits bei der Beantwortung der von der Kommission vorgelegten Fragen hat die Vereinigungskirche ausdrücklich darauf hingewiesen, dass für die religiöse Erziehung der Kinder allein die Eltern verantwortlich sind. Insofern begrüßen wir es, dass die Enquete-Kommission das Elternrecht der religiösen Erziehung betont (S. 148). Sie empfiehlt weiterhin, den Artikel 4 Grundgesetz weder zu ändern noch zu ergänzen (S. 150). Dem stimmt die Vereinigungskirche ausdrücklich zu. Ebenso der Schlussfolgerung, dass das vorhandene rechtliche Instrumentarium bei tatsächlichen Konfliktfällen ausreicht.

3. Was die Vereinigungskirche anbetrifft, bestätigt die Kommission, dass neue religiöse Gemeinschaften zum gegenwärtigen Zeitpunkt keine Gefahr für Staat und Gesellschaft oder tragende gesellschaftliche Bereiche darstellen (S. 149). Weder in der Vergangenheit noch in der Gegenwart ging oder geht irgendeine Gefährdung der Gesellschaft von Seiten der Vereinigungskirche aus.

4. Wir halten - wie bisher - weitere unabhängige (!) wissenschaftliche Forschungsarbeiten für notwendig. Ob dies hingegen ausgerechnet durch eine (auf S. 150 empfohlene) von Bund und Ländern mitfinanzierte und bestellte Bundesstiftung geleistet werden kann, ist fraglich. Nach dem Wortlaut des Endberichts überwiegt anscheinend nach wie vor die Absicht, die Ausstiegsberatung (S. 143) zu verstärken. Auch die "Verknüpfung der Länder und des Bundes" (S. 143) spricht nicht für eine staatsferne, unabhängige Stiftung. Die "Notwendigkeit einer gemeinsamen Herangehensweise" von Bund und Ländern wird nicht begründet und ist umso mehr unverständlich, da zur Zeit - wie die Enquete-Kommission selbst eindeutig festgestellt hat - keine allgemeine Gefährdung von den angesprochenen Gruppen ausgeht. Verräterisch ist schon das an erster Stelle genannte Aufgabenfeld der Stiftung (S. 144): "Schaffung eines inhaltlich und finanziell qualifizierten Rahmens für die mit der Thematik befassten Beratungsstellen". Sollen hier durch die Hintertüre bereits ergangene Gerichtsurteile umgangen oder ausgehebelt werden, die es dem Staat untersagt haben, private Beratungsstellen zu finanzieren (s. sogenanntes Osho-Urteil des BVerwG vom 27.3.92, s. Endbericht S. 61)? Außerdem kritisiert der Endbericht in diesem Zusammenhang sogar selbst, dass "Beratung" bisher hauptsächlich als Ausstiegs- und Anti-Sektenberatung durchgeführt wurde (s. S. 160).

5. Unverständlich erscheint uns weiterhin die Empfehlung, das Bundesverwaltungsamt (BVA), genauer mit dem 1993 eingerichteten Fachreferat "Jugendsekten und Psychogruppen" (S. 61), mit weiteren Kompetenzen auszustatten. Was hat dieser Vorschlag der Kommission mit einer angeblich unabhängigen Stiftung zu tun? Offensichtlich hat die Kommission auch die Stellungnahme der Vereinigungskirche zu der von eben diesem Amt produzierten Broschüre "Sogenannte Sekten und Psychogruppen - Die Mun-Bewegung" nicht gelesen. Dabei hat die Vereinigungskirche in ihrer Broschüre "Staatliche Diskriminierung einer religiösen Minderheit" detailliert nachgewiesen, dass in der Publikation des BVA eine Vielzahl falscher Behauptungen, grober Unwahrheiten, verzerrter Darstellungen und unzulässiger Wertungen enthalten sind, welche die Vereinigungskirche in höchstem Maße diskreditiert haben. Es ist geradezu unerträglich, wenn solch einer fach-

"Sogenannte Sekten und Psychogruppen"

lich offensichtlich nicht qualifizierten und an sachlichem Dialog desinteressierten Stelle jetzt noch mehr Kompetenzen zugetragen werden sollen, wie die Kommission auf S. 151f empfiehlt.

6. Wir bedauern, dass es keinerlei Möglichkeit bzw. Gelegenheit zu einer weiteren Stellungnahme gab, bevor der Endbericht veröffentlicht wurde - obwohl wir unsere Dialogbereitschaft unter Beweis gestellt haben.

7. Obwohl die zweijährigen Untersuchungen ergeben haben, dass keinerlei generelle Gefahr durch neue religiöse Bewegungen besteht, gehen die Handlungsempfehlungen der Kommission größtenteils von einer diffusen "Gefahrenlage", von scheinbar mannigfachen "Konfliktlagen" und "Konfliktfeldern" aus.

8. Durch unklare, vage und verallgemeinernde Formulierungen leistet der Endbericht der Festigung alter bzw. Bildung neuer Pauschalurteile Vorschub. Ein typisches Beispiel dafür findet sich auf S. 149, 3. Abschnitt. "Nur ein Teil der neuen religiösen ... Gemeinschaften ... ist massiv konfliktträchtig." Wer damit konkret gemeint ist, wird nicht gesagt. Damit ist wieder jede Gruppe verdächtig. Und genau diese pauschalen Verdächtigungen wollte die Enquete-Kommission durch den Verzicht auf Sammelberichte (S.34) vermieden wissen: "Ferner besteht zum anderen die Gefahr unzulässiger Verallgemeinerung. Es werden dann entweder die konfliktträchtigsten und organisatorisch entwickeltsten Gruppen zum Modell und Paradigma gemacht oder konfliktträchtige Merkmale in Strukturen, Aktivitäten und Zielen additiv beschrieben und dabei der Eindruck erweckt, die so erzielte Summe von Negativmerkmalen treffe alle Gruppen und alle in gleicher Weise" (S.35). Hier zeigt sich eine deutliche Diskrepanz zwischen den Untersuchungsergebnissen einerseits und den Handlungsempfehlungen andererseits.

9. Dem selbstgestellten Auftrag, eine "ausgewogene Beurteilung" zum Thema Kinder und Jugendliche in neuen religiösen Gemeinschaften zu finden (S. 15), ist die Enquete-Kommission im Abschnitt 5.2.4 - "Zur Situation von Kindern und Jugendlichen in neuen religiösen Bewegungen und Gruppen", speziell im Abs. 5.2.4.1 über die Vereinigungskirche - nicht gerecht geworden. Die von der Vereinigungskirche zum Zwischenbericht eingereichten Einwände und Richtigstellun-

gen - gerade zum Themenbereich Ehe, Familie, Kinder und Jugendliche (s. Kommentar der Vereinigungskirche zum Zwischenbericht der Enquete-Kommission) - wurden offensichtlich überhaupt nicht zur Kenntnis genommen. Man kann nicht von einem Dialog sprechen, wie ihn die Enquete-Kommission selbst auf S. 15 fordert, wenn sachlich begründete Einwände und Richtigstellungen nicht berücksichtigt werden. Anders ist es nicht zu erklären, dass sich im Endbericht beim Thema Ehe, Familie, Kinder und Jugendliche genau die gleichen haarsträubenden sachlichen Fehler finden wie im Zwischenbericht. Bedauerlicherweise hat sich die Kommission hier - entgegen ihren eigenen Erkenntnissen (S. 148f) - nicht vor Pauschalurteilen gehütet.

Obwohl der Endbericht davon ausgeht, dass "jede Beurteilung über die Kindererziehung in neuen religiösen Bewegungen immer nur eine Momentaufnahme aus einer prozesshaften Entwicklung" darstellt und "somit für Veränderungen offen gehalten werden" muss (S. 84), wird zum Thema Ehe, Familie, Kinder und Jugendliche in der Vereinigungskirche wenige Zeilen später ein verheerendes Zerrbild präsentiert.

1. Zum Verständnis von Ehe und Familie

Nach Auffassung der Vereinigungskirche ist die Ehe keine menschliche Erfindung und kein Ergebnis sozialer Notwendigkeit, sondern sie ist in Gott begründet. Gott ist vor allem ein Gott des Herzens, ein Gott elterlicher Liebe. Menschen sind, wie es in der Bibel heißt, als Mann und Frau zum Ebenbild Gottes geschaffen und tragen somit das göttliche Potential an Liebesfähigkeit in sich, das in der liebenden Beziehung von Mann und Frau und in der vollendeten Elternschaft die höchste Ausdrucksform findet.

Die Familie ist die Schule der Liebe. In ihr lernen wir die verschiedenen Erscheinungsformen der Liebe: als Kind, Bruder, Schwester, Mann oder Frau und als Eltern. Von unserem Lernerfolg in dieser Schule hängt es weitgehend ab, wie wir unsere Rolle als Bürger in unserer Gesellschaft und Nation erfüllen und welche Beziehungen wir zu den anderen Mitgliedern der Weltfamilie aufbauen.

Die Familie stellt somit die Keimzelle der vollkommenen, von Gott gewollten Welt dar. Wahre Liebe kann am besten in einer Familie realisiert werden, in der Gottes Liebe wohnt. Daher sollen die Beziehungen von Mann und Frau, Eltern und Kindern sowie Brüdern und Schwestern von erfüllter und dauerhafter Liebe geprägt sein.

Nach der Vereinigungstheologie hat sich der Mensch durch den Sündenfall von Gott und Seiner Liebe getrennt. Diese Trennung hat sich bis heute leidvoll ausgewirkt.

Rev. Moon und seine Frau Hak Ja Han sehen ihre Berufung darin, den Fehler der Ureltern der Menschheit wiedergutzumachen und als Begründer der "wahren Familie", d. h. der auf Gott ausgerichteten Familie, zu dienen und ein Beispiel für "wahre Elternschaft" zu zeigen.

Die Kinder der von Rev. und Frau Moon "gesegneten Paare" werden "gesegnete Kinder" des "gesegneten Paares" und nicht - wie fälschlich behauptet wird - "wahre Kinder" der "Wahren Eltern" genannt. Sie sind nicht und gelten auch nicht als Kinder des Ehepaares Moon. Die Vereinigungstheologie geht davon aus, dass die natürliche Familie einer "wahren", d. h. auf Gott ausgerichteten Familie entsprechen sollte. Es geht also um ein Sakrament, das die natürliche Familie heiligt und ihr somit Stärke und Stabilität verleiht.

Viele Mitglieder der Vereinigungskirche betrachten es als ein großes Privileg, einen Vorschlag für ihren Partner von Rev. Moon zu erhalten (sogenanntes "Matching"). Wie in dem Endbericht richtigerweise erwähnt (S. 85), steht es jedem frei, diesen Vorschlag anzunehmen oder abzulehnen. Durch die Segnung begibt sich jedes Paar auf seinen eigenen Weg, selbst zu wahren Eltern zu werden und wahre Familien zu errichten, die Gottes Ideal wahrer Liebe in der Familie manifestieren.

Bei der Segnung im Jahre 1992 nahmen zum ersten Mal auch Angehörige anderer Religionen teil. Im August 1995 - Segnung von 360.000 Paare - erhielten nur noch ca. 10% der Paare von Rev. Moon einen Partnervorschlag. Etwa 90% der Teilnehmer waren bereits verheiratete Paare, darunter ein Großteil aus anderen Religionen. Es wurde und wird nicht erwartet, dass sie ihr Religionsbekenntnis wechseln.

Seit Anfang 1997 werden Geistliche anderer Kirchen und Religionen eingeladen, zuerst selbst an einer Segnung teilzunehmen. Anschließend können sie in ihren Gemeinden Segnungszeremonien durchführen. Von dieser Möglichkeit ist inzwischen bereits in zahlreichen Fällen Gebrauch gemacht worden.

Blickpunkt Vereinigungskirche

Es ist unrichtig und irreführend, wenn auf S. 85 des Endberichts - wie auch schon auf S. 98 des Zwischenberichts - behauptet wird, die Paare würden durch die Segnung "adoptiert" und zu Kindern der "wahren Familie". Der Begriff "Adoption" wird in der Vereinigungstheologie in diesem Zusammenhang nicht gebraucht und ist nicht geeignet, das Sakrament der Segnung zu erklären (s.o.). Die Erlösung zu einer Kindschaft Gottes, nicht - wie fälschlich angeführt - in ein "Kindschaftsverhältnis" gegenüber der "wahren Familie", bringt eine hohe Eigenverantwortlichkeit mit sich und nicht eine Zurückversetzung "in den Status von Kindern" (S. 85). Von einer auch nur tendenziellen Entwertung der Eltern als "Identifikationsfiguren" (S. 85) kann daher überhaupt nicht die Rede sein. Das Gegenteil ist der Fall.

Irreführend ist der Endbericht, wie bereits der Zwischenbericht, auch durch die Wahl einiger Begriffe: Die termini "Totengeister", "Zwischenreich" (mit Sammelanmerkung 9 ohne jegliche Seitenangabe) und "Eva-satanische Linie" sind z.B. in der Vereinigungskirche völlig ungebräuchlich und daher zur Beschreibung von Positionen der Vereinigungskirche ungeeignet. Aus den Belegstellen geht nicht hervor, woher die Autoren diese Begriffe entnommen haben. Der Ausdruck "sünd(en)lose Kinder" muss erläutert werden: Korrekterweise müsste es heißen, dass die Kinder ohne "ursprüngliche Sünde" geboren werden.

Wie schon im Zwischenbericht, wird auch im Endbericht "eine Art Endkampf" oder "Dritte(r) Weltkrieg" beschworen. Wer sich die kleine Mühe macht und in den Göttlichen Prinzipien auf S. 529f nachliest, wird feststellen, dass es sich bei den betreffenden Aussagen um Teile einer Geschichtsinterpretation handelt. Bereits in den 50er Jahren hat die Vereinigungskirche davor gewarnt, dass es zu einer militärischen Auseinandersetzung zwischen dem kommunistischen Block und der freien Welt kommen könnte, wenn der Konflikt nicht auf geistigem Gebiet gelöst würde. Daraus abzuleiten, das Ziel der Vereinigungskirche sei "die umfassende Durchsetzung dieses Himmlischen Königreiches auf Erden durch eine Art Endkampf oder ´Dritten Weltkrieg`" (S. 85), ist völlig absurd.

2. Kinder und Jugendliche in der Vereinigungskirche

Bei der Beantwortung des ersten Fragenkatalogs vom 5. Januar 1997 wurde ausgeführt, dass für die Vereinigungskirche Erziehung und Bildung höchste Bedeutung für die Entwicklung des Menschen haben. Neben der Vermittlung von intellektuellem Wissen wird dabei auf eine ausgewogene emotionale und seelisch-geistige Entwicklung Wert gelegt werden. Die Verantwortung dafür liegt in der Hand der Eltern. Insofern kann von einer wie auch immer gearteten "tendenzielle(n) Entwertung der Eltern als eigenverantwortliche Identifaktionsfiguren für die Kinder" - wie fälschlich im Endbericht S. 85 behauptet wird - keine Rede sein. Mehr noch: Die Kinder der Mitglieder der Vereinigungskirche sind im Erziehungssystem der Gesellschaft integriert. Sie gehen in kirchliche, kommunale oder private Kindergärten, sie nehmen in der Schule meist am katholischen oder evangelischen Religionsunterricht teil und beteiligen sich an den gesellschaftlichen Ereignissen wie Geburtstagen, Schulfesten etc. Die Entscheidung über die Teilnahme liegt allein bei den Eltern und Kindern, bzw. bei den Jugendlichen. Auch der Vorwurf der "Orientierung auf eine unumstößliche Autorität" (S. 85, wie schon im Zwischenbericht S. 98) entbehrt jeglicher Grundlage.

Ohne jeglichen Beleg wird behauptet, dass es sich bei der Adoption von Kindern um eine "immer wieder vorkommende Praxis" handele (S. 85). Bei diesem Punkt ist vorab klarzustellen, dass weder Rev. Moon noch die Vereinigungskirche die Mitglieder dazu animieren oder gar drängen, Kinder zur Adoption freizugeben bzw. zu adoptieren!

Wenn es in Einzelfällen zu einer Adoption kommt, hängt dies völlig von der Initiative der beteiligten Paare ab, die dementsprechend auch die Verantwortung dafür übernehmen. Vom Vorstand der Vereinigungskirche gehen keinerlei Anweisungen aus, da dies eine persönliche Angelegenheit der jeweiligen Paare ist. Im übrigen muss eine Adoption selbstverständlich unter Beachtung der gesetzlichen Regelungen erfolgen.

Es ist eine bösartige Unterstellung, die Möglichkeit einer Adoption mit einer "tendenzielle(n) Entwertung" der Eltern in Zusammenhang zu bringen, was zudem völlig der Lehre der Vereinigungskirche widersprechen würde.

Bereits im ersten Abschnitt (s.o.) wurde erläutert, welch zentrale Bedeutung der Familie und der "unauswechselbaren, emotionalen Eltern-Kind-Beziehung" zukommt (S. 85). Dazu wurde nicht eine einzige Familie in der Vereinigungskirche befragt oder untersucht. Die als Beleg angeführten Quellen - Reller, Schöll, Eimuth - haben anscheinend nie ein Kind der Vereinigungskirche zu Gesicht bekommen.

Dass in der Vereinigungskirche Elternschaft vor kirchliche Leiterschaft geht, zeigt sich z.B. auch darin, dass die mit der Taufe vergleichbare Acht-Tage-Zeremonie (besonderes Gebet, in dem die Eltern Gott für die Geburt des Kindes danken und das Leben ihres Kindes unter den besonderen Schutz und Segen Gottes stellen) nur durch die jeweiligen Eltern erfolgen kann - nicht durch einen Kirchenleiter und auch nicht durch Rev. Moon.

Es ist einer der zentralen Grundgedanken der Lehre der Vereinigungskirche, dass der Mensch von Gott mit drei großen Segen ausgestattet wurde (Gen 1,28), wobei der zweite den Auftrag meint, eine auf Gott ausgerichtete Familie aufzubauen. In dem Buch "Die Segnung und das Ideal der Familie" betont dies Rev. Moon: "Der Himmel beginnt nicht mit der Kirche, sondern mit der Familie". An anderer Stelle heißt es: "Die gegenseitige Liebe allein berechtigt ein Ehepaar nicht dazu, in das Reich Gottes einzugehen. Erst wenn dieses Paar zu seinen Eltern und Kindern eine so tiefe Liebe hegt wie zu Gott, hat es das Recht, das Reich Gottes zu betreten" (Ein Prophet spricht heute, Die Worte des Rev. San Myung Mun, Frankfurt 1976, S. 69).

3. Ein Wort zu den Quellen

Die Enquete-Kommission hatte sich als Ziel gesetzt, zu sachlichen Informationen und objektiven Ergebnissen zu gelangen. Im Abschnitt über die Vereinigungskirche (S. 85) werden Quellen bemüht, die diesem Anspruch nicht gerecht werden. Zum Thema Ehe und Familie bzw. Kinder und Jugendliche können die angeführten Publikationen schlichtweg nichts beitragen.

1. Das nicht mehr aktuelle Handbuch Religiöse Gemeinschaften behandelt das Thema Kinder und Jugendliche in der Vereinigungskirche nicht und kommt deshalb als verlässliche Quelle zu diesem Thema

überhaupt nicht in Frage. Die Enquete-Kommission beruft sich zudem in ihren Aussagen zum "Gelöbnis" auf dieses Handbuch ohne zu bemerken, dass der dort abgedruckte Text bereits seit dem 1. Mai 1994 durch das neue "Familiengelöbnis" ersetzt worden ist. Darauf hatten wir bereits in mehreren Schriften an die Enquete-Kommission hingewiesen.

2. Das Buch von K.-H. Eimuth macht einen Versuch, sich mit dem relativ neuen Thema "Kinder in Neuen Religiösen Bewegungen" zu beschäftigen. Dabei wird auf gewisse diffamierende Begriffe früherer Abhandlungen weitgehend verzichtet. Es werden auch neuere Originalquellen, wie das neue Familiengelöbnis, verarbeitet. Der Autor kann sich jedoch auf keinerlei empirische Daten stützen, da er keine Jugendlichen oder Kinder der Vereinigungskirche befragt hat und auch nicht auf eine ähnliche Untersuchung zurückgreifen konnte. Tatsächlich befasst sich - trotz des reißerischen Titels "Die Sekten-Kinder" - nur ein verschwindend geringer Teil des Kapitels über die Vereinigungskirche mit der religiösen Erziehung und dem Lebensumfeld der Kinder und Jugendlichen. Seine persönlichen Vermutungen und Schlussfolgerungen haben wenig mit der Realität zu tun.

3. Das Buch von Schöll beruht offenbar vor allem auf einem Interview aus dem Jahre 1984 mit vier deutschen bzw. österreichischen Mitgliedern der Vereinigungskirche im Alter von 25 - 29 Jahren. Schöll stützt sich also auf eine äußerst schmale - inzwischen 13 Jahre alte - empirische Erhebung, die keinesfalls als "gesicherte Informationen der neuen Entwicklung" bezeichnet werden kann. Bereits bei Erscheinen des Buches im Jahre 1992 war im übrigen auch anhand der tatsächlichen Entwicklung der Vereinigungskirche in Deutschland klar erkennbar, dass der Autor in entscheidenden Punkten völlig daneben liegt.

Schölls Beobachtungen sind lediglich eine Momentaufnahme der speziellen Situation einiger Mitglieder, die bereits damals nicht typisch für die gesamte Vereinigungskirche war. Festzuhalten ist, dass er Familien und Kinder von Mitgliedern der Vereinigungskirche nicht erlebt hat. Es ist nicht verwunderlich, dass seine Vermutungen von der Realität meilenweit entfernt sind. Für fundierte Aussagen über die Situation von Familien und Kindern in der Vereinigungskirche kann diese

Publikation nicht herangezogen werden.

Schlusswort

Die Enquete-Kommission gibt selbst zu, "dass empirische Analysen des realen pädagogischen Umgangs mit Kindern und Jugendlichen fehlen" (S. 84). Ein diesbezügliches Gutachten über die Vereinigungskirche wurde von der Kommission nicht in Auftrag gegeben.

Die als Beleg für die Aussagen über die Vereinigungskirche angeführten Quellen - Handbuch, A.Schöll und Kehrer - gehen auf das Thema Kinder und Jugendliche überhaupt nicht ein. Bei Eimuth wurden keinerlei empirische Daten erhoben. Bei Kehrer (1981) war dieses Thema noch nicht aktuell. Kehrer wird zwar angeführt, aber inhaltlich im Endbericht praktisch nicht verwendet. Außerdem steht das Bild, das er von der Vereinigungskirche zeichnet, in vielen Punkten mit dem im Widerspruch, was im Endbericht über die Vereinigungskirche ausgesagt wird.

Die im Endbericht geäußerten Vermutungen und Verdächtigungen bezüglich Kindern und Jugendlichen in der Vereinigungskirche beruhen nicht auf empirisch erhobenen Daten. Immer wenn es um die Vereinigungskirche ging, wurden weder die Primärquellen noch das Selbstverständnis der Vereinigungskirche beachtet, noch wurden bereits vorliegende religionswissenschaftliche und sozialwissenschaftliche Untersuchungen herangezogen.

Auch empirische Daten, welche Experten der Kommission vorlegten, wurden im Endbericht unverständlicherweise nicht berücksichtigt. Dies ist in folgendem Beispiel der Fall:

Ein von der Kommission selbst in Auftrag gegebenes neues Gutachten von Schöll kommt zu einer - im Vergleich mit der im Zwischenbericht zitierten älteren Untersuchung - veränderten Einschätzung.

"Auch die Vereinigungskirche scheint sich von einer Agitationsreligion ohne inhaltlichen und sozialen Problembezug und ohne Gesellligkeitspotential (Schöll 1992, S. 245 und Zwischenbericht der Enquete-Kommission 1997, S. 99) gewandelt zu haben zu einer Kirche, die Konzepte der Gemeindebildung mit Merkmalen der individuellen Entwicklung, der Kontinuität und Vernetzung unterstützt." (Endbericht, S. 225)

Diese neue Einschätzung wird im Endbericht im Abschnitt über die

Vereinigungskirche überhaupt nicht berücksichtigt. Es findet sich nicht einmal ein Verweis darauf, dass dieses Gutachten wenigstens als Anhang dem Endbericht angefügt ist.

Die Vereinigungskirche hat sich durch die aktive Teilnahme an der Anhörung, durch die Beantwortung aller Fragen und durch Stellungnahmen dialogbereit gezeigt. Leider ist dies von der Enquete-Kommission kaum gewürdigt worden. Diese Offenheit und Dialogbereitschaft der Vereinigungskirche hätte für die Kommission ein weiterer Beleg dafür sein müssen, dass sich kein besonderes "Gefahrenpotential" für Kinder und Jugendliche in der Vereinigungskirche findet, wie es der Endbericht unbewiesenermaßen behauptet. Diese Erkenntnis findet sich an anderer Stelle des Endberichts auf S. 232: "Je offener und durchlässiger neue religiöse Milieus für Umwelterfahrungen sind, je kommunikativer der Austausch mit Außenstehenden ist, um so geringer ist ein derartiges Gefahrenpotential zu veranschlagen."

Die Kinder und Jugendlichen in der Vereinigungskirche sind nicht mehr und nicht weniger "gefährdet" als andere Kinder und Jugendliche in der Gesellschaft (s.o., 2. Kinder und Jugendliche in der Vereinigungskirche). Das ernsthafte Bemühen, den Kindern ein liebevolles Elternhaus zu bieten, kann Eltern in der Vereinigungskirche nicht abgesprochen werden. Kinder und Jugendliche erhalten zahlreiche Gelegenheiten, sich mit der biblischen und jüdisch-christlichen Tradition auseinander zu setzen, andere Kulturen und Religionen kennen zu lernen und zu einem eigenen Gottesverhältnis zu gelangen.

Während der Endbericht zu aufklärenden Erkenntnissen kommt (s.o., Punkte 1.-3.) und in weiten Teilen eine sachlichere Sprache spricht, als es bisher bei diesem Thema üblich war, vermissen wir genau dies im Abschnitt über die Vereinigungskirche (S. 84) völlig. Hier hat die Enquete Kommission bedauerlicherweise eine Chance verpasst, ein Signal für ein konstruktives Miteinander zu setzen. Es ist zu hoffen, dass die gesellschaftliche Diskussion nicht diesem schlechten Beispiel folgen, sondern sich in Zukunft auf einem höheren, sachlicheren und vor allem fairen Niveau bewegen wird.

Unterstellungen und unbewiesene Anschuldigungen - Hintergründe zum Einreiseverbot für Rev. und Frau Moon

Geros Kunkel

Rev. und Frau Moon wurden am 12. November 1995 von der Frauenföderation für Weltfrieden e.V. und der Vereinigungskirche e.V. nach Frankfurt am Main eingeladen, um im Rahmen ihrer Welttour eine Rede zum Thema "Die Wahre Familie und Ich"[1] zu halten. Erst kurz vor der Einreise wurde durch die Bild-Zeitung[2] bekannt, dass das Innenministerium ein Einreiseverbot gegen Rev. und Frau Moon verhängt hatte. Später stellte sich heraus, dass sie auch auf die Schengener Liste gesetzt wurden und ihnen somit die Einreise in alle Staaten des Schengener Abkommens[3] verwehrt wurde. Gegen diese Entscheidung wurde sofort Klage erhoben. Seit dieser Zeit ist ein Gerichtsverfahren um das Einreiseverbot anhängig.

Nach zwei Jahren Verhandlung erklärte sich das Verwaltungsgericht (VG) in Köln für örtlich nicht zuständig. Der Streit wurde sodann an das VG Koblenz verwiesen. Das Bundesministerium des Innern (BMI) argumentierte, der Vereinigungskirche fehle die Klagebefugnis, weil sie von der Ausschreibung nicht direkt betroffen sei. Rev. Moon müsse selber klagen. Des weiteren sei es überhaupt zweifelhaft, ob sie eine Religion und somit Träger des Art. 4 Abs. 1 GG[4] sei. Das VG Koblenz entschied, die Klage als unzulässig abzuweisen.[5] Die Vereinigungskirche legte daraufhin Berufung ein, die vom Oberverwaltungsgericht (OVG) Rheinland-Pfalz auch zugelassen wurde. Im Zwischenurteil des OVG Rheinland-Pfalz[6] wurde entschieden, dass die Klage zulässig sei. Eine Revision der Bundesregierung wurde vom Bundesverwaltungsgericht abgewiesen.[7] Auf das erneute Urteil des OVG Rheinland-Pfalz[8] wird gegen Ende dieser Ausführungen näher eingegangen.

Die Einreiseverweigerung selbst ging auf die Initiative sogenannter "Sektenexperten" der beiden Amtskirchen zurück. Dabei hatte sich der Beauftragte für Sekten und Weltanschauungsfragen der Evangelisch-Lutherischen Kirche in Bayern, Pfarrer Wolfgang Behnk, besonders engagiert und in einer Pressemitteilung den damaligen Bundesinnenminister Manfred Kanther aufgefordert, ein Einreiseverbot zu verhängen.[9] Die Forderung der Kirchenmänner wurde dann schnell von Frau Renate Rennebach, Sektenpolitische Sprecherin der SPD, aufgegriffen und unterstützt.[10] Auch das Bundesministerium für Familie, Senioren, Frauen und Jugend (BMFSFJ), in dessen Zuständigkeitsbereich religiöse Minderheiten fallen, verlangte vom BMI, ein Einreiseverbot gegen den Religionsgründer zu verhängen. Das BMI reagierte dann erstaunlich schnell und wies die Grenzschutzbehörden an, Rev. Moon nicht in die Bundesrepublik einreisen zu lassen. Darüber hinaus veranlasste das BMI die Ausschreibung der Eheleute Moon durch die sogenannte "Schengener Liste" und erreichte damit, dass dem Gründerehepaar nicht für Deutschland, sondern auch für alle anderen europäischen Ländern, die Mitglieder des Schengener Abkommens sind, die Einreise verwehrt ist.

Die Einreiseverweigerung stützt das BMI auf eine Reihe von Anschuldigungen und Unterstellungen, die ihm das zuständige BMFSFJ lieferte. Die Informationsquellen des BMFSFJ reduzieren sich beinahe ausschließlich auf die Aussagen kirchlicher "Sektenexperten".

Die Anschuldigungen lassen sich in vier Hauptpunkten zusammenfassen:

1. Rev. Moon strebe die Weltherrschaft an. Die Welt solle von Korea aus regiert werden.

2. Er ist Oberhaupt der Vereinigungskirche, einer "Sekte" bzw. "Psycho-Gruppe", die durch Indoktrination Jugendliche gefährde.

3. Rev. Moon vertrete ein Bild der Familie, das mit dem bürger-

Unterstellungen und unbewiesene Anschuldigungen

lich-rechtlichen Bild der Familie nicht übereinstimmte.
  4. Die Anwesenheit Moons würde zu heftigen Reaktionen der Öffentlichkeit führen und somit die öffentliche Ordnung und Sicherheit gefährden.
  Dies sind schwerwiegende Vorwürfe, die einer kritischen Überprüfung bedürfen.
  Dem BMI war bekannt, dass weder gegen die Vereinigungskirche noch gegen Amtsinhaber der Vereinigungskirche irgendwelche Hinweise auf vermeintliche Straftaten vorliegen. Dennoch geht man davon aus, es mit einer kriminellen Gruppe zu tun zu haben, die peinlichst darauf bedacht ist, mit Strafverfolgungsbehörden nicht in Berührung zu kommen. Das Motto, nach dem verfahren wird, scheint zu lauten: "Wenn nichts gegen die ‚Moonies' vorliegt, beweist das noch lange nicht, dass sie nicht doch irgendwie kriminell tätig sind." Die Unschuldsvermutung, einer der Grundpfeiler unserer Rechtsordnung, scheint außer Kraft gesetzt. Bereits die Logik, die sich dahinter verbirgt, offenbart die ergebnisorientierte Arbeit und Recherche des BMI.
  Eine ähnliche Art der Argumentation findet sich im Endbericht der Enquete Kommission "Sogenannte Sekten und Psycho-Gruppen" des Bundestages wieder.[11] Beweise für die Gefährlichkeit kleinerer religiöser Gruppen in Deutschland konnten nicht vorgebracht werden. Es wurde sogar gefolgert, dass von religiösen Minderheiten keine Gefahren für Staat oder Gesellschaft ausgehen.[12] Umso verwunderlicher muss es erscheinen, dass die Kommission trotzdem die Empfehlung abgab, private Beratungs- und Informationsstellen zu finanzieren, die vor den Gefahren warnen sollen, die möglicherweise mit neuen religiösen Bewegungen verbunden sein könnten.[13] Mit drei Argumenten wird die Notwendigkeit solcher Einrichtungen verteidigt: "(1) Die Vermutung von Grundrechtsverletzungen, (2) die Gefahr psychosozialer Abhängigkeit und (3) die Anwendung von Techniken zur psychischen Destabilisierung."[14] Die zwingende Logik scheint zu sein, dass eine religiöse Minderheit immer eine Gefahr darstellen muss, auch wenn man es nicht belegen kann. Zumindest ist davon auszugehen, dass sie gefährlich sein könnte. Ein Verdacht wird zu einer Gefahr gemacht, ohne dass man diesem Verdacht hinreichend nachgeht und ihn entsprechend begründet oder gar belegt.

Das Einreiseverbot, das gegen das Ehepaar Moon verhängt wurde, folgt dem gleichen Muster. Das BMI verlässt sich auf die Anschuldigungen und Vorwürfe kirchlicher und politischer "Sektenexperten" und konstruiert eine nicht bestehende Gefahr, um die Öffentlichkeit vor dieser scheinbaren Gefahr durch die Einreiseverweigerung zu schützen.

Nachfolgend soll auf die Gründe der Einreiseverweigerung des BMI eingegangen werden.

1. Streben nach der Weltherrschaft

Wenn man einmal von dem unscharfen und unsachlichen Begriff der "Weltherrschaft" absieht, ist der Vorwurf, eine solche anstreben zu wollen, ein sehr schwerwiegender, besonders für einen religiösen Menschen. Diese Behauptung wird auf Zitate aus den Göttlichen Prinzipien,[15] dem Lehrbuch der Vereinigungskirche, und aus dem Fraser Report[16] gestützt. Besagter Report wurde 1978 unter der Leitung des US-Kongressabgeordneten Donald M. Fraser formuliert. Darin wird die weltweite Vereinigungskirche beschuldigt, eine Interessensvertretung der Regierung bzw. des Geheimdienstes von Südkorea zu sein. Nach langer Beweisaufnahme konnte das Komitee diese Anschuldigungen jedoch nicht mehr aufrechterhalten. Keiner der Vorwürfe, die in diesem Bericht erhoben wurden, konnten jemals belegt werden. Bereits aus diesen Gründen ist der Fraser Report nicht dafür geeignet, angebliche Weltherrschaftsansprüche zu begründen und zu beweisen.

Bei den im Fraser-Report angeführten Zitaten Rev. Moons handelt es sich um Mitschriften, die von Zuhörern bei englischen Ad-hoc-Übersetzungen angefertigt wurden. Diesen inoffiziellen Mitschriften, die unter der Bezeichnung "Master Speaks" bekannt geworden sind, wird von der Vereinigungskirche keine große Bedeutung beigemessen, weil die Übersetzungen unvollständig und teilweise sogar sinnentstellend sind.[17] Übersetzt wurde damals durch koreanische Mitglieder, die der Englischen Sprache nur ungenügend mächtig waren. Die deutsche Übersetzung dieses Berichts, die dem BMI vorlag, stammt zudem nicht von einem öffentlich bestellten und vereidigten Übersetzer, sondern von der sog. "Aktion für geistige und physische Freiheit - Arbeitsgemeinschaften der Elterninitiative e. V.", also von einer Organisation, die

Unterstellungen und unbewiesene Anschuldigungen

sich die aktive Bekämpfung von neuen religiösen Bewegungen, wie der Vereinigungskirche zum Ziel gesetzt hat. Im Übrigen war dieser Bericht schon im Jahre 1995, d.h. als das Einreiseverbot verhängt wurde, fast 20 Jahre alt.

Die andere wichtige Quelle sind die Göttlichen Prinzipien (GP). Hieraus wird entnommen, dass das Ziel der Wiederherstellung die Errichtung des Reiches Gottes auf Erden ist. Das BMI beruft sich dabei auf S. 109 der GP, in der u.a. steht: "Das Reich Gottes auf Erden wiederherzustellen, bedeutet die Errichtung der Welt, in der Satan niemals wirken kann, da die gesamte Menschheit die Basis der Wechselbeziehung zu Gott wiederherstellt, ..." Hieraus lässt sich zunächst nur entnehmen, dass das Ziel Rev. Moons und seiner Lehre die Errichtung des Reiches Gottes auf Erden ist. Das ist nichts Außergewöhnliches, sondern das erklärte Ziel vieler Religionen.[18] Die GP gehen davon aus, dass der Mensch von Gott geschaffen wurde und in einer Welt leben sollte, in der er frei mit Ihm kommunizieren kann. Dies wurde aber durch den Sündenfall vereitelt, so dass Gott in der Geschichte daran arbeitete, die Menschen zu Sich zurück zu führen. Das Ziel ist also, zurück in dieses "Reich Gottes" zu gelangen, mithin den Menschen wieder mit Gott zu verbinden.

Es gehört schon eine Portion Willkür dazu, einfach zu behaupten, aus den GP gehe hervor, Rev. Moon strebe die Weltherrschaft an. Die GP beschreiben im Detail, wie Gott in der Geschichte gewirkt hat, um Sein Ideal, welches im ersten Kapitel, den Schöpfungsprinzipien, umrissen ist, zu verwirklichen. Nur durch gezieltes "Hineinlesen" ist es möglich, entsprechende Weltherrschaftsbestrebungen zu "erkennen". Dies ist jedoch, will man sich nicht dem Vorwurf der Unseriosität und Unsachlichkeit aussetzen, bei einer solchen weltanschaulichen Auseinandersetzung nicht legitim. Es ist eine ungeheuerliche Anmaßung, angeblich besser zu wissen, woran Mitglieder einer religiösen Bewegung glauben und woran nicht.

Das Argument der Weltherrschaft wird auch noch darauf gestützt, dass sich Rev. Moon in politischer, wirtschaftlicher und sogar militärischer Weise betätige. Die Vorwürfe der militärischen Aktivitäten sind schlicht falsch. Es gibt keine militärischen Aktivitäten. Es gibt nur Anschuldigungen und Vermutungen aus dem Fraser-Report, die sich nicht bestätigt haben. In einem Urteil des Verwaltungsgerichts Köln[19] wird der Bundesregierung untersagt, öffentlich zu behaupten: "Die frühere Bezeichnung von CAUSA lautete 'Combattants Against Universal Soviet Agression'" und "CAUSA organisiert den Söldnereinsatz". Das Gericht bezeichnete diese Behauptungen als diskriminierend und ehrschädigend. Beide Falschaussagen stammen aus einer 1996 von der Bundesregierung herausgegebenen Broschüre.[20] In seiner Urteilsbegründung meinte das Gericht: "Das der Bundesregierung nach der Verfassung zustehende Recht auf Information und Aufklärung findet nämlich seine Schranken am Grundsatz der Verhältnismäßigkeit." Und weiter: "Dabei ist ferner das alle Staatsorgane bindende Willkürverbot von Bedeutung, aus dem abzuleiten ist, dass mitgeteilte Tatsachen zutreffend wiedergegeben werden müssen, und Werturteile nicht auf sachfremden Erwägungen beruhen und den sachlich gebotenen Rahmen nicht überschreiten dürfen."[21] Eine umfassendere Klage der Vereinigungskirche gegen die gleiche Broschüre ist noch anhängig.

Dass sich Rev. Moon politisch und wirtschaftlich engagiert ist korrekt, deutet aber noch lange nicht darauf hin, dass er die Weltherrschaft anstrebt. Wie andere Kirchen macht auch Rev. Moon Aussagen zu Politik und Zeitgeschehen. In seinen Aussagen würdigt Rev. Moon die Rolle der Demokratie, da sie die Freiheit des Menschen betont, die von Gott gegeben wurde und elementar wichtig ist in der Lehre der Vereinigungskirche.[22] Sie erlaubt Glaubensfreiheit, wodurch der Mensch frei ist, Gott zu suchen und für Ihn zu leben, was z. B. in kommunistischen Staaten nicht möglich war. Rev. Moon kritisierte den Kommunismus und den Materialismus, die Gott leugnen und den Wert der Menschen als Gottes Geschöpfe nicht hinreichend respektieren. Weltherrschaftsbestrebungen lassen sich daraus keineswegs ableiten.

2. Gefährdung der Jugend

Der Vorwurf der Jugendgefährdung hat seinen Ursprung in einer geradezu paranoiden Angst, Rev. Moon würde jungen Leuten "den Willen nehmen und sie gehirnwaschen". Wenn jemand behauptet, er glaube der Lehre des Herrn Moon, was in einem Land, in dem Glaubensfreiheit ein Grundrecht ist, vollkommen legitim ist, wird gleich unterstellt, dies sei nicht seine eigene Entscheidung, denn an etwas der-

Unterstellungen und unbewiesene Anschuldigungen

art "Abwegiges" könne ja kein normaler Mensch glauben, er muss also gehirngewaschen sein. Mit der Behauptung der Gehirnwäsche werden erwachsene Mitglieder der Vereinigungskirche für unmündig bzw. entmündigt erklärt. Dabei steht spätestens seit den umfangreichen Untersuchungen von Gordon Melton und Massimo Introvigne[23] fest, dass es sich bei dem Begriff "Gehirnwäsche" um einen reinen Mythos handelt, der von den Gegnern religiöser Minderheiten so gerne verwendet wird.

Der renommierte Psychologe H. Newton Malony aus Kalifornien, USA, sagt dazu folgendes: "[Gehirnwäsche und Bewusstseinskontrolle] implizieren, dass irgendwelche verderbten, aber bestens ausgebildeten Individuen irgendwelche perfiden, hinterlistigen und verfänglichen Beeinflussungsprozesse anwenden, um andere dazu zu bringen, Identitäten anzunehmen und Meinungen zu vertreten, die sie niemals ohne diese übernommen hätten".[24]

Beeinflussung erleben wir heutzutage tagtäglich. Die Politiker, die Medien, unsere Mitmenschen, unsere Familie, alle beeinflussen uns in unseren Entscheidungen und in unserer Wahrnehmung unserer Identität. Wenn es wirklich Techniken gäbe, mit denen man bewusst das Denken anderer beeinflussen könnte, würde dies sicherlich zuallererst in der Politik und in der Wirtschaft Verwendung finden. Ein Staat, der die Menschen davor schützen will, beeinflusste Entscheidungen zu treffen, könnte nicht zusehen, wie Millionen von Jugendlichen in Familien aufwachsen, Freunde haben, fernsehen und dergleichen. Tatsache ist, dass junge Leute, die religiösen Minderheiten beitreten, dies bewusst tun. Wenn sie dabei als Folge bestimmte Gewohnheiten in ihrem Leben ändern, weil sie meinen, sie sollten dieses oder jenes nicht mehr, dafür aber etwas anderes tun, so ist das als konsequente Umsetzung neugewonnener Einsichten zu bewerten. Man kann hier nicht irgendeine geheime Manipulation unterstellen, nur weil die neue Glaubenslehre möglicherweise konventionelle Lehren und Dogmen sprengt. Solange die Menschen und die Vereinigungen nicht gegen das Gesetz verstoßen, hat der Staat zu akzeptieren, dass sich Menschen, egal ob jung oder alt, religiösen Minderheiten anschließen. Bei all den massiven Anschuldigungen der Gehirnwäsche ist es bezeichnend, dass es keinen einzigen Fall der Freiheitsberaubung, Misshandlung oder dergleichen gegen ehemalige oder amtierende Verantwortliche der Vereinigungskirche gibt. Der Grund dafür ist nicht, dass sie diese Straftaten genial verbergen, damit es niemand merkt. Der Grund ist vielmehr darin zu sehen, dass diese Art der Manipulation, außer in den Köpfen der "Sektenexperten" und Sensationsreportern, nicht existiert. Der Staat darf sich nicht dazu verführen lassen, solche Verleumdungen ungeprüft zu übernehmen. Im Falle von Herrn Moon tut er dies.

3. Nicht bürgerlich-rechtlich konforme Vorstellungen über die Familie

Insbesondere hinsichtlich der Familienvorstellungen der Vereinigungskirche gibt es zahlreiche Missverständnisse auf Seiten des BMI. Ein Blick in die Göttlichen Prinzipien ergibt, dass die Ehe als eine heilige Institution gesehen wird, die Gott den Menschen gegeben hat.[25] Die Ehe soll auf Gott ausgerichtet sein. Liebe und Treue sind ihre wichtigsten Merkmale, in ihr sind Mann und Frau gleichgestellt.[26] Da die Ehe die Basis für die Familie bildet, wird sie auf ewig geschlossen. Es wird fälschlicherweise angenommen, dass die Mitglieder der Vereinigungskirche bei der Segnung[27] ein Gelöbnis an Herrn Moon ablegen. Die Eheversprechen, die abgegeben werden, richten sich ausdrücklich an Gott und den Ehepartner, nicht aber an Herrn Moon.[28]

Auch in der Praxis hat die Familie einen sehr hohen Stellenwert für die Mitglieder der Vereinigungskirche. Sie ist der Ort, an dem sie Gott erfahren. Es ist nicht verständlich, warum das Bild der Familie in der Vereinigungskirche nicht mit dem bürgerlich-rechtlichen Verständnis zu vereinbaren sein soll. Im Gegenteil: Kaum eine andere religiöse Gemeinschaft fühlt sich mit traditionellen abendländisch-christlichen Vorstellungen von Ehe, Familie, Treue und Liebe so verbunden wie gerade die Vereinigungskirche. Die meisten erwachsenen Mitglieder der Vereinigungskirche in Deutschland leben in intakten Familien und haben Kinder.

4. Störung der öffentlichen Sicherheit und Ordnung

Das BMI ist offensichtlich sehr besorgt darum, dass es bei einem Besuch des Herrn Moon zu einer Störung der öffentlichen Ordnung

Unterstellungen und unbewiesene Anschuldigungen

kommen könnte. Unter öffentlicher Sicherheit wird einerseits der Bestand und die Funktionsfähigkeit des Staates und ihrer Einrichtungen und andererseits die Individualrechtsgüter sowie die gesamte Rechtsordnung verstanden.[29] Als öffentliche Ordnung bezeichnet man traditionell die Gesamtheit jener Regelungen, deren Befolgung nach den jeweils herrschenden sozialen und ethischen Anschauungen als unentbehrliche Voraussetzungen für ein gedeihliches Miteinander der innerhalb eines bestimmten Gebietes wohnenden Menschen angesehen wird, und die mit den staatlichen Gesetzen und Grundrechten der Minderheiten vereinbar sind.[30] Der Tatbestand der öffentlichen Ordnung ist gegenüber dem der öffentlichen Sicherheit subsidiär. Eine Störung liegt polizeirechtlich immer dann vor, wenn ein Schaden eingetreten ist.[31] Worin nun dieser Schaden im Falle eines Besuchs von Herrn Moon bestehen sollte, oder warum es Anlass dazu geben sollte, einen solchen anzunehmen, bleibt weiterhin unklar. Bei früheren Besuchen von Herrn und Frau Moon gab es weder Ausschreitungen oder Verletzungen irgendwelcher Individualrechtsgüter, noch forderte das Ehepaar seine Zuhörerschaft dazu auf, sich rechtswidrig oder gar staatsfeindlich zu verhalten. Eine Störung der öffentlichen Sicherheit kann daher nicht angenommen werden. Selbst eine Störung der sittlich-moralischen Wertvorstellungen lässt sich nicht herleiten, zumal diese immer nur so weit Geltung erlangen, als sie mit den Grundrechten vereinbar sind. Typische Fälle eines Verstoßes gegen die öffentliche Ordnung wurden von der Rechtsprechung u.a. bei "Damen-Schlammcatchoben-ohne"[32], Peep Shows[33], nacktem Auftreten in der Öffentlichkeit[34] und beim Hissen der Reichskriegsflagge auf einem Privatgrundstück[35] angenommen. Allein der Gedanke eines Vergleichs von Herrn Moons Einreise nach Deutschland mit diesen Fällen ist sehr befremdlich.

Tatsächlich werden keine konkreten Gründe vom BMI vorgebracht. Man unterstellt mit nebulösen Worten, dass das Auftreten von Rev. Moon zu "heftigen Reaktionen der Öffentlichkeit" und somit zu einer Störung der "öffentlichen Sicherheit und Ordnung" führen werde. Den Beweis, dass es bei einem früheren Besuch von Herrn und Frau Moon zu einer Störung, d.h. zu einem eingetretenen Schaden der öffentlichen Sicherheit und Ordnung gekommen ist, bleibt das BMI weiterhin schuldig.

Die gebetsmühlenartige Wiederholung von Unterstellungen und unbewiesenen Anschuldigungen von Seiten der Bundesbehörden löst bei so manchem neutralen Beobachter Kopfschütteln aus. Gerichtlich konnte sie so lange aufrechterhalten werden, weil man sich ständig auf formelle Kriterien wie die örtliche Zuständigkeit und die Zulässigkeit der Klage berufen konnte. Erst nach der Zulassung der Berufung durch das OVG Koblenz und der Zurückweisung der Revisionsklage durch das BVG Berlin scheint es nun Hoffnung zu geben, dass das unrechtmäßig erteilte Einreiseverbot endlich aufgehoben wird.

Was dem BMI vorgehalten werden muss

Ein grundsätzliches Problem, das sich im Laufe des Gerichtsverfahrens gezeigt hat, ist, dass das BMI seine Argumente auf Materialien stützt, die einer sachlichen Auseinandersetzung nicht dienen können. Das verwendete Material kommt größtenteils von den Amtskirchen, für die die Vereinigungskirche ein weltanschaulicher Konkurrent ist. Es ist mittlerweile ein offenes Geheimnis, dass amtskirchliche "Sektenexperten" und Weltanschauungsbeauftragte kein Interesse an einer neutralen und sachlichen Darstellung der religiösen Minderheiten haben und als objektive Informationsquelle nicht in Frage kommen.[36] Diese "Sektenexperten" bedienen sich nur zu gern Aussagen von Apostaten, die in Unfrieden die Kirche verlassen haben und zu keiner objektiven Einschätzung ihrer Erfahrung in der Kirche fähig sind. Dabei wird unterschlagen, dass es diese Art ehemaliger Mitglieder in jeder Glaubensgemeinschaft gibt (auch in den Amtskirchen natürlich), sie aber in der Regel als eine kleine Minderheit denjenigen Mitgliedern gegenüber stehen, die in Frieden die Religionsgemeinschaft verließen und ihre ehemalige Mitgliedschaft häufig sogar als Bereicherung ihres persönlichen Wachstums betrachten.

Bezeichnend ist auch, dass das BMI andere, vor allem wissenschaftlich motivierte Quellen einfach ignoriert. Darunter fällt beispielsweise die sogenannte Wiener Studie[37], die aus öffentlichen Geldern finanziert wurde. Sie wurde vom European Centre of Social Welfare and Research durchgeführt und beschäftigt sich mit den Auswirkungen der "Jugendreligionen" auf die betroffenen "Gläubigen". Auch Stellungnahmen

Unterstellungen und unbewiesene Anschuldigungen

von Theologen und Religionswissenschaftlern, die sich ausführlich mit dem Thema auseinandergesetzt haben, werden nicht mit einbezogen.[38]

Dem BMI muss ferner vorgeworfen werden, dass es mit der Ausschreibung der Eheleute Moon auf der Schengener Liste eklatant gegen den Geist des Schengener Abkommens verstößt. Dies sieht nämlich vor, dass nur bekannte Terroristen und Kriminelle auf die Liste gesetzt werden sollten, um damit sicher zu stellen, dass sie nicht doch über ein anderes Schengen Mitgliedsland einreisen könnten. Dass man das Abkommen dazu benützen könnte, ein unliebsames religiöses Oberhaupt aus beinahe ganz Europa auszusperren, lag sicherlich nicht in der Absicht der Gründerväter.

Das BMI scheint auch dem 1998 erschienenen Endbericht der vom Bundestag eingesetzten Enquete Kommission "Sogenannte Sekten und Psychogruppen" keine oder nur selektive Bedeutung beizumessen. Denn dort wird zum einen die vom Grundgesetz geforderte Neutralität des Staates gegenüber allen Glaubenslehren eingefordert,[39] und zum anderen klar festgestellt, dass "zum gegenwärtigen Zeitpunkt ... gesamtgesellschaftich gesehen die neuen religiösen und ideologischen Gemeinschaften und Psychogruppen keine Gefahr ... für Staat und Gesellschaft oder für gesellschaftlich relevante Bereiche" darstellen.[40] Das BMI hingegen hält an seiner 1995 getroffenen Einstellung fest und behauptet weiterhin, ein Besuch von Rev. Moon stelle eine Bedrohung für die öffentliche Ordnung und Sicherheit dar.

Am wenigsten verständlich ist jedoch die strikte Weigerung der Regierungsbehörden, mit den religiösen Minderheiten in einen direkten konstruktiven Dialog zu treten. Alle Versuche der Vereinigungskirche, mit dem BMI direkten Kontakt aufzunehmen, scheiterten immer an der gleichen Antwort: Zuständig für religiöse Minderheiten sei das BMFSFJ und man solle sich doch an dieses Ministerium wenden. Vom BMFSFJ kommt als einzige Antwort, wenn überhaupt, dass kein Gesprächsbedarf bestünde - oder noch lapidarer, man habe keine Zeit. Man muss sich das einmal vorstellen: Das zuständige Ministerium lehnt den unmittelbaren Kontakt zu den ihm anvertrauten Gruppen mit dem Argument ab, es bestünde kein Gesprächsbedarf! Damit macht sich die Regierung die gleiche Strategie zueigen, wie sie von den kirchlichen "Sektenexperten" schon lange praktiziert wird. Diesen "Sektenexperten" ging es nämlich noch nie um einen verständnisvollen Dialog, sondern allein um Abgrenzung, Ausgrenzung und Bekämpfung der religiösen Minderheiten mit allen zur Verfügung stehenden Mitteln.

Das zweite Urteil des OVG Rheinland-Pfalz in der Auseinandersetzung mit dem BMI [41]

Das erneute Urteil des OVG Rheinland-Pfalz kann zwar als Teilerfolg für die Vereinigungskirche gewertet werden, bleibt aber hinter den Erwartungen der Mitglieder weit zurück. Das Urteil stellt zunächst klar, dass es sich bei der Vereinigungskirche um eine Religionsgemeinschaft im Sinne des Grundgesetzes Artikel 4 handelt mit einem Recht auf freie und uneingeschränkte Religionsausübung. Alle Anschuldigungen und Unterstellungen, die vom BMI ursprünglich vorgebracht wurden, finden in diesem Urteil keine Erwähnung mehr. Während der mündlichen Verhandlung schlug der Vorsitzende Richter vor, dass sich die Parteien gütlich einigen könnten, z.B. könnte man sich die Aufhebung des Einreiseverbots unter bestimmten Auflagen vorstellen. Beide Parteien signalisierten zunächst Gesprächsbereitschaft. Im Laufe der Unterredung stellte sich jedoch heraus, dass die Vertreter des BMI nicht in der Lage waren, einen Kompromiss einzugehen, während die Vertreter der Vereinigungskirche eine viel größere Flexibilität zeigten, war es doch schon immer ihr erklärtes Ziel, mit den Behörden direkt ins Gespräch zu kommen. Somit wurde der Fall nach ergebnislosen Verhandlungen wieder dem Gericht zur endgültigen Entscheidung übergeben. Zum Bedauern des Vorstandes der Vereinigungskirche und aller Mitglieder konnte das Gericht jedoch nicht die besondere Bedeutung erkennen, welche einer unmittelbaren Begegnung einer jungen religiösen Gemeinschaft mit ihrem noch lebenden Gründer zukommt. Das Einreiseverbot stellt deshalb nach Meinung des Gerichts keine Beschränkung der freien Religionsausübung dar und kann deshalb auch weiterhin von der Bundesregierung, auch ohne genauere Begründung, aufrecht erhalten werden. Dies wird von der VK bestritten. Keiner wird bestreiten, dass die Stellung von Rev. Moon und seiner Ehefrau für die Mitglieder der VK von ganz herausragender Bedeutung ist. Ein persönlicher Besuch des Gründerehepaars ist für die Gemeinschaft

Unterstellungen und unbewiesene Anschuldigungen

ein besonderes Ereignis. Die VK ist zuversichtlich, dass die nächst höhere gerichtliche Instanz dies wahrnimmt und würdigt und das Einreiseverbot als das erkennt, was es ist: ein Verstoß gegen die im Grundgesetz garantierte Religionsfreiheit und freie Religionsausübung.

Damit tritt die Auseinandersetzung in eine neue Phase. Ein Ende ist noch nicht abzusehen. Die Vereinigungskirche steht hier stellvertretend für die Bemühungen vieler religiöser Minderheiten um die Anerkennung ihrer Rechte und einer angemessenen Stellung in der Gesellschaft. Wann wird die Bundesregierung erkennen, dass sie durch eine blinde Übernahme der polemischen und unversöhnlichen Konzepte und Ansichten der kirchlichen "Sektenexperten" die Polarisierung innerhalb der religiösen Gemeinschaften nur verschärft und somit dem gesellschaftlichen Frieden einen Bärendienst erweist?

ANMERKUNGEN DES AUTORS

[1] Der Text der Rede kann unter *www.vereinigungskirche.de/pliteratur.htm#ansprachen* eingesehen werden.

[2] Bild-Zeitung vom 9. 11. 1995.

[3] Das Schengener Abkommen wurde zwischen den meisten europäischen Staaten getroffen um die Innengrenzen zu öffnen. Hierzu wurde die sog. Schengener Liste aufgestellt, auf die Terroristen und andere kriminelle Personen gesetzt werden können. Ihnen wird damit die Einreise in alle Schengener Staaten verwehrt. Somit kann sich ein Staat trotz offener Innengrenzen vor unerwünschten Personen schützen.

[4] "Art. 4 GG (1) Die Freiheit des Glaubens, des Gewissens und die Freiheit des religiösen und weltanschaulichen Bekenntnisses sind unverletzlich. (2) Die ungestörte Religionsausübung wird gewährleistet. (3) Niemand darf gegen sein Gewissen zum Kriegsdienst mit der Waffe gezwungen werden. Das Nähere regelt ein Bundesgesetz."

[5] Siehe Urteil des VG Koblenz vom 9. 11. 1998 AZ 3 K 938/98.

[6] Zwischenurteil des OVG Rheinland-Pfalz vom 13. 9. 2000 AZ 11 A 10349/99 OVG; *www.vereinigungskirche.de/urteile/urteil-ovg.doc*.

[7] Pressemitteilung BVG Nr. 22/2001; Urteil des BVG Berlin BverwG 1 C 35.00 vom 20. Juli 2001; www.vereinigungskirche.de/urteile/urteil-bvg.doc.

[8] Urteil des OVG Rheinland-Pflaz vom 19.Juni 2002, 12 A 10349/99.OVG; www.vereinigungskirche.de/urteile/urteil-ovg2.de.

[9] Pressemitteilung der Ev.-Luth. Kirche in Bayern vom 06.11.1995.

[10] Presseerklärung von Frau Rennebach vom 9.11.1995.

[11] Endbericht der Enquete-Kommission "Sogenannte Sekten und Psychogruppen", Deutscher Bundestag, Drucksache 13/10950 vom 9. 6. 1998.

[12] "Zum gegenwärtigen Zeitpunkt stellen gesamtgesellschaftlich gesehen die neuen religiösen und ideologischen Gemeinschaften und Psychogruppen keine Gefahr dar für Staat und Gesellschaft oder für gesellschaftlich relevante Bereiche." Endbericht der Enquete-Kommission "Sogenannte Sekten und Psychogruppen", Deutscher Bundestag, Drucksache 13/10950 vom 9. 6. 1998, S. 149.

[13] "Mit welcher Logik kann eine Kommission, die bei klarem Verstand ist, einerseits feststellen, dass 'Zum gegenwärtigen Zeitpunkt ... die neuen religiösen und ideologischen Gemeinschaften und Psychogruppen keine Gefahr dar(stellen) für Staat und Gesellschaft oder für gesellschaftlich relevante Bereiche' (S. 149), und zwei Seiten später eine flächendeckende Observierung eben dieser Gemeinschaften durch den Staat fordern?" Seiwert, Hubert, Der Staat als

religiöser Parteigänger?, in: Gerhard Besier/Erwin K. Scheuch (Hg.), Die neuen Inquisitoren. Religionsfreiheit und Glaubensneid Teil I, Osnabrück 1999, S. 355.

14 Seiwert, Hubert, Der Staat als religiöser Parteigänger?, S. 342.

15 Die Göttlichen Prinzipien, S. 109.

16 Investigation of Korean-American Relations-Report of the subcommittee on international Organisations of the Committee on international Relations, US House of representatives, 31. 10. 1978.

17 1987 wurde das auch im Rahmen eines in Großbritannien anhängigen Rechtsstreites festgestellt. Siehe dazu: High Court of Justice, AZ. 1984-A-6263 und AZ. 1984-A-6264.

18 "Dein Reich komme, dein Wille geschehe..." Mt 6,10 (weitere Bibelzitate: Sach 14,9, Offb 11,15, 1 Kor 15,24-26) oder siehe auch im Koran Sure 22,56 "An jenem Tag gehört die Königsherrschaft Gott (allein). Er wird zwischen ihnen urteilen." zitiert nach: Khoury, Adel Theodor, Der Koran, 2. Aufl., Gütersloh 1992, S. 256 Verwaltungsgericht Köln Urteil 7 K 939/97 vom 21.06.2001.

19 Sogenannte Sekten und Psychogruppen: Die Mun-Bewegung, herausgegeben im Auftrag des Bundesministeriums für Familie, Senioren, Frauen und Jugend vom Bundesverwaltungsamt, 1996; die vom Verwaltungsgericht gerügten Aussagen stehen auf Seite 5 und Seite 43.

20 Urteil 7 K 939/97 S. 15.

22 Vgl. dazu: Vereinigungskirche e. V. (Hrsg.), Staatliche Diskriminierung einer religiösen Minderheit, Stellungnahme zur Broschüre, die im Auftrag des Bundesministeriums für Familie, Senioren, Frauen und Jugend vom Bundesverwaltungsamt in Köln erstellt wurde, Schmitten 1997.

23 J. Gordon Melton und Massimo Introvigne, Gehirnwäsche und Sekten, diagonal-Verlag 2000.

24 Malony, H. Newton, Bewusstseinskontrolle aus psychosozialer Perspektive in: Gerhard Besier/Erwin K. Scheuch (Hg.), Die neuen Inquisitoren, Religionsfreiheit und Glaubensneid, Teil I, Osnabrück 1999, S. 102f.

25 siehe Die Göttlichen Prinzipien, S. 59ff.

26 Ebd.

27 So die offizielle Bezeichnung der kirchlichen Trauung in der Vereinigungskirche.

28 Die vier Eheversprechen im Wortlaut: "(1) Wollt ihr geloben, das himmlische Gesetz zu befolgen, als ursprünglicher Mann und als ursprüngliche Frau und, solltet ihr versagen, gelobt ihr, die Verantwortung dafür zu übernehmen? (2) Wollt ihr als ein idealer Mann und eine ideale Frau geloben, eine ewige Familie zu errichten, mit der Gott glücklich sein kann? (3) Wollt ihr geloben, die himmlische Tradition zu ererben und als ewige Eltern des Guten Eure Kinder zu erziehen, Vorbilder dieses Standards gegenüber der Familie und der Welt zu sein? (4) Wollt ihr geloben, auf der Grundlage der idealen Familie das Zentrum

der Liebe zu sein gegenüber der Gesellschaft, der Nation und dem Universum?"

[29] Allg. Meinung, vgl. nur Schmidt, Walter, Staats- und Verwaltungsrecht, 3. Aufl., 1999, S. 156.

[30] Schenke, Wolf-Rüdiger in: Steiner, Udo (Hg.), Besonderes Verwaltungsrecht, 6. Aufl., 1999, Rn. 40.

[31] Ganz im Gegensatz zu einer "Gefahr", bei der ein künftiger Schaden hinreichend wahrscheinlich ist, Schmidt, S. 157 (Fn. 40).

[32] VGH München NVwZ 1984, 254.

[33] BverwG NVwZ 1987, 411.

[34] OVG Münster NJW 1997, 1180.

[35] OVG NW DÖV 1994, 966.

[36] Vgl. nur Gandow, Thomas, Moon-Bewegung, CARP, CAUSA und "Vereinigungskirche" des San Myung Moon, 1. Aufl., 1993, Hassan, Steven, Ausbruch aus dem Bann der Sekten, Dt. Erstausgabe, 1993 oder Haack, Friedrich-Wilhelm, Die neuen Jugendreligionen, Teil 5, 1. Aufl., 1991

[37] Wiener Studie: Berger, Herbert / Hexel, Peter C., "Ursachen und Wirkungen gesellschaftlicher Verweigerung junger Menschen unter besonderer Berücksichtigung der "Jugendreligionen", eine Grundlagenstudie aus der Sicht der betroffenen jugendlichen Mitglieder, deren Eltern und Freunde sowie ehemalige Mitglieder. Untersucht bei Ananda Marga, Divine Mission, Scientology, Vereinigungskirche, Wien, 1981, durchgeführt vom European Centre for Social Welfare and Research, Vienna, Austria

[38] So z. B. Schwarzenau, Paul, Die Göttlichen Prinzipien - Anmerkung zum grundlegenden Buch der Vereinigungskirche. In: Religio - Das ökumenische Magazin für Unterricht in Schule und Kirche. Deutscher Studien Verlag, Weinheim 1992; Löw, Konrad, Von "Hexen" und Hexenjägern, Baierbrunn 1994; Barker, Eileen, The Making of a Moonie, Oxford 1984; Albert Cornelius Scheffler, "Jugendsekten" in Deutschland. Öffentliche Meinung und Wirklichkeit. Eine Religionswissenschaftliche Untersuchung, Frankfurt/Main 1989; Moritzen, Niels-Peter, San Myung Moons Vereinigungskirche. Erlangen 1981 oder Sherwood, Carlton, Inquisition, Washington 1991.

[39] Enquete-Kommission des Deutschen Bundestages "Sogenannte Sekten und Psychogruppen", 1998, S. 148-149.

[40] Ebd. S. 149.

[41] Urteil des OVG Rheinland-Pflaz vom 19.Juni 2002, 12 A 10349/99.OVG; www.vereinigungskirche.de/urteile/urteil-ovg2.de.

Historisches Urteil: Spanisches Verfassungsgericht entscheidet für Gleichstellung der Vereinigungskirche mit den traditionellen Kirchen

Gregor Sattler

Am 15. Februar 2001 beschloss das spanische Verfassungsgericht als höchste gerichtliche Instanz des Landes, dass die Vereinigungskirche in das Register für Religionsgemeinschaften aufgenommen werden müsse, in dem alle offiziellen Kirchen des Landes verzeichnet sind. Frühere Urteile gegen die Vereinigungskirche wurden aufgehoben und ihr Recht auf Freiheit der Religionsausübung anerkannt.[1]

Das Register der Religionsgemeinschaften eröffnet den Religionen in Spanien den Zugang zu besonderen Beziehungen zu staatlichen Stellen sowie Steuerbefreiung.

Seit 1973 hatte die Vereinigungskirche mehrfach versucht, in dieses Register aufgenommen zu werden. Das zuständige Justizministerium hatte jedoch diese Anträge abgelehnt. Zuletzt war dies 1992 mit der Begründung geschehen, die Vereinigungskirche sei keine Religion und die Warnung des Spanischen Kongresses vor den Gefahren der Sekten ("cults") vom 2. März 1989 sei in Betracht zu ziehen.

Der Einspruch der Vereinigungskirche gegen die Abweisung ihres Antrags wurde am 30. September 1993 vom Berufungsgericht (Court of

---

[1] Eine offizielle Übersetzung des Urteils in englischer Sprache kann unter www.vereinigungskirche.de/SpanishVerdict.doc abgerufen werden.

Appeal) zurückgewiesen. Dieses Gericht bestätigte der Vereinigungskirche den Charakter einer Religionsgemeinschaft, lehnte aber dennoch die Registrierung ab, weil die Öffentlichkeit vor einer möglicherweise gefährlichen Gruppe geschützt werden müsse. Dabei wurde auf einen Entschluss des Europäischen Parlaments vom 22. Mai 1984 verwiesen, der die Vereinigungskirche wie auch andere Gruppierungen bezichtigt hatte, destruktiv zu sein. Konkrete Beweise der angeblichen Gefährlichkeit wurden nicht erbracht. Dennoch meinte das Gericht, vorsorglich eventuellen zukünftigen Verstößen vorbeugen zu müssen.

Die Berufung der Vereinigungskirche gegen diese Entscheidung wies der Oberste Gerichtshof des Landes am 14. Juli 1996 ab. Er stützte sein Urteil auf die bereits genannte Warnung des Spanischen Kongresses, auf den Entschluss des Europäischen Parlaments vom 22. Mai 1984 gegen Kulte sowie auf einen Polizeibericht vom 19. Juni 1991. In allen diesen Fällen wurde vor Sekten allgemein gewarnt und die Vereinigungskirche als eine dieser Gruppen erwähnt. Konkrete Rechtsverstöße wurden jedoch nicht nachgewiesen.

In der Regel werden derartige Entscheidungen des Obersten Gerichtshofes nur in einer kleinen Minderheit der Fälle vom spanischen Verfassungsgericht als der letzten gerichtlichen Instanz des Landes aufgehoben. Dennoch brachten die Mitglieder der Vereinigungskirche den Mut auf, das Verfassungsgericht anzurufen. Einen ersten kleinen Erfolg konnten sie am 22. Januar 1997 verzeichnen, als das Verfassungsgericht seine Bereitschaft verkündete, den Fall zur Verhandlung anzunehmen.

In seinem Urteil vom 15. Februar 2001 bestätigte das Verfassungsgericht die Auffassung der Vorinstanz, dass die Vereinigungskirche in vollem Umfang alle Voraussetzungen erfülle, die eine Gruppe als Religionsgemeinschaft qualifizieren.

Es betonte die Bedeutung von Religionsfreiheit. Sie dürfe nur eingeschränkt werden, wenn die öffentliche Sicherheit und Ordnung von der betreffenden Gruppe nachweislich gestört werde. Dieser Nachweis wurde im Fall der Vereinigungskirche von keiner der drei Quellen erbracht, auf die sich das Urteil des Obersten Gerichtshofs gestützt hatte. Im Gegenteil: Ein zweiter Bericht der spanischen Polizei vom 10. März 1994 hatte bereits unzweideutig erklärt, dass weder die Vereinigungskirche noch ihre Mitglieder in Strafverfahren verwickelt gewesen seien und dass sie keine Gefahr für die Gesellschaft darstellten. Das Verfassungsgericht wies darauf hin, dass der Spanische Kongress und das Europäische Parlament nicht gezielt und detailliert die Vereinigungskirche untersucht hatten. Ihre allgemeinen Warnungen vor kleinen religiösen Gruppen basierten in keiner Weise auf tatsächlichen strafrechtlichen Vergehen der Vereinigungskirche. Vermutungen und Verdächtigungen ohne jeden konkreten Nachweis der Gefährlichkeit genügten jedoch nicht, um die Religionsfreiheit einer Gemeinschaft einzuschränken. Die spanischen Medien berichteten ausführlich über diese historische Entscheidung, die vom Verfassungsgericht mit sieben zu vier Stimmen gefällt wurde.[2] So brachte El Pais einen ganzseitigen Bericht unter dem Titel "Der Kreuzweg von Moon in Spanien".

Aus der Urteilsbegründung

Das Verfassungsgericht erklärt, dass Art.16.1 der Spanischen Verfassung Religionsfreiheit garantiert, wobei Einschränkungen nur im Rahmen der Gesetze zum Schutz der öffentlichen Ordnung erfolgen dürfen. Dabei gehöre zur Religionsfreiheit nicht nur der Schutz vor äußeren Eingriffen in die Religionsausübung, sondern auch die Gewährung der gesetzlich vorgesehenen Möglichkeiten, wie die Aufnahme in das Register der Religionsgemeinschaften nach Art.2 APFR. Der Staat dürfe hier nicht als eine Art inhaltliche Religionskontrollinstanz jenseits der Feststellung von tatsächlichen Gesetzesverstößen auftreten. Es stehe nicht im Belieben des Staates, die Registrierung zu gewähren oder zu verweigern. Andernfalls verstoße er gegen den Gleichbehandlungsgrundsatz.

Religionsfreiheit beinhalte nicht nur die Freiheit, über die eigenen Regeln und Organisationsformen zu entscheiden, sondern auch das Recht, nach außen die religiöse Überzeugung zu manifestieren.

Der Staat müsse im Rahmen der Gesetze ein positives Verhalten gegenüber der Ausübung von Religionsfreiheit in ihren vielfältigen Ausdrucksformen an den Tag legen. Die Universelle Menschenrechtserklärung der Vereinten Nationen sei zu beachten, nach der nicht nur

---

[2] Zeitungsartikel können unter *www.vereinigungskirche.de* aufgerufen werden.

die traditionellen Religionen und ähnliche Glaubensgemeinschaften schutzwürdig sind.

Die Verweigerung der Aufnahme der Vereinigungskirche, die bereits vom Obersten Gerichtshof als Religionsgemeinschaft anerkannt worden war, in das Register der Religionsgemeinschaften stellt nach Auffassung des Verfassungsgerichts eindeutig einen Eingriff in die Freiheit der Religionsausübung dar. Bei der Frage, ob dieser Eingriff zu Recht erfolgte, führt das Gericht unter anderem aus:

"...Wir müssen betonen, die Verwaltung darf nicht ihre Befugnisse überschreiten, indem sie die religiösen Seiten der Institutionen beurteilt, die eine Aufnahme in das Register beantragen, sondern muss sich darauf beschränken zu verifizieren, dass sie gemäß ihren Regeln, Verhalten und Zielen nicht nach Art.3.2 APFR davon ausgeschlossen sind. Die Verwaltung ging jedoch in ihrer Entscheidung vom 22. Dezember 1992 umgekehrt vor..."

Die Auffassung der Vorinstanz, dass "die Vereinigungskirche alle verwaltungsrechtlichen Voraussetzungen erfülle, um als religiöse Institution eingestuft zu werden" wurde voll übernommen. Die Möglichkeit der Beschränkung der Freiheit der Religionsausübung sei bei Gefahren für die öffentliche Ordnung und die Rechte anderer zwar gegeben. "Sie darf jedoch nicht als eine Präventivklausel gegen eventuelle Gefahren interpretiert werden, weil sie in diesem Fall selbst zur größeren Gefahr für die Ausübung dieses Freiheitsrechtes wird." Nur "wenn die Existenz einer aktuellen Gefahr für die 'Sicherheit, die Gesundheit und die öffentliche Moral', wie sie in einer demokratischen Gesellschaft verstanden werden sollte, gerichtlich festgestellt worden ist," sei es angemessen, die öffentliche Ordnung als Grenze für die Ausübung der Religionsfreiheit zu bemühen." "Die auf Verlangen der Klägerin erfolgte Überprüfung des dokumentierten Beweismaterials hat es uns ermöglicht zu verifizieren, dass die Urteilsgrundlagen für die angebliche Gefahr der 'Vereinigungskirche' keine klare Folgerichtigkeit aufweisen und nicht angemessen sind, um vernünftigerweise - es gibt dafür auch nicht die geringsten Anzeichen - zu den Schlussfolgerungen zu gelangen, wie es die Verwaltung und die nationalen Gerichte getan haben."

Bezüglich der Polizeiberichte erwähnte das Verfassungsgericht ausdrücklich, dass "in diesen Untersuchungen... keinerlei Beweis für

Historisches Urteil

gerichtliche Verfahren gegen die Vereinigungskirche oder gegen irgendeines ihrer Mitglieder in unserem Land erbracht worden ist."

Die Erklärung des Spanischen Parlaments enthält laut Verfassungsgericht "keinerlei Hinweis, der - jenseits einer bloßen Vermutung eines gewissen Risikos oder einer gewissen Gefahr für die öffentliche Ordnung -...vernünftigerweise und verhältnismäßigerweise benutzt werden kann, um aus verfassungsmäßiger Sicht die Verweigerung des Zugangs zu der Registrierung zu rechtfertigen, umso mehr wenn man bedenkt, dass die Parlamentskomitees in der Ausübung ihrer Untersuchungsmacht Urteile gemäß politischer Opportunität abgeben, die - ohne Rücksicht darauf, wie solide und begründet sie sein mögen - rechtlich nicht geeignet sind, ein Urteil mit der Sicherheit auszustatten, die nur in einem gerichtlichen Verfahren gesichert ist."

Und: "Die gleiche Schlussfolgerung ist von uns bezüglich der vorher erwähnten Entschließung des Europäischen Parlaments vom 22. Mai 1984 zu ziehen, wenn wir bedenken, dass sie nicht im Rahmen einer spezifischen Untersuchung der ‚Vereinigungskirche' erfolgte, sondern als eine Empfehlung an die Mitgliedsstaaten mit Bezug auf ‚Neue Religiöse Bewegungen in der Europäischen Gemeinschaft', die ihren Ursprung in einem Report des ‚Komitees für Jugend, Kultur, Erziehung, Information und Sport' hatte. Folgerichtig kann nicht behauptet werden, dass das Europäische Parlament spezielle, spezifische Resolutionen verabschiedet hätte, die der ‚Vereinigungskirche' ein illegales Verhalten oder Verstöße gegen die öffentliche Ordnung zugeschrieben hätten, und es ist rechtlich unzulässig, die Vorschläge mehrerer Parlamentarier ... mit ihrem schließlichen Resultat i.e. der Empfehlung gleichzusetzen, die das Parlament generell und ohne spezifische Vorwürfe zu erörtern an die Mitgliedsstaaten geschickt hat..." "Deshalb müssen wir die Schlussfolgerung ziehen, dass weder die für die Registrierung verantwortliche Verwaltung noch die überprüfenden Gerichte Beweise haben, die einen warnenden oder präventiven Gebrauch der Klausel der Öffentlichen Ordnung als Verbot für den Zugang zur Registrierung von Religiösen Institutionen unterstützen würden..."

"Insgesamt muss daraus geschlossen werden, dass die Entscheidung, die Registrierung zu verweigern, ohne sichere Beweise über eventuelle illegale Aktivitäten der ‚Vereinigungskirche' in Spanien oder in irgendeinem Land, in dem sie sich niedergelassen hat, gefällt wurde. Und das, obwohl die Verwaltungsbehörden Zugang hatten zur internationalen Polizei und zur internationalen Gerichtsbarkeit, die es ihnen ermöglicht hätten, einen unbestreitbaren Nachweis in dieser Angelegenheiten zu erbringen."

Abschließend entschied das Verfassungsgericht den Schutz zu gewähren, den die 'Vereinigungskirche' unter ihrem Vorstand Armando Lozano Hernandez und Segundo Marchan Garcia-Moreno verlangt hat.

Weiterhin wurde im Urteil verkündet:

1. das Grundrecht des Klägers auf Freiheit von Religion und Religionsausübung (Art. 16.1 Spanische Verfassung) anzuerkennen;

2. die am 22. Dezember 1992 vom Allgemeinen Direktorat für Religiöse Angelegenheiten getroffene Entscheidung und die Urteile der Berufungsinstanz des Nationalen Strafgerichtshofs vom 30. September 1993 und der Berufungsinstanz des Obersten Gerichtshofs vom 14. Juli 1996 aufzuheben;

3. der Vereinigungskirche die ihr zustehenden Rechte zu gewähren, wonach es angemessen ist, die ‚Vereinigungskirche' in das Register für Religiöse Institutionen des Justizministeriums aufzunehmen.

Seitdem ist die Vereinigungskirche in Spanien den alt-etablierten Großkirchen juristisch gleichgestellt.

Verzeichnis der Autoren
in der Reihenfolge ihrer Beiträge

Teil I:

Paul Schwarzenau,
  Professor em. für Evangelische Theologie und Religionswissenschaft an der Universität Dortmund.

Heinz Röhr,
  Professor em. für Evangelische Theologie (Kirchen- und Religionsgeschichte) an der Johann-Wolfgang-Goethe-Universität Frankfurt

Sebastian Matczak,
  römisch-katholischer Priester und Professor für Philosophie an der St. John's Universität, New York, USA

Herbert Richardson,
  Professor für Religionswissenschaft an der Universität Toronto, Kanada

Frank Flynn,
  Professor für Religionspädagogik und –didaktik an der St. Louis Universität, USA

Teil II:

Jürgen Redhardt,
  Professor em. für Evangelische Theologie und Religionspsychologie an der Universität Gießen

Günther Kehrer,
  Professor für Religionssoziologie an der Kulturwissenschaftlichen Fakultät der Universität Tübingen

Richard de Maria,
  Professor für Religionswissenschaft am Iona College, New Rochelle, New York, USA

Warren Lewis,
  Professor für Kirchengeschichte an der Martin University in Columbus, Ohio, USA

Joseph Fichter,
  ehemaliger Professor für Soziologie an der Loyola Universität, New Orleans, USA

Teil III:

Fritz Piepenburg,
  Seniorenbetreuer, Leiter des Arbeitskreises für Öffentlichkeitsarbeit, Vereinigungskirche e.V.

Franz Feige,
  Lehrer und Familienberater in Long Island, USA

Werner Fehlberg,
  Finanzberater, Koordinator für amtskirchliche Kontakte der Vereinigungskirche e.V.

Siegfried Klammsteiner,
  Familienberater, Leiter des Instituts zur Förderung sozialer Kompetenz, Lienz, Österreich

Geros Kunkel,
  Student an der Johann-Wolfgang-Goethe Universität in Frankfurt in

den Fächern Politologie und Religionswissenschaft

Gregor Sattler,
   Mitglied des Arbeitskreises für Öffentlichkeitsarbeit der Vereinigungskirche, e.V.

Empfohlene Literatur

1. Primärliteratur der Vereinigungskirche e.V. (erhältlich unter www.kando-verlag.de)

Vereinigungskirche e.v. "Das Göttliche Prinzip", neue und überarbeitete Übersetzung der koreanischen Originalausgabe "Wuolli Kang-ron" und der englischen Ausgabe "Exposition of the Divine Principle", Kando Verlag 2002

Gesellschaft zur Vereinigung des Weltchristentums, "Die Göttlichen Prinzipien", Deutsche Erstauflage 1972

Vereinigungskirche e.v., "Das Prinzip in Grundzügen – Stufe 4", Kando Verlag 1981

Kim, Young Oon, "Vereinigungstheologie – eine Annäherung", Kando Verlag 1995

Schellen, Thomas, "Gottes Herz heilen – Leben und Werk des Reverend Sun Myung Moon", Kando Verlag, 1995

Vereinigungskirche e.V., "Segen der Liebe – Liebe, Ehe und Weltfrieden", Kando Verlag 1995

Wichtige englischsprachige Primärliteratur:

The Holy Spirit Association for the Unification of World Christianity, "Exposition of the Divine Principle", New York, 1996

The Holy Spirit Association for the Unification of World Christianity, "Sermons of the Reverend Sun Myung Moon", Bände 1-7, New York, 1994

The Holy Spirit Association for the Unification of World Christianity, "A Life of Prayer – Prayers of the Reverend Sun Myung Moon", New York, 1991

The Holy Spirit Association for the Unification of World

Christianity, "Revernd Sun Myung Moon – The Life and Mission of Jesus Christ", New York, 2000

World Culture and Sports Festival 2000, "The Fruits of True Love – The life Work of Reverend Sun Myung Moon", Interreligious and International Federation for World Peace, 2000

2. Literatur über Religiöse Minderheiten in Deutschland

Besier, Renate-Maria und Gerhard, "Die Rufmordkampagne – Kirchen & Co. vor Gericht", Editions La Colombe 2002

Besier, Gerhard/Scheuch, Erwin, "Die neuen Inquisitoren. Religionsfreiheit und Glaubensneid", Teil I+II, Verlag A.Fromm, Osnabrück 1999

J.Gordon Melton und Massimo Introvigne, "Gehirnwäsche und Sekten - Interdisziplinäre Annäherungen", diagonal-Verlag, Marburg 2000

Introvigne, Massimo, "Schluß mit den Sekten! Die Kontroverse über 'Sekten' und neue religiöse Bewegungen in Europa", diagonal-Verlag, Marburg 1998

Flückiger, Felix, "'Sekten'-Jagd. Die neue Inteoleranz – Fakten, Hintergründe, Einwände", Alpenland Verlag, Zürich 1998

Kuner, Wolfgang, "Soziogenese der Mitglieder in drei Neuen Religiösen Bewegungen", Peter Lang-Verlag, Frankfurt 1983

Kehrer, Günter (Hrsg.), "Das Entstehen einer neuen Religion. Das Beispiel der Vereinigungskirche", Kösel Verlag, München 1981

Löw, Konrad ,"Von 'Hexen' und Hexenjägern", Eigenverlag, Baierbrunn 1994

Moritzen, Niels-Peter, "Sun Myung Muns Vereinigungskriche", Verlag der ev.-luth. Mission, Erlangen 1981

Mynarek, Hubertus, "Die neue Inquisition – Sektenjagd in Deutschland", Verlag das Weiße Pferd, 1999

Scheffler, Albert Cornelius, "'Jugendsekten' in Deutschland. Öffentliche Meinung und Wirklichkeit. Eine religionswissenschaftliche

Untersuchung", Peter Lang-Verlag, Frankfurt/M. 1989

Usarski, Frank, "Die Stigmatisierung Neuer Spiritueller Bewegungen in der Bundlesrepublik Deutschland", in der Reihe "Kölner Veröffentlichungen zur Religionsgeschichte", Böhlau Verlag, Köln 1988

Thiel, Norbert, "Der Kampf gegen Neue Religiöse Bewegungen", Kando Verlag 1986

van Wijnkoop Lüthi, Marc, "Die Sekte ... die anderen? Beobachtungen und Vorschläge zu einem strittigen Begriff", Edition Exodus, Luzern, 1996